Stadtentwicklung mit einem Developer Mindset

Heiko Achilles

Stadtentwicklung mit einem Developer Mindset

Innovation, Wachstum und
Wettbewerbsfähigkeit in kritischen Zeiten

Heiko Achilles
Kronberg im Taunus, Deutschland

ISBN 978-3-658-45548-4   ISBN 978-3-658-45549-1   (eBook)
https://doi.org/10.1007/978-3-658-45549-1

Die Deutsche Nationalbibliothek verzeichnet diese Publikation in der Deutschen Nationalbibliografie; detaillierte bibliografische Daten sind im Internet über https://portal.dnb.de abrufbar.

© Der/die Herausgeber bzw. der/die Autor(en), exklusiv lizenziert an Springer Fachmedien Wiesbaden GmbH, ein Teil von Springer Nature 2024

Das Werk einschließlich aller seiner Teile ist urheberrechtlich geschützt. Jede Verwertung, die nicht ausdrücklich vom Urheberrechtsgesetz zugelassen ist, bedarf der vorherigen Zustimmung des Verlags. Das gilt insbesondere für Vervielfältigungen, Bearbeitungen, Übersetzungen, Mikroverfilmungen und die Einspeicherung und Verarbeitung in elektronischen Systemen.
Die Wiedergabe von allgemein beschreibenden Bezeichnungen, Marken, Unternehmensnamen etc. in diesem Werk bedeutet nicht, dass diese frei durch jede Person benutzt werden dürfen. Die Berechtigung zur Benutzung unterliegt, auch ohne gesonderten Hinweis hierzu, den Regeln des Markenrechts. Die Rechte des/der jeweiligen Zeicheninhaber*in sind zu beachten.
Der Verlag, die Autor*innen und die Herausgeber*innen gehen davon aus, dass die Angaben und Informationen in diesem Werk zum Zeitpunkt der Veröffentlichung vollständig und korrekt sind. Weder der Verlag noch die Autor*innen oder die Herausgeber*innen übernehmen, ausdrücklich oder implizit, Gewähr für den Inhalt des Werkes, etwaige Fehler oder Äußerungen. Der Verlag bleibt im Hinblick auf geografische Zuordnungen und Gebietsbezeichnungen in veröffentlichten Karten und Institutionsadressen neutral.

Abbildung auf dem Buchumschlag: Perspektive eines Teils der Uferpromenade der "Marina City", einem Stadtentwicklungsprojekt in Florianópolis, Brasilien, geplant von Achilles+Partners, 2019. Grafik: Henrique Houayek

Planung/Lektorat: Isabella Hanser
Springer ist ein Imprint der eingetragenen Gesellschaft Springer Fachmedien Wiesbaden GmbH und ist ein Teil von Springer Nature.
Die Anschrift der Gesellschaft ist: Abraham-Lincoln-Str. 46, 65189 Wiesbaden, Germany

Wenn Sie dieses Produkt entsorgen, geben Sie das Papier bitte zum Recycling.

für Anaïs Maria

Einleitung

Die Karten werden zurzeit neu gemischt, Chancen, Macht und Einfluss der Player für die nächsten Zukunftsphasen neu bestimmt. Auf alte Gewissheiten und Strukturen kann man sich immer weniger verlassen. Die Gleichzeitigkeit und das komplexe Zusammenwirken neuer globaler Herausforderungen, disruptiver technologischer Innovationen, des demografischen Wandels und geopolitisch tektonischer Verschiebungen verändern die uns vertraute Welt in rasendem Tempo und lassen niemanden unberührt. Dies konfrontiert uns einerseits mit neuen, vielen unberechenbaren Risiken, bietet andererseits aber auch vielfältige, unbegrenzte Entwicklungschancen.

Wie man mit den Herausforderungen umgeht, entscheidet darüber, ob man ein Gestalter und *Leade*r dieser neuen Zukunft wird oder bestenfalls *Follower* bleibt, vielleicht sogar zum Opfer wird. Die Welt wird neu geordnet, neue Machtzentren entstehen, viele alte fallen zurück. Einige Länder und ihre Städte sehen vor allem die Chancen, nutzen sie mit großen Ambitionen, klugem strategischen Denken, mit viel Mut und Fleiß. Es gelingt ihnen, unternehmerische Energien zu mobilisieren, Kapital und engagierte Leistungsträger anzuziehen, optimistisch in die Zukunft zu investieren. Andere verharren in Zweifeln und Ängsten, in bequemer Antriebslosigkeit oder sind so sehr damit beschäftigt, alles genauestens planen, ordnen und vorbestimmen zu wollen, dass ihnen wettbewerbsentscheidende Zeit verloren geht und am Ende immer mehr Talente und Unternehmen abwandern. Zukunft gestalten wollen heißt zunächst, seine eigenen langfristigen Interessen zu definieren, dann eine kreative, offene Wachstumsdynamik zuzulassen und zu fördern, Blockaden zu lösen, Hindernisse aus dem Weg zu räumen. Dabei geht es um die Kraft von Visionen, um Zuversicht und entschlossenes Handeln. Jeder Tag, der von den einen konstruktiv genutzt wird und für die anderen ungenutzt verstreicht, vergrößert den Abstand zwischen ihnen, beschleunigt und verfestigt eine neue globale Verteilung von wirtschaftlicher Macht und Wohlstand. Francis Fukuyamas 1992 prophezeites „Ende der Geschichte" (Fukuyama, 1992) fand nicht statt. Stattdessen bewegen wir uns in eine multipolare Welt mit rivalisierenden Systemen, zunehmenden geopolitischen Spannungen,

Krisen und Schocks. Die Welt verändert sich anders als damals erwartet – und sehr viel schneller.

Städtebau ist in diesem Kontext sowohl eine physische Manifestation der Ambitionen und bereits erreichter Erfolge als auch selbst zentraler Entwicklungstreiber bei der zunehmenden Konkurrenz der Wirtschaftsstandorte. Technologischer Fortschritt, wirtschaftliche und kulturelle Entwicklungen finden konzentriert in urbanen Zentren statt, in gebauten Räumen, wo Menschen dicht neben- und miteinander leben, arbeiten, sich versorgen, bilden und unterhalten, wo sie ihre Gesellschaft formen. Wie Städte als Wirtschafts- und Kulturräume geplant und gebaut werden, welche Menschen sie an sich binden und welche Energien sie entwickeln, entscheidet maßgeblich über ihre Wettbewerbsfähigkeit und Zukunftstauglichkeit. In Zeiten großer und schneller globaler Umbrüche wird dies besonders relevant. Standorte, die attraktive *Growth Stories,* gute Bedingungen und lohnende Perspektiven für persönliches Engagement, für Innovationen und Wachstum bieten, gelingt dies offensichtlich besser als jenen mit veränderungsträgeren und veränderungsskeptischeren Kulturen, in denen sich die Menschen gegenseitig mehr ausbremsen als anspornen. Mehr als alles andere entscheidet der Mindset der wichtigsten Entscheidungsträger in Politik und Wirtschaft über die Dynamik und den Erfolg der Entwicklungsanstrengungen.

Während heute insbesondere in asiatischen Wachstumsökonomien neue, modernste Städte rasant emporwachsen, verfällt die Infrastruktur im alten, noch vor Kurzem führenden Westen. In Deutschland gelingen seit Langem keine großen Projekte mehr, es wird nicht mehr groß gedacht und geplant, inzwischen wird kaum noch gebaut. Alles ist zu kompliziert und unrentabel geworden, Denkweisen und Strukturen sind im globalen Standortwettbewerb nicht mehr konkurrenzfähig. Die immer schnelleren Entwicklungen in der Digitalwirtschaft, den Energietechnologien und Life Sciences erweitern und beschleunigen diesen Wettbewerb. Innerhalb weniger Jahre können sich dadurch die Positionen im globalen Ranking dramatisch verschieben. Wie kann dieser alte Westen, wie kann Europa und insbesondere Deutschland in diesen kritischen Zeiten wieder wachsen, erfolgreicher konkurrieren und sich bessere Zukunftsperspektiven erarbeiten? Welche Leitbilder, Strategien und Leistungen sind hierfür erforderlich?

Die Standortkonkurrenz sollte sich nicht auf einen Überbietungswettbewerb und Wettlauf bei der Umsetzung der „Transformationsagenden", einem kritiklosen Folgen der angemahnten Kursänderungen und Rezepte beschränken, die von der Politik zurzeit als besonders „nachhaltig", „smart" und „sozial gerecht" definiert werden, sondern vor allem um das Gedeihen einer Kultur des ergebnisoffenen Forschens, Experimentierens und engagierten unternehmerischen Machens bemühen – um einen Wettstreit für immer bessere Lösungen, für kontinuierlichen Fortschritt und qualitatives Wachstum. Eine konstruktiv kritische Haltung zu den Transformationen ist geboten, nicht weil deren Begründungen und Zielsetzungen angezweifelt werden, sondern die Angemessenheit und Effektivität der derzeit favorisierten Lösungen und Regulierungen. Gerade weil die Herausforderungen wie auch die Chancen so groß und ernst zu nehmen sind, bedarf es vielfältigerer und besserer Alternativen, müssen ideologische Selbstbeschränkungen und naives Wunschdenken überwunden werden. Die Aufgaben erfordern differenziertere Betrachtungen und ehrliches Bilanzieren bereits erprobter Lösungen. Wissenschaftliche, künstlerische und unternehmerische Energien müssen entfesselt, ihre Potenziale im Zusammenwirken besser genutzt werden. Hierfür ist Bildung der wichtigste Rohstoff und eine wettbewerbsorientierte liberale Marktwirtschaft das effektivste System, das beste „Entdeckungsverfahren für neues Wissen" (von Hayek, 1968).

Städte sind die Möglichkeitsräume und Reallabore, in denen diese zivilisatorischen Entwicklungen stattfinden, die Bühnen, auf denen sie präsentiert werden. Strategische Wirtschafts- und Stadtentwicklungsplanung können entscheidende Weichenstellungen für deren Ausrichtungen und Erfolgschancen vornehmen. Bei Stadtentwicklung geht es aber nicht nur um den Blick nach vorn, sondern auch um den Blick zurück, um sich an historischen Vorbildern zu orientieren, die zum Teil über Jahrhunderte hinweg ideale Bedingungen für ein produktives Zusammenleben der Menschen boten, sich als dauerhaft gültig, als wirklich nachhaltig erwiesen. Nicht alles muss neu erfunden oder transformiert werden, nicht jeder neuen Mode muss man folgen. Individuelle und gemeinschaftliche Grundbedürfnisse haben sich nicht wesentlich verändert, trotz aller neuen technischen Möglichkeiten. Viele europäische Städte können aus dem Reichtum ihrer langen Zivilisationsgeschichte schöpfen, die besten Ideen früherer Epochen mit den besten neuesten kombinieren. Städte sind auch Erinnerungsräume, geben Halt und Anknüpfungspunkte für die Zukunftsgestaltung, sie bieten unverwechselbare Identität und Heimat.

Die Texte dieses Buches entstanden in den letzten Jahren und wurden 2023 aktualisiert und erweitert. Sie entstanden nach insgesamt über 25 Jahren Auslandsaufenthalten des Autors als Real Estate Developer und Stadtplaner in fünf sehr unterschiedlichen Ländern in Europa, Nord- und Südamerika und dem Mittleren Osten und der Rückkehr in ein Deutschland, das sich in eine weitgehend selbst verschuldete Wirtschaftskrise und einer zunehmend depressiven Paralyse festgefahren hat – ein Land, dessen besonderes Potenzial zu wenig genutzt wird und immer mehr erodiert. Deutschland konnte in der Vergangenheit Enormes leisten und könnte auch heute mehr, könnte sich in diesen kritischen Zeiten besser voranbringen und stärker für die Zukunft positionieren. Die aktuelle Krise bietet Chancen für Reformen, für die überfälligen Befreiungsschläge von lähmenden Denkweisen und Strukturen, für entschlossene wirtschaftspolitische und stadtplanerische Paradigmenwechsel.

Der erste Teil dieses Buches bietet eine Einführung und kritische Kommentierung zu den wichtigsten Themen und aktuellen Debatten zur Wirtschafts- und Stadtentwicklung, vergleicht Europas und insbesondere Deutschlands aktuelle Ansätze mit internationalen Fallbeispielen. Was kann von anderen Ländern gelernt werden, welche Initiativen sind dort erfolgreich und könnten übertragbar sein, mit welchen besonderen Herausforderungen haben sich andere auseinanderzusetzen, auf welche potenziellen Bedrohungen müssen wir uns alle vorbereiten? Die derzeit populärsten Narrative zur nachhaltigen Stadtentwicklung und die europäische ESG-Regulierungspolitik werden beschrieben und hinsichtlich ihrer Wirkungen kritisch hinterfragt.

Im zweiten Teil des Buches werden Chancen in konkreten Lösungsansätzen beschrieben. Es werden vielversprechende neue Trends in der Stadtentwicklung, städtebauliche und architektonische Planungskonzepte und innovative Bauweisen vorgestellt. Beispiele von Rekonstruktionen und Stadtreparaturen eröffnen eine historische Dimension. Es wird konkretisiert, welche Reformen und Befreiungen von derzeit hinderlichen, zum Teil kontraproduktiven Überregulierungen für die Wirtschafts- und Stadtentwicklung hilfreich wären. Effektive Managementstrategien für ein erfolgreiches Navigieren und Umsetzen von Projekten in der Komplexität der Immobilienwirtschaft werden für die Planungs- und Genehmigungsprozesse, für die Organisation großer, multidisziplinärer Projektentwicklungsunternehmen und für die Zusammenarbeit auf der Projektebene beschrieben.

In einem dritten Teil wird als Exkurs eine Auswahl eigener städtebaulicher Projektideen für die Stadt Frankfurt am Main vorgestellt. Sie konkretisieren und illustrieren einige der zuvor beschriebenen Entwicklungs- und Planungsprinzipien sowie innovative Stadtbausteine beispielhaft.

Dieses Buch wendet sich an Akteure aller Disziplinen der Immobilienwirtschaft und Stadtplanung sowie allgemein an den Debatten zur Wirtschafts- und Stadtentwicklung Interessierte und Studierende. Mit den gewählten Makro- und Mikroperspektiven, den unterschiedlichsten Querbezügen und internationalen Vergleichen sollen die derzeit in Deutschland vorherrschenden Denkmuster aufgebrochen und kritische Reflexionen angeregt werden. Dieses Buch ist keine theoretische Abhandlung, auch kein Lehrbuch, sondern es versteht sich als praxisorientierter, konstruktiver Debattenbeitrag und stellt konkrete, alternative Lösungsansätze und Beispiele vor. Vor allem aber will das Buch inspirieren und Mut machen, um insbesondere in Deutschland wieder zu einem zukunftsoptimistischeren Developer Mindset und einer ambitionierteren Wachstumskultur zu finden.

Introduction

The cards are currently being reshuffled—the opportunities, power and influence of the players for the next phases of our future are being redefined. We can no longer rely on old structures and certainties. The simultaneous and complex interactions of new global challenges, disruptive technological innovations, demographic changes, and geopolitical shifts are rapidly transforming our familiar world, leaving no one unaffected. This brings both new, unpredictable risks and a wide range of new, unlimited opportunities.

Our response to these challenges will determine whether we emerge as shapers and leaders of this new future or remain followers, possibly even victims. The world is being reorganized, new centers of power are emerging rapidly, and many old ones are falling behind. Some countries and cities are seizing opportunities with ambition, strategic thinking, courage, and diligence. They succeed in mobilizing entrepreneurial energy, attracting capital, and invest confidently in their future. Others remain mired in doubt and fear, remain in comfortable passivity or are overly preoccupied with planning and regulating, lose crucial time and momentum, ultimately lose their best talents and companies.

To shape the future, we must first define our own long-term interests, then promote optimistic growth dynamics, remove obstacles and blockages. It requires vision, confidence, and decisive action. Every day that is used constructively by some and passes unused by others widens the gap between them, accelerates and solidifys a new global distribution of economic power and wealth. Francis Fukuyama's predicted "end of history" in 1992 (Fukuyama 1992) has not occurred. Instead, we are entering a multipolar world with rivaling systems, increasing geopolitical tensions, crises, and shocks. The world is changing differently than expected—and at a much faster pace.

In this context, urban development is both, a physical manifestation of ambitions and achievements and itself a central driver for economic progress in the increasing competition of cities. Technological, economic, and cultural developments are concentrated in urban centers where people live, work, and interact closely, shaping their societies. How cities are planned and built as economic and cultural spaces, the people they attract, and the energies they unfold are crucial for their competitiveness and future viability, especially in times of major global upheaval. Locations which offer attractive visions, good conditions, and rewarding prospects for personal commitment, innovation and growth excel more than those with cultures skeptical of change, where people slow down and discourage each other. More than anything else, the mindset of the decision-makers in politics and business determines the dynamics and success of the development efforts.

While new, state-of-the-art cities are rapidly emerging, particularly in Asian growth economies, the infrastructure in the old, formerly leading West is decaying. Germany has not been very successful with larger projects for a long time, big thinking and ambitious planning are scarce, construction has stagnated. Everything has become too complicated and unprofitable. The mentality and structures are no longer globally competitive. The ever faster developments in the digital economy, life sciences and energy technologies are accelerating this competition. Positions can shift dramatically within just a few years as a result. How can the old West, particularly Europe and Germany, grow again in these critical times, compete more successfully, and develop better future prospects? What guiding principles, strategies, and efforts are required?

The global competition between locations should not be limited to a competition to outdo each other with the omnipresent "transformation agendas", to uncritically follow the changes of course and recipes that are currently being called for and defined by politicians as particularly "sustainable", "smart" and "socially just", but should above all strive for the flourishing of a culture of open-ended research, experimentation and committed entrepreneurial activity—a competition for ever better solutions, for continuous progress and qualitative growth. A constructively critical attitude towards transformations is needed, not because their justifications and key objectives are in doubt, but because the appropriateness and effectiveness of current solutions and overregulations are questionable. Given the significant challenges as well as the potential opportunities, more diverse and better alternatives are needed. Ideological self-restrictions and naïve wishful thinking must be overcome. Scientific, artistic, and entrepreneurial energies must be unleashed and better utilized, cooperation and synergies explored. The tasks require a more differentiated approach and an honest assessment of tested solutions. For that, education is the most important resource, and a competition-oriented liberal market economy is the most effective system, the best "discovery process for new knowledge" (von Hayek 1968).

Cities are the spaces of opportunity and laboratories for these civilizational developments. Strategic economic and urban development planning can set a decisive course for their direction and success. Urban development is about looking forward as well as looking back, learning from historical models that have provided ideal conditions for centuries and proven to be truly sustainable. Not everything needs reinvention or transformation. Basic individual and communal needs have not significantly changed, despite all new technological possibilities. Many European cities can draw on their long, rich history, combine the best ideas of earlier eras with the latest innovations. Cities are spaces of

Introduction

remembrance, provide stability and reference points for shaping the future, offer distinct identity, a home and sense of belonging.

The chapters in this book are based on texts written in 2019 and updated in 2023. They were written after over 25 years abroad as a real estate developer and urban planner in Europe, North and South America, the Middle East, and after returning to a Germany bogged down in a largely self-inflicted economic crisis and depressive paralysis – a country whose special potential is underutilized and increasingly eroding. Germany has achieved impressive growth in the past and can do more today, make better progress in these critical times, and position itself more strongly for the future. The current crisis offers opportunities for overdue reforms, for a liberation from paralyzing structures and decisive shifts in economic policy and urban planning paradigms.

The first part of this book offers general principles, orientation and critical commentary on the most important topics and current debates on economic and urban development, comparing Europe's and especially Germany's current approaches with international case studies. What can be learnt from other countries, which initiatives are successful there and could be transferable, what particular challenges do others face, what potential threats do we all need to prepare for? The currently most popular narratives on sustainable urban development and European ESG regulatory policy are described and critically scrutinised with regard to their effects.

The second part of the book describes opportunities in concrete solutions, both promising new trends in urban development, planning and construction as well as proposals for reforms and for freeing ourselves from current obstructive, sometimes counterproductive over-regulation. Examples of reconstructions and urban repairs open up a historical dimension. Successful implementation of development ideas requires effective management strategies, both in terms of cooperation between the various stakeholders and within multidisciplinary project development companies and at project level. How this can be aligned and organised is described here.

In a third section, a selection of our own urban development project ideas for the city of Frankfurt am Main will be presented. They concretize and illustrate some of the previously described development and planning principles as well as innovative urban building blocks in an exemplary manner.

This book is aimed at professionals of all disciplines in the real estate industry and urban planning, as well as students and all those interested in the current economic and urban development debates. The macro and micro perspectives taken, the wide variety of cross-references, and international comparisons are intended to challenge current patterns of thought in Germany and stimulate critical reflection. This book is not a theoretical treatise or textbook but a practice-oriented, constructive contribution to the debate, presenting concrete, alternative solutions and examples. Above all, however, the book aims to inspire and encourage a return to a more optimistic developer mindset and a more ambitious growth culture, particularly in Germany.

Inhaltsverzeichnis

Teil I Grundlagen, aktuelle Themen und Debatten

1 Developer Mindset 3
   1.1 Langfristige Vision, Wachstums- und Aufstiegsperspektive 5
   1.2 Politische Stabilität, Rechtsstaatlichkeit und gute Governance 16
   1.3 Wirtschaftsfördernde Rahmenbedingungen 30
   1.4 Soziale Stabilität: Chancenoffenheit und Eigenverantwortung,
        geregelte Immigration 47
   1.5 Exzellente Bildung auf allen Ebenen 58
   1.6 *Livability* – Städtebauliche Qualität als physischer Rahmen für
        Lebensqualität 67
   1.7 Resilienz – Prioritäten in Zeiten disruptiver Veränderungen und
        Megabedrohungen 72

2 Clash der Narrative zur nachhaltigen Stadtentwicklung 77
   2.1 Die „Smart City" 81
   2.2 Die „grüne, klimaneutrale Stadt" 89
   2.3 Die „offene Stadt" 98
   2.4 Für eine andere Diskussions- und Entscheidungskultur 105

3 ESG Business 111
   3.1 Vertrauen ist gut, Kontrolle anscheinend besser 111
   3.2 Gewinner und Verlierer, Entscheider und Mitläufer 120
   3.3 Alternative Ansätze – weniger, einfacher, dauerhafter, seriell bauen 127
   3.4 Big Picture Kosten-Nutzen-Betrachtung, Prioritäten 132

Teil II Trends, Konzepte und Umsetzungsprozesse

4 Langfristige Trends – neue Business Opportunities 141
    4.1 Urbanisierung: Konzentration, Innenentwicklung, Dichte, Vertikalisierung 141
    4.2 Neue Arbeitswelten 146
    4.3 Neue Wohnwelten 150
    4.4 Neue mischgenutzte Stadtquartiere 152
    4.5 Aufwertung des öffentlichen Raums in den Innenstädten 154

5 Kritische Rekonstruktionen 159

6 Die Krise als Chance nutzen 173
    6.1 Standort Deutschland im Jahr 2023: Zeit für Reformen 173
    6.2 Überregulierungen auf EU-, Bundes-, Landes- und regionaler Ebene 177
    6.3 Kommunale Ebene: Besondere Wachstumsbremser in Frankfurt am Main 185
    6.4 Zeitdringlichkeit 193

7 Umsetzung: Stadtplanung und Projektentwicklung effizient managen 197
    7.1 Projektplanungs- und Genehmigungsverfahren – Digitalisierung, runde Tische und Public–Private-Partnerships 198
    7.2 Organisation multidisziplinärer Investment- und Development-Organisationen – Matrixstrukturen, integrierte Development-Pläne, *Learning Organization* 201
    7.3 Unternehmenskultur, Learning Organization 211

Teil III Exkurs: Planungsbeispiele

8 Exkurs: Planungsbeispiele für Frankfurt am Main 215
    8.1 Frankfurt am Main – Flächennutzung 215
    8.2 Neue Quartiersentwicklungen auf größeren untergenutzten Grundstücksflächen 220
    8.3 Verdichtung im Bestand 236
    8.4 Bessere Gestaltung und Nutzbarmachung des öffentlichen Raums 239
    8.5 Leuchtturmprojekte als besondere Katalysatoren für die wirtschaftliche und städtebauliche Entwicklung 243

Bibliografie und Bildquellen 251

Orts-, Unternehmens- und Personennamen 257

Über den Autor

Heiko Achilles ist ein langjährig international erfahrener Projektentwickler, Architekt und Stadtplaner. Er arbeitete in projekt- und unternehmensleitenden Positionen für einige marktführende Immobilieninvestoren und Developer (u. a. TishmanSpeyer, Dubai Holding, Hines) in Deutschland, Brasilien und den Vereinigten Arabischen Emiraten, verantwortlich für große städtebauliche Entwicklungen sowie einige innovative Landmark-Projekte. Über seine eigenen Unternehmen berät und begleitet er Investoren, konzipiert, plant und managt die Umsetzung anspruchsvoller Projekte. Er studierte Architektur an der Technischen Universität Darmstadt und der Universität für angewandte Kunst in Wien und anschließend Urban Design und Real Estate Development an der Harvard University, Cambridge, USA. Seine internationalen Erfahrungen als Projektentwickler, Investment-Consultant und/oder Planer eröffnen ihm andere Blickwinkel auf die vielfältigen Herausforderungen und besondere Chancen in Deutschland, erlauben ihm dabei eine konstruktiv kritische und optimistische Haltung.

Abbildungsverzeichnis

Abb. 1.1	„The IMD World Competitiveness Ranking 2024" Gesamtwertung, Top 30 von insgesamt 64 verglichenen Ländern. (Quellen: auf Grundlage von IMD 2022, IMD 2023, IMD 2024)	14
Abb. 1.2	World Trade Center, das erste Hochhaus in Dubai und Sheikh Zayed Road im Jahr 1979. (Quelle: Nag 2018 und Archive of Dubai Municipality, www.dm.gov.ae)	28
Abb. 1.3	Dubai Downtown mit Burj Khalifa, dem höchsten Hochhaus der Welt und der Dubai Mall im Jahr 2020. (Quelle: visitdubai.com 2024)	28
Abb. 1.4	Prognostiziertes BIP-Wachstum in 2023 und 2024 im Ländervergleich. (Quelle: auf Grundlage von OECD 2023, OECD 2024)	32
Abb. 1.5	Ein Mosaik besonderer Wirtschaftsentwicklungszonen, thematischer Free Zones in Dubai. Sie treiben nicht nur die Wirtschaftsentwicklung für ausgewählte Sektoren, sondern auch die städtebauliche Entwicklung in ihnen und um sie herum. (Quelle: Akhavan 2020, S. 93.)	46
Abb. 1.6	Ausgabenstruktur des Bundeshaushaltes 2022: mehr konsumieren als investieren. Für Wohnungswesen, Städtebau und Raumordnung nur 0,7 %, 3,6 von 495,8 Mrd. Euro. (Quelle: Sozialpolitik-aktuell.de 2024)	56
Abb. 1.7	Top 10 Städte mit höchster Lebensqualität in 2023. (Quelle: Economist Intelligence Unit 2023)	69
Abb. 1.8	Kritische Standortfaktoren für erfolgreiche Wirtschafts- und Stadtentwicklung. (Quelle: eigene Darstellung)	71
Abb. 2.1	Strategien für nachhaltige städtebauliche und architektonische Planungen, von passiv bis aktiv. (Quelle: eigene Darstellung)	90

Abb. 2.2	Ein- und Auswanderung in Deutschland, 1950–2021. (Quelle: eigene Darstellung auf Grundlage der Daten des Statistischen Bundesamts, Destatis 2024)	102
Abb. 3.1	Meilensteine der Klimaschutzgesetzgebungen, global, EU-weit, Deutschland. (Quelle: eigene Darstellung)	112
Abb. 3.2	Systemisches Denken und Planen für eine nachhaltige Stadtentwicklung. Wechselseitige Wirkungen zwischen Humankapital, Naturkapital und produziertem Wirtschaftskapital verstehen. (Quelle: eigene Darstellung)	127
Abb. 3.3	CO_2-Emissionen (in Gigatonnen) nach Land, Entwicklung seit 1960. (Quelle: Global Carbon Project 2021, lizenziert unter CC-BY 4.0)	134
Abb. 4.1	Trends in der Stadtplanung, Architektur und Bauwirtschaft	142
Abb. 4.2	Wachstum der Weltbevölkerung und Aufteilung in städtische und ländliche Besiedlung (Datengrundlage: United Nations, World Population Prospects, 2018)	143
Abb. 4.3	Preisentwicklung für baureifes Land in Deutschland, Durchschnitt über alle Lagen (in Euro pro Quadratmeter; Datengrundlage: Destatis 2021)	145
Abb. 5.1	Palast der Republik im Jahr 1986, der nach Abriss der Schlossruine von der DDR als „Parlaments"-Gebäude errichtet wurde. (Quelle: Junge 1986, lizenziert unter CC-BY-SA 3.0)	162
Abb. 5.2	Blick auf das wieder aufgebaute Berliner Schloss, jetzt „Humboldt Forum" im Jahr 2024. (Quelle: eigenes Foto)	163
Abb. 5.3	Der Frankfurter Römerberg im Nachkriegsjahr 1946. (Quelle: Institut für Stadtgeschichte, Frankfurt, S7B Nr. 1998–12, Landesbildstelle Hessen)	168
Abb. 5.4	Wieder aufgebauter Teil der Frankfurter Altstadt im Jahr 2018, bei Fertigstellung. (Quelle: Alexander 2018, Foto von Wolfgang Eilmes)	169
Abb. 6.1	Historische Zinsentwicklung in der Baufinanzierung in Deutschland, 10 Jahre Sollzinsbindung. (Quelle: auf Grundlage von Statista 2024)	174
Abb. 6.2	Entwicklung des Baupreisindexes für Bauleistungen an Wohngebäuden in Deutschland, 2015 = Index 100. (Quelle: auf Grundlage der Daten von BKI 2024)	175
Abb. 6.3	Planungsebenen, Baugesetzgebungen: Auf allen Ebenen zunehmende Anforderungen und Regelungsdichte. (Quelle: eigene Darstellung)	178

Abbildungsverzeichnis

Abb. 6.4	Wachstum der Metropolregion Frankfurt Rhein-Main, Siedlungsstruktur – stark fragmentierte, ineffiziente Zersiedlung – hoher Flächenverbrauch. (Quelle: Regionalverband Frankfurt RheinMain 2021)	186
Abb. 7.1	Planungsphase und langfristiger Einfluss auf Kosten und Projekterfolg. Eine frühen Planungsphasen erfordern die geringsten Investitionen, haben aber die größten langfristigen Auswirkungen. Sie bestimmen das Realisierungspotenzial und die Gesamtkosten des Vorhabens, entscheiden über Erfolg oder Misserfolg. (Quelle: eigene Darstellung)	206
Abb. 7.2	Beispiel einer Matrixstruktur mit Führung der Projekte durch Portfolio- bzw. Projektleiter und portfolioweite Einbindung der technischen Spezialisten – jeweils zwei Reporting Lines. (Quelle: eigene Darstellung)	208
Abb. 7.3	Multidisziplinäre Projektkontrollgruppen (PCGs) sind regelmäßig stattfindende Besprechungen von Projektmanagementteams, die sich aus Vertretern verschiedener Disziplinen im Investment-Management, Development-Management und Property-Management zusammensetzen. Jeder verwaltet verschiedene Schnittstellen mit Dritten und koordiniert und stimmt Aktivitäten mit dem „integrierten Entwicklungsplan" ab. (Quelle: eigene Darstellung)	210
Abb. 8.1	Sechs Wohnhochhäuser, im Vordergrund der höhere Hotel-/Serviced-Apartments-Hybridturm. (© Achilles Real Estate Development GmbH, 2020)	222
Abb. 8.2	Park zwischen den Wohnhochhäusern und dem Studenten-Mikroapartment-Modulbau. (© Achilles Real Estate Development GmbH, 2020)	223
Abb. 8.3	Pocket-Park zwischen den Wohnhochhäusern und der Kita. (© Achilles Real Estate Development GmbH, 2020)	223
Abb. 8.4	Blocktypologien (hier mit Quartiers-Hochgaragen). (© Achilles Real Estate Development GmbH, 2020)	225
Abb. 8.5	Blocktypologien Nutzungsmischung (Wohnen, Einzelhandel, Garage, *Serviced Apartments*). (© Achilles Real Estate Development GmbH, 2020)	226
Abb. 8.6	Urban-Farming-Blocks mit geschlossenen *Vertical-Indoor-Farming*-Hallen und Gewächshäusern. (© Achilles Real Estate Development GmbH, 2020)	226
Abb. 8.7	Urban-Farming- und Aquaponik-Showroom und Café. (© Achilles Real Estate Development GmbH, 2020)	228

Abb. 8.8	„Vektor-Süd-Ost"-Projekte beidseitig des Mains, Masterplan. (© Achilles Real Estate Development GmbH, 2020)	229
Abb. 8.9	Planungsstudie Riverfront Towers 2, Osthafen-West: Wohnhochhäuser und Büro-Sockelgebäude. (© Achilles Real Estate Development GmbH, 2020)	230
Abb. 8.10	Planungsstudie Riverfront Towers 2, Osthafen-West: Wohnhochhäuser und Büro-Sockelgebäude. (© Achilles Real Estate Development GmbH, 2020)	230
Abb. 8.11	Blick Richtung Westen, entlang der neuen Uferpromenade. (© Achilles Real Estate Development GmbH, 2021)	232
Abb. 8.12	Uferpromenade, im Hintergrund geförderter Geschosswohnungsbau. (© Achilles Real Estate Development GmbH, 2021)	233
Abb. 8.13	Blick auf den Main von den Podiumsterrassen. (© Achilles Real Estate Development GmbH, 2021)	233
Abb. 8.14	Wohnquartier Gutleuthafen, Nutzungsdiagramm. (© Achilles Real Estate Development GmbH, 2021)	234
Abb. 8.15	Planungsstudie für mehrgeschossigen Gewerbehof, Produktion und Logistik, expl. Isometrie. (© Achilles Real Estate Development GmbH, 2022/23)	235
Abb. 8.16	Planungsstudie für mehrgeschossiges *Urban Farming:* Logistik, *Vertical Indoor Farming,* Gewächshaus, Schnittperspektive. (© Achilles Real Estate Development GmbH, 2022/2023)	236
Abb. 8.17	Mikroapartments in Sachsenhausen, Blockrandschließung. (© Achilles Real Estate Development GmbH, 2022)	237
Abb. 8.18	Mikroapartments in Sachsenhausen, Straßenansicht. (© Achilles Real Estate Development GmbH, 2022)	238
Abb. 8.19	Wohnneubauten in Blockinnenräumen, Planungsstudien Typ 1. (© Achilles Real Estate Development GmbH, 2021)	238
Abb. 8.20	Wohnneubauten in Blockinnenräumen, Planungsstudien Typ 2. (© Achilles Real Estate Development GmbH, 2021)	239
Abb. 8.21	Anbau an die denkmalgeschützte Markthalle, Neugestaltung der umliegenden Fußgängerzone, Ansicht. (© Achilles Real Estate Development GmbH, 2020)	241
Abb. 8.22	Schnitt durch die Markthalle und den Anbau – Markterweiterung und Tiefgarage. (© Achilles Real Estate Development GmbH, 2020)	241
Abb. 8.23	„Boxkai" – temporärer Containermarkt am Frankfurter Mainkai, Vogelperspektive. (© Achilles Real Estate Development GmbH)	242

Abb. 8.24	„Boxkai" – temporärer Containermarkt am Frankfurter Mainkai, Fußgängerperspektive. (© Achilles Real Estate Development GmbH)	243
Abb. 8.25	„Modular Malls" – Markthalle mit Containern, für Dubai, Projektstudie 2014. (© Achilles Real Estate Development GmbH)	244
Abb. 8.26	Masterplanstudie für das Areal Mainwasen und Oberräder Felder – neues innerstädtisches Bauland entsteht durch die Verkleinerung des Siedlungsbeschränkungsgebiets. (© Achilles Real Estate Development GmbH, 2020)	245
Abb. 8.27	Neubau Oper mit Dachgarten und Wohn- und/oder Bürohochhaus, volumetrische Studie. (© Achilles Real Estate Development GmbH, 2023)	249

Teil I
Grundlagen, aktuelle Themen und Debatten

Developer Mindset

Was treibt erfolgreiche Wirtschafts- und Stadtentwicklungen, was behindert sie? Deutschland im internationalen Vergleich

> *National prosperity is created, not inherited*
>
> (Michael Porter).
>
> *Culture eats strategy for breakfast*
>
> (Peter Drucker).
>
> *Es sind nicht unsere Füße, die uns weiterbewegen, es ist unser Denken*
>
> (chinesisches Sprichwort).

Warum entwickeln sich manche Länder, ihre Volkswirtschaften und ihre größten Städte rasant und erfolgreich, während andere zurückbleiben oder absteigen, obwohl sie gleich gute oder sogar bessere Voraussetzungen mitbringen? Wie schaffen es manche Städte, eine besondere Strahl- und Anziehungskraft zu entwickeln, zu global führenden Metropolen aufzusteigen, andere nicht? Wie gelingt es einigen, große Summen Investmentkapitals für zukunftsbestimmende Sektoren anzuziehen, qualifizierte Leistungsträger, risikobereite Entrepreneure zu gewinnen und zu halten, anderen nicht? Wie können Entwicklungserfolge ausgebaut und verstetigt werden? Wie können die Resilienz und Wettbewerbsfähigkeit von urbanen Wirtschaftsstandorten für Krisenzeiten erhöht werden?

Die Aufgaben, die sich aus diesen Herausforderungen ergeben, sofern sie als Chancen erkannt und angenommen werden, sind komplex. Es müssen mehrere Faktoren zusammenkommen, zum richtigen Zeitpunkt und in der richtigen Dosierung, um als positive Treiber zu wirken. Vieles kann geplant und durch strategische Investitionen und Initiativen forciert werden, andere Entwicklungen ergeben sich auch aufgrund externer, nicht vorhersehbarer und nicht beinflussbarer Umstände. Viele direkt und indirekt betroffene Interessengruppen beeinflussen die Zielsetzungen, Strategien und Umsetzungsprozesse mit je unterschiedlicher Stoßrichtung. Solide, von Mehrheiten als fair erachtete Interessenausgleiche unter ihnen erfordern ein geschicktes Austarieren. Manche Herausforderungen werden dabei als schwer lösbare Probleme wahrgenommen, andere als „low hanging fruits", die es erlauben, mit einfachen Maßnahmen große Wirkung zu entfalten, manche eröffnen besonders große Chancen. Oft ist es auch eine Frage der Perspektive: Ist das Glas noch halb leer oder schon halb voll? Es gibt also keine einfachen Rezepte. Aber es gibt klare, allgemeingültige Kriterien, an denen Erfolge gemessen werden können, und das gilt nicht nur für quantifizierbare, sondern auch für qualitative, atmosphärische.

Wer in sehr unterschiedlichen Teilen der Welt gelebt hat und unternehmerisch tätig war, weiß, dass es für Erfolgsstorys in der Wirtschafts- und Stadtentwicklung mehr als das Skizzieren von Visionen und das Abarbeiten der Standard-To-do-Listen braucht, die Strategieberater üblicherweise mit einfachen Diagrammen und eingängigen Schlagwörtern vorstellen, meist in Anlehnung an die systematischen, inzwischen klassischen *Competitiveness*-Studien von Michael Porter (Porter 1990). Die Wirksamkeit dieser Maßnahmen hängt von vielen lokal unterschiedlichen Voraussetzungen und Details der Umsetzung sowie von sich ändernden geopolitischen Rahmenbedingungen ab. Noch wichtiger aber ist, dass sie von einer wachstumsfördernden Kultur getragen werden müssen, einer alles durchdringenden Grundeinstellung und Stimmung, in der möglichst viele Menschen des Landes und ihrer Stadtgesellschaften aus eigenem Antrieb und gut begründetem Optimismus die Entwicklungen in vielen kleinen Schritten selbst voranbringen, als aktive Gestalter Initiative ergreifen und sich gegenseitig ermutigen und ergänzen: **eine Kultur großer Ambitionen, positiver Energie und des zuversichtlichen, engagierten Machens, die allen Auftrieb gibt. Wo es eine solche Kultur gibt, können in kürzester Zeit Quantensprünge gelingen, wo sie fehlt, helfen auch die besten Strategien und die größten Budgets nur sehr begrenzt.**

Eine derartige Kultur lässt sich nicht verordnen, nicht erzwingen. Ihr Entstehen, ihre Lebendigkeit und Stärke können aber durch politische Führung und staatliche Strukturen beeinflusst werden, entweder stimuliert und gefördert oder behindert werden. Mit den richtigen Initiativen zur richtigen Zeit kann ein fruchtbarer Nährboden geschaffen und punktuell Anstöße gegeben werden, bis sich eine starke Eigendynamik entfaltet und die politische Führung schließlich mehr moderieren als treiben und lenken muss. Manchen Ländern und Städten – ihren Politikern, Unternehmern und Bürgerschaften – gelingt es über längere Zeiträume, für eine derartige Wachstumsmentalität gute Rahmenbedingungen zu schaffen und zu nutzen. Es gelingt ihnen, eine Kultur zu entwickeln, die zu Leistung motiviert, dabei nicht als überfordernde Leistungskultur wahrgenommen wird. Es gelingt ihnen, kreative und unternehmerische Energien zu mobilisieren und produktive Kooperation unterschiedlichster Stakeholder für die Realisierung einer gemeinsamen Vision zu fördern. **Dabei wächst ein Developer Mindset, ein optimistisch konstruktives Denken und Handeln aller Beteiligten, durch den neue Ideen entstehen und Projekte engagiert und zielgerichtet vorangetrieben werden können.**

1.1 Langfristige Vision, Wachstums- und Aufstiegsperspektive

Das klassische Beispiel positiver Motivierung durch politische Führung für gemeinschaftliche wirtschaftliche und technische Entwicklungsanstrengungen ist die Ankündigung des US-Präsidenten John F. Kennedy im Mai 1961, Astronauten auf dem Mond landen zu lassen, *„we choose to go to the moon in this decade and do the other things, not because they are easy, but because they are hard"* (in einer Rede zum US Raumfahrtprogramm am 12. September 1962 an der Rice University). Als es im Juli 1969 schließlich gelang, sprach der Astronaut Neil Armstrong zu Recht von einem *„giant leap for mankind"*. Im Zusammenhang mit dem ambitionierten amerikanischen Weltraumforschungsprogramm entstand eine Vielzahl technischer Innovationen für die verschiedensten Sektoren. Das Programm wirkte direkt und indirekt als eine sehr erfolgreiche Wirtschaftsentwicklungsinitiative für die USA, ihre Verbündeten und Handelspartner sowie als zusätzlicher Ansporn für ihre Konkurrenten. Demgegenüber steht die bekannte Aussage des früheren deutschen Bundeskanzlers Helmut Schmidt aus dem Jahr 1975: „Wer Visionen hat, sollte zum Arzt gehen." (Dieses Zitat wird ihm zugeschrieben, er hatte es bei Nachfragen nie dementiert). Seine Amtszeit in den 1970er-Jahren markierte den Ausbau eines großzügigen Sozialstaats, dem das Verteilen wirtschaftlicher Erfolge, von materiellem Wohlstand zunehmend wichtiger wurde als dessen Erarbeiten. Er definierte die Rolle des Staats als Korrektiv für soziale Gerechtigkeit. Während Kennedys Vision darauf abzielte, den „Kuchen" gemeinsam zu vergrößern, wollte Schmidt den vorhandenen anders verteilen. Dieser Ansatz hat sich verfestigt. Heute fehlen in der inzwischen alt ausschauenden westlichen Welt, insbesondere in Europa, große, zukunftsoptimistische Projekte und Wachstumsnarrative oder werden die Projekte, an denen gearbeitet wird, mehr mit Angst und Sorge vor einer krisenhaften Zukunft begründet, weniger als Chancen für Fortschritt und Verbesserungen der Lebensqualität gesehen.

Erfolgsentscheidend für einen kreativen und produktiven Developer Mindset ist es, die **richtige Balance zwischen staatlicher Planung, kontrollierenden Eingriffen und unternehmerischen und individuellen Freiheiten** zu finden. Das heißt, einen soliden Rahmen für eine auch dem Gemeinwohl verpflichtete, eine soziale Marktwirtschaft zu definieren, der eine breite Akzeptanz findet, Identifikation bietet, somit langfristiges Planen und bürgerschaftliches Engagement nicht nur erlaubt, sondern fördert. Wie viel und welche staatlichen Eingriffe sind hierfür erforderlich und längerfristig hilfreich, ab wann sind sie hinderlich, demotivieren die Akteure? Wie viel zentrale Steuerung ist wichtig, um nachhaltigen Erfolg und stabilisierende „soziale Gerechtigkeit" zu erreichen? Wie weit kann man den Selbstregulierungskräften des Marktes, der Dynamik von Nachfrage und Angebot und dem Wettbewerb vertrauen? Internationale Fallstudien von Erfolgen und Misserfolgen sind in diesem Zusammenhang gleichermaßen interessant und lehrreich.

Ein besonders beeindruckendes Beispiel ist der Aufstieg des Stadtemirats **Dubai**, das in wenigen Jahrzehnten von einem unbedeutenden kleinen Fischerort auf der Arabischen Halbinsel zu einer weltweit bekannten, glamourösen Wirtschafts- und Lifestyle-Metropole mit inzwischen über 3,3 Mio. Einwohnern aufstieg (insgesamt ca. 9,5 Mio. in den Vereinigten Arabischen Emiraten), mit immer neuen baulichen Superlativen glänzt, in vielen innovativen Wirtschaftsbereichen Impulse gibt und sich geschickt im geopolitischen Kontext positioniert. Das Bruttoinlandsprodukt der VAE hat sich von ca. $ 39,2 Mrd. in 1983 auf ca. $ 507 Mrd. in 2023 verdreizehnfacht, das BIP pro Kopf ist im gleichen Zeitraum auf ca. $ 51.000 gestiegen, liegt somit inzwischen über Deutschland, mit ca. $ 49.000 (Quelle: Statistisches Bundesamt 2023). Anders als von internationalen Neidern im vergleichsweise trägen alten Europa gerne unterstellt, lag dieser kometenhafte Aufstieg nicht allein an dem finanziellen Überschuss aus der Ölwirtschaft seiner reichen Nachbaremirate, sondern vor allem an kluger strategischer Planung und exzellenter, extrem ambitionierter Führung. Der Dubai-Boom blieb auch kein kurzfristiger Hype, wie von vielen Skeptikern prophezeit. Der nicht nachlassende Enthusiasmus seiner Akteure war bislang nicht unbegründet, hat sich für viele gelohnt. Der sanft autoritäre, aber allen Einwohnern dienende Führungsstil der Autokratie der Vereinigten Arabischen Emiraten lässt sich nicht auf große Länder mit reifen Demokratien übertragen. Aber man kann einige der Wirtschaftsförderungsinitiativen kopieren und sich von der visionären Kraft, der Kreativität und dem Fleiß der Akteure inspirieren lassen. Von Dubai kann man lernen größer zu denken und mutiger, entschlossener zu handeln.

Dubais Ruler Mohammed bin Rashed Al Maktoum war und ist sich der Wichtigkeit einer optimistischen Leistungskultur und selbstbewussten Außendarstellung bewusst und agiert als unermüdlicher Treiber und Motivator für immer ambitioniertere Ziele. Seit 1995 ohne Unterbrechung in Führungsverantwortung für sein Emirat, hat er langfristig angelegte Strategien kontinuierlich weiterentwickeln und umsetzen können. Mit anfänglicher Unterstützung vieler ausländischer Strategieberater und erfahrener Manager hat er Generationen von einheimischen Führungspersönlichkeiten geprägt, die in diesem Sinne die Entwicklung fortsetzen werden. Dubai investiert massiv und sehr strategisch in zukunftsrelevante Sektoren, in Infrastruktur, in Bildung und innovative Technologien, positioniert sich selbstbewusst immer mehr auch als Tech-Hub. Das Land steigt ein im Rennen um Führungspositionen bei der Entwicklung und Kommerzialisierung von künstlicher Intelligenz. Das Emirat hat vor Kurzem einen „Dubai 2040 Urban Master Plan" veröffentlicht, nach dem es anhaltend starkes Wirtschaftswachstum und einen weiteren Bevölkerungszuwachs auf 5,8 Mio. Einwohner bis 2040 erwartet. Die Erfolgsstory geht weiter – soweit es das geopolitische Umfeld dieser krisenreichen Region zulässt.

Man kann von Dubai lernen, wozu eine Kultur ambitionierten Unternehmertums und der Risikobereitschaft fähig ist, was sie erreichen kann. Es gab für die Vereinigten Arabischen Emirate keine zwingende Notwendigkeit für ihre enormen Entwicklungsanstrengungen, für all die unternehmerischen und kulturellen Risiken, die ihre Führung einging. Nach Entdeckung der großen Erdöl- und Erdgaslagerstätten in der Region hätte man die Einnahmen aus deren Verkauf über Sovereign Wealth Funds allein im Ausland anlegen können und mit den Gewinnen die kleine einheimische Bevölkerung sehr komfortabel und langfristig absichern können. Man hätte es also auch viel bequemer haben können. Stattdessen wurde sehr viel und sehr diversifiziert im eigenen Land investiert, in zum Teil riskante neue Geschäftsbereiche, für die eigene Erfahrung und Personal anfangs fehlten. Es wurde also noch langfristiger gedacht und geplant, auch für eine Zeit nach dem Erdöl, die in den 1970er-Jahren weit entfernt schien. Manche der Wirtschafts- und Stadtentwicklungsprojekte waren keine großen Erfolge, einige wenige scheiterten, aber dies hielt die Führung des Landes nicht vor neuen Wagnissen zurück. In den Worten des Rulers von Dubai, Sheikh Mohammed bin Rashid Al Maktoum: "To take a risk and fail is not a failure. The real failure is to fear to take any risk."

Dubai ist kein Einzelfall, sondern ließ sich anfangs selbst stark vom Beispiel **Singapur** leiten, das einige Jahrzehnte früher mit einer derartigen ökonomischen und kulturellen Transformation begann, mit ebenfalls beeindruckendem Erfolg. Ohne eigene natürliche Ressourcen ist es dem kleinen Stadtstaat, mit inzwischen ca. 6 Mio. Einwohnern, innerhalb weniger Jahrzehnte gelungen, erst zur regionalen Handelsdrehscheibe, dann zu einem diversifizierten globalen Handels- und innovativen Dienstleistungsstandort aufzusteigen, der inzwischen regelmäßig auf den ersten Plätzen der *World Competitive Indexes* zu finden ist, weit vor Deutschland und anderen großen europäischen Volkswirtschaften sowie vor den USA. Singapurs Bruttoinlandsprodukt pro Kopf zählt inzwischen zu den höchsten weltweit. Singapur entwickelte Wirtschaftswachstumsstrategien und Stadtentwicklungsmodelle, die vielen Emerging Markets inzwischen als Vorbild dienen. Auch hier hat eine autokratische Staatsführung langfristig planen und sehr systematisch und schnell umsetzen können. Von Anfang an war die Öffnung nach außen ein zentraler Teil der Strategie. Konzerne aus der ganzen Welt wurden mit attraktiven Rahmenbedingungen angezogen. Anfangs eröffneten diese Verkaufsbüros, dann folgten Produktionsstätten. Dank einer hohen Rechtssicherheit, guter staatlich finanzierter Infrastruktur und eines beispielhaften Schutzes von geistigem Eigentum wurde daraus immer mehr. Die systematische Förderung von Bildung und Wissenschaft hat es dem Land seit seiner Unabhängigkeit im Jahr 1965 in nur zwei Generationen ermöglicht, globale Spitzenpositionen in Forschung und Produktentwicklungen einzunehmen, neue Maßstäbe für Innovationen zu setzen. Mit staatlicher Förderung von Start-ups in verschiedensten wissensbasierten Sektoren wird diese Position kontinuierlich weiter ausgebaut. Singapur setzt inzwischen neue Benchmarks für die wissensbasierten Ökonomien. Vertreter von Planungsbehörden und Consultants aus Singapur werden oft zu Konferenzen und Beratungstätigkeiten in der ganzen Welt eingeladen, um ihre Erfahrungen weiterzugeben. Insbesondere die wachstumsstarken Nachbarn in Südostasien, Malaysia, Vietnam und Indonesien kopieren viele der wirtschaftspolitischen und Stadtentwicklungsstrategien.

Der Developer Mindset der Vereinigten Arabischen Emirate ist vor einigen Jahren auf das viel größere, benachbarte **Saudi-Arabien** übergesprungen, wo eine neue, junge Führungselite das Land im Eiltempo modernisieren und wirtschaftlich diversifizieren will. Das lange Zeit verschlossene Land präsentiert sich der Welt nun sehr selbstbewusst mit innovativen „Gigaprojekten", mit neuen Städten, modernsten Infrastrukturprojekten, Economic-Development-Clustern und herausragenden *Landmark*-Gebäuden, mit denen es sich in regionale und globale Führungspositionen katapultieren will. Es scheint, als sei Saudi-Arabien entschlossen, alle globalen Vorbilder in Größe, Extravaganz und Geschwindigkeit zu übertrumpfen. Die Führung dieses Landes denkt noch größer, noch ambitionierter, handelt noch schneller. Der Mut, neue Konzepte zu testen und große stadtplanerische Experimente zu wagen, etwa das futuristische Stadtentwicklungsprojekt NEOM, ist – bei aller berechtigten Skepsis – beeindruckend. Die Führung möchte "out of the box" denken, sucht nach unkonventionellen Ideen. Sie wagt neue Wege, ist bereit, hierbei auch kostspielige Fehler zu begehen, aus diesen zu lernen und weiterzueilen. Saudi-Arabien will und muss in schnellen Schritten aufholen, die Nachbarländer Vereinigte Arabische Emirate, Katar und selbst Oman sind mit ihren Transformationen bereits um einige Jahre voraus. Noch sind die Einnahmen aus der Ölwirtschaft hoch genug, um die Finanzierung solcher Projekte zu ermöglichen, zumindest anzuschieben. Das langfristige Ziel aber ist eine breite Diversifizierung seiner Wirtschaft, mehr Unabhängigkeit vom Ölgeschäft und mehr ausländische Direktinvestitionen in das Land zu holen.

Die großen innovativen Industrie- und Stadtentwicklungsprojekte, die derzeit in Saudi-Arabien entwickelt werden, bieten einen neuen Rahmen für die Öffnung des Landes: mit schrittweisen Anpassungen an internationale wirtschaftsrechtliche Standards und zugleich gesellschaftlichen Reformen des konservativen, religiösen Landes. Ähnlich wie in Singapur und Dubai sind dabei Investitionen in Tourismus, Kultur, Unterhaltung und Sportevents wichtige Katalysatoren für eine Bevölkerung, in der zwei Drittel unter 35 Jahre alt sind. Wie in den Vereinigten Arabischen Emiraten so werden auch in Saudi-Arabien viele der neuen Stadtentwicklungen als spezielle, separate Wirtschaftsentwicklungszonen geplant, in denen eigene, mehr an internationale Standards angepasste Rechtssysteme gelten, um ausländischen Investoren und im Land arbeitenden Expats größere Sicherheiten zu bieten. Die Kombination detaillierter strategischer Planungen mit einer selbstbewussten *Nation-Branding*-Strategie erhöht die internationale Wahrnehmbarkeit und die Motivation der lokalen Bevölkerung, an der Modernisierung, an Fortschritt und Liberalisierung mitzuwirken und von ihnen zu profitieren.

Die neuen „Economic Cities" und „Special Economic Zones" werden auch für die Entwicklung und Anwendung erneuerbarer Energietechnologien, für Solar-, Wind- und grüne Wasserstoffenergie, genutzt. Einige Projekte sollen sich langfristig unabhängig hiermit versorgen können und die Entwicklung dieses Wirtschaftssektors beschleunigen. Die „Saudi Green Initiative" bildet einen strategischen Plan, der diese und andere Nachhaltigkeitsinitiativen formuliert und forciert. Das Land will bis 2060 klimaneutral werden. Für ein Land, das mit durchschnittlich 18,2 t CO_2-Emissionen pro Einwohner und Jahr derzeit noch zu den größten Emittenten der Welt zählt, ist auch das ein sehr ambitioniertes Ziel. Der weltweite Durchschnitt liegt bei 4,66 t, in Deutschland bei 7,99 t im Jahr 2022 (Statista.de, Entwicklung der CO2-Emissionen in Saudi Arabien bis 2022, Rene Mutscher, 22.01.2024).

Die wirtschafts- und innenpolitischen Reformen, die mit ihnen verbundenen Aufstiegsversprechen werden inzwischen von einer Mehrheit der jungen Bevölkerung euphorisch

1.1 Langfristige Vision, Wachstums- und Aufstiegsperspektive

unterstützt, müssen sich aber langfristig bewähren und dürfen die religiöse Identität des Landes nicht überfordern. Die große Machtkonzentration auf die Person des jungen Kronprinzen Mohammed bin Salman hat sehr schnelle Entscheidungen für den Transformationsprozess ermöglicht. Saudi-Arabien ist mit seiner geografischen Ausdehnung und Einwohnerzahl von derzeit 36 Mio. um ein Vielfaches größer als Dubai oder Singapur. Es hat zudem Ambitionen, als militärisch gestützte regionale Groß- und Ordnungsmacht zu agieren. Dies macht die Aufgaben komplexer und riskanter.

An Zweiflern und Kritikern an Saudi-Arabiens aktuellen Gigastadtentwicklungsprojekten mangelt es in Europa und den USA nicht. Die Projekte seien völlig übertrieben, ist dort oft zu hören, unrealistisch, es gäbe keine ausreichend große Nachfrage für sie, sie seien viel zu teuer, manches baukonstruktiv gar nicht umzusetzen. Das ist zum Teil sicher richtig. Es ist wahrscheinlich, dass vieles nicht so kommt, wie es angekündigt und in aufwendigen Animationen illustriert wurde, dass manche Projekte gar nicht realisiert werden, viele kleiner ausfallen werden und Entwicklungszeiten verlängert werden. Dann sind einige von ihnen eben nicht mehr „Giga-", aber vermutlich noch immer „Mega-", sicher aber „Superprojekte", um in der Sprache der Superlative zu bleiben, werden immer noch enorme Lerneffekte und Wachstumsschübe für alle Beteiligten erzielen. Das sollte den Respekt für ihre Ambitionen nicht schmälern. Ob es eine kluge Marketingstrategie ist, die extrem ambitionierten Ziele der internationalen Öffentlichkeit bereits zu Zeitpunkten zu präsentieren, bevor die Machbarkeit der Projekte besser geklärt ist, ist eine andere Frage. Aber auch ein ehrlicher Vergleich mit den Ländern, aus denen die Kritik kommt, scheint in diesem Zusammenhang wichtig: Was bleibt in den „reiferen" westlichen Wirtschaftsstandorten am Ende von ihren sehr viel kleineren Projekten, die sie nur zaghaft und kleinmütig beginnen, dann ebenfalls Schritt für Schritt weiter reduzieren? Mit sehr großen Ambitionen zu starten, kann kein Fehler sein. Das kreative Potenzial und die unternehmerische Energie, die hierdurch mobilisiert werden, haben weitergehende, über die einzelnen Projekte hinausgehende positive Effekte auf die Wirtschaft und Mentalität der beteiligten Menschen, inspirieren und motivieren sie in verschiedensten Bereichen nach vorne zu denken und sich optimistisch zu engagieren.

Es sind aber nicht nur die kleineren, autokratisch geführten Länder, die mit großer Entwicklungsenergie beeindruckende Fortschritte erreichen. Auch **Indien**, mit inzwischen über 1,4 Mrd. Einwohnern die „größte Demokratie der Welt", verändert sich rasant. Die junge Bevölkerung, die Hälfte ist unter 25 Jahre alt, und ihre bildungsorientierte, technologieaffine Kultur schaffen gute Voraussetzungen für Wirtschaftswachstum und Innovationen. In einer Ära der Digitalisierung, Globalisierung und zunehmenden Urbanisierung aufgewachsen, streben die jungen Inder oft höhere Bildungsabschlüsse und berufliche Qualifikationen an, insbesondere in den MINT-Fächern (Mathematik, Informatik, Naturwissenschaft und Technik). Dies führt dazu, dass viele von ihnen in Bereichen wie Informationstechnologie, Ingenieurwissenschaften und anderen technischen Disziplinen tätig werden können, was die Entwicklung ihrer Hightechsektoren schneller vorantreibt. Bangalore, Hyderabad, Chennai und andere indische Städte entwickeln sich zu Zentren der Informationstechnologie von globaler Bedeutung und verfolgen ambitionierte *Smart-City*-Entwicklungsagenden. Das Narrativ des überbevölkerten Armenhauses der Welt hat sich in wenigen Jahrzehnten radikal gewendet hin zum dynamischen Hoffnungsträger. Präsentationen indischer Unternehmen beeindrucken mit Ideenreichtum, Zielstrebigkeit und sind getragen von großer Zuversicht. Die indische Start-up-Szene floriert. Für Europa bietet sich Indien zunehmend als alternativer Handelspartner und Investitionsstandort zu China an.

Am anderen Ende des Spektrums der Wirtschafts- und Stadtentwicklungsdynamik präsentiert sich aktuell **Deutschland,** eine der noch vor kurzer Zeit weltweit führenden Wirtschafts-, Wissenschafts- und Kulturnationen, heute wieder einmal der „kranke Mann Europas" (so titelte erneut *The Economist* im August 2023), der sich durch eine Anhäufung selbst verschuldeter Probleme und strategisch wenig durchdachter Politik abwirtschaftet, gänzlich „abschafft", wie Thilo Sarrazin, ein prominenter, schnell ungeliebter Kritiker, schon vor Jahren warnte (Sarrazin 2010), und international immer mehr isoliert. Alle anderen führenden westlichen G7-Industriestaaten wachsen in diesen Postpandemiejahren, Deutschland nicht. Es droht eine lang anhaltende Stagnation, vielleicht auch Rezession. Kurz- und mittelfristige Prognosen der führenden Wirtschaftsinstitute fallen durchweg negativ aus. Die Vorbildrolle, die das Land einst als „Wirtschaftswunderland" hatte, nach einem zweiten Wiederaufstieg von einem zweiten verheerenden, alles zerstörenden Weltkrieg, ist passé. Aus der größten und stärksten Volkswirtschaft Europas, aus dem Stabilitätsanker und verlässlichen Zugpferd ist ein Problemfall geworden, der nun den ganzen Kontinent zu schwächen droht. Dementsprechend wurde das Ansehen Deutschlands im Ausland in den letzten Jahren immer schlechter. Das Land scheint an wirtschaftlichen und politischen Führungsrollen immer weniger interessiert und/oder immer unfähiger, diese zu erreichen. Das Siegel „Made in Germany" dient auch nicht mehr uneingeschränkt als Innovations- und Qualitäts-Benchmarking für die Produkte der übermäßig exportabhängigen Industrienation. Andere haben längst auf- und in manchen Bereichen sogar überholt und wichtige Zulieferer- und Absatzmärkte übernommen.

Das Land, das sich gerne noch immer als „Land der Ideen" vermarktet, schaut regungslos zu, wie die Innovationen seiner Wissenschaftler, Ingenieure und Kreativen im eigenen Land nicht umgesetzt werden können, in anderen Ländern aber zügig übernommen, angewandt und für den globalen Export kommerzialisiert werden. Die den beeindruckenden Leistungsgenerationen der Nachkriegszeit folgenden Wohlstandsgenerationen haben inzwischen eine andere Kultur entwickelt, eine Kultur satter Selbstgefälligkeit, die das Land von früheren globalen Spitzenpositionen scheinbar desinteressiert und mutlos in mittelmäßige Positionen und zunehmende Bedeutungslosigkeit schlafwandeln lässt. Trotz immer höherer Steuereinnahmen, wachsender Haushalte entsteht kein stärkeres Land, kein Wohlstandszuwachs mehr. Das Geld wird für einen aufgeblähten, nicht zukunftsfähigen Sozialstaat kurzsichtig verkonsumiert und in der Welt verteilt, für strategische Zukunftsinvestitionen, insbesondere in Bildung, Infrastruktur und Wehrfähigkeit, bleibt immer weniger übrig. Die Prioritäten haben sich verschoben. Deutschland befindet sich nicht in einer konjunkturellen Schwächephase, wie gerne noch immer beschwichtigend kommentiert wird, sondern in einer kulturellen: **Das Land leidet unter massiven, selbst geschaffenen strukturellen und Mentalitätsproblemen.** Von einer optimistisch engagierten Wachstumsmentalität ist in Deutschland derzeit wenig zu spüren. Moralisierende Bedenkenträger in Staat, Medien und Gesellschaft lähmen ambitionierte Initiativen, sie ersticken Leistungswillen und Wettbewerb mit immer mehr Regulierungen, Kontrollen und Bürokratie. Sie blockieren unternehmerischen Mut, Experimente und Innovation mit der beklemmenden „German Angst". Wie konnte es so weit kommen?

Viele Bürger sehnen sich inzwischen anscheinend nach einer staatlich organisierten Vollversorgung, nach Rundum-Sorglos-Paketen mit weniger Eigenverantwortung und sind bereit, hierfür höchste Steuersätze und umfassende Bevormundung zu akzeptieren. Die alternde und vergleichsweise kinderarme Bevölkerung scheint mehr an einem Erhalt des Status quo, an Besitzstandwahren anstatt an Veränderungen und Zukunftsinvestitionen interessiert. Fast 60 % der Deutschen sind über 40 Jahre alt, über 23 % sind älter als 65. Auffällig ist die offen zum Ausdruck gebrachte Ambitionslosigkeit, der Wunsch nach Bequemlichkeit, zumindest aber mehr „Work-Life-Balance", schon großer Teile der Jüngeren. In den mit Deutschland konkurrierenden, mehr chancenorientierten, dynamischeren Wachstumsökonomien löst diese Haltung bestenfalls Befremden aus. Auch viele deutsche Unternehmen sind offenbar inzwischen entsprechend konditioniert, haben die zunehmenden planwirtschaftlichen Eingriffe des Staates in ihr Handeln mit immer höheren Anforderungen und immer mehr, kleinteiligen Vorschriften bislang akzeptiert, solange sie hierfür ausgleichende Subventionen erhielten. Sie haben diese Wirtschaftspolitik kurzsichtig opportunistisch „mitgespielt", zu wenig Widerstand geleistet. Die so entstandenen Strukturen und Mentalität erweisen sich immer deutlicher als global nicht mehr wettbewerbs-, nicht zukunftsfähig. Die Schrauben scheinen nun überdreht, die Strukturen sind zu teuer, Wege zu kompliziert und träge – sie haben zu schwerwiegenden Standortnachteilen geführt.

Der unvermeidbare Abstieg beschleunigte sich in den Jahren 2023 und 2024: Er ist bereits deutlich sichtbar in einer rezessiven Baubranche und in zunehmend dysfunktionalen, verwahrlosten Städten mit gespaltenen Stadtgesellschaften. Die Infrastruktur ist veraltet und sanierungsbedürftig, der dringend benötigte Wohnungsbau und Bestandsmodernisierungen sind nicht mehr rentabel, für neue Bildungseinrichtungen fehlt das Geld und qualifiziertes Personal – es wird nicht mehr gegründet, entwickelt, gebaut. Die staatlich verordneten Transformationen zu mehr Nachhaltigkeit bewirken keinen Wachstumsschub, sondern das Gegenteil. Die Wirtschaft schrumpft. Es gibt immer weniger Fachkräfte und eine abnehmende Produktivität, dennoch wird immer kürzere Zeit gearbeitet und von bedingungslosem Einkommen geträumt. Während eine ungeregelte Einwanderung in bereits überforderte Sozialsysteme zunimmt, wandern hochqualifizierte, ambitionierte Leistungsträger und Unternehmen frustriert aus. Der Ausbau der Europäischen Union zur Transfer- und Schuldenunion belastet Deutschland besonders stark und immer mehr. Das Land hat sich verzettelt. Deutschland sollte sich wieder an seine früheren

Stärken und Erfolge erinnern, seiner Möglichkeiten bewusstwerden und diese entschlossen nutzen. Noch gibt es ein solides Fundament hierfür. Ein **Turnaround** mit mutigen Reformen, mit einem Befreien von den selbst angelegten Fesseln, ein Abwerfen von Ballast durch konsequentes **Deregulieren** wären möglich. Je früher dies geschieht, desto höher die Erfolgschancen. Je weiter sich die Krise verfestigt, desto schwieriger wird es.

Der rapide Aufstieg von ambitionierten „Entwicklungsländern" und der zeitgleiche dramatische Abstieg hoch entwickelter, einst führender Industriestaaten zeigen, dass wirtschaftliche Erfolge und Führungspositionen kontinuierlich neu erarbeitet werden müssen, sich nachfolgende Generationen nicht allzu lange auf den Erfolgen der vorangegangenen ausruhen dürfen, dass eine **Leistungs- und Wettbewerbskultur** verstetigt werden muss, um dauerhaft innovations- und konkurrenzfähig zu bleiben. Dies ist insbesondere vor dem Hintergrund des zunehmenden globalen Wettbewerbs mit Ländern mit jüngeren Bevölkerungen und der hohen Geschwindigkeit von Wissensaustausch notwendig. Intensive Krisenerfahrungen durch extern verursachte Schocks, wie Pandemien und Kriege, oder selbst verschuldete Probleme können als Weckruf für überfällige Kurskorrekturen dienen. Krisen können als Chancen genutzt werden. Sie können das, was der Ökonom Joseph Schumpeter als „**schöpferische Zerstörung**" bezeichnete vorantreiben, eine kontinuierliche Neuorientierung und Neuordnung der Produktionsfaktoren für Innovation, wirtschaftliches Wachstum und kulturelle Entwicklung.

Von den bereits genannten und vielen anderen globalen Beispielen für Auf- und Abstieg lassen sich wertvolle Lektionen lernen. Lektionen darüber, welche Strategien sich in welcher Weise auf die Wachstumskultur und die Wettbewerbsfähigkeit der Standorte auswirken, auf die Energie und das Lebensgefühl ihrer Bewohner und wie sich all dies schließlich in urbaner Entwicklung, in den Stadtbildern ausdrückt. Dabei sind es **fünf große Themenfelder und Aufgabenbereiche,** in denen sich die Politik, Wirtschaft und jeder einzelne Bürger mit strategischem Denken und entschlossenem Handeln um die gewünschten Bedingungen, für einen Developer Mindset unablässig bemühen müssen:

1. **politische Stabilität, Rechtsstaatlichkeit und gute Governance,**
2. **wirtschaftsfördernde Rahmenbedingungen,**
3. **soziale Stabilität: Chancenoffenheit und Eigenverantwortung, geregelte Immigration,**
4. **exzellente Bildung auf allen Ebenen,**
5. **Livability – städtebauliche Qualität, der gebaute Raum als physischer Rahmen für Lebensqualität.**

Die hier beschriebenen Kriterien und Faktoren, sowohl die „harten" Produktionsfaktoren wie Kapital und Arbeit wie auch die „weichen", die die „**totale Faktorproduktivität**" messen, wirken zusammen, bestimmen das Wachstumspotenzial von Wirtschaftsstandorten, das Entwicklungspotenzial von Städten, in denen es sich konzentriert verortet. Wo es gelingt, in allen diesen Bereichen und durch Synergien kontinuierliche Fortschritte zu erzielen, wo es gelingt, Leistungswille, Gründergeist und eine optimistische Wachstumsdynamik zu stimulieren, entstehen Erfolgsstorys, die von den Beteiligten, von Gästen und Beobachtern schnell in die ganze Welt getragen werden und damit die Anziehungskraft des Ortes immer weiter steigern.

Das **Ranking eines Wirtschaftsstandorts in internationalen Vergleichen** beeinflusst die Allokationen global agierender Investoren, die geografischen Expansionsentscheidungen internationaler Unternehmen und die Standortwahl junger Menschen für Ausbildung, Berufstätigkeit und Familiengründung. Städte mit großen Visionen und starker, erfolgreicher Führung ziehen mediale Aufmerksamkeit an, bieten die Geschichten und Bilder, in die die Bewohner ihre eigenen Zukunftspläne mit Zuversicht projizieren können. Wo Visionen und klare Strategien fehlen und wo die tragenden Säulen der Wachstumsnarrative Risse bekommen, kann in gleicher Weise eine Abstiegsspirale ausgelöst werden, die Reputation des Standorts nachhaltig geschädigt werden. Wirtschaftsstandorte stehen im Wettbewerb zueinander. Daher müssen sie die Bedeutung und Wirksamkeit ihrer Initiativen kritisch im Vergleich zu denen in ihrer eigenen Geschichte und denen an konkurrierenden Orten prüfen, müssen ehrlich Bilanz ziehen und dürfen dabei keine ideologischen Einengungen zulassen.

Der dramatische Absturz von Deutschlands Wettbewerbsfähigkeit hat sich in den letzten Jahren beschleunigt. Im Jahr 2022 hat Deutschland im renommierten IMD Competitiveness Ranking (International Institute for Management Development, Lausanne) immerhin noch den 15. Platz eingenommen, fiel dann aber weiter bis auf Platz 24 im Jahr 2024 (Abb. 1.1). Im gleichen Zeitraum haben sich Länder wie Singapur, die Schweiz und mehrere nordeuropäische Länder auf ihren Spitzenpositionen behaupten können und ehrgeizige Developing Economies, wie die Vereinigten Arabischen Emirate, Saudi-Arabien und Indonesien, ihre Positionen kontinuierlich, in großen Schritten verbessern können. In die Bewertung der Wettbewerbsfähigkeit fließen nicht nur die harten, leichter messbaren Faktoren wie das BIP und die Produktivität ein, sondern werden auch die politischen, sozialen und kulturellen Dimensionen bewertet, der regulative und infrastrukturelle Rahmen, der für eine nachhaltige Wertschöpfung von Unternehmen und Wohlstandsaufbau der Bürger entscheidend ist.

Die Visionen und Wachstumsnarrative in den konkurrierenden Wirtschaftsstandorten müssen überzeugende Antworten zunächst auf die zentrale Sinnfrage des **Warum** bieten können, bevor das Wie und dann das Was erklärt und in einem langfristigen Masterplan konkretisiert werden. Dabei haben die positiv ausgerichteten Narrative, die in den jungen Entwicklungs- und Schwellenländern viele Verbesserungen der Lebensqualität ihrer Menschen, ihren persönlichen Aufstieg in Aussicht stellen, mehr Zugkraft als die eher negativ ausgerichteten in gesättigten Wohlstandsgesellschaften, wo inzwischen mehr Gewicht auf das Eindämmen von Krisen oder Verhindern von befürchteten Apokalypsen gelegt wird. Dass unbegrenztes Wachstum trotz physischer Ressourcenbegrenzung möglich und wünschenswert ist und welchen zivilisatorischen Mehrwert es bietet, rückt dabei in den Mittelpunkt.

IMD World Competitiveness Ranking 2024 (2022, 2023)

2022	2023	2024	Country	Score
03	04	01	Singapore	100
02	03	02	Switzerland	97.5
01	01	03	Denmark	97.1
11	02	04	Ireland	91.9
05	07	05	Hong Kong SAR	91.5
04	08	06	Sweden	90.3
12	10	07	UAE	89.7
07	06	08	Taiwan (Chinese Taipei)	88.5
06	05	09	Netherlands	86.9
09	14	10	Norway	86.2
18	12	11	Qatar	85.3
10	09	12	USA	83.5
19	19	13	Australia	81.9
17	21	14	China	81.0
08	11	15	Finland	80.3
24	17	16	Saudi Arabia	79.8
16	16	17	Iceland	78.9
21	13	18	Belgium	77.9
14	15	19	Canada	77.7
27	28	20	Korea Rep.	75.9
30	25	21	Bahrain	75.3
25	23	22	Israel	75.0
13	20	23	Luxembourg	73.7
15	**22**	**24**	**Germany**	**72.7**
33	30	25	Thailand	72.5
20	24	26	Austria	72.1
44	32	27	Indonesia	71.5
23	29	28	United Kingdom	70.8
26	18	29	Czech Republic	70.2
29	34	30	Lithuania	69.9

Abb. 1.1 „The IMD World Competitiveness Ranking 2024" Gesamtwertung, Top 30 von insgesamt 64 verglichenen Ländern. (Quellen: auf Grundlage von IMD 2022, IMD 2023, IMD 2024)

Wirtschafts- und Wohlstandswachstum werden zunehmend durch **technologischen Fortschritt** erreicht, immer weniger durch den Einsatz von Ressourcen, Kapital und Arbeitskraft. Der langjährige, einflussreiche Ökonomie-Professor am Massachusetts Institute of Technology und Nobelpreisträger Robert Solow hat dies bereits im Jahr 1956 in seinen ersten Aufsätzen beschrieben und daraus eine moderne Volkswirtschaftstheorie entwickelt (Solow 2000). Anders als in dem Narrativ der „Grenzen des Wachstums" noch heute gerne missverstanden, ist Wachstum in einer physikalisch begrenzten Welt mit endlichen materiellen Ressourcen sehr wohl möglich, durch neue Ideen, Forschung und Entwicklung. Denn der Ideenreichtum ist unbegrenzt. Neue Technologien erlauben es, mit immer weniger materiellem Ressourceneinsatz immer leistungsfähigere Produkte und Dienstleistungen zu entwickeln, immer höhere Erträge zu erwirtschaften, immer bessere Qualitäten und höheren Lebensstandard für immer mehr Menschen zu sichern. Die Entwicklungen in den Bereichen Informations- und Kommunikationstechnologie, künstliche Intelligenz, Energietechnologie, Pharmazie und Produktionsautomatisierung belegen dies besonders eindrucksvoll. Für derartige Innovationen und Wachstumschancen bedarf es vor allem der immateriellen Ressource Bildung, einer bildungs- und forschungsaffinen Kultur und des unternehmerischen Denkens.

Zukunftsorientierte Politik muss hier besonders fördern: durch Investitionen und regulative Rahmenbedingungen, die privatwirtschaftliche Engagements zulassen, nicht übermäßig mit Verboten einengen, mit bürokratischem Aufwand und Kosten belasten. Neben den USA sind es heute einige asiatische Staaten, wie Japan, Südkorea und Singapur, die hier inzwischen als Vorbilder für Europa dienen können. Dort wird Spitzenforschung gezielt und mit sehr großen Investitionen gefördert, dort werden sehr systematisch gute Bedingungen für das Entstehen und Wachsen von Wissensökonomien geboten.

Der Wirtschaftsphilosoph Anders Indset geht bei seinen Überlegungen zu Wachstum und Fortschritt in einer Welt begrenzter materieller Ressourcen in seinem Buch *Quantenwirtschaft* (Anders 2019) so weit, dass er von einer postmateriellen, ganzheitlichen Ökonomie als „Quantenwirtschaft" spricht, in der „der vermeintliche Gegensatz zwischen materiell und immateriell, physisch und spirituell genauso überwunden wird, wie in der Quantenphysik jedes (subatomare) Materieteilchen zugleich Energie ist – und umgekehrt". „Da die meisten Objekte unseres Begehrens ohnehin nur physische Surrogate für immaterielle Bedürfnisse sind, die sich mit immer mehr Luxuskonsum nicht befriedigen lassen", würde die gesellschaftliche Entwicklung zunehmend durch Angebote dieser Quantenwirtschaft bedient und eine Kultur schaffen, in der (Selbst-)Erfahrungen einen höheren Marktwert haben als Besitz von Dingen. Die Entwicklung und Nutzung neuer digitaler Technologien, der künstlichen Intelligenz, spielt dabei eine immer größere Rolle. Die Wirtschaft wird weiterwachsen, wenngleich anders als bisher, weniger linear, immer mehr vernetzt und zirkulär. Um die neuen maschinellen Superintelligenzen in unserem Sinne zu steuern, werden Bildung, die Fähigkeit zu eigenem kritischen Denken und Kreativität immer wichtiger. Die gebaute Welt könnte sich in einer Quantenwirtschaft auf Wesentliches konzentrieren, auf ein **„less but better"**, wie es der Produktdesigner der Firma Braun, Dieter Rams, einmal weitsichtig formulierte (Rams 1995). Ein materieller Konsumismus verlöre an Attraktivität.

In dem Kontext neuer Herausforderungen und neuer Chancen werden zukunftsorientierte strategische Planung, **undogmatischer Pragmatismus und Leistungswille** immer wichtiger. Alte Entwicklungsmodelle funktionieren immer weniger, neue entstehen und der Konkurrenzkampf um Teilhabe und Führung darin wird immer härter. Wirtschafts- und Standortentwicklungspolitik brauchen daher strategisch denkende, mutige und entschlossene Entscheidungsträger, zupackende Macher – Führungspersönlichkeiten auf allen Ebenen mit einem Developer Mindset. Sie brauchen optimistische Gestalter, nicht Verwalter, Unternehmer, nicht Unterlasser. Gut klingende politische Absichtserklärungen und Marketingkampagnen sind nicht genug, können die Fakten zu fundamentalen Kriterien nicht ersetzen und auch die Sinnfrage nicht klären. Erfolge sind messbar und spürbar. Strategien müssen fortwährend auf ihre tatsächlichen Wirkungen hin kritisch geprüft werden.

Für die fünf genannten Themenfelder kann aus den eigenen geschichtlichen Erfahrungen eines Standorts und dem Vergleich mit anderen Ländern und ihren Städten viel gelernt werden. Im Folgenden werden sie einzeln detaillierter beschrieben und manche populären Thesen in ihrem Zusammenhang kritisch beurteilt, teils als Missverständnisse mit teils kontraproduktiver Wirkung erklärt.

1.2 Politische Stabilität, Rechtsstaatlichkeit und gute Governance

Länder und Städte, die politische Stabilität, Rechtsstaatlichkeit und eine effiziente, transparente Regierungsführung aufweisen, sind besser in der Lage, ein günstiges Investitionsklima zu schaffen und langfristige Entwicklungsstrategien zu verfolgen. **Vertrauen** in diesbezüglich funktionierende Rahmenbedingungen haben zu können, größere Planungssicherheiten sind essenziell für jedes wirtschaftliche Engagement einzelner Personen und von Unternehmen. Dies ist insbesondere für kapitalintensive, langfristige und immobile Investitionen von zentraler Wichtigkeit. Verlässliche, berechenbar stabile Strukturen anbieten zu können, ist ein entscheidender Faktor im Wettbewerb konkurrierender Standorte.

Demokratische Systeme, die allen Bürgern ein zumindest indirektes Mitentscheidungsrecht darüber einräumen, welche politischen Programme durch wen und zeitbefristet umgesetzt werden sollen, erscheinen langfristig stabiler als autokratische Systeme, in denen die Machthaber keiner Kontrolle und keinen Korrekturforderungen durch ihre Bürger unterliegen, die Gefahr von Machtmissbrauch und langen Irrwegen höher erscheint. Im Bereich der Wirtschafts- und Stadtentwicklung waren es in den letzten Jahren aber die autokratisch geführten Länder in Asien und im Mittleren Osten, die mit hoher Geschwindigkeit große Entwicklungsschritte und beeindruckendes urbanes Wachstum realisieren konnten. Wie nachhaltig sind deren Entwicklungen? Wie hoch ist der Preis, den die Bürger in Form von Freiheitsverlusten hierfür zahlen müssen? Sind es langfristig nicht die Gesellschaftsordnungen und Wirtschaftssysteme, die mehr individuelle Selbstbestimmung gewähren und Widerspruch dulden, denen mehr Innovationen und Wachstum gelingt?

Den **BRICS-Staaten** China und Indien sowie einigen Ländern im Mittleren Osten und in Südostasien gelang es nicht nur, Rückstände im Vergleich zu den lange Zeit führenden westlichen Wirtschaftsnationen aufzuholen, sondern durch ein mutigeres *Leap-Frogging* die historisch gewachsenen und bewährten, aber veränderungsträgen Modelle des Westens zu überspringen und sich gleich auf die innovativsten, zukunftsorientierten Sektoren, auf die neuesten Technologien und Planungsstrategien zu konzentrieren. Nun sind sie in vielen strategischen Zukunftssektoren bereits in Führungspositionen, der einst überhebliche Westen ist zunehmend abhängig von ihnen, muss nun von ihnen lernen. Mit großem Selbstbewusstsein wird dieser neue Führungsanspruch in Städten mit spektakulären Gebäuden und neuen Superlativen der Welt gezeigt: mit den größten Flughäfen, höchsten Hochhäusern, spektakulärsten Kulturbauten, mit „smarten" Lifestyle-Citys.

Die politische Stabilität dieser Länder, ob demokratisch legitimiert oder nicht, und ihre effizienten Verwaltungen halfen dabei, hoch ambitionierte längerfristige Wachstumsstrategien systematisch und zügig durchzusetzen. Bremsende innere Widerstände waren nicht zu befürchten. Privaten und institutionellen Investoren aus dem In- und Ausland wurde ein bislang ausreichender rechtsstaatlicher, insbesondere eigentumsrechtlicher Rahmen geboten, der ihnen das Wagnis langfristiger Engagements erlaubt, ihnen ausreichendes Vertrauen in die Standorte gibt. Auf die „Stärke des Rechts anstatt des Rechts des Stärkeren" vertrauen zu können ist in besonderem Maße für den Zugang zu institutionellen Kapitalquellen und langfristigen Direktinvestitionen ausländischer Unternehmen entscheidend, für Investoren, die besonderen Prüf- und Berichtspflichten unterliegen. Nach eher chaotischen, wenig geregelten Wachstumsphasen zu Beginn der 2000er-Jahre hat sich zum Beispiel Dubai Schritt für Schritt weiter professionalisiert, Institutionen entwickelt und den Rechtsschutz, insbesondere auch für ausländische Investoren und Arbeitnehmer erhöht.

Bei der **Sicherung der Eigentumsrechte** geht es nicht nur um Immobilien, Produktionsstätten und Produkte, sondern auch um geistiges Eigentum, das ausländische Investoren mitbringen oder in dem Gastland eigenständig entwickeln. Wie wichtig dieser Schutz ist, zeigt das Beispiel China, wo über eine Kombination von erzwungenem Teilen von Produktideen, Technologien und Patenten mit lokalen Partnern und/oder systematische Industriespionage unfaire Wettbewerbsbedingungen geschaffen wurden. Technologien, die in Europa, den **USA** oder anderen westlichen Ländern zum Teil mit hohen öffentlichen Subventionen entwickelt wurden, werden inzwischen in China auf viel kostengünstigerer Basis von staatlich kontrollierten Unternehmen produziert und weltweit exportiert – die ursprünglichen Erfinder wurden vom Markt verdrängt.

Dies gelingt China auch dadurch, dass es sich mit strategischem Weitblick weltweit exklusive Zugänge für wichtige Rohstoffe und Monopole für Vorprodukte dieser neuen Technologien geschaffen hat. Rechtsschutz bezüglich geistigen Eigentums und alternative Lieferketten sind für Unternehmen existenzentscheidend und werden zunehmend als Standortfaktor für neue Firmenansiedlungen erkannt. Westliche Unternehmen investieren nun deutlich vorsichtiger in China und prüfen inzwischen, nach Jahren des gutgläubigen Globalisierungs-*Offshoring,* zunehmend ein *Reshoring,* eine Rückverlagerung von Entwicklung und Produktion in ihre sichereren, wenngleich teureren Heimatländer.

China hat die bislang größte und eindrucksvollste Transformation und Entwicklungsdynamik gezeigt, von einer armen sozialistischen Zwangsherrschaft zu Prinzipien einer, zwar noch immer staatsgelenkten, aber kapitalistischen Wirtschaft, das heißt einem System mit Privateigentum, Unternehmertum, freier Preisbildung und Wettbewerb. Die Entwicklung, die sich seit Deng Xiaopings ersten Reformschritten inzwischen vollzogen hat, wird das Land in Kürze zur größten und dominierenden Volkswirtschaft der Welt machen. Die hiermit verbundene Neuverteilung von Macht und Einfluss setzt den Westen, insbesondere das im Vergleich immer kleinere, fragmentierte Europa, zunehmend unter Druck.

Heute muss der erfolgsverwöhnte Westen offen anerkennen, dass es zu einer **Systemrivalität** zwischen demokratischen und autokratischen Ländern gekommen ist, dass lange Zeit als unterlegen eingeschätzte Systeme in kurzer Zeit zu beeindruckendem wirtschaftlichen Wachstum und zu Wohlstandsmehrung in der Lage sind, höchste Bildungsniveaus erreichen können und sich bereits geostrategische, marktbestimmende Machtpositionen aufgebaut haben. Nun sind es die über viele Generationen gereiften westlichen Demokratien, die manche ihrer Strukturen und Prozesse reformieren müssen, schneller werden müssen, um in dieser neuen Welt wirtschaftlich und kulturell noch mithalten zu können. Sie müssen nüchtern zur Kenntnis nehmen, dass dabei nicht alle Konkurrenten nach den gleichen Regeln spielen, dass sie sich vom Westen definierte Regeln nicht aufzwingen lassen, sondern ihre eigenen Interessen oft kompromisslos durchsetzen.

Über viele Generationen mühsam aufgebaute Führungspositionen können in kurzer Zeit verloren gehen. Wettbewerbsfähigkeit muss kontinuierlich neu erkämpft und weiterentwickelt werden. Aus transparenter und kalkulierbarer Konkurrenz sind inzwischen harte **globale Verteilungskämpfe und Verdrängungswettbewerbe** geworden. Eine Beschränkung allein auf „wertebasierte" Handelspartnerschaften oder die Erwartung, andere bezüglich dieser Werte missionieren zu können, hat offensichtliche Grenzen und muss durch eine pragmatischere Bewertung der Eigeninteressen zumindest ergänzt werden. Das sich aktuell etwas verlangsamende Wachstum in China muss in dieser Konkurrenz keine gute Nachricht für den Westen sein. China ist inzwischen auch militärisch hochgerüstet, schmiedet globale Allianzen und verbirgt seine hegemonialen Ambitionen immer weniger. Es gibt verschiedene Wege, Wachstum zu erreichen.

Zu dem von dem Politikwissenschaftler Francis Fukuyama 1992 prophezeiten „Ende der Geschichte" (Fukuyama 1992) kam es nach dem Kollaps der Sowjetunion nicht. Es fand kein weltweiter Siegeszug des Liberalismus, der Demokratie und der Marktwirtschaft statt, sondern es entstand eine multipolare Welt mit unterschiedlichen, rivalisierenden Systemen. Die „sozialistische Marktwirtschaft" Chinas und die religiös-autokratischen Systeme im Mittleren Osten sind zu wirtschaftlich und militärisch sehr leistungsstarken, vom Westen ernst zu nehmenden Konkurrenten geworden. Sie geben immer mehr den Takt vor.

Der **Faktor Zeit,** die Geschwindigkeit, in der Wirtschaftsförderungsstrategien und konkrete Initiativen geplant, entschieden und realisiert werden können, spielt in diesem Zusammenhang eine entscheidende Rolle, insbesondere bei den großen Infrastruktur- und anderen stadtentwicklungsrelevanten Vorhaben. Demokratische Strukturen, mit vielen und oft wechselnden Entscheidungsbeteiligten, sind meist anstrengender, zeitaufwendiger und unberechenbarer als autokratische, in denen unanfechtbare Top-down-Entscheidungen mehr Planungs- und damit auch Kostensicherheit versprechen. Autokratische Systeme mit professionellen Planungskulturen und effizientem regulativen Rahmen können mit größerer Agilität auf Marktchancen reagieren als tiefgreifend regulierte Demokratien mit vielen gleichberechtigten Interessengruppen, die für einen Konsens erst mühsam Kompromisse aushandeln müssen. Die höhere Geschwindigkeit macht Engagements in diesen Ländern für global agierende Investoren und mobile Fachkräfte oft attraktiv, denn sie verspricht verlässlichere Erfolgschancen, zumindest kurz- und mittelfristig. Immobilienprojektentwicklungen, die in China oder den Vereinigten Arabischen Emiraten in wenigen Jahren realisiert werden können, würden in Europa eher Jahrzehnte brauchen und wären – wenn überhaupt genehmigungsfähig – mit vielen kostentreibenden Auflagen belastet. Je kürzer die Planungs- und Umsetzungsprozesse von Projekten, desto kalkulierbarer die Marktrisiken, desto geringer die Kapitalkosten, desto früher kommen die Rückflüsse für Investoren.

Aber nicht jede Autokratie wird wie Dubai oder Singapur von wohlmeinenden, am Gemeinwohl interessierten Herrschern geführt. Viele sind mit den Grundwerten westlicher demokratischer Rechtsstaaten überhaupt nicht kompatibel oder vollziehen nach Jahren vielversprechender Öffnung und Annäherung radikale Kurswechsel, wie derzeit **Russland**. Die Hoffnung auf einen „Wandel durch Handel", eine Annäherung durch wirtschaftliche Kooperation, kam spätestens mit dem völkerrechtswidrigen Angriffskrieg auf die Ukraine zu einem abrupten Ende. Die politische Führung der Russischen Föderation erklärt inzwischen immer offener den gesamten Westen zu ihrem Feind. Zusammenarbeit in Win-win-Partnerschaften oder respektvolle, faire Konkurrenz ist nicht mit jedem Land, jedem System möglich. Die Systemrivalität und das Abwägen jeweiliger Vor- und Nachteile sind also komplexer und dynamischer als vordergründig erkennbar. Kurz- und langfristige Eigen- und Partnerschaftsinteressen müssen berücksichtigt, fortlaufend neu evaluiert werden, Unerwartetes jederzeit erwartet werden. Die Globalisierungseuphorie der letzten Dekaden wird inzwischen von mehr Skepsis gebremst.

Viele der jüngeren „Entwicklungs- und Schwellenländer", von denen einige inzwischen hoch entwickelt sind und andere Bezeichnungen verdienen, haben sukzessive ihre Rechts- und Verwaltungssysteme soweit internationalen Standards angepasst, dass sie für den globalen Handelsverkehr und internationale Investoren ausreichend verlässliche Planungssicherheiten bieten. Was sie darüber hinaus interessant macht, sind ihre langfristigen Wachstumspotenziale und die hohe Wahrscheinlichkeit, dass ihre ambitionierten Wirtschaftsplanungen und wachstumsfördernden Initiativen zuverlässig und erfolgreich umgesetzt werden. In den Vereinigten Arabischen Emiraten und anderen Ländern der Golfregion werden regelmäßig (im Abstand weniger Jahre) detaillierte Strategieplanungen mit konkreten Zielsetzungen für alle Wirtschaftssektoren erarbeitet und publiziert. Sie dienen als verbindliche Roadmaps mit entsprechend optimierten Gesetzgebungen und Verwaltungsabläufen. Die hier definierten Zielgrößen zum *Economic Impact* wurden bislang oft übertroffen. Die Erfahrung, „failing to plan means planning to fail", hat dort zu einer Kultur des ambitionierten und sorgfältigen Planens geführt, die sich an höchsten internationalen Standards und Benchmarks orientiert.

Dem stehen in den westlichen Demokratien immer öfter langwierige, wenig berechenbare politische Entscheidungsprozesse gegenüber, gefolgt von überregulierten und überbürokratisierten Umsetzungsprozessen. Parlamentarische Demokratien müssen fortwährend um Mehrheiten ringen und Opposition akzeptieren. Regierungen setzen sich oft aus Koalitionen, aus fragilen Zweckbündnissen verschiedener Parteien zusammen. Alle haben den Wunsch und das Recht mitzureden, mitzuentscheiden. So können große Stadtentwicklungsprojekte und Unternehmensansiedlungen jederzeit an den weitgehenden Mitwirkungs- und Einspruchsrechten verschiedenster Nichtregierungsorganisationen und Privatpersonen scheitern. Viele, oftmals zu viele Menschen sind involviert, verlangsamen die Prozesse der Kompromissfindung. Dabei agieren die Beteiligten zu oft und zu lang getrennt voneinander, reden viel übereinander, wenig miteinander. Nur selten werden Gesprächsformate als „runder Tisch" initiiert, bei denen alle wichtigen Mitentscheider zusammensitzen und gemeinsam zügig Entscheidungen treffen könnten – dies wäre aber insbesondere für große Projekte wichtig. Noch besser wäre es, wenn Politik und Verwaltung projektspezifische Stäbe mit Vertretern der wichtigsten Verwaltungen bildeten, die als **Rapid Task Force** mit besonderen Kompetenzen schneller entscheiden, die Projekte schneller voranbringen könnten. Der Bau der Tesla Gigafactory nahe Berlin, den der amerikanische Investor Elon Musk trotz noch nicht vollständig erteilter Baugenehmigungen und trotz des Widerstands mehrerer Umweltschutzinitiativen in Rekordzeit realisierte, ist eine bislang einmalige, sensationelle Ausnahme für Deutschland. Große öffentliche Infrastrukturprojekte und große private Bauvorhaben erfordern derzeit hier Planungs- und Genehmigungszeiten von oft mehr als zehn Jahren.

Rechtsstaatlichkeit kann also auch lähmend und kontraproduktiv wirken, wenn **zu viele Partikularinteressen** und **zu viel Streben nach Einzelfallgerechtigkeit** das System insgesamt lähmen und es im Ergebnis mehr Verlierer als Gewinner gibt. Es ist ein Missverständnis zu glauben, dass durch mehr und immer detailliertere Regulierungen und mehr Einbindung verschiedenster Stakeholder am Ende bessere, gerechtere Entscheidungen getroffen werden. Rechtssicherheit und *effiziente Governance* brauchen konstruktive und pragmatische Abwägungen von individuellen und gesamtgesellschaftlichen, volkswirtschaftlichen Interessen. Wo der Gewinn für die Gemeinschaft sehr groß und strategisch wichtig ist, müssen sich die Interessen einzelner Personen oder kleinerer Gruppen unterordnen, zumindest Kompromisse zulassen – gerade in mehrheitsorientierten demokratischen Strukturen. Große Projekte brauchen starke Führung und, so suspekt die Bezeichnung für Deutsche auch sein muss, starke Führer, starke Führungspersönlichkeiten.

Eine Vorgehensweise, die den konstruktiven und kooperativen Wachstums-Mindset der deutschen Nachkriegs-Wirtschaftswunderjahre widerspiegelt und die in den 1960er-Jahren angewandt wurde, war die **konzertierte Aktion.** Der Begriff beschreibt koordinierte Abstimmungsprozesse unter den Bundes- und Landesregierungen, der Bundesbank und den Gewerkschaften, um sich auf Strategien zu verständigen, die ein gesamtwirtschaftliches Gleichgewicht, das heißt insbesondere eine Preisniveaustabilität, ermöglichen. Hierzu mussten alle Parteien ihre kurzfristigen Eigeninteressen diesen übergeordneten gemeinschaftlichen und längerfristigen Zielen unterordnen. In dem Zusammenhang wurde auch von einem **Sozialpakt** gesprochen, der trotz Beteiligung der Politik nicht als Eingriff in die Tarifautonomie von Arbeitgeber und Arbeitnehmer verstanden wurde. Die konzertierte Aktion hat in diesen Jahren nicht nur zu mehr Wachstum der Wirtschaft geführt, sondern hielt auch den Staat vergleichsweise schlank, erforderte keine übermäßigen Regulierungen und direkten Eingriffe in das Handeln der Parteien. Besonders wichtig scheint aber der Effekt gewesen zu sein, dass alle Stakeholder erkannten, gemeinsam „in einem Boot zu sitzen", und dass eine stabile Wirtschaftsordnung und solide Wachstumsgrundlagen nur miteinander, nicht gegeneinander entwickelt werden können. Dieser Geist scheint heute in vielen demokratischen Marktwirtschaften wenig ausgeprägt – was ihre aktuelle Wettbewerbsschwäche gegenüber autokratisch, zentral gesteuerten Wirtschaftssystemen erklärt. Einzelinteressen werden immer öfter egoistisch gegen Mehrheitsinteressen durchgesetzt – man habe ja das Recht dazu.

Die für städtebauliche Entwicklungen – die Planung und der Bau von Gebäuden, Infrastrukturen sowie dem öffentlichen Raum – relevanten Gesetzgebungen sind in Europa, insbesondere in Deutschland, in den letzten Jahren derart umfangreich und komplex geworden, dass sie zunehmend investitionshemmend wirken. Die Summe und Überlagerungen der Gesetze, Verordnungen und Leitlinien aller legislativen Gewalten – auf europäischer Ebene, der einzelner Staaten und ihrer Bundesländer, der Regionen und Kommunen – sind inzwischen überwältigend geworden. Sie für die einzelnen Fälle rechtssicher und in akzeptablen Zeit- und Kostenrahmen anzuwenden, überfordert immer mehr die privaten Vorhabensträger und auch die öffentlichen Verwaltungen. In Deutschland sind heute ca. 20.000 Baugesetze und ca. 3.700 relevante Normen anzuwenden. Jedem Stakeholder, jedem einzelnen Interesse soll maximaler Schutz geboten werden, alle denkbaren Risiken sollen vermieden werden. Das Nachbarland **Niederlande** kommt mit der Hälfte aus (was immer noch viel ist). Dabei setzen die europäischen Gesetzgeber mehr auf

Verbote als auf Anreize, mehr auf detaillierte Vorgaben statt auf Lösungs- und Technikoffenheit. Insbesondere im Namen der „Klimarettung" und anderer ESG-Ziele *(Environment Social Governance)* werden immer tiefgreifendere Vorschriften und Eingriffe als gerechtfertigt und alternativlos bezeichnet. Da nicht alle globalen Wettbewerber gleichermaßen engagiert diese gemeinwohlorientierten Ziele verfolgen und regulieren wollen, zumindest nicht nach den hohen EU-Standards, entstehen den europäischen Standorten immer größere Wettbewerbsnachteile. Die Erwartung, als Pioniere voranzueilen und anderen als strahlendes Vorbild zu dienen, erfüllt sich bislang nicht. Im Gegenteil: Die zusätzlich sich auferlegten Anforderungen und Kosten werden von Europas Konkurrenten als Schwächung verstanden, die besonders aggressive wirtschaftliche und militärische Expansionen begünstigt.

Überregulierung und Überbürokratisierung haben negative Effekte auf mehreren Ebenen für die Wettbewerbsfähigkeit von Ländern und ihren Städten. Sie verkomplizieren und verlangsamen nicht nur die Planungs- und Umsetzungsprozesse wichtiger, oft dringend benötigter Vorhaben, sie machen sie dadurch oft so teuer, dass Investoren und Projektentwickler sie gar nicht erst beginnen oder auf halber Strecke aufgeben müssen. Es entzieht allen Beteiligten Energie, „Schaffenskraft" und Kreativität, die besser im produktiven Kerngeschäft der Vorhabensträger eingesetzt wären. Sie demotivieren die Treiber der Wirtschaft bereits am Beginn langer, potenziell ertragreicher Wertschöpfungsketten, von denen viele profitieren könnten. Sie etablieren eine Mentalität von Skepsis und Mutlosigkeit, motivieren lediglich die „Ja-aber"-Bedenkenträger, die, ohne je selbst Verantwortung übernehmen zu müssen, in die Prozesse involviert werden, keine Erfolge schulden und schon allein für ihre Teilnahme honoriert werden. Es profitieren die wachsende Anzahl von rechtlichen, wirtschaftlichen und technischen Spezialberatern, die Investoren und Projektentwicklern Hilfestellung beim Navigieren durch die wuchernden Unübersichtlichkeiten anbieten. Für sie ein lohnendes Geschäft.

Der Vergleich mit effizienteren autokratischen Systemen führt aber nicht zwingend zu dem Ergebnis, dass die demokratischen bezüglich der Wirtschaftsentwicklungen unterlegen sein müssen, schon gar nicht langfristig. Über Generationen erkämpfte Mitspracherechte und verlässlicher Rechtsschutz aller Beteiligten sind wichtige Errungenschaften. Als langsamere „Verhandlungsdemokratien" dürfen sie aber nicht zu wirtschaftshemmenden Komplikationen, Lähmungen und schließlich Stillstand führen. Sie dürfen unternehmerisches Denken und Handeln nicht ersticken, Investoren nicht frustrieren und vertreiben. **Gerade demokratisch-rechtsstaatliche Marktwirtschaften müssen sich bemühen, schlank und agil zu bleiben, um eigene Prinzipien lebendig zu halten,** zu Mitwirkung zu motivieren und zugleich die Wettbewerbsfähigkeit mit anderen Systemen zu erhalten. Eine soziale Marktwirtschaft mit freien, eigenverantwortlich handelnden Akteuren ist innovativer und langfristig stabiler als in allen Bereichen und dauerhaft gelenkte Wirtschaften. Der zentral gesteuerte sozialistische Staatskapitalismus Chinas zeigt im Immobiliensektor bereits erste große Probleme durch massive Überproduktion.

Korrekturen durch einen echten Markt fehlten und trieben die großen staatsgelenkten Projektentwickler wie Evergrande und Country Garden dazu, zu viel zu schnell zu bauen und teure Bauruinen zu hinterlassen.

Die Gründerzeiten in europäischen Städten am Ende des 19. Jahrhunderts und die Wiederaufbauphasen nach den Weltkriegen sind Beispiele für schlanke, effiziente ordnungspolitische Rahmen, die dem Aufstiegsversprechen „Wohlstand für alle" (Erhard, 1957) große Entfaltungsfreiräume gaben. Das **deutsche Modell der sozialen Marktwirtschaft** in den 1950er- bis 1970er-Jahren erwies sich als sehr erfolgreich, bot einen ordnungspolitischen, regulativen Rahmen, der unternehmerische Energien mobilisierte – ohne die größeren sozialen Risiken der liberaleren angelsächsischen Modelle. Es verzichtete auf die sozialstaatlichen Übertreibungen und planwirtschaftlichen Anmaßungen und Übergriffigkeiten, die das Land heute lähmen.

Was bei der Rückschau auf das deutsche Erfolgsmodell der sozialen Marktwirtschaft zumeist übersehen wird, ist, dass es keine deutsche Erfindung war, sondern von der US-amerikanischen Besatzungs- und späteren Schutzmacht geplant und entschieden wurde. Ein Team von amerikanischen und wenigen deutschen Ökonomen um den Amerikaner Edward Tenenbaum hat die Währungsreform und Freigabe der Preise im Jahr 1948 vorbereitet. Ludwig Erhard und die Präsidenten der Zentralbanken hatten wenig Einfluss auf die Konzeption, sie waren mehr damit beschäftigt, diese in Gesetzen und Verordnungen in deutscher Sprache zu formulieren und ihrem Volk zu erklären. Die soziale Marktwirtschaft war ein historischer Glücksfall für Deutschland, was auch deswegen beachtlich ist, weil die Siegermächte Frankreich und Großbritannien in den Nachkriegsdekaden zunächst stärker staatsgelenkte Wirtschaftsstrukturen umsetzten. Die Wiedereinführung der Marktwirtschaft hat Westdeutschland nicht nur zu historischer Wirtschaftsdynamik und Prosperität geführt, sondern auch die Grundlagen für die atlantische Kooperation und Freundschaft zwischen den zuvor verfeindeten Ländern gelegt. Die deutsche Adaption des US-amerikanischen Kapitalismus war eine Erfolgsgeschichte, die vielen anderen Nationen lange Zeit als Vorbild diente.

Die Erfolgsrezepte und unternehmerische Kultur der frühen sozialen Marktwirtschaft im Deutschland der Nachkriegszeit müssen wiederentdeckt werden, um eine wettbewerbsfähige Dynamik zu schaffen. Der britische Historiker Niall Ferguson hat in seinen kritischen Analysen zur Entwicklung der westlichen Wirtschaftssysteme (unter anderem in seinem Buch *Der Niedergang des Westens: Wie Institutionen verfallen und Ökonomien sterben*; Ferguson 2014) darauf hingewiesen, wie entscheidend der institutionelle, rechtsstaatliche Rahmen für volkswirtschaftliche Erfolge ist, insbesondere wie kontraproduktiv sich aber übermäßige staatliche Eingriffe in das Marktgeschehen auswirken können. Der historische Vorsprung des Westens sei im 21. Jahrhundert aufgebraucht und neue Konkurrenten, die die Erfolgsrezepte des Westens adaptieren und pragmatisch reformieren, bestimmen zunehmend den Weltmarkt. Den Westen belasten zudem demografischer Wandel, Überschuldung und strukturelle wirtschaftliche Schwierigkeiten. Die Probleme des Westens wachsen immens, während die Schwellenländer engagiert aufholen.

Eine liberale Marktwirtschaft braucht einen **einfachen regelbasierten Ordnungsrahmen,** kein unberechenbares Laissez-faire. Ein starker Rechtsstaat muss die Handlungsfähigkeit seiner Bürger schützen und dabei selbst handlungsfähig bleiben. Dazu gehören verlässlich schnelle Verfahren. Politik, Rechtsprechung und Verwaltungen müssen sich als verantwortungsvolle, berechenbar zuverlässige Dienstleister für die Bürger verstehen und entsprechend handeln, um Vertrauen zu schaffen und Bürger konstruktiv einzubinden, nicht auszubremsen. Wo dieser Rahmen fehlt oder zu schwach ist und wo Bürger als lästige Bittsteller behandelt werden, entstehen parallele Entscheidungsstrukturen und Konfliktlösungsmechanismen, nicht nur in den sogenannten Entwicklungsländern.

Zur Zuverlässigkeit rechtsstaatlicher Strukturen gehört, dass Grundprinzipien wirtschaftlicher Handlungsfreiheit auch in besonderen Krisenzeiten nicht übermäßig eingeschränkt werden und dass dann erlassene neue Gesetze **keine rückwirkende Geltung** haben dürfen. In diesem Zusammenhang haben die Europäische Kommission und die deutsche Bundesregierung im Jahr 2022 überrascht, als sie sogenannte Zufallsgewinne von Stromproduzenten, das heißt höhere Einnahmen, die nach dem Wegfall russischer Gasversorgung und dem gleichzeitigen Ausstieg Deutschlands aus Kern- und Kohleenergie entstanden, bis zu 90 % rückwirkend abschöpfen wollten. Die Angebotsknappheit aufgrund extern verursachter und selbst verschuldeter politischer Fehlentscheidungen habe zu einem „Zufall" geführt, für den die Selbstregulierung des Marktes ausgesetzt werden soll. Die Höhe der Abschöpfung sollte anhand eines weiter in der Vergangenheit liegenden Referenzzeitraums berechnet werden. Übermäßige Gewinnsteigerungen, die sich aus dem Vergleich dieser Zeiträume ergeben, sollen als „Übergewinn" deklariert und über eine Steuer abgeschöpft werden. Auch wenn die Maßnahmen später von der deutschen Bundesregierung entschärft wurden, hat dieser Vorgang bei vielen Unternehmen für große Verunsicherung und einen Vertrauensverlust gesorgt. Rückwirkend belastende Gesetze verstoßen gegen die Prinzipien der Rechtssicherheit und des Vertrauensschutzes. Ohne Vertrauen in die Verlässlichkeit und Berechenbarkeit der Rechtsordnung werden Unternehmen nicht langfristig investieren.

Ebenso besorgniserregend sind Bestrebungen und erste kommunale Gesetzgebungen in Deutschland, die den **eigentumsrechtlichen Schutz** aufweichen, privates Eigentum von Immobilien außer Kraft setzen wollen, wenn Eigentümer nicht in der staatlich geforderten Weise ihre Gebäude nutzen, sanieren oder in von in „Mietpreisbremsen", „Mietpreisdeckeln" etc. definierten Rahmen vermieten. Dieser Markteingriff, wie viele andere, erweist sich letztlich als kontraproduktiv, da es Eigentümer davon abhält, in den dringend benötigten Wohnungsbau zu investieren, und insbesondere für geringverdienende Wohnungssuchende sich das Angebot verknappt.

Rechtsstaatlichkeit und gute *Governance* müssen in allen drei Bereichen der Staatsgewalt (Legislative, Exekutive, Judikative) verlässlich, effektiv und effizient funktionieren, um Vertrauen in einen Ort zu schaffen, damit dort zuversichtlich geplant und investiert werden kann. Die staatlichen Vertreter sollten sich als Diener der Bürger verstehen, sich konstruktiv und pragmatisch um ihre Anliegen kümmern, eine Servicekultur entwickeln. Wo sie eher als Kontrolleure abhängig Untergebener agieren, mehr nach Problemen als nach Lösungen suchen, werden Risikobereitschaft und unternehmerisches Handeln oft bereits im Keim erstickt. Hierfür sollten die Leistungen der zumeist verbeamteten Vertreter des Staats zumindest auch zum Teil erfolgsorientiert honoriert werden (und mangelhafte Leistungen sanktioniert werden). Staatsdiener, die eigentlich „Bürgerdiener" heißen sollten, sind am wirtschaftlichen Erfolg ihrer Gesellschaften maßgeblich beteiligt.

Ein wirkungsvoller Rechtsstaat muss zudem ein starker, **wehrhafter Rechtsstaat** sein, der von allen Bürgern respektiert wird, weil er geltendes Recht und Ordnung durchzusetzen weiß. Wo er durch falsch verstandene Toleranz, Milde oder administrative Überforderung schwach erscheint, lädt er zu Missbrauch von Freiheitsrechten und Kriminalität ein. In vielen europäischen Großstädten, die immer stolz auf ihre weltoffene, tolerante Kultur waren, haben sich heute „Problemviertel" gebildet, in denen sich staatliche Gewalt gegen intolerante Parallelkulturen und organisierte Kriminalität behaupten muss, die ganze Stadtteile als ihre „Hoheitsgebiete" beanspruchen. Insbesondere an bestimmten Jahrestagen werden dort regelmäßig Machtkämpfe mit der Polizei als offene Straßenschlachten ausgetragen: am 1. Mai gewalttätige Randale von Linksextremisten, besonders in Berlin und in der Silvesternacht von zumeist jungen männlichen Migranten. Vandalismus und graffitibeschmierte Fassaden bestimmen inzwischen vielerorts die Stadtbilder, zelebrieren Respektlosigkeit vor privatem und öffentlichem Eigentum. Diese Probleme sind schleichend, aber kontinuierlich in den letzten Jahren angewachsen, haben inzwischen überwältigende, schwerer korrigierbare Dimensionen angenommen. Die frühere, allzu großzügige Toleranz für respektlose Jugendliche und Begeisterung für multikulturelle Bereicherung erweisen sich immer deutlicher als naive Sozialromantik. Die in den USA als *Broken-Windows*-Theorie bekannt gewordene frühzeitige Nulltoleranzstrategie zum Aufhalten von städtischer Verwahrlosung und Ausbreitung von Kriminalität findet nun auch in Europa größere Zustimmung (wenngleich noch keine konsequente Anwendung). Was mit mutwillig zerbrochenen Fensterscheiben und anderen Formen der Sachbeschädigung und Vandalismus schleichend beginnt, kann, wenn es nicht frühzeitig aufgehalten wird, zu als rechtsfrei betrachteten Räumen führen, Kriminalität anziehen und ganze Stadtteile schließlich zu gefährlichen No-go-Areas machen.

Rechtliche Sicherheit im Geschäftsverkehr und Schutz vor Kriminalität und Gewalt, insbesondere im öffentlichen Raum, sind für die wirtschaftliche, soziale und kulturelle Entwicklung essenziell. Wo diese Sicherheit nicht in ausreichendem Maße vorhanden ist, wo das Risiko besteht, jederzeit Opfer von staatlicher Willkür, Korruption oder Gewaltkriminalität zu werden, können sich harmonisch integrative und resiliente Zivilgesellschaften nicht entwickeln. Darunter leiden in besonderem Maße Entwicklungs- und Schwellenländer in Südamerika und Afrika, auch und gerade Länder, deren Reichtum an natürlichen Ressourcen bessere Entwicklungsoptionen nahelegen. Ein Beispiel dafür ist „**Brasilien, ein Land der Zukunft**", nach dem Titel eines Buchs von Stefan Zweig (Zweig 1941) – und das, so wird in Brasilien gerne sarkastisch ergänzt, „es auch immer bleiben wird", weil sich die Zukunftschancen in keiner Gegenwart realisieren. Das frühere exotische Traumziel Rio de Janeiro ist heute besser bekannt für seine wuchernden Favelas und mörderischen Bandenkriege, nicht für die Leichtigkeit des Bossa nova, die Schönheit der Strände oder die durch die Aufbruchstimmung der Moderne geprägte Architektur. Über viele Jahre gleich hoch liegt dort die Homizidrate bei circa 60.000 Opfern pro Jahr, die Zahl durch gewalttätige Angriffe Verletzter, lebenslang Traumatisierter liegt sicher höher, wird statistisch nicht erfasst. Korruption unter Vertretern der Politik, Verwaltungen und staatsnahen Unternehmen hat dort Größenordnungen erreicht, die das Wirtschaftswachstum und globale Wettbewerbsfähigkeit signifikant reduzieren.

Unzuverlässige Rechtsstaatlichkeit, endemische Korruption, extreme soziale Spaltung und hohe Kriminalitätsraten führen dazu, dass das Potenzial des eigenen Humankapitals und der natürlichen Reichtümer dieses Landes nicht ausreichend genutzt werden und viele ausländische Investoren sich zurückhalten. Große Teile der wirtschaftlichen Aktivitäten in brasilianischen Städten bleiben informell, entziehen sich staatlicher Kontrolle und werden von organisierter Kriminalität bestimmt. Kürzere Phasen mit großen Wachstumsschüben lösen sich in Brasilien und in vergleichbaren Ländern immer wieder mit langen „verlorenen Dekaden" ab. Der verständliche Wunsch nach mehr Fairness und Sicherheit, nach mehr *Law and Order*, macht viele südamerikanische und afrikanische Länder besonders empfänglich für radikale Korrekturen, Phasen autoritärer Führung durch oder mit Unterstützung des Militärs. Eine fundamentale Errungenschaft westlicher Demokratien ist eine funktionierende Gewaltenteilung mit einer unabhängigen Justiz. Diese muss über die Einhaltung der Verfassung, im Streitfall auch über die Gültigkeit von Wahlen unabhängig entscheiden können. Dies ist in den ständigen Krisen und Korrekturen in unterschiedliche Richtungen in diesen Ländern oft nicht mehr gegeben. Die Justiz wird zu oft politisch instrumentalisiert.

Was Europäern noch weit entfernt erscheint, kann sich auch hier und in Nordamerika insbesondere durch nicht integrierte, nicht integrierbare Parallelgesellschaften sowie durch zu viel naiv-gutmütige Toleranz für deren Intoleranz schnell ausbreiten und die Errungenschaften und Vorzüge liberaler Demokratie und Rechtsstaatlichkeit schwächen. Die derzeit unkontrollierten **Massenimmigrationen** nach Europa, viele aus Kulturen mit ganz anderen, inkompatiblen Wertesystemen und geringem Bildungsstand sind diesbezüglich eine tickende Zeitbombe. In Umfragen unter muslimischen Einwanderern in europäischen Staaten geben Mehrheiten inzwischen offen an, dass für sie die Regeln der Scharia über den Gesetzen des Einwanderungslandes stünden. Organisierte Kriminalität, wie die Ausbreitung italienischer Mafia-Gruppierungen in ganz Europa und Clan-Kriminalität von Menschen nichteuropäischer Herkunft, breiten sich immer stärker aus. Die Interessen der Aufnahmeländer, die Gewinnung von Fachkräften für die Wirtschaft sowie der Fortbestand und die Weiterentwicklung der eigenen liberalen Kultur, die über Jahrhunderte erkämpft wurde, müssten engagiert verteidigt werden, Überfremdung und Kontrollverluste vermieden werden. Rechtsstaatlichkeit ist nicht selbstverständlich, muss also auch in entwickelten Demokratien kontinuierlich verteidigt und neu gestärkt werden.

1.2 Politische Stabilität, Rechtsstaatlichkeit und gute Governance

Nach aktuellen Auskünften des Bundeskriminalamtes hat die **Kriminalitätsrate** in Deutschland in den letzten Jahren wieder stark zugenommen, insbesondere im Bereich der Gewaltkriminalität, das BKA schreibt: Im Jahr 2023 wurden 214.099 Fälle von Gewaltkriminalität erfasst. Sowohl vom Jahr 2021 auf 2022 (+19,8 Prozent) als auch vom Jahr 2022 auf 2023 (+8,6 Prozent) sind deutliche Steigerungen der Fallzahlen bei der Gewaltkriminalität zu verzeichnen (Quelle: Polizeiliche Kriminalstatistik des Bundeskriminalamts 2024). In den letzten Berichten von Interpol aus 2023 wird auf die weitere Ausbreitung der organisierten Kriminalität in Europa, insbesondere in Deutschland, hingewiesen. Die hohe, ungesteuerte Migration wird für beides als eine wichtige Ursache genannt. Einwandernde, die persönliche Gewalterfahrungen in ihren Herkunftsländern gemacht haben, stellten diesbezüglich ein höheres Risiko dar. Viele Städte fühlen sich zunehmend überfordert, verfügen nicht über ausreichende Mittel, um diesen Trend aufzuhalten, auch ist das politische Mandat hierfür nicht eindeutig, liberale Demokratien wollen nicht als "ausländerfeindlich" oder als "Polizeistaaten" wahrgenommen werden. Die Stadtbilder, die Atmosphäre, das Sicherheitsgefühl in Städten verändern sich spürbar. Der öffentliche Stadtraum, dort, wo Menschen friedlich zusammenkommen wollen, wird in Teilen zunehmend als potenzieller Gefahrenraum wahrgenommen.

In „Why nations fail" von Daron Acemoglu und James A. Robinson (Acemoglu und Robinson 2012) beschreiben die Autoren anhand globaler Fallstudien, woran Länder trotz privilegierter natürlicher Voraussetzungen scheitern: vor allem an den politischen Entscheidungen von Regierungen, insbesondere in Krisenzeiten, und an deren stringenter Umsetzung in regulative Rahmen und Institutionen, die einen Ort, eine Volkswirtschaft und Kultur voranbringen oder eben nicht. Starke, verlässliche Institutionen, Rechtsstaatlichkeit, Achtung und der Schutz individueller Rechte schaffen stabile Grundlagen für die persönliche Entfaltung, Kreativität, Innovation, für Unternehmertum und soziales Engagement. Wo dies nicht vorhanden ist, erodiert oder systematisch unterdrückt wird, fallen Volkswirtschaften und Kulturnationen schnell zurück. Aufstieg oder Fall können sich in wenigen Dekaden vollziehen. Über viele Generationen mit größten Anstrengungen aufgebaute wirtschaftliche, rechtliche, technologische und kulturelle Errungenschaften eines Landes, damit die Lebensqualitäten in ihm können in nur einer Generation verloren gehen, auch ohne äußere Einwirkungen, allein aufgrund falscher politischer Entscheidungen, der Demotivierung oder Unterdrückung des eigenen Potenzials. Die sozialistischen Planwirtschaften in Ländern des früheren Sowjetblocks lieferten hierfür reichlich Anschauungsmaterial, heute ist das ölreiche Venezuela eines der negativen Beispiele. Der rasante Aufstieg mancher Länder der Golfregion zeigt, dass es auch andersherum geht. Die Stadtentwicklung Dubais ist in diesem Zusammenhang besonders beeindruckend (Abb. 1.2 und Abb. 1.3).

Erfolgreiche Wirtschafts- und Stadtentwicklungspolitik braucht fachkompetente und durchsetzungsstarke Führung. Wo diese bei den zuständigen politischen Repräsentanten und Entscheidungsträgern lokal (noch) nicht ausreichend vorhanden ist oder fehlt, weil

Abb. 1.2 World Trade Center, das erste Hochhaus in Dubai und Sheikh Zayed Road im Jahr 1979. (Quelle: Nag 2018 und Archive of Dubai Municipality, www.dm.gov.ae)

Abb. 1.3 Dubai Downtown mit Burj Khalifa, dem höchsten Hochhaus der Welt und der Dubai Mall im Jahr 2020. (Quelle: visitdubai.com 2024)

diese Führungspositionen vorrangig parteipolitisch, ideologisch bestimmt werden, können Orientierungshilfe, zusätzliches Know-how und konkrete Ideen durch unabhängige Beratergremien und durch intensiven Erfahrungsaustausch mit anderen Städten eingebracht werden. **Best Practices** können kopiert und gelernt werden. Dubai und viele andere der rasant wachsenden neuen Metropolen im Mittleren Osten haben in den frühen Phasen ihrer strategischen Entwicklungsplanungen viele internationale Strategieberater und erfahrene ausländische Führungskräfte eingebunden. Strategische Planungen wurden und werden fortlaufend aufwendig und mit renommierten, anderenorts bereits praxiserfahrenen Beratern erarbeitet. Dokumente, die deren Strategieplanungen zusammenfassen, werden in großen Teilen öffentlich zugänglich gemacht, um die langfristigen Visionen der politischen Führung für die Öffentlichkeit zu konkretisieren und zur Mitwirkung an der Realisierung zu motivieren. Thinktanks in den unterschiedlichsten Sektoren werden nicht als philosophische Diskussionsrunden verstanden, die bestenfalls unverbindliche Vorschläge formulieren, sondern als Strategieplanungsvehikel, die sich auf anwendbare Ideen und konkrete, umsetzbare Lösungen konzentrieren. Dubai bemüht sich, so hört man dort öfter, die ersten beiden der von Konfuzius beschriebenen Wege für seine Entwicklung anzuwenden: „Der Mensch hat drei Wege, klug zu handeln. Erstens durch Nachdenken: Das ist der edelste. Zweitens durch Nachahmen: Das ist der leichteste. Drittens durch Erfahrung: Das ist der bitterste."

Neue Entwicklungsinitiativen, Unternehmensgründungen und Projektentwicklungen wurden in Dubai üblicherweise in den ersten Jahren mit Doppelspitzen besetzt. Einem erfahrenen ausländischen Manager wurde ein noch weniger erfahrener lokaler zugeordnet, der in der Zusammenarbeit durch Know-how-Transfer lernen konnte, um zukünftig eigenständig die Führung zu übernehmen. Diese in den VAE als „Emiratisation" bezeichnete Strategie wurde konsequent angewandt, sodass sich die heutigen Führungsebenen in staatlichen wie privaten Unternehmen größtenteils aus qualifizierten lokalen Managern zusammensetzen, obwohl die lokale, angestammte Bevölkerung weniger als 15 % der gesamten Bevölkerung ausmacht. Diese können nun ihrerseits die nächste Generation von Emiratis aufbauen. Dieses **Mentorenprinzip** hat nicht nur zu einer größeren Unabhängigkeit und Selbstbestimmung des kleinen Landes geführt, sondern auch eine **Lernkultur** etabliert, eine Kultur des Mitdenkens bei strategischen Planungen und des ständigen Wissenstransfers, von dem das gesamte Land dauerhaft profitiert. Alle Beteiligten bleiben interessiert, motiviert und engagiert. Die Realisierung geplanter Vorhaben kann zeit- und kosteneffizienter erfolgen, mit kürzeren Prüfungszeiten und weniger Widerständen, da alle Beteiligten in den Lern- und Planungsprozess eingebunden wurden und somit besser verstehen, worum es geht.

In demokratisch organisierten Ländern ist eine Partizipation der Bürger an Planungen ausdrücklich vorgesehen und eine Bedingung für langfristig von Mehrheiten getragene Entscheidungen. Freie Wahlen, die Öffentlichkeitsarbeit der politischen Führung und die Berichterstattungen und Kommentare freier Medien, als „vierte Gewalt", sollen diesen Prozess ermöglichen. Die zunehmende Informations- und Meinungsüberflutung durch immer mehr, immer schnellere Medien, nicht zuletzt auch die sozialen Medien, macht eine fachkundige, faktenbasierte Einordnung der vorgetragenen Ideen und Kontroversen dabei nicht unbedingt leichter. Große Wirtschafts- und Stadtentwicklungsprojekte berühren die Interessen sehr vieler Stakeholder, deren konstruktive Beiträge und Unterstützung für das Gelingen der Projekte wichtig sind. Dies nicht nur in demokratischen Systemen mit gewählten Interessensvertretern und mit Pressefreiheit, sondern auch in den autokratisch gesteuerten Systemen.

Die Beteiligungen konstruktiv und zeiteffizient durchzuführen, ist eine große Herausforderung, nicht jedem ist daran gelegen. Es fällt auf, dass die kritischen Positionierungen, Kommentierungen und die Sprachwahl von Medien und Interessenvertretern in westlichen, freien Demokratien im Verlauf der letzten Dekaden im Zusammenhang mit großen Stadtentwicklungsprojekten zunehmend negativ, oft destruktiv wurden. Viele Journalisten sehen hier ihre vorrangige Aufgabe anscheinend darin, sowohl Politikern als auch Investoren grundsätzlich zu misstrauen, bloßzustellen, bereits präventiv zu demontieren. Sie suchen oft nach potenziellen Problemen, die sich zu „Skandalen" aufbauschen lassen, anstatt auch die Chancen der vorgeschlagenen Initiativen erkennen zu wollen. "Bad news is good news" und es ist interessanter, Zwietracht zu schüren anstatt Einigung. Die Beteiligten in öffentlichen Diskussionen geben sich immer öfter erregt und empört, wenn sie ihre persönlichen Interessen nicht ausreichend berücksichtigt sehen. Dies schafft ein Klima von Verunsicherung, Sorgen und Ängsten, in dem optimistische Wachstumsnarrative und ein Developer Mindset wenig Raum haben und ihnen wenig Glaubwürdigkeit gegeben wird. In den ehrgeizigen jungen Schwellenländern ist das anders. Ambitionierte Vorhaben und erreichte Erfolge werden dort viel öfter öffentlich gefeiert, werden als Ansporn zu mehr eigener Leistung gesehen und erzeugen Stolz auf das eigene Land, die eigene Stadt.

1.3 Wirtschaftsfördernde Rahmenbedingungen

Wirtschaftliche Initiativen entstehen und gedeihen dort, wo sie sich für ihre Akteure Erfolg versprechend darstellen, sich ihr finanzieller und Arbeitseinsatz lohnt und zu angemessenem, risikoadäquatem materiellen und ideellen Gewinn führen. Wo Erfolgsaussichten fehlen, weil es keine ausreichend große Nachfrage nach den angebotenen Produkten und Dienstleistungen gibt, weil Markteintrittsbarrieren und Betriebsaufwand zu hoch sind oder weil die Betriebskosten, Besteuerungen und Bürokratieaufwand zu hoch sind, wird nicht investiert. Insbesondere Unternehmen mit vielen Anteilseignern, größere Aktiengesellschaften oder andere Unternehmen mit kurzfristig planenden Investoren müssen nach dieser simplen Logik agieren, können sich keine irrationale Ortsverbundenheit leisten, wenn die wirtschaftlichen Rahmenbedingungen dort nicht (mehr) konkurrenzfähig sind und woanders sicherer und mehr Geld zu verdienen ist. Unternehmen müssen rational handeln.

1.3 Wirtschaftsfördernde Rahmenbedingungen

Regierungen können förderliche Bedingungen schaffen, indem sie gute rechtliche Rahmenbedingungen und technische und soziale Infrastrukturen bereitstellen – bei angemessenen, möglichst niedrigen Unternehmensbesteuerungen und Abgabenlasten für die Beschäftigten. Sie können besondere Investitionsanreize anbieten, strategisch wichtige Unternehmensansiedlungen und Start-ups fördern, sollten aber nicht zu tiefgreifend und dauerhaft planwirtschaftlich den Markt regeln. Motivation und Risikobereitschaft für unternehmerische Leistungen, Kreativität, Forschung und Innovation müssen als freie Entscheidung einzelner Bürger entstehen, können nicht dauerhaft von staatlichen Initiativen ersetzt werden. Gesellschaftsmodelle, in denen dies dennoch versucht wurde, sind immer gescheitert und dienen als warnende Beispiele. Geld muss zudem erst in den privaten Sektoren verdient werden, bevor es von den Unternehmern verteilt und reinvestiert oder durch Steuerabgaben vom Staat eingezogen und für Gemeinwohlzwecke eingesetzt werden kann. Die Privatwirtschaft, ihre Unternehmer und Mitarbeiter sind die tragenden Säulen funktionierender Marktwirtschaften. Sie stehen im Wettbewerb miteinander, lokal und global, und werden sich nur dort ansiedeln und wachsen, wo die Rahmenbedingungen gut und die Perspektiven Erfolg versprechend sind.

Diese einfachen Zusammenhänge werden heute nicht mehr überall verstanden, geraten in satten, demokratischen Wohlfahrtsstaaten oft in Vergessenheit. Berufspolitiker mit wenig eigenen Markterfahrungen neigen oft dazu, ihren Wählern mehr zu versprechen, mehr ausgeben zu wollen, als ihre Volkswirtschaften, das heißt die von ihnen besteuerten Unternehmen und Arbeitnehmer, erwirtschaften können. Wenn die Steuerbelastungen an einem Standort im Verhältnis zu den Vorteilen, den konkreten Leistungen durch die Staatsausgaben aber zu hoch werden, suchen die Besteuerten nach alternativen Standorten. Länder und Städte stehen im **Steuerwettbewerb,** die Höhe der Abgaben sind standortbestimmende Kostenfaktoren. Auch die mit den sozialpolitischen Umverteilungswünschen erforderlich werdende Bürokratie ist ein wichtiger Standortfaktor, ist wesentlich mitbestimmend für den Erfolg von Unternehmen und Bürgern. Bürokratie ist immer unproduktiv: Sie verursacht erheblichen Personal- und Zeitaufwand, kostet viel Geld – beides könnte man besser einsetzen. Verwaltungen müssen sich daher um maximale Effizienz und ergebnisorientiertes Handeln bemühen. Neue digitale Technologien bieten hierfür immer bessere Instrumente, die konsequent genutzt werden müssen.

Die **Anzahl von Unternehmensneugründungen** ist eine gute Indikation für die wirtschaftliche Dynamik und die Wachstumsperspektiven eines Standorts. In Deutschland bewegt sich das Gründungsgeschehen seit 10 Jahren auf einem historisch niedrigen Niveau. Während zwischen 1995 und 2004 durchschnittlich noch circa 240.000 neue Unternehmen pro Jahr gegründet wurden, sind es in den darauffolgenden Jahren mit rund 165.000 Neugründungen deutlich weniger. Insbesondere der Rückgang in den Hightechbereichen ist deutlich zu beobachten (Quelle: Statistisches Bundesamt, Statista). Der demografische Wandel und der Fachkräftemangel können diesen Trend nur zum Teil erklären. Es kommen einige hausgemachte, wirtschaftspolitische Fehlentscheidungen zusammen, die den Standort schwächen, Deutschland für unternehmerische Tätigkeiten vergleichsweise unattraktiv machen. Die besonderen externen Faktoren der letzten Jahre, die Auswirkungen der COVID-19-Pandemie und der Ukrainekrieg haben den Trend beschleunigt. Die Verkettung der Folgen, hohe Inflation, daraufhin erhöhte Zinsen, kombiniert mit kostensteigernden politischen Sozial- und Nachhaltigkeitsprogrammen und abnehmender Kaufkraft, treffen nun insbesondere die Immobilienwirtschaft, wo Wertberichtigungen, das heißt Abwertungen, erforderlich werden und sich eine Welle von Insolvenzen und Liquidationen anbahnt. Im internationalen Vergleich, selbst im Vergleich mit europäischen Nachbarn fällt Deutschlands Wirtschaftskraft insgesamt weiter zurück, wie in den jährlich publizierten Economic Outlooks der OECD (OECD 2024; Abb. 1.4) dargestellt.

Eine wirtschaftspolitische Wende wurde in Deutschland aber noch nicht eingeleitet. Stattdessen nehmen staatliche Eingriffe in Unternehmerfreiheiten sowie Steuern und Abgaben weiter zu. Steuerfinanzierte Staatshaushalte sollten so weit wie möglich für **strategische Investitionen in Bildung, Infrastruktur, Recht, Sicherheit und die Verteidigungsfähigkeit** fließen, in staatliche Kernaufgaben, weniger für Transferzahlungen

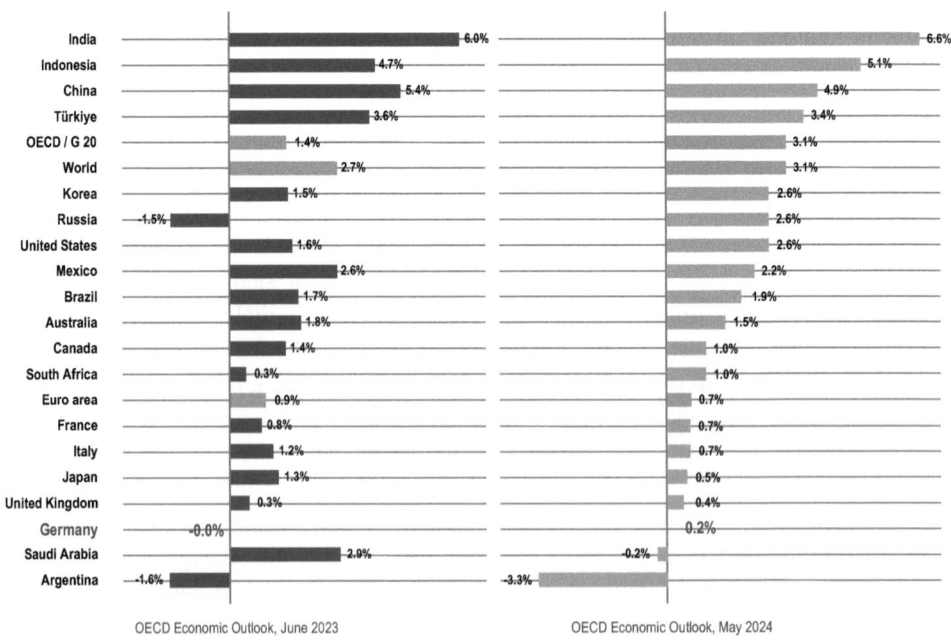

Abb. 1.4 Prognostiziertes BIP-Wachstum in 2023 und 2024 im Ländervergleich. (Quelle: auf Grundlage von OECD 2023, OECD 2024)

an nicht (mehr) produktive Bürger. Die Höhe von Budgets für soziale Sicherung, der Bedarf an Sozialhilfen, Unterstützung der Renten- und Krankenkassen, kann minimiert werden, indem man Bürgern bestmögliche Chancen für ihre eigenverantwortliche Versorgung gibt, fördert und fordert. Die monetären Transfers für eine soziale Sicherung weniger leistungsfähiger Bürger wirken ab einer bestimmten Höhe und Dauer kontraproduktiv, setzen die falschen Anreize und schwächen den Leistungswillen und das Engagement nicht nur der Empfänger, sondern der gesamten Gesellschaft. Arbeiten muss sich lohnen, mehr arbeiten muss sich mehr lohnen. Mit besseren Bildungsangeboten kann der Zugang zu höher bezahlten Tätigkeiten in den Wissenssektoren erleichtert werden. Mit Förderprogrammen für den Erwerb von Immobilieneigentum können privater Vermögensaufbau und Altersabsicherungen unterstützt werden.

Für die Finanzierung hoher Staatsausgaben ist eine strategische, diversifizierte Wirtschaftsplanung mit gezielten Anreizen und maßvoller Besteuerung wichtiger und im Ergebnis besser als das Erheben hoher Steuersätze. Auch hierzu gibt es bei vielen Politikern, Medien und Bürgern ein Missverständnis. Je mehr Unternehmen ertragreich, zukunftssicher und krisenresilient wirtschaften und dadurch auch Arbeitsplätze schaffen können, desto sicherer sind Steuereinnahmen für den Staat. Mit zu hohen Steuersätzen würden viele Unternehmen gar nicht erst entstehen oder könnten nicht wachsen. In der Summe sind also niedrigere Steuersätze für mehr Unternehmen und Arbeitnehmer besser als hohe Steuersätze für weniger Steuerzahler. Deutschland hat sich im Laufe der letzten Jahrzehnte in die entgegengesetzte Richtung entwickelt, erhebt immer höhere Steuersätze und greift immer stärker in das Marktgeschehen ein. Mit 29,9 % nominalem Ertragssteuersatz für Unternehmen liegt Deutschland im Jahr 2023 deutlich über den **USA** mit ca. 25 % oder der Schweiz und Polen mit jeweils ca. 20 %. Der fiskalische Zugriff des Staates demotiviert nicht nur den Investitionswillen von Unternehmen, sondern macht es auch schwieriger, qualifizierte Fachkräfte aus dem Ausland anzuziehen und zu halten. **Lohnsteuern und Sozialversicherungsabgaben,** mit 47,8 % für kinderlose Alleinstehende (32,9 % für Familie mit Alleinverdiener, zwei Kinder), liegen in Deutschland im Jahr 2023 deutlich über den internationalen Standortkonkurrenten USA mit 30,5 % (19,8 %) oder der Schweiz mit nur 23,4 % (11,6 %). Hochqualifizierte Fachkräfte vergleichen, welcher Standort ihnen die höchsten Nettoeinnahmen lassen, wie viel ihnen der Staat nimmt.

Die Steuerregulierungen in vielen der europäischen Sozialstaaten, insbesondere aber in Deutschland, haben zunehmend leistungsfeindliche Wirkung. Anstatt passiver Kapitalerträge werden aktive Arbeitsleistungen, also Löhne und Unternehmensgewinne, immer höher besteuert, mit immer mehr Bürokratie belastet. Dies führt dort inzwischen dazu, dass sich mehr Leistung, Mehrarbeit für einzelne Arbeitnehmer, für Ehepaare, für den wachsenden Anteil früh Pensionierter und ganze Unternehmen immer weniger lohnt, die Motivation entsprechend schwindet. Um wieder eine wettbewerbsfähige Leistungskultur zu entwickeln, sind hier entsprechende Steuerreformen zwingend erforderlich. Je mehr Arbeitnehmer leisten, in einem oder mehreren Beschäftigungsverhältnissen, desto geringer sollte deren Besteuerung ausfallen. Ein großes Potenzial hoch qualifizierter, arbeitswilliger Menschen wird derzeit nicht genutzt, da sie die Besteuerung bestrafen würde. Ambitionierte Leistungsträger wandern aus, ziehen in Länder, die ihnen mehr Netto- aus ihren Bruttoeinnahmen belassen, ihnen bessere Chancen für Wohlstandsaufbau geben.

In den deutschen Wirtschaftsmetropolen sind die **Gewerbesteuern** die höchsten Steuereinnahmen, gefolgt von den Einkommens- und Umsatzsteuern. Sie werden von den Gemeinden über den Hebesatz festgelegt. Wie hoch sie ausfallen, wie sehr sie die dort ansässigen Unternehmen belasten, ist für diese ein wichtiger Standortfaktor. Noch wichtiger aber ist, wie die Gemeinden mit diesen Einnahmen haushalten, ob und wie sie eingesetzt werden, um die Arbeitsbedingungen für die Unternehmen zu unterstützen und möglichst direkt die Lebensqualität ihrer Mitarbeiter zu erhöhen. Dazu zählen Investitionen in die technische und soziale Infrastruktur, Bildungs- und Kulturangebote und die Aufenthaltsqualität im öffentlichen Raum. Höhere Steuerzahlungen an einem Standort können akzeptiert werden, können sich für die Unternehmern lohnen, wenn es ihnen dort besser ermöglicht wird, qualifizierte Mitarbeiter anzuziehen und zu halten. Wo Städte hohe Gewerbesteuern einnehmen, diese aber nicht ausreichend vorteilhaft für Unternehmen und ihre Mitarbeiter einsetzen, sondern zu sehr andere Aufgaben und Zielgruppen bedienen, nimmt die Standortattraktivität für die Wirtschaft ab. Hiervon profitieren in Metropolregionen oft die Umlandgemeinden, kleinere Gemeinden um die Kernstadt, die niedrigere Gewerbesteuern anbieten können und von den Angeboten der Kernstadt, für die sie selbst nicht zahlen müssen, aber profitieren. Eine größere städtebauliche Innenentwicklung ist, neben den vielen Konzentrationsvorteilen, größeren Effizienzen, also auch steuerlich für die Städte besser als eine regionale Ausbreitung. Steuereinnahmen sollten dort generiert werden, wo sie für Investitionen und laufende Kosten besonders benötigt werden.

Die Steuersätze sind auch deswegen in Deutschland so hoch, weil der Staat möglichst viele der sozialen, gemeinwohlorientierten Projekte weitestgehend kontrollieren, das heißt selbst planen und realisieren will. Der Staat will definieren, was als „gesellschaftlicher Mehrwert" zu verstehen ist und welchen Beitrag hierzu seine Bürger zu leisten haben. Private Initiativen und Beiträge werden bislang zu wenig zugelassen oder gefördert. In diesem Zusammenhang könnte eine **Reform des Stiftungsrechts** in Anlehnung an die Möglichkeiten der Philanthropie in den Vereinigten Staaten aber viele Vorteile bringen. Dort können vermögende Spender bis zu 72 % des Wertes ihrer Spende steuerlich absetzen. Dies hat dazu geführt, dass insbesondere Bildungs-, Forschungs- und kulturelle Einrichtungen sehr viel mehr private Zuwendungen erhalten und der Staatshaushalt diesbezüglich entlastet wird. Aber noch wichtiger ist, dass dadurch bürgerschaftliches Engagement der Besserverdienenden gefördert und die Zivilgesellschaft gestärkt wird. Bürger handeln eigenverantwortlicher und proaktiv für Einrichtungen des gemeinschaftlichen Lebens, die ihnen wichtig sind, und tragen so zur Stärkung ihrer Zukunftsfähigkeit bei. Ihr Developer Mindset wird gestärkt und praktisch eingebunden.

1.3 Wirtschaftsfördernde Rahmenbedingungen

Zu den wichtigsten Kostenfaktoren in hoch entwickelten Industrieländern gehören auch, wie zurzeit besonders deutlich wird, die **Energiekosten.** Deutschland erfährt in der sich seit 2023 verschärfenden Krise, dass dieser Kostenfaktor nicht nur energieintensive Industrieunternehmen, sondern entlang der Wertschöpfungsketten alle Unternehmen in allen Sektoren betrifft und dass zu hohe Kosten Produktion unrentabel machen und schnell zu Betriebsschließungen und Abwanderung führen können. Die nationalen Alleingänge der „grünen Energiewende" haben zu extrem hohen, international nicht mehr wettbewerbsfähigen Energiekosten geführt. Zu den europaweit bereits hohen CO_2-Emissionskosten (Green New Deal) kommt der hohe Marktpreis der Energie: eine Folge der selbst verursachten Verknappung des Angebots durch den gleichzeitigen Ausstieg aus der Kern- und Kohleenergie ohne Ersatz sowie der mit über 50 % extrem hohen deutschen Energiesteuern, mit denen diese Energiewende zum Teil finanziert werden soll. Der Wegfall des vergleichsweise preisgünstigen russischen Erdgases ist nur ein Teil der Erklärung für die Krise. Die einseitigen, besonders weitgehenden Klimaschutzbemühungen Deutschlands sind inzwischen zu einem großen volkswirtschaftlichen Problem und Wettbewerbsnachteil geworden. Andere, direkt mit europäischen Ländern konkurrierende Länder belasten sich mit derart hohen Zielsetzungen und entsprechenden Kosten nicht, können zu geringeren Kosten produzieren und (derzeit noch) ohne ausgleichende Importbesteuerungen ihre Produkte nach Europa exportieren. Der Industriestrompreis für energieintensive Großabnehmer liegt im Jahr 2023 in Deutschland mit ca. $ 122 je MWh mehr als doppelt so hoch wie in den USA und Frankreich (jeweils ca. $ 60/MWh) und fast doppelt so hoch wie in China ($ 71/MWh; Quelle: Schätzung International Energy Agency 2024).

In den Jahren 2023 und 2024 haben große deutsche Traditionsunternehmen der chemischen Industrie, Pharmazie und Haushaltsgerätehersteller ihre **Betriebsverlagerungen** nach Osteuropa und in asiatische Länder angekündigt. Eine Abwanderung größerer Industrieunternehmen in Länder mit geringeren Energiekosten, produktiveren Arbeitskräften, geringen Besteuerungen und anderen Vorteilen hat weitreichende negative Auswirkungen auf das Land, das sie verliert. Es entfallen nicht nur die direkte lokale Versorgung mit deren Produkten, sondern auch Arbeitsplätze, Know-how und Steuereinnahmen. Über den Multiplikatoreneffekt sind zudem immer viele andere Wirtschaftsbereiche betroffen, die mit diesen Unternehmen oder ihren Mitarbeitern direkt oder indirekt in Verbindung stehen, voneinander profitieren. Die Standorte, die bislang von dem Unternehmen und dessen Zulieferern und Beratern lebten, verlieren ihre Finanzierungsgrundlagen, Einwohner wandern ab, ganze Städte und Regionen können verarmen. Die Abwanderung weniger großer Unternehmen kann einen **Dominoeffekt** auslösen, konkurrierende im gleichen Sektor und alle mit ihnen verbundenen Unternehmen mitziehen.

Weitere wichtige Standort- und Kostenfaktoren sind die **Verfügbarkeit qualifizierter Fachkräfte und die Höhe der Personalkosten.** Die Auslagerung – erst von Produktionsprozessen, dann auch von Forschung und Produktentwicklung – in Billiglohnländer, die die Ära der Globalisierung antrieb, erweist sich für Nordamerika und Europa zunehmend als Fehler, als ein Eigentor. Hiermit wurden übermächtige Konkurrenten aufgebaut, die eigene Wirtschaft geschwächt und in Abhängigkeiten getrieben. Inzwischen bemüht man sich um Rückverlagerungen und bereitet sich besser auf härtere Konkurrenz, potenzielle Wirtschaftskriege vor. Während die ehemaligen Billiglohnländer in den letzten Dekaden ambitioniert und systematisch Bildung und berufliche Kompetenzen aufbauten, haben die früheren Industrieländer dies vernachlässigt. Qualifizierte Fachkräfte zu finden ist dort nun zunehmend schwierig und teuer geworden. Bei der Bezahlung einfacher Tätigkeiten greifen Gewerkschaften und der Staat ein, fordern immer höhere Mindestlöhne. Dadurch entstehen nicht nur kritische Mehrkosten für die Unternehmer, sondern zudem wird eine **Lohn-Preis-Spirale** beschleunigt, die die bereits hohen Inflationsraten weiter nach oben treibt. Dass in Zeiten des Fachkräftemangels und akuter Wirtschaftskrisen Gewerkschaften in europäischen Ländern immer weitere Arbeitszeitverkürzungen und Gehaltszuwächse fordern, erscheint sehr kurzfristig egoistisch gedacht, schadet den Standorten und der gesamten Bevölkerung mehr, als dass es ihnen hilft.

Der Fachkräftemangel in Europa ist durch den demografischen Wandel, das heißt geringe Geburtenraten der angestammten, alternden Bevölkerung, undifferenzierte, nicht nach Qualifikation ausgerichtete Immigration und mangelhafte Ausbildung selbst verschuldet. Das niedrige **Renteneintrittsalter** ist ein weiterer Faktor. Viele Hochqualifizierte beenden ihre berufliche Tätigkeit in einem Alter, in dem sie über die meiste Erfahrung verfügen, sie am effizientesten anwenden, am besten weitergeben könnten und noch leistungsfähig und -willig wären. Freiwillig oder unfreiwillig lassen sie sich zu früh aussortieren, trotz kontinuierlich gestiegener Lebenszeiterwartung und verbesserter Gesundheitsversorgung. Auch Weiterbeschäftigung in Teilzeit wird selten ermöglicht oder wahrgenommen. Dadurch geht ein großes Leistungspotenzial der Wirtschaft verloren. Und es kostet die verbleibenden Steuerzahler immer mehr. Ein immer längeres, ausschließlich konsumierendes Rentnerleben ließe sich nur durch eigene Vorsorge oder stark steigende Produktivität und Wertschöpfung der noch arbeitenden, steuerzahlenden Bevölkerung unterstützen. Dies ist in Europa seit vielen Jahren aber nicht mehr der Fall. Der Generationenvertrag ist aus der Balance geraten. Die Ansprüche müssen also auch hier der Realität angepasst werden. Ein mindestens ebenso großer Verlust für den Arbeitsmarkt und somit der Wirtschaftsleistung entsteht durch die Schwierigkeiten, die arbeitssuchende Mütter haben, angemessen flexible oder Teilzeitbeschäftigungen zu attraktiven Bedingungen zu finden, die ihnen genug Zeit für ihre familiären Aufgaben belassen. Deswegen arbeiten viele über lange Zeiten ihres Lebens gar nicht. In vielen asiatischen Ländern hat sich ein anderes Arbeitsethos erhalten. Menschen arbeiten länger, bleiben länger aktiv und produktiv. Sie werden weiter gebraucht, wertgeschätzt, bleiben damit auch besser integriert. Auch die „Vereinbarkeit von Familie und Beruf" scheint dort leichter zu gelingen.

Unter denen, die sich eines festen Arbeitsplatzes und regelmäßiger Löhne und zuverlässiger Sozialleistungen erfreuen dürfen, verstärkt sich in Deutschland in den letzten Jahren ein besorgniserregender Trend immer höherer Krankenstände. In den Jahren 2022 und

2023 lag er bereits bei durchschnittlich über 6 %, das heißt ca. 20 Arbeitstagen pro Angestellten pro Jahr (Quelle: Statista und Gesetzliche Krankenversicherung, 2024). Dies ist bei immer besseren Arbeitsplatzqualitäten, die durch immer anspruchsvollerer Arbeitsstättenrichtlinien durchgesetzt wurden, bei immer mehr Freiheiten für hybride Arbeitsformen (mit Remote-Working-Optionen) und nach dem erfolgreichen Überwinden der COVID-19-Pandemie zumindest sehr erstaunlich. Arbeitnehmer klagen häufiger über psychische Probleme, Überlastungen und Burn-out. Bei manchen hat der Leistungswille nachgelassen. Dieser Arbeitszeitausfall reduziert die Leistungsfähigkeit der deutschen Wirtschaft insgesamt signifikant.

Die **Produktivität** der deutschen Wirtschaft und ihrer einzelnen Beschäftigten konnte lange Zeit durch Effizienz- und Produktivitätssteigerungen mit immer leistungsfähigeren Maschinen und besseren Prozessen erhöht werden und so trotz wachsender globaler Konkurrenz und trotz Währungsnachteils (der hoch bewerteten Deutschen Mark) die Wettbewerbsfähigkeit erhalten. Um auch weiterhin durch diese Methode zu wachsen, muss die Automatisierung der Produktion heute noch stärker vorangetrieben werden. Globale Konkurrenten haben längst aufgeholt und nutzen neue Technologien zum Teil viel schneller und unbefangener als Deutschland. **Japan** kann diesbezüglich als ein Vorbild dienen. Da die dort ebenfalls und schon seit längerer Zeit stark alternde Gesellschaft in zunehmenden Konkurrenzdruck gerät, man aber ohne Immigration auskommen möchte, wird dort sehr konsequent auf Robotik gesetzt. Die neuen Möglichkeiten der Digitalisierung und künstlichen Intelligenz werden den Wettbewerb an dieser Front enorm beschleunigen. Sie sind weltweit allen miteinander konkurrierenden Standorten und Unternehmen zeitgleich zugänglich.

Zu den drei großen Kostenfaktoren Steuerbelastung, Energiekosten und Personalkosten kommen **Bürokratiekosten** hinzu, die den Unternehmen und Arbeitnehmern entstehen, um den ihnen auferlegten Regulierungen, Anforderungen und Vorschriften entsprechen zu können. Auch diese Kosten können zu standortentscheidenden Faktoren werden, wenn der Staat zu viel fordert, überall eingreifen und regeln will, oft mit wenig praxistauglichen Vorschriften. Hierfür entsteht zusätzlicher Zeit- und Personal- und Beratungsaufwand aufseiten der Regulierten wie der Regulierer. Die Summe all dieser direkten Kostenbelastungen wird im globalen Standortwettbewerb immer entscheidender. Unternehmen müssen sich einen Standort leisten können. Was in globalen Rankings diesbezüglich oft verglichen wird, ist die Zeit, die man für eine Unternehmensgründung, das heißt für Zulassung, Registrierung etc., benötigt. Dies ist aber oft nur der kleinste Teil des Bürokratieaufwands. Danach regelmäßig zu erbringende Belege, Berichte, Erklärungen nehmen insbesondere in Europa, auch durch die neuen ESG-Regulierungen, immer mehr zu, beschäftigen immer mehr Verwalter und Berater.

Eine zuverlässige **technische Infrastruktur** ist für die Effizienz der Wirtschaft und des Waren- und Dienstleistungsverkehrs sowie für die Lebensqualität jedes einzelnen Bürgers essenziell. Deutschland konnte sich lange Zeit seiner exzellenten technischen

Versorgungs- und Verkehrsinfrastruktur rühmen, modernster Kraftwerke, Verkehrsträger und Verkehrsnetze. Sie war ein wichtiger Standortvorteil. Nach Jahrzehnten der Vernachlässigung, unzulänglicher Wartung und ausbleibender Modernisierung ist dieser Wettbewerbsvorteil inzwischen geschrumpft, zum Teil schon zu einem Wettbewerbsnachteil geworden – verglichen mit vielen anderen Ländern in Europa, mehr noch im Vergleich zu manchen asiatischen und arabischen Wachstumsländern. Die inzwischen veraltete Legacy Infrastructure ist mit den Allerneuesten nicht mehr konkurrenzfähig. Als zum Teil nur schwer zu modernisierende Systeme sind sie zu einer Belastung geworden. Als größter EU-Nettozahler hat Deutschland den Verkehrswegeausbau in seinen Nachbarländern maßgeblich mitfinanziert, ist selbst aber zurückgeblieben. Dies lag vor allem an der Langsamkeit der Planungen und Genehmigungen, auch durch die Widerstände von Umweltschutz- und Klimaaktivisten, die große Infrastrukturprojekte zunehmend blockieren. In der EU verfügbare Gelder werden von Deutschland nicht abgerufen, weil Planungen nicht fertiggestellt sind und die Bürokratie zu langsam arbeitet. Flughäfen in Deutschland haben durch Nachtflugverbote erhebliche Wettbewerbsnachteile gegenüber anderen internationalen Drehkreuzen, die rund um die Uhr operieren dürfen. Europäischen, insbesondere deutschen Airlines werden teurere, CO_2-emissionsärmere Treibstoffmischungen vorgeschrieben, die für ihre ausländischen Konkurrenten, die Deutschland anfliegen, nicht gelten. Während der Schienenwegeausbau seit Jahrzehnten in Deutschland nicht vorankommt und Verspätungen bei der Deutschen Bahn inzwischen zum Standard geworden sind, wird in China eine Hochgeschwindigkeitsstrecke nach der anderen gebaut, auch mit der in Deutschland entwickelten, hierzulande aber nie angewandten Magnetschwebebahntechnik. Ein ambitionierter grüner Bürgermeister einer deutschen Stadt (Boris Palmer, OB der Stadt Tübingen) berichtet, dass die Planungen für sein Fotovoltaikkraftwerk acht Jahre dauerten, der Bau selbst in nur acht Wochen fertiggestellt war. Um eine wettbewerbsfähige Infrastruktur anbieten zu können, muss in großen Dimensionen geplant, der Mut für Innovationen aufgebracht werden und schnelle Umsetzungen müssen ermöglicht werden. **Planungsbeschleunigungen,** insbesondere für große Infrastrukturprojekte, werden für europäische Länder immer wettbewerbsrelevanter.

Die Verfügbarkeit und Kapazitäten modernster **digitaler Infrastrukturen** wird zum entscheidenden Wettbewerbskriterium im 21. Jahrhundert. Ausreichende Stromkapazitäten, engmaschige Vernetzung, umfangreiche Datenerfassungen, -verarbeitung und -speicherung sowie digitale Kompetenz bei Unternehmen, öffentlichen Verwaltungen und einzelnen Bürgern sind unverzichtbar geworden. Sie erhöhen die Effizienz und Qualität von Informationsaustausch, von Produktions-, Vertriebs- und Verwaltungsprozessen und helfen begrenzte und teure Ressourcen zu sparen. Insbesondere der Austausch zwischen privaten und öffentlichen Parteien, mit Behörden und Gerichten, kann durch weitgehende Digitalisierung entscheidende Zeit- und Kostenvorteile generieren und somit wirtschaftsfördernd wirken. Wirtschaftsstandorte stehen auch in dieser Hinsicht im Wettbewerb zueinander. Entscheidungen über Unternehmensansiedlungen und Expansionen hängen zunehmend von der vorhandenen und wachsenden digitalen Infrastruktur ab. Während viele asiatische Länder diese Chancen entschlossener nutzen, gehen die europäischen Länder deutlich langsamer voran. In **Südkorea** werden über 85 % aller Breitbandanschlüsse über Glasfaserleitungen realisiert, in Deutschland sind es noch unter 10 %. Die Gründe hierfür liegen unter anderem bei größerer, bisweilen übertriebener Sorge zum Datenschutz, einer generellen Technologieskepsis und dem Ignorieren globaler Vergleiche. Da andere Länder mehr in ihre Digitalisierung investieren, wird Europa, insbesondere Deutschland, auch in den kommenden Jahren wahrscheinlich weiter an Wettbewerbsfähigkeit in diesem Bereich verlieren. Gerade die Digitalwirtschaft verspricht aber die größten Wertschöpfungspotenziale und höchsten Wachstumsraten. Anstatt aktiver Mitgestalter dieser Zukunftstechnologien zu sein, wird man zum abhängigen Konsumenten.

Wichtige Teile oder ganze Systeme kritischer digitaler urbaner Infrastruktur von Konkurrenten zu kaufen – das heißt vor allem vom aggressiven Systemrivalen China –, birgt zusätzliche langfristige Sicherheitsrisiken. China mit Technik des Mobilfunkstandards 5G Zugang zu den europäischen oder nordamerikanischen Märkten zu verschaffen, wird entsprechend kritisch bewertet. Die Sorgen über Spionage, Überwachung, Zensur oder Zuverlässigkeit in kritischen Momenten sind nicht unbegründet, wenn man die Überwachungsmethoden in China kennt und die zunehmenden Cyberangriffe feindlicher Staaten, wie Russland, Iran und Nordkorea, registriert. Wer diese Informationstechnologie und Regelungstechnik zu anderen Infrastrukturen, wie etwa der Energie- und Wasserversorgung oder Verkehrssteuerung, kontrolliert, verfügt über viel Macht, die im Konfliktfall als Waffe eingesetzt werden kann. Insofern bleibt auch Europa keine andere Wahl, als sich um mehr Autarkie zu bemühen, schnell aufzuholen, eigene Technologien zu entwickeln und zu schützen. Noch gibt es konkurrenzfähiges Know-how in Europa, aber es fehlt an konkurrenzfähiger Kapitalisierung und förderlichen regulativen Rahmenbedingungen.

Die Verfügbarkeit und Verbreitung innovativer Technologien werden aber nicht nur durch den regulativen Rahmen des Standorts bestimmt, entweder eingeschränkt oder gefördert, sondern vor allem von der Technikaffinität der dort lebenden Menschen. Wo man mehr Chancen als Risiken in ihnen sieht und mit Interesse und Freude neue Möglichkeiten erkunden will, setzen sie sich schneller durch. Deutschland war einst als ein Land der Ingenieure und „Hobbytüftler" bekannt, wo viele ihre eigenen kleinen Werkstätten in ihrem Zuhause hatten, selbst reparierten, bastelten und experimentierten. Dabei entstand nicht nur mehr Technikverständnis, sondern auch die ein oder andere brauchbare Erfindung. Diese Kultur hat sich gewandelt. Weniger junge Menschen interessieren sich heute in Deutschland für das Ingenieurwesen und Naturwissenschaften, Schulen fördern das Interesse hierfür nicht mehr in gleichem Maße wie früher. Heute zählen Länder wie **Israel** zu den besonders innovativen und zu den Early Adopters. Ähnlich wie in den USA gibt es auch dort weniger Berührungsängste zwischen Universitäten und der Industrie, einschließlich der Wehrindustrie, und hat sich auch ein größerer Risikokapitalmarkt für verschiedenste Technologiesektoren gebildet. Wo Innovationen schneller entwickelt und angewandt werden, wird die Dynamik des gesamten Marktes auf allen Ebenen weiter beschleunigt und wächst eine zukunftsoptimistischere, selbstbewusstere Kultur. Israels

Entrepreneure sehen ihren großen Wettbewerbsvorteil in ihrer Schnelligkeit, wollen sich lieber wie kleine Speed Boats bewegen, nicht wie große, schwerfällige Tanker.

Wirtschaftliche Wachstumsambitionen und Erfolge haben Städte in der Geschichte immer auch in ihren Stadtbildern stolz zum Ausdruck gebracht. Seehäfen, Bahnhöfe und Flughäfen waren immer mehr als nur funktionale Infrastrukturen, sie waren schon immer auch Statussymbole, die eigene Ambitionen und bereits Erreichtes darstellen sollen. Sie wurden theatralisch als Tore in ihre aufstrebenden Städte und von ihnen aus in die Welt inszeniert. Repräsentative Geschäftshäuser, ab Ende des 19. Jahrhunderts als immer höhere Hochhäuser, bestimmen unverwechselbare Skylines, signalisieren Macht und Führungsanspruch. Spektakuläre Kulturbauten und ikonografische Gebäude konkurrieren um internationale Aufmerksamkeit. Was in Europa begann, dann in der „Neuen Welt", den USA, vergrößert wurde, findet nun verstärkt in den aufstrebenden Metropolen Asiens und des Mittleren Ostens statt, in immer größeren Dimensionen. Hinzu kommt zunehmend die nicht sichtbare, aber immer wichtigere digitale Infrastruktur, die den technischen Entwicklungsstatus und die Zukunftsfähigkeit eines Wirtschaftsstandorts, seine Schnelligkeit und Leistungsfähigkeit bestimmt.

Wirtschaftspolitik wird mit immer größeren Komplexitäten und Unberechenbarkeiten konfrontiert, mit immer mehr und schnellerer globaler Konkurrenz, mehr Playern, die nach eigenen Regeln spielen, mehr globalen Krisen und Disruptionen. Die einzelnen Städte, in denen sich Wirtschaft konkret verortet, für die erfolgreiche Standortpolitik gemacht werden soll, sind vielen Entscheidungsebenen untergeordnet, auf die sie wenig Einfluss haben. Der Ruf nach **strategischer nationaler protektionistischer Industriepolitik,** nach staatlichen Markteingriffen ist daher in diesem Kontext immer öfter zu hören: Industriepolitik, um kritische Infrastrukturen vor Übernahmen oder Beeinflussungen konkurrierender oder feindlicher Länder zu schützen oder um Wachstum zu fördern, zukunftsorientierte Schlüsselindustrien anzuziehen, mehr in Forschung und innovative Pilotprojekte zu investieren. Innerhalb Europas ist Frankreich in diesem Kontext engagierter und erfolgreicher als etwa Deutschland. Ansiedlungen von Unternehmen und Produktion im Luftfahrt- und Weltraumsektor, in der Wehrtechnik sowie in innovativer Energieerzeugung (Kernfusion) und anderen zukunftsrelevanten Investitionen finden, mit Beteiligungen und Unterstützung anderer europäischer Länder, konzentriert in Frankreich statt. Dort entstehen entsprechende Industrie-Cluster und Leuchtturmprojekte. Sobald diese eine bestimmte Größe erreicht haben und Sogwirkung entfalten, wird es für andere Standorte sehr schwer zu konkurrieren, eigene Unternehmen dieser Sektoren im eigenen Land zu halten.

Die USA agieren in diesem Kontext deutlich entschlossener und erfolgreicher als das kleinteilige, schwer zu vereinende Europa. Mit dem „Inflation Reduction Act" (IRA 2022) werden Investitionen für Produktion in den USA massiv mit Subventionen unterstützt. Unternehmen erhalten zudem innerhalb weniger Wochen Entscheidungen über Förderanträge. Neue, zukunftsrelevante Schlüsselindustrien, insbesondere in den Energie-,

Mobilitäts- und Biotechnologiesektoren, werden mit möglichst vielen Teilen ihrer Wertschöpfung angezogen. Viele europäische Unternehmen erwägen bereits auch deswegen Auslagerungen in die USA. Auch das kleine, aber sehr agile Singapur lockt internationale Investoren und Unternehmen mit gezielten Subventionen, zum Beispiel in den Bereichen Biomedizin. Der Fördertopf für Start-ups in anderen Technologiebereichen summiert sich dort auf höhere Beträge, als sie die deutsche Bundesregierung für ihre viel größere Volkswirtschaft zur Verfügung stellt.

Europa ist oft zu schwerfällig, um auf den agilen Wettbewerb adäquat zu reagieren und sich mehr strategische Autonomie zu sichern. In Deutschland werden aktuell zwar sehr hohe Förderungen für die Ansiedlung zweier ausländischer Unternehmen der Computerchipindustrie in Ostdeutschland vorbereitet. Dies sind aber Einzelfälle und stellen zudem potenzielle „Klumpenrisiken" dar. Sektorenweite nationale oder europäische Strategien, die angesichts des IRA in den USA und der chinesischen Staatswirtschaft dringlicher werden, gibt es noch nicht. Zwischen *„America first"* und Chinas imperialistischem Streben nach globaler Dominanz hat Europa noch keine kohärente Strategie gefunden. Erfahrungen mit Lieferkettenunterbrechungen durch unerwartete Kriege, in die wichtige Handelspartner involviert sind, oder durch das Ausnutzen globaler Monopolstellungen Chinas sollten dem Westen als Warnung dienen, dass wieder mehr nationale Autonomie angestrebt werden muss. Der Subventionswettbewerb, dem man sich gerne entziehen würde, ist eine Realität geworden. Er entscheidet zunehmend über die Wettbewerbsfähigkeit und das Wachstumspotenzial ganzer Länder, Regionen, einzelner Städte. Hierfür bedarf es mehr strategischer Investitionen in Bildung und zukunftsrelevante Infrastrukturen. Während Deutschland seine hohen Steuereinnahmen vor allem für unproduktive Sozialtransfers ausgibt, hat China in Produktivität investiert – dies nicht nur in den eigenen Ländern, sondern auch in den Auslandsinvestitionen. China verfolgt seine wirtschaftlichen und militärischen Pläne über viele Jahre, oft Jahrzehnte, und baut sukzessive global marktbeherrschende Schlüsselpositionen auf. China folgt systematisch und unbeirrt einem langfristig angelegten Masterplan. Deutschland hingegen fehlt derzeit eine wirtschaftspolitische Vision, der Anspruch auf technologische Führungspositionen.

Gezielte staatliche Förderungen, Subventionen von strategischen Wirtschaftsaktivitäten, einzelnen Sektoren und Unternehmen, können sich als zeitbegrenzt notwendig erweisen, um den Anschluss an globale Marktführer nicht zu verlieren und Abhängigkeiten zu reduzieren. Sie sollten als Anschub dienen oder temporär Wettbewerbsnachteile kompensieren. Langfristig kann ein Zuviel staatlicher Interventionen und Mikromanagements aber lähmende Effekte haben, wenn die geförderten Unternehmen von den Subventionen abhängig bleiben, kein selbst tragendes Geschäftsmodell und wenig eigene Innovationskraft entwickeln. Wenn große Teile der Wirtschaft staatlich geplant, unterstützt und reguliert werden, sterben unternehmerische Initiative und Innovationskraft unweigerlich ab. Zudem birgt die Subventionsstrategie das Risiko der Erpressbarkeit der Politik, durch Ansprüche nicht bedachter Unternehmen aus dem geförderten Sektor oder anderer Sektoren. Alle würden gerne Subventionen erhalten.

Ob und wie weit planwirtschaftliche Eingriffe erforderlich sind, um globale Wettbewerbsfähigkeit zu sichern und zugleich übergeordnete Ziele wie den „Klimaschutz" besser zu erreichen, sind zentrale Themen der Wirtschafts- und Standortförderung. Die kapitalismuskritische Ökonomin Mariana Mazzucato („The value of everything – making and taking in the global economy"; Mazzucato 2018), die im linken und grünen Parteienspektrum Europas in den letzten Jahren sehr einflussreich war, fordert (nicht überraschend) weitgehende staatliche Regulierungen und einen aktiven involvierten öffentlichen Sektor. Unter anderem soll so die grüne „Transformationsagenda" durchgesetzt, vor allem aber soll die Marktwirtschaft derart geändert werden, dass die ihr suspekte Finanzwirtschaft produktiver und verantwortlicher in die „real economy" eingebunden wird. Gesetzgeber und Verwaltungen sollten ihre Macht stärker nutzen, um die gewünschten systemischen Veränderungen durchzusetzen, dabei auch die Freiheiten ihrer Bürger weiter einschränken, wo es diesen Zielen dient.

Wirtschaftsliberale Politiker vertrauen mehr auf die **Selbstregulierungskräfte des Marktes** und fordern weniger Eingriffe und Regulierungen, aber gezielte, zeitbegrenzte Anschubsubventionen, wo anderenfalls globale Wettbewerbsfähigkeit nicht möglich wäre. Das historische Versagen aller sozialistischen, zum Teil als „sozialdemokratisch" maskierten Wirtschaftskonzepte spricht für liberale Konzepte. Der österreichische Ökonomie-Nobelpreisträger Friedrich August von Hayek hat bereits 1944 in seinem Buch *Der Weg in die Knechtschaft* (von Hayek 1944) vor den Gefahren des Sozialismus bzw. Kollektivismus aller Arten gewarnt und argumentiert, dass eine wettbewerbsorientierte, allein durch die Kräfte des Marktes gesteuerte Wirtschaft größeren Wohlstand für alle schafft. Ein ordnungspolitischer Rahmen definiert die Regeln, innerhalb derer sich freie Individuen entfalten können und der ein unkontrollierbares Laissez-faire verhindert. Der Staat solle für die wirklich Bedürftigen sorgen, aber nur so wenig wie möglich in die Wirtschaft eingreifen, nicht steuern wollen. Die soziale Marktwirtschaft der deutschen Wiederaufbaujahre war noch stärker von diesem Freiheits- und Leistungsgedanken geprägt und dient nach wie vor als gutes Beispiel, bei dem mit einem schlanken Staat ein guter Ausgleich der Interessen gelang und gefährliche Extreme verhindert wurden.

Um zu derart ausgeglichenen, gut funktionierenden Systemen (zurück) zu finden, sind in manchen Fällen, wenn sich dysfunktionale Strukturen verfestigt haben, radikale Befreiungsschläge und Reformagenden erforderlich. In **Argentinien** ist derzeit ein solcher Fall zu beobachten. Das Land, das noch bis Anfang der 1950er-Jahre zu einem der reichsten Länder der Welt zählte, wurde durch Generationen sozialistischer Regierungen systematisch ruiniert. Heute ist es geprägt von schwacher Wirtschaftsleistung, hoher Verschuldung, extrem hoher Inflation und Armut in großen Teilen der Bevölkerung. Der im November 2023 gewählte Präsident Javier Milei versucht nun, mit einer „Schocktherapie" den Staat von den vielen wirtschaftshemmenden Gesetzen, hohen Staatsausgaben, aufgeblähter Bürokratie und den parasitären, teils kleptokratischen Staatsdienern, staatsnahen Interessengruppen und Gewerkschaften zu befreien, wieder marktwirtschaftliche Strukturen einzuführen und das unternehmerische Potenzial zu entfesseln. Als flammender libertärer Politiker ist er von der positiven Kraft des Kapitalismus überzeugt, erklärt seinen Landsleuten, welcher Wohlstand durch freie marktwirtschaftliche Strukturen weltweit geschaffen wurde und wie kollektivistische Systeme diesen Wohlstand zerstören. Seine südamerikanischen Nachbarn bieten hierfür die besten Vergleichsfälle, vom erdölreichen, einst sehr wohlhabenden, heute verarmten Venezuela über die wirtschaftspolitischen Achterbahnfahrten in Brasilien und der vergleichsweise hohen Stabilität und dem großen Wohlstand in Chile und Uruguay.

Milei definiert Sozialismus umfassender, als dies in den Ökonomielehrbüchern üblicherweise geschieht. Der Staat müsse nicht erst das Eigentum an Produktionsmitteln an sich reißen, um die Produktion in staatlich vorgedachte Bahnen zu lenken. Staatliche Verordnungen, Steuern, Subventionen, Kontrolle von Zinsen und Preisen sowie die staatliche Geldproduktion aus dem Nichts erfüllen denselben Zweck. Sie zerstören unternehmerische und individuelle Freiheit, selbstregulierende Märkte und den Wohlstand. Milei will Argentinien wieder in die Liga der hoch entwickelten und wohlhabenden Länder führen: durch ein Befreien von den staatlichen Fesseln, durch mehr Wettbewerb und Leistungschancen. Seine Bemühungen werden aufmerksam von global agierenden Investoren beobachtet. Sollte Milei die erforderliche Unterstützung bekommen und sollten seine Reformen gelingen, könnte Argentinien schnell zu einem attraktiven Emerging Market aufsteigen. Milei beschreibt die Chancen des Wiederaufstiegs seines Landes noch enthusiastischer, als es der frühere deutsche Bundeskanzler Helmut Kohl einst tat, als er nach der deutschen Wiedervereinigung dem ebenfalls heruntergewirtschafteten Ostdeutschland die Entwicklung „blühender Landschaften" in Aussicht stellte.

In den 1980er-Jahren waren es insbesondere die USA, unter ihrem damaligen Präsidenten Ronald Reagan, und **Großbritannien** in der Ära Margaret Thatcher, die auf die Freisetzung von Marktkräften durch Deregulierung und Privatisierung setzten. Die Abwendung vom keynesianischen Glauben an die politische Steuerung der Wirtschaft hin zur Marktorientierung eines Milton Friedman war ein erfolgreicher ökonomischer Paradigmenwechsel, auf den sich auch Milei bezieht. Dadurch kam es zu einem erheblichen Wohlstandsschub und weltweit zur signifikanten Reduzierung von Armut. Am Ende des Jahrzehnts herrschte in der gesamten westlichen Welt der „Washington Consensus": die Überzeugung von der Notwendigkeit konsolidierter Staatshaushalte und stabiler Währungen, von Freihandel, deregulierten Märkten und dem Abbau von Subventionen. Die Fakten sprechen für sich.

Deutschland hat in seiner bewegten jüngeren Geschichte ebenfalls lehrreiche Erfahrungen mit verschiedenen kollektivistischen Systemen, Ausprägungen des Sozialismus gemacht. Alle scheiterten oder endeten in Katastrophen, vom Nationalsozialismus in den 1930er- und 1940er-Jahren des letzten Jahrhunderts und dem nur vier Jahrzehnte überlebenden DDR-Sozialismus in Ostdeutschland danach. Heutige Bestrebungen von Teilen der Politik und Bevölkerung hin zu einem neuen „grünen Sozialismus" und einer Regierungskultur autoritärere Lenkung mit engmaschigen Vorschriften und Verboten können entsprechend skeptisch verfolgt werden. Das bisherige Scheitern der grünen

Transformationspolitik mit dem aktuellen Zwischenresultat einer ernsthaften Wirtschaftskrise sind eindeutige Warnungen. Zu viel Planwirtschaft und „Gleichmacherei" haben auch in Deutschland noch nie funktioniert. Heute braucht Deutschland eine umfassende wirtschaftspolitische Strukturreform, mehr von Mileis Reformdenken, um wieder wettbewerbsfähiger, zukunftsfähiger zu werden.

Der Wiederaufbau Westdeutschlands nach dem Zweiten Weltkrieg und der zweite Wiederaufbau Ostdeutschlands nach dem Zusammenbruch der DDR und Wiedervereinigung mit Westdeutschland waren Epochen besonders großer Wirtschaftsdynamik, mutiger Innovationssprünge und Wohlstandsschaffung auf der Grundlage marktwirtschaftlicher Prinzipien. Ganze Städte wurden von Grund auf modernisiert, neueste Industrien und Produktionsstätten entwickelt. Der radikale Bruch mit dem gescheiterten sozialistischen Experiment gab Motivation für einen Aufbruch zu besseren Modellen. Ein ähnlicher Boom steht Argentinien bevor, wenn sich sein neuer Präsident durchsetzen kann und sein Reformprogramm gelingt. Projektentwickler und Baufirmen bringen sich bereits in Stellung. Buenos Aires, einst als das Paris Südamerikas beschrieben, könnte neu erblühen. Kubas Havanna und Venezuelas Caracas könnten folgen.

Für die Überlegenheit liberaler Marktwirtschaften gegenüber sozialistischen Planwirtschaften gibt es viele historische Vergleiche, die bei der gegenwärtig wachsenden Kritik an den negativen Folgen exzessiver Konsumkulturen nicht vergessen oder missverstanden werden dürfen. Liberale Marktwirtschaften konnten immer größere individuelle Freiheiten, größeren Wohlstand, mehr Innovation, bessere Bildung, bessere medizinische Versorgung für die Mehrheiten ihrer Gesellschaften erzeugen, als es Planwirtschaften je vermochten. Und diese höher entwickelten Gesellschaften sind nun besser in der Lage, Lösungen für die großen globalen Herausforderungen, wie Umwelt- und Klimaschutz, zu entwickeln und umzusetzen. Von verarmten sozialistischen Staaten kann dies nicht erwartet werden. Singapurs systematisch erarbeiteter Aufstieg in die Spitzengruppe hoch entwickelter Wirtschaftsstandorte, mit höchster Produktivität, hoher Lebensqualität und sozialem Frieden seit den 1960er-Jahren, wird oft mit der Entwicklung **Kubas** im gleichen Zeitraum verglichen. Der bis 1959 prosperierende, vielversprechende kleine Inselstaat, damals in den Top 3 der mittel- und südamerikanischen Länder, **Havanna** damals eine pulsierende Metropole, nahm den entgegengesetzten Weg. Seit Übernahme der Regierung durch Fidel Castro und der Umsetzung einer sozialistischen Planwirtschaft nach sowjetischem Vorbild verarmte das Land zunehmend. Heute ist die Stadt Havanna verfallen, die Bevölkerung verarmt. Manche Touristen lieben es für kurze Besuche, wegen ihres morbiden Charmes und der Lebensfreude der Menschen, die trotz ihrer Armut das Beste aus dieser Situation zu machen versuchen. Havanna könnte heute aber den Standard von Singapur oder Dubai haben, könnte seinen Menschen ein besseres Leben, bessere Perspektiven bieten.

Langfristiger Erfolg eines Wirtschaftsstandorts kann sich nicht auf nur einen Sektor oder allein ein Unternehmen verlassen, braucht **Diversifizierung, Adaptabilität und Risikostreuung.** Der Niedergang und Verfall der Stadt Detroit, einst als „Motor City" wichtigster Standort der Automobilindustrie in den USA, ist ein Beispiel dafür, was passieren kann, wenn die Wirtschaft einer Stadt von einem einzigen Wirtschaftssektor abhängt und dieser in eine Krise gerät. Im Ruhrgebiet in Deutschland, das über 200 Jahre vom Kohlebergbau abhängig war, vollzieht sich seit einigen Dekaden ein Strukturwandel hin zu einer diversifizierten Wissens- und Dienstleistungswirtschaft. Hierfür wurden mehrere neue Universitäten und Technologiezentren gebaut und es wird eine aktive Ansiedlungspolitik für verschiedene Technologiesektoren verfolgt. Städtebaulich wird diese Transformation von vielen Konversionsprojekten begleitet, die Teile der alten Industriebauten in neue Quartiere integrieren. Unter anderem die „Internationale Bauausstellung Emscher Park" hatte hierfür Beispiele entwickelt. Noch immer ist aber die Arbeitslosenrate in dieser Region höher als im Bundesdurchschnitt. Diese und viele ähnliche Beispiele weltweit zeigen, wie wichtig eine kontinuierliche diversifizierte Wirtschaftsentwicklung für die Stabilität und Resilienz eines Standorts ist, auch und besonders dann, wenn ein Sektor sehr dominant wird. Nur eine breite Wirtschaftsbasis, die auf verschiedenen Sektoren wie Technologie, Industrie, Dienstleistungen und auch Landwirtschaft aufbaut, kann die Widerstandsfähigkeit gegen wirtschaftliche Schocks erhöhen und das langfristige Wachstum fördern.

Das Wachsen und Gedeihen vielversprechender Wirtschaftssektoren am eigenen Standort kann durch das Entwickeln von thematischen **Business-Development-Clustern,** oft auch als **Innovationsquartiere** vermarktet, gezielt gefördert werden. Sie werden als Campus geplant und für die Anforderungen spezifischer Branchen mit entsprechend optimierten Gebäuden, Infrastrukturen und Serviceeinrichtungen angeboten, wenn möglich um ein bereits bestehendes oder noch zu akquirierendes großes Unternehmen, das als Anker dienen kann und verbundene oder konkurrierende Unternehmen anziehen hilft. Die ökonomische Wirkung kann durch die Konzentration gleichartiger und einander ergänzender Unternehmen sowie durch Bildungs- und Forschungseinrichtungen multipliziert werden, wobei ihr Zusammenwirken Synergieeffekte und noch größere Sogwirkungen erzeugt. Mit subventionierten Mieten in **Inkubatoren** und anderen Start-up-Förderungen kann es in diesen Clustern auch kleinen, noch finanzschwachen Unternehmen ermöglicht werden, sich schneller in ihrem Bereich zu vernetzen und zu wachsen. Das gesamte Cluster kann von gezielten Förderprogrammen und/oder Steuerbegünstigungen profitieren.

In Dubai wurden, mit dem Ziel einer möglichst breiten ökonomischen Diversifizierung, inzwischen mehr als 20 (in den gesamten VAE mehr als 40) spezialisierte Cluster für verschiedene Branchen als *Free Zones* angelegt, in denen ausländische Unternehmen hundertprozentiges Eigentum über ihre Unternehmen und Güter halten, das heißt keinen lokalen Sponsor (mitbestimmenden lokalen Partner) brauchen und nach besonderen, für die Branche optimierten Regularien global vernetzt operieren können (Abb. 1.5). Einige dieser *Free Zones* sind inzwischen sehr erfolgreich gewachsen, zum Beispiel das DIFC – Dubai International Financial Centre – bildet heute den Kern des Finanzsektors des Emirats. In den frühen Jahren der 1971 gegründeten Vereinigten Arabischen Emirate wurde der Wirtschaftsentwicklungsfokus auf die **legendären drei Ts – Trade, Tourism,**

Transport – gelegt, die eine solide Grundlage für alle darauf aufbauenden und durch sie ermöglichten Wirtschaftssektoren und Free Zones boten. Auch die „Ts" selbst werden fortwährend weiterentwickelt, vergrößert. Erst kürzlich hat die Dubai Leadership den Bau eines neuen Flughafens angekündigt, der fünfmal größer als der bestehende sein soll, mit einer Kapazität von 260 Mio. Passagieren der größte Flughafen der Welt werden soll. Diese Position will man sich von der neuen Konkurrenz aus Saudi-Arabien nicht nehmen lassen.

Die räumliche Nähe von Universitäten, innovativen Unternehmen der IT-Branche und Venture-Capital-Unternehmen hat den rasanten Erfolg des Silicon Valleys in Kalifornien maßgeblich bestimmt. Business Development Clusters bemühen sich um ähnliche Effekte. Entscheidend für die Attraktivität dieser Agglomeration ist die kulturelle Kompatibilität und die unternehmerische Energie des *Human Talents*, das sich dort zusammenfindet, gegenseitig stimuliert und fördert, in Kooperation oder Konkurrenz, mit einem Developer Mindset, dem Willen, Ideen zu kreieren, sie schnellstmöglich umzusetzen und zu wachsen.

Besondere Impulse für die Wirtschafts- und Stadtentwicklung ergeben sich auch durch das **Austragen sehr großer Veranstaltungen,** die von internationalem, im besten Fall globalem Interesse sind und Teilnehmer und Gäste aus der ganzen Welt anziehen. Für

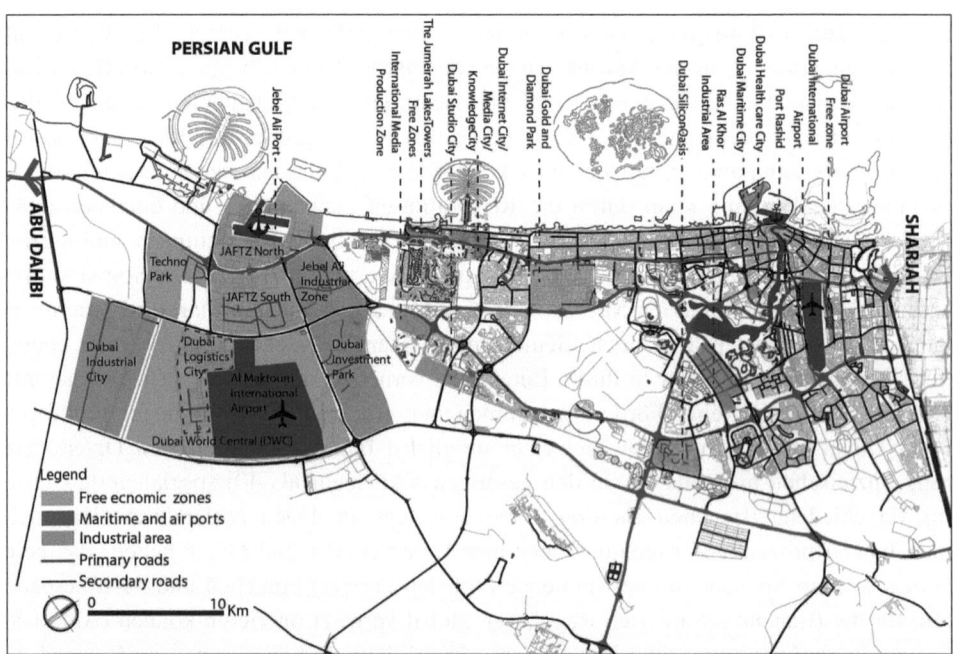

Abb. 1.5 Ein Mosaik besonderer Wirtschaftsentwicklungszonen, thematischer Free Zones in Dubai. Sie treiben nicht nur die Wirtschaftsentwicklung für ausgewählte Sektoren, sondern auch die städtebauliche Entwicklung in ihnen und um sie herum. (Quelle: Akhavan 2020, S. 93.)

die Vorbereitung und Durchführung großer Sportturniere, etwa der Olympischen Spiele oder der FIFA-Fußballweltmeisterschaft, oder Ausstellungen wie der World Expo werden nicht nur die Veranstaltungsgebäude, sondern die gesamte Infrastruktur für Beherbergung, Transport und Versorgung einer großen Anzahl von Gästen entwickelt. Neue Stadtteile entstehen, der öffentliche Nahverkehr wird ausgebaut und touristische Attraktionen werden neu entwickelt bzw. bestehende modernisiert. Das Gastland will sich der Welt im besten Licht präsentieren, Bekanntheit und Image verbessern und somit auch langfristig den Tourismus und Geschäftsverkehr stimulieren. Wenn die städtebaulichen und architektonischen Planungen für die Veranstaltung auch eine marktgerechte Nachnutzung zulassen, können die gastgebenden Städte wirtschaftlich und kulturell dauerhaft profitieren: So hat etwa Barcelona von der Austragung der Olympischen Sommerspiele 1992 nachhaltig profitieren können, Deutschland vom „Sommermärchen" der Fußballweltmeisterschaft 2006, Dubai von der World Expo 2020. Der Economic Impact, den große internationale Sportveranstaltungen für einen Austragungsort haben, ihre Wirkung als „Booster" für die lokale Wirtschaftsentwicklung, lässt sich schwer quantifizieren, da es nicht nur die direkt Beteiligten, sondern alle Sektoren indirekt betrifft. Gerade diese breite Streuung des Effekts macht sie so interessant für wachstumsambitionierte Städte.

Für derartige große, aber auch für die Vielzahl der kleineren, kontinuierlichen Initiativen müssen effektive **Standortmarketing- und Wirtschaftsförderungsstrategien** entwickelt und professionell gemanagt werden. Eine Selbstdarstellung der Städte als besonders wirtschaftsfreundliche, zukunftsorientierte Investitionsstandorte mit vielversprechendem Wachstumspotenzial wird angesichts wachsender globaler Konkurrenz immer wichtiger. Städte brauchen eine unverwechselbare Identität, besondere Growth-Storys mit konkreten Perspektiven und Bildern. Auch diesbezüglich sind die vergleichsweise „neuen" Städte Singapur und Dubai wie auch die chinesischen Metropolen Shanghai und Shenzhen gute Beispiele für erfolgreiches **City-Branding.** Die im letzten Jahrhundert erfolgreichen Großstädte in Europa und Nordamerika wirken im Vergleich zu den neuen globalen Wachstumsmärkten zunehmend blass, oft mehr rückwärtsgewandt als innovativ, sind keine frischen Marken mehr. Es erfordert besondere Anstrengungen, um auch im 21. Jahrhundert als Leuchttürme für Fortschritt und Wirtschaftskraft wahrgenommen zu werden, Aufmerksamkeit, Investoren und Humankapital anzuziehen und langfristig zu halten.

1.4 Soziale Stabilität: Chancenoffenheit und Eigenverantwortung, geregelte Immigration

Nachhaltige Wirtschafts- und Stadtentwicklung brauchen **sozialen Frieden** und eine gut funktionierende Integration aller Bevölkerungsgruppen, damit diese auch bei großer Heterogenität eine gemeinsame Bürgerschaft bilden können: mit einem sie verbindenden Interesse am Erfolg ihres Heimatorts, seiner Prosperität und Lebensqualität. Hierfür ist eine größtmögliche Chancenoffenheit beim Zugang zu Bildungsangeboten und Beschäftigung im geregelten Arbeitsmarkt oder zu unternehmerischer Selbstständigkeit eine entscheidende Voraussetzung. Sie bildet die Grundlage für die Verwirklichung verschiedenster Lebensplanungen, für individuelle soziale Mobilität, den Aufbau von Wohlstand und mehr Unabhängigkeit. Der Staat kann fördernde und fordernde Rahmenbedingungen schaffen, die es jedem Bürger ermöglichen und ihn motivieren, eigenverantwortlich die für ihn passenden Bildungs- und Arbeitsplatzangebote zu wählen, sich seinen jeweiligen Talenten und Ambitionen gemäß zu entfalten und schließlich sich und seine Familien selbst zu versorgen.

Je mehr, je differenziertere und bessere Bildungsangebote ein Standort bietet, desto höher die Wahrscheinlichkeit, dass unterschiedlichste erfolgreiche Biografien in ihrem Zusammenwirken eine harmonische und produktive Gemeinschaft hervorbringen und so ein Ort entsteht, der Chancen eröffnet und dazu motiviert, sie im eigenen und gemeinschaftlichen Interesse aktiv zu nutzen. Je besser die individuellen Entwicklungschancen und langfristigen Perspektiven sind, die ein Standort bietet, desto attraktiver wird er für ambitionierte, leistungsbereite Menschen, die ihn tragen und weiterentwickeln. Wo integrierende Bildungsangebote nicht ausreichend vorhanden sind oder der Zugang zu ihnen nicht allen offensteht, entwickeln sich leicht abgeschottete prekäre Parallelgesellschaften mit eigenen Regeln, ein erodierendes Gemeinwesen und Kontrollverlust der staatlichen Gewalt.

Sozialstaatliche Unterstützungsprogramme können ein Mindestmaß an wirtschaftlicher Sicherheit für besondere Fälle gewährleisten und damit soziale Gegensätze innerhalb der Gesellschaft teilweise und temporär ausgleichen. Sie dürfen aber nicht als dauerhafte Lösungen dienen. Dies kann weder im Interesse des Empfängers dieser Leistungen noch der für sie zahlenden Gemeinschaft liegen. Steuerfinanzierte öffentliche Haushalte müssen mit wettbewerbsfähig geringen Steuersätzen auskommen, müssen daher in ihrer Höhe begrenzt bleiben. Sie sollten weitestgehend für strategische Investitionen genutzt werden, so wenig wie möglich als sozialstaatliche Ersatzversorgung verbraucht werden. Das Ziel einer größtmöglichen **Chancengleichheit darf auch deswegen nicht mit Ergebnisgleichheit verwechselt werden. Ein Zuviel an sozialstaatlicher Abfederung kann kontraproduktive Wirkungen entfalten, falsche Anreize setzen.** Sie kann die Bezieher hoher und langfristiger Unterstützungen demotivieren mit eigenen Leistungen Verantwortung zu übernehmen und Beiträge zur Gemeinschaft zu leisten. Der Abstand zwischen Arbeitslohn und Transferleistung muss groß genug sein, damit Arbeiten attraktiv bleibt. Dynamische Wachstumsmärkte und Innovationskulturen leben von einem selbstmotivierten, eigenverantwortlichen Engagement ihrer Bürger: als Unternehmer, Arbeitnehmer und/oder ehrenamtlich Aktive. Zentral ist dabei die Dynamik ihres Gestaltungswillens und ihrer Gestaltungschancen – ihr Developer Mindset.

Die Idee der „Chancengleichheit", die in großen Teilen der Politik demokratischer Länder noch immer zum Standardrepertoire in Wahlkämpfen und Programmen zählt, muss kritisch hinterfragt werden. Hinter dem verheißungsvollen Versprechen, das mehr soziale

Gerechtigkeit suggeriert, liegt eine unlösbare Aufgabe, wenn man nicht zugleich die Freiheitsrechte der Menschen massiv beschneiden und gesellschaftliche Vielfalt begrenzen will. Die Erwartung, eine Gleichheit der Zugänge zu Selbstverwirklichung und wirtschaftlichem Erfolg aller planen und durchsetzen zu können, gelänge nur mit totaler Kontrolle, würde damit neue Ungerechtigkeiten schaffen. Auch in diesem Zusammenhang sei an die Beschreibung des Ökonomen und Sozialphilosophen Friedrich August von Hayek erinnert: „Über die Chancengleichheit: Um diese zu erreichen, müßte die Regierung die gesamte physische und menschliche Umgebung aller Personen kontrollieren und bestrebt sein, allen mindestens äquivalente Chancen zu verschaffen. Dies würde so lange weitergehen müssen, bis die Regierung buchstäblich jeden Umstand kontrollierte, der das Wohlergehen irgendeiner Person beeinflussen könnte. Jeder Versuch, es konkret zu realisieren, ist geeignet einen Albtraum hervorzubringen" (von Hayek 1976). Es sollte also lediglich um mehr Chancenoffenheit gehen, um möglichst diskriminierungsfreie Zugänge zu Chancen, die dann individuell und eigenverantwortlich genutzt oder nicht genutzt werden können. Dies bietet die gewünschte Gerechtigkeit, Dynamik und Vielfalt der Ergebnisse.

Der Anspruch auf Chancengleichheit wird politisch oft genutzt, um nicht nur die Befähigung zu sozialer Teilhabe einzufordern, sondern konkreter auch gleichberechtigten Zugang zu gesellschaftlichen Machtpositionen, zu politischer und ökonomischer Macht. Wo sich dies nicht von allein ergibt, trotz weitgehend gleichberechtigter Bildungszugänge, werden zunehmend Quoten eingefordert, die bislang als unterrepräsentiert erachteten Gruppen eine Garantie auf Positionen in der Politik und Wirtschaft geben sollen. Parteien, Regierungskabinette, Unternehmensführungen sollen aus jeweils gleich vielen Männern wie Frauen bestehen, sollen Personen mit Migrationshintergrund, verschiedener Ethnien und Religionen angemessen repräsentieren und andere Eigenschaften besitzen, die nichts mit ihren fachlichen Qualifikationen und Erfahrungen zu tun haben. Wo es keine ausreichende Anzahl von Kandidaten gibt, die beide Kriterien erfüllen, werden zu oft Kompromisse bei den fachlichen Qualifikationen gemacht. Dies kann Auswirkungen auf die Bewältigung der Aufgaben haben und somit die Leistungskultur und den Wettbewerb schwächen. Die Immobilienbranche, einst als Männerdomäne in geschlossenen lokalen Netzwerken wahrgenommen, hat sich diesbezüglich in den USA und Europa in den letzten Jahren sehr stark gewandelt, nicht immer zum Vorteil.

In der Stadtplanungstheorie und -praxis insbesondere europäischer Wohlfahrtsstaaten ist das **sozialdeterministische Narrativ** noch immer sehr populär. Dieses erklärt die Ursachen und Verantwortung für das Gelingen oder Nichtgelingen von sozialer Integration und Aufstieg mit unverschuldeten, nicht beeinflussbaren äußeren Umständen, in denen der Einzelne aufwächst. Diese bestimmten dessen Chancen oder Probleme weitgehend und lebenslang in Bezug auf Bildung, berufliche Erfolge, Gesetzestreue und familiäres Glück. Ein selbstbestimmtes Leben sei daher immer nur bedingt möglich. Um diese Ungerechtigkeiten auszugleichen, wäre mehr Umverteilung unerlässlich, Unterprivilegierte hätten einen Anspruch darauf. Mit dem Narrativ, Opfer unveränderbarer Umstände zu sein, kann aber auch die Motivation zu eigenem Bemühen leicht schwinden. Wenn der Anspruch auf Versorgung garantiert wird, nicht mehr zur Disposition steht, wählen viele die bequemere Variante. Ganz anders in den USA, die Schwachen wenig Unterstützung gibt, aber mit dem Narrativ der „unbegrenzten Möglichkeiten", des Aufstiegs „vom Tellerwäscher zum Millionär" motiviert und soziale Mobilität verspricht, tatsächlich in den letzten Dekaden aber große soziale Spaltungen verfestigt. Die Vorteile beider Ansätze müssten miteinander kombiniert werden, durch ein differenziertes Fördern und Fordern, Nachteile möglichst reduziert werden.

Der **„soziale Wohnungsbau",** in Deutschland heute lieber „geförderter Wohnungsbau" genannt, um seine Zielgruppen „nicht zu stigmatisieren", nimmt hier eine zentrale Rolle ein, indem er die elementare Grundversorgung, das „Dach über dem Kopf", bietet. Sowohl der verpflichtende prozentuale Anteil an geförderten Wohneinheiten in Wohnungsbauprojekten wie auch deren qualitativer Standard sind in den letzten Jahren aber so stark angestiegen, dass privatwirtschaftliche Projektentwickler diese Investments inzwischen meiden und lieber gar nicht mehr bauen. Bei den vorgegebenen Mietobergrenzen sind sie wirtschaftlich nicht mehr machbar. Die stark gewachsene Nachfrage nach sozialem Wohnungsbau wird zu einem großen Teil durch realitätsferne Regulierung selbst verursacht. Weniger Menschen sollten bezugsberechtigt sein und der Baustandard sollte wieder vereinfacht werden. Anstatt die Bürger individuell, nach ihrer aktuellen Situation zu fördern oder nicht mehr zu fördern, werden die Immobilienobjekte gefördert. Mieter können sie also viel länger okkupieren, als es ihre tatsächliche Situation erfordert, entsprechend hoch ist die Fehlbelegungsquote. Auch die hohen Quoten von Sozialwohnungen in den gemischt genutzten Projekten drohen langfristig kontraproduktiv zu wirken. Damit drohen ein „Umkippen" und eine schleichende Ghettoisierung ganzer Stadtteile, soziale Integration wird eher verhindert.

Einen wichtigen Beitrag zur Versorgung mit bezahlbarem Wohnraum haben insbesondere in den Gründerzeiten Ende des 19. und zu Beginn des 20. Jahrhunderts **Werkswohnungen** geleistet. Große Industrieunternehmen errichteten eigene Siedlungen für ihre Mitarbeiter und deren Familien, um sie an ihre Standorte anzuziehen und möglichst dauerhaft zu binden. Aufgrund immer knapperen Baulands und entsprechend hoher Grundstückspreise, vor allem aber wegen übertrieben hoher Anforderungen an den Gebäudestandard mit immer umfangreicheren Regulierungen ist dieses private Engagement wirtschaftlich immer weniger machbar. Eine Reduzierung der Anforderungen wäre hilfreich, um den Werkswohnungsbau wieder zu ermöglichen. Aufgrund des sich verschärfenden Mangels an qualifizierten Fachkräften haben viele Unternehmen, insbesondere auch im Gesundheitswesen, ein großes Interesse, entsprechende Angebote machen zu können.

Politische Debatten zur „sozial gerechten Stadt" konzentrieren sich oft auf das Zurverfügungstellen einer größtmöglichen Anzahl von geförderten, das heißt weitgehend steuerfinanzierten Mietwohnungen und diese in höchstmöglicher Qualität. Die hoch subventionierten Mieten geben ihren Wohnungsberechtigten wenig Anreiz, im nicht subventionierten Wohnungsmarkt nach Angeboten zu suchen, und das Fehlen geeigneter Finanzierungsförderungen erschwert für Geringverdiener den Kauf von Wohnungen. Das Leben in Sozialwohnungen wird somit für viele Mieter zur Dauerlösung, hält sie in dauerhafter Abhängigkeit und Steuerzahler in dauerhafter Zahlungsverpflichtung. Wenn der Staat in gut meinender, fürsorglicher Absicht in den Wohnungsmarkt eingreift und für den gesamten Markt geltende Mietobergrenzen festlegen will, so können zwar Mieter, die bereits eine Wohnung haben, vor Mieterhöhungen geschützt werden, aber der Anreiz für Vermieter, neue Wohnungen zu bauen, nimmt ab, auch bei wachsender Nachfrage. Eine staatliche Steuerung des Marktgeschehens mit Verboten und Subventionen sollte begrenzt bleiben und darf auch nicht, was der Ökonom Horst Siebert in seinem Buch *Der Kobra-Effekt* (Siebert, 2002) als die „Chuzpe des Einzelnen" beschreibt, die egoistische Kreativität des einzelnen Bürgers unterschätzen, die von Wirtschaftspolitikern aufgestellten Regeln zu umgehen. Eine durch politischen Lenkungswillen ungewollt erzeugte Verknappung des Angebots führt zu Fehlbelegungen, zu Missbrauch von Hilfen von denen, die sie nicht mehr brauchen.

Der Staat kann und darf nicht auf Dauer als Garant für ein auskömmliches Leben aller seiner Bürger herhalten. Dauerhafte Umverteilung auf Basis der Beiträge arbeitender Steuerzahler schafft neue Ungerechtigkeiten und macht Wirtschaftsstandorte für Leistungsträger unattraktiv. Werden die Forderungen nach „Solidarität" der Steuerzahler mit Empfängern von Unterstützungen zu groß, dann spaltet es die Gesellschaft mehr, als dass es sie vereint, und demotiviert bald alle. **Das Prinzip der Subsidiarität** – dass zunächst die kleinste Einheit für sich selbst sorgt – ist die Basis für eine motivierte Leistungsgesellschaft. Die Kontinuität vieler kleiner Schritte (jedes Individuums, jeder Familie, jedes Unternehmens, jeder Interessengruppe) ergibt die Summe des Erfolgs, von dem letztendlich alle profitieren. Positive Wechselwirkungen, Synergien und ungeplante Zufallserfolge steigen mit der Anzahl der engagierten, konstruktiven Teile. Die Summe der positiven Energien kann eine Eigendynamik entwickeln, die alle Teile der Gesellschaft motiviert.

Der **Wohlfahrtsstaat** darf nicht als bedingungs- und grenzenloser Versorgungsstaat missverstanden werden. Selbst die noch immer vergleichsweise reichen Länder West- und Nordeuropas können sich mit zu hohen Ausgaben für diese Umverteilungen überfordern und von engagierten Wachstumskulturen in passive Versorgungskulturen abgleiten. Derzeit populäre Ideen zu einem steuerfinanzierten bedingungslosen Grundeinkommen lassen unrealistische Erwartungen entstehen. Die in „Bürgergeld" umbenannten Sozialhilfen sind in Deutschland inzwischen zum Teil gleichhoch oder höher als Nettolöhne für reguläre Beschäftigungen. Es lohnt sich für viele nicht mehr zu arbeiten. Die Folge ist, dass es immer schwieriger wird, Arbeitnehmer für einfache Tätigkeiten im Niedriglohnsektor zu finden. Ein sozialhilfefinanziertes Prekariat verfestigt sich. Mit ihm gedeiht eine Kultur der Antriebslosigkeit und mangelnder Verantwortungsbereitschaft. Bei einer zu großzügigen, bedingungslosen und langfristigen staatlichen Versorgung verlieren viele Bürger die Motivation, durch eigene Anstrengung mehr Unabhängigkeit und Wohlstand für sich und ihre Familien aufzubauen. Marktregulierungen durch Angebot und Nachfrage werden außer Kraft gesetzt, insbesondere auch für den Wohnungsmarkt, wenn immer mehr Bürger berechtigt sind, in staatlich subventionierten Sozialwohnungen zu leben, ein differenzierter Markt durch Angebot und Nachfrage zunehmend außer Kraft gesetzt wird. In weniger großzügigen Sozialsystemen und gut geregelten Zuwanderungsländern gibt es diese Fehlanreize nicht. Wer sich nicht zügig selbst versorgen kann und in die formale Arbeitswelt integrieren will, darf mit keiner oder nur mit einer geringen Unterstützung des Staates rechnen. Ohne Anstrengung kein Erfolg, kein Ertrag. Dies schafft mehr Dynamik, mehr Wettbewerb.

Der Zugang zu unternehmerischer Selbstständigkeit und zu privatem Immobilieneigentum sollte durch möglichst niedrige Schwellen erleichtert werden. Durch hohe gesetzliche Auflagen, Bürokratie und Besteuerung dürfen diese Chancen nicht übermäßig eingeschränkt werden. Eine Gesellschaft mit vielen eigenverantwortlichen, langfristig planenden Unternehmern und Eigentümern ist dynamischer, zugleich stabiler und resilienter als eine mit vorwiegend fremdbestimmten, staatsabhängigen Bürgern. Ein kleinteiliges Mosaik aus autonomeren, sich selbst versorgenden Einheiten stärkt die Resilienz der lokalen Wirtschaft, des städtischen Bürgertums und drückt sich in der Stadtgestalt und Dynamik des Immobilienmarkts aus. Die stadtbildprägenden Gründerzeiten in Europa am Ende des 19./Beginn des 20. Jahrhunderts und der Wiederaufbau nach dem Zweiten Weltkrieg sind hierfür gute Beispiele. Eigentümergeführte mittelständische Unternehmen und privates Immobilieneigentum können an nachfolgende Generationen weitergereicht werden, verankern Familien langfristig an ihrem Standort und halten sie als aktive Player der Stadtgesellschaft. Diese Dynamik, die zugrunde liegende wirtschaftliche und soziale Aufstiegsidee, wird derzeit in Deutschland unter der Last von immer weitreichenderen staatlichen Eingriffen, komplizierten Überregulierungen und in unbezahlbare Höhen getriebenen Kosten zunehmend erstickt. Der alles bestimmende, möglichst viele versorgende Staat erweist sich auch in diesem Zusammenhang als nicht nachhaltig erfolgreich. Die nicht bedachten Nebenwirkungen sind zu groß.

Positive Beispiele gibt es an Standorten, die von unternehmerisch denkenden und pragmatisch handelnden Politikern geführt werden, wo Bürgern bessere Chancen für ihren Wohlstandsaufbau und langfristige Unabhängigkeit gegeben werden. So sind Angebote staatlicher Förderbanken zu niedrig verzinsten Darlehen, mit denen junge Familien Wohneigentum erwerben können, besser als ein dauerhafter Verbleib in sozial geförderten Mietwohnungen. Singapur ist hierfür ein gutes Beispiel: Hier liegt die Wohneigentumsquote bei ca. 89 %, in Deutschland hingegen bei lediglich 49 %. Immobilieneigentum schafft stabilere, resilientere Stadtgesellschaften aus Bürgern mit langfristigen Perspektiven. Das Public Housing Program Singapurs, durch das seit den 1960er-Jahren über eine Million Wohnungen in dem kleinen Stadtstaat gebaut wurden, ist in vielfacher Hinsicht ein gutes Beispiel. Anstatt dauerhaft zu mieten, konnten sie zu niedrigem Preis gekauft, beziehungsweise ein 99-jähriges Erbbaurecht erworben werden, mit dem Recht,

1.4 Soziale Stabilität: Chancenoffenheit und Eigenverantwortung ...

sie nach einer gewissen Nutzungszeit auch wieder verkaufen zu dürfen. Auch die gestalterische und baukonstruktive Qualität ist für sozialen Wohnungsbau vorbildlich. Der an der Yale University ausgebildete und mehrere Jahre im New Yorker Büro von I.M. Pei tätige Architekt und Stadtplaner Liu Thai Ker übernahm 1969 die Führungsrolle in Singapurs Housing and Development Board und hatte entscheidenden Einfluss auf die Entwicklung der polyzentrischen, mischgenutzten Struktur der Stadt und die architektonische Qualität der Gebäude. Für die zeitgleich entstandenen Projekte des sozialen Wohnungsbaus in Deutschland, insbesondere die Siedlungsbauprojekte der Neuen Heimat mit dem Architekten Ernst May, konnten derartige Erfolge nicht erzielt werden. Viele dieser Siedlungen haben sich zu sozialen Brennpunkten entwickelt und die Bausubstanz verfällt.

Dem Arbeitsmarkt in westlichen Versorgungsstaaten gehen aufgrund ihres demografischen Wandels immer mehr Arbeitskräfte verloren, mit ihnen Produktivität und internationale Wettbewerbsfähigkeit. Wie bereits erwähnt, wird trotz immer besserer medizinischer Versorgung und längerer gesunder Lebenszeiten das Renteneintrittsalter in vielen europäischen Staaten nicht angepasst. Qualifizierte, erfahrene und leistungsfähige Arbeitnehmer werden zu früh ins Rentnerleben entlassen. Die nachfolgenden Generationen junger Arbeitnehmer legen Wert auf eine bessere Work-Life-Balance und geringere Arbeitszeiten. Qualifizierte, arbeitsfähige Kriegsflüchtlinge werden finanziell versorgt, aber nicht in den Arbeitsmarkt integriert. Hoch entwickelte Wirtschaftsnationen können es sich nicht leisten, potentielle Arbeitskräfte nicht voll im Erwerbsleben zu haben. Sie können im internationalen Wettbewerb mit ambitionierten Wachstumskulturen nicht bestehen und wären in Situationen aggressiverer externer Bedrohungen in einer zunehmend unsicheren Welt total überfordert. Der gesamten Wirtschaft gehen in Deutschland qualifizierte, motivierte und von Arbeitgebern bezahlbare Fachkräfte aus. Dies ist besonders deutlich auch in der Bauwirtschaft zu erfahren.

Insbesondere in Deutschland wurden die Arbeitszeiten in den letzten Dekaden nach und nach weiter verkürzt, obwohl dies durch Produktivitätszuwachs immer weniger ausgeglichen werden konnte. Länger zu arbeiten, pro Monat und über ein längeres Berufsleben, sollte durch niedrigere Besteuerung der „Überstunden" über ein festgelegtes Minimum gefördert werden. Dieser Anreiz zu Mehrleistung würde dafür sorgen, den akuten Fachkräftemangel zu mildern, und könnte auch die Arbeitsethik, das Verantwortungsbewusstsein und Fleiß wieder fördern.

Es fällt die ambivalente Haltung zur Idee der Leistung und des Erfolgs auf. Die Ansprüche auf höchste Qualität der geforderten Leistungen und Konsumgüter werden immer höher, während die eigene Bereitschaft, sich dem Wettbewerb auszusetzen, selbst mehr und bessere Leistungen für bessere Beiträge zu erbringen, abnimmt. Leistungskultur wird von vielen Politikern und Medien aus dem linken Spektrum eher als Gefahr, nicht als Bereicherung angesehen. Der harte Wettbewerb in „Ellenbogengesellschaften" führe zu sozialer Spaltung in Gewinner und Verlierer. Dass alle profitieren könnten, wenn möglichst viele Menschen ihr Bestes geben und erreichen, wird nicht erkannt. Eliten und Leistungsträger auf allen Ebenen geben anderen Motivation und Orientierung, tragen mehr zu sozialer Kohäsion als zur Spaltung bei. Vielleicht geht es aber den Kritikern einer liberalen Leistungsgesellschaft mehr um zentrale staatliche Kontrolle als um die Erfolgschancen der einzelnen, freien Bürger.

Bildung und Integration in den Arbeitsmarkt sind besonders wichtig für Migranten aus weniger entwickelten in höher entwickelte, reichere Länder, seien es längerfristig Asyl suchende Flüchtlinge aus Kriegsgebieten oder Wirtschaftsmigranten. Diese Migrationsbewegungen werden weiter zunehmen, da sich ein explosives Bevölkerungswachstum in den Ländern konzentriert, die die schwächsten wirtschaftlichen und rechtsstaatlichen Strukturen, die geringsten Erfolgschancen und größten Gefahren für ihre Bürger bieten. Während die Fertilitätsrate in den europäischen Ländern weiter fällt, derzeit in Deutschland bei nur durchschnittlich 1,4 Kindern pro Frau liegt, liegt sie bei den Frauen aus den Migrationsherkunftsländern deutlich höher. Heute sind es vorwiegend Länder aus Afrika, dem asiatischen und dem arabischen Raum, aus denen Menschen massenhaft emigrieren. Es sind Kulturen, die sich stark von denen der Einwanderungsländer in Europa und Nordamerika unterscheiden. Hierin liegt ein sozialer Sprengstoff, der nur durch quantitative Begrenzung, eine individuelle Auswahl Einreiseberechtigter und beidseitige Integrationsbemühungen entschärft werden kann. Anderenfalls entstehen Parallelgesellschaften in den Einwanderungsländern, die mit der dort gewachsenen Kultur wenig kompatibel sind und das Gesamtgefüge destabilisieren und wirtschaftlich schwächen. Die Unterschiede in den Fertilitätsraten zwischen Einheimischen und Zuwandernden wird bereits in wenigen Jahren zu großen Veränderungen der sozialen und kulturellen Strukturen in den europäischen Ländern führen – mit vielfältigen Auswirkungen auf die Wirtschaftsentwicklung und die Entwicklungen der Städte. Die Kultur urbanen Zusammenlebens, Nutzungen von Gebäuden und dem öffentlichen Raum werden sich ändern.

Länder in Europa sind wegen des demografischen Wandels und wegen kurzer Arbeitszeiten auf Zuwanderung angewiesen, um ihre Wirtschaftskraft und ihren Wohlstand erhalten zu können. Zur Kompensation brauchen sie die Zuwanderung qualifizierter oder zügig qualifizierbarer, leistungswilliger Arbeitskräfte, keine Immigranten, die sich dauerhaft von den großzügigen Sozialhilfen des Einwanderungslands versorgen lassen wollen. Einreiseländer müssen daher die von ihnen verursachten „Pull-Faktoren" ihren langfristigen Interessen anpassen. Sie müssen auswählen, wen sie anziehen und hineinlassen wollen. Einwanderungsländer wie Kanada und Australien bewerten die Qualifikation der Einwanderungsinteressierten individuell nach entsprechenden Punktesystemen. Deutschland und andere europäische Länder hingegen, wie zum Beispiel Schweden, haben im Jahr 2023 durch ungeregelte Einwanderung bereits ihre Belastungsgrenzen erreicht und stehen vor großen, möglicherweise radikalen politischen Veränderungen, mit denen diese Fehlentwicklung korrigiert werden soll. **Die soziale Stabilität, die ein wichtiger positiver Standortfaktor für europäische Länder und ihre Städte bislang war, droht zu erodieren.** Eine eher naive, undifferenzierte, auf Wunschdenken basierende Willkommenskultur mit großzügigen Versorgungsversprechen muss nun durch effektive Regelungen ersetzt werden, die den Interessen des Einwanderungslands dienen, damit dieses langfristig stabil und wettbewerbsfähig bleiben kann. Ein Arbeitsmarkt mit einer ausreichenden Anzahl qualifizierter und motivierter Fachkräfte ist systemrelevant.

Der Wirtschaftsnobelpreisträger Milton Friedman sagte einst in einem Vortrag vor Studenten der University of Chicago, man könne entweder einen Sozialstaat haben oder unbeschränkte Einwanderung, beides zusammen aber ginge nicht (Friedman 1977). Zuwanderung von in großen Teilen gering qualifizierten, langfristig auf Unterstützung angewiesenen Menschen bringe keinen Gewinn für das Einwanderungsland, destabilisiere es und bewirke am Ende mehr Nachteile für alle. Die Grenzen des Machbaren werden insbesondere in Deutschland zunehmend sichtbar, überfordern die finanziellen, logistischen und anderen Mittel des noch immer relativ reichen Landes und der Kommunen, die diese Politik konkret umsetzen sollen. Der Mut machenden, aber wenig durchdachten, oft zitierten Aussage der früheren deutschen Bundeskanzlerin Angela Merkel: „wir schaffen das", wird von Teilen der Bevölkerung nicht mehr zugestimmt. Sie wünschen sich eine realistischere Einschätzung der Situation bezüglich Einwanderung und sozialstaatlicher Leistungen. Deutschland hat sich mit seinem sehr großzügigen, im Grundgesetz verankerten Asylrecht aber besonders hohe Hürden für Reformen der Zuwanderungspraxis gesetzt. Verteidiger der offenen Grenzen argumentieren häufig mit dem Anspruch auf Menschenwürde und moralisieren die Debatten in einer Weise, die Gegenpositionen nicht mehr zulassen. Das Erstarken rechter politischer Parteien in Europa, die besonders lautstark Zuwanderungsbegrenzungen fordern, kann auf das bisherige Unvermögen, überzeugende Strategien und pragmatische Lösungen für geregelte Immigration zu entwickeln, zurückgeführt werden.

Es ist ein derzeit in Deutschland populäres, von linken Politikern gefördertes Missverständnis zu glauben, ein großzügiger Sozialstaat sei die Grundlage für den Wohlstand des Landes. Das Gegenteil ist der Fall. Der von einer engagiert arbeitenden Bevölkerung erwirtschaftete Wohlstand ist die Grundlage für den Sozialstaat. Ohne Wirtschaftsleistung und die Beitragssolidarität der Steuerzahler gibt es keine Sozialhilfen zu verteilen. Das Missverständnis hat zu immer höheren Erwartungen an den Staat geführt, der immer mehr der Steuereinnahmen von immer weniger arbeitenden Steuerzahlern nach eigenen Präferenzen umverteilt. Nichts wächst so schnell, wie die Ansprüche. Die Staatsquote liegt in Deutschland im Jahr 2023 bereits bei über 51 % (Abb. 1.6). Im Vergleich hierzu: USA 41 %, Vereinigte Arabische Emirate 30 %, Singapur 19 % (Quelle: Statista). Die Staatsausgaben sind zum weit überwiegenden Teil konsumtiv, um nicht arbeitende, sich nicht selbst versorgende Teile der Bevölkerung immer großzügiger zu unterstützen. Für strategisch investive Staatsausgaben, insbesondere in Bildung, Infrastruktur und militärische Sicherheit, bleibt immer weniger. Aus der schlanken und erfolgreichen sozialen Marktwirtschaft der Nachkriegsjahre ist heute ein unersättlicher, aufgeblähter Sozialstaat geworden, der immer mehr Schulden machen muss, um seine immer größeren Versorgungsversprechen finanzieren zu können.

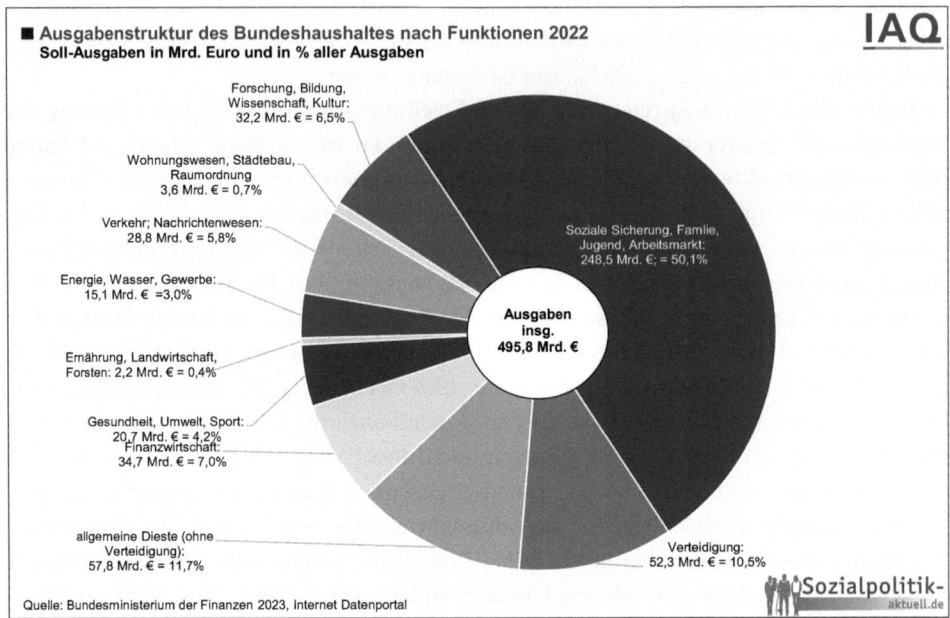

Abb. 1.6 Ausgabenstruktur des Bundeshaushaltes 2022: mehr konsumieren als investieren. Für Wohnungswesen, Städtebau und Raumordnung nur 0,7 %, 3,6 von 495,8 Mrd. Euro. (Quelle: Sozialpolitik-aktuell.de 2024)

Der deutsche Sozialstaat kommt an seine Grenzen. Die langfristige Überforderung des deutschen Sozialsystems wird von dem deutschen Ökonomen Daniel Stelter als „Ponzi-Schema" beschrieben, dass nur so lange funktionieren kann, wie die Einzahlungen die Auszahlungen übersteigen („Ein Traum von einem Land", Stelter 2021). Da aufgrund des demografischen Wandels und immer kürzerer Arbeitszeiten und geringerer Produktivität dieser Punkt in Deutschland bald erreicht sein dürfte, stünde dem „deutschen Sozialsystem der Offenbarungseid bevor". Schon seit Langem werden die Rentenversicherung und gesetzlichen Krankenversicherungen nicht mehr allein durch die Beiträge ihrer Leistungsempfänger finanziert, sondern brauchen immer größere Bundeszuschüsse, das heißt die Verwendung von Steuereinnahmen, die dafür ursprünglich nicht vorgesehen waren und dem Land für wichtige Investitionen fehlen. Über 50 % des Bundeshaushalts werden inzwischen für soziale Sicherung verwendet, davon allein 65 %, ca. 100 Mrd. Euro, als Zuschuss für die Rentenversicherung. Was steht dem Land bevor, wenn diese Sozialsysteme kollabieren? Wie verändert sich das Leben in den Städten, wenn dann eine Verarmung großer Bevölkerungsteile einsetzt? Müssen wir uns auf einen Zuwachs von Obdachlosigkeit, mehr unbehandelten Krankheiten, armutsgetriebener Kriminalität einstellen?

Dennoch, ein Kurswechsel scheint derzeit, zumindest in Deutschland, nicht geplant. Politische Leitbilder der letzten und der aktuellen Regierung gleichen immer mehr denen sozialistischer Staaten mit planwirtschaftlicher Lenkung und Verteilung. Hier sei an ein Zitat der früheren britischen Premierministerin Margaret Thatcher erinnert, die sagte, das Problem beim Sozialismus sei, „dass einem irgendwann das Geld der anderen ausgeht". Deutschland kommt diesem Punkt immer näher, vernachlässigt zunehmend die Förderung produktiver Kräfte, die allein einen nachhaltigen Wohlstand erwirtschaften können. Eine Förderung dieser produktiven Kräfte sollte dabei nicht durch steuerfinanzierte Subventionen geschehen, sondern kann viel effektiver durch ein Befreien von wirtschaftshemmenden Auflagen und die Reduzierung von Steuersätzen gelingen. Mit weniger staatlicher Lenkung, größerer individueller und unternehmerischer Freiheit und Verantwortung kann mehr Wohlstand für alle erwirtschaftet werden.

Eine Weltanschauung, die – mit dem Anspruch, mehr soziale Gerechtigkeit schaffen zu wollen – sich mehr auf die Verteilung bereits erarbeiteten Wohlstands als auf dessen Vergrößerung konzentriert, die die menschliche Leistungsfähigkeit und unternehmerischen Erfolg als begrenztes Nullsummenspiel betrachtet, ist ein großer Fortschritts- und Wachstumshemmer. Sie sieht mehr Nachteile als Chancen im Wettbewerb, kann sich nicht vorstellen, dass das Ganze mehr sein kann als die Summe seiner Teile und dass durch Konkurrenz und Kooperation am Ende alle mehr haben können. Hohe Besteuerung bis hin zur Enteignung der wirtschaftlich Erfolgreichen und eine Verteilung an die weniger Erfolgreichen wird als wirkungsvoller angesehen, als den ambitionierten Leistungsträgern Chancen zu eröffnen und ihnen Türen zu öffnen. Wo sich das damit einhergehende Anspruchsdenken verbreitet, werden Bildung, Innovation und Fortschritt gelähmt, wird der Kuchen, der verteilt werden soll, immer kleiner, bis am Ende nichts mehr übrig bleibt. Eine solche **Verteilermentalität** ist daher kontraproduktiv und langfristig selbstzerstörerisch. Ohne unternehmerische Energie entsteht kein Fortschritt, kein Wachstum für alle. Der sozialpolitische Ordnungsrahmen darf diese Energie nicht ersticken.

Soziale Gerechtigkeit und breit gestreuter Wohlstand durch eine Leistungs- und Wettbewerbskultur entstehen durch Selbstmotivation jedes einzelnen Bürgers. Rechtsstaatlichkeit und Wirtschaftsfreundlichkeit, das heißt faire und liberale Marktbedingungen, geben hierfür einen sicheren Rahmen, aber noch keinen Antrieb. Dieser muss durch die Vermittlung von Werten in der Erziehung, Bildung und Geschäftskultur entstehen. In linken, „woken" Milieus, die insbesondere in Teilen Westeuropas in den letzten Jahrzehnten an politischem und medialem Einfluss so sehr gewonnen haben, dass sie inzwischen den „Mainstream" definieren, hat man die Tugenden Fleiß, Ordnung und Disziplin, die in Wirtschaftswachstumsphasen im Vordergrund stehen, systematisch als „Sekundärtugenden" abgewertet, die dem Blick auf die primären Tugenden gemäß der Devise „Liberté, Egalité, Fraternité" (Freiheit, Gleichheit, Brüderlichkeit) sowie kreativer Selbstentfaltung im Wege stünden. Während in den rasant wachsenden BRICS-Schwellenländern der Leistungs- und Wettbewerbsgedanke bereits sehr systematisch in Schulen vermittelt wird, hat man in Deutschland die Kopfnoten in Schulzeugnissen (Fleiß, Ordnung, Mitarbeit) und den Wettbewerb im Schulsport zum Teil abgeschafft, „Belastungen" durch Hausaufgaben reduziert. Mit Benotungen scheint man großzügiger geworden zu sein, fördert damit aber eine falsche Selbsteinschätzung der Schüler und verschiebt die Wettbewerbsauswahl in die Phase der beruflichen Bewährung. **Disziplin und Leistungswettbewerb** werden immer weniger gefördert. Die deutsche Nachkriegsgeneration wurde aber weltweit für die beeindruckenden Erfolge durch eben genau diese „deutschen Tugenden", diese Kultur respektiert und bewundert. Die Erwartung, ohne Anstrengungen Wohlstand schaffen zu können, ist eine gefährliche Illusion.

John F. Kennedys bekannter Aufruf an die Amerikaner, mehr daran zu denken, was jeder Einzelne von ihnen beitragen könne, anstatt Leistung vom Staat zu erwarten (*„ask not what your country can do for you, but what you can do for your country"*), sowie die ehrgeizigen Ziele des US-amerikanischen Raumfahrtprogramms haben eine ganze Generation zu optimistisch unternehmerisch denkenden und handelnden Patrioten gemacht. Andere Länder haben zu anderen Zeiten ähnliche Motivations- und Leistungsschübe erzeugt. **Patriotismus** war dabei immer ein wichtiger Teil, ob in den USA oder heute zum Beispiel in China, der Türkei und den arabischen Ländern. Man ist dort stolz auf den Fortschritt seines Landes und wie sich dieser in den wachsenden Städten und ihren Monumenten zeigt. Die Flaggen des Landes sind allgegenwärtig. Deutschland hat sich, aus verständlichen historischen Gründen, bezüglich eines offen zur Schau gestellten Patriotismus in den letzten Jahrzehnten sehr zurückgehalten. Aber die Besinnung auf die eigene Nation und **nationale Leitkultur als identitätsstiftenden Rahmen und als eine globale Wettbewerbseinheit** ist hilfreich, um den Reichtum der eigenen Geschichte besser nutzen zu können und um nicht in geostrategische Nachteile zu geraten. Zu glauben, wir lebten in einem „postnationalistischen Zeitalter" und jeder Wettbewerber würde uns fair behandeln, erweist sich immer wieder als eine naive Weltsicht. In der Arena realer Machtpolitik werden die Schwächen der anderen selbstverständlich zum eigenen Vorteil genutzt.

An die Notwendigkeit, eine produktive Wettbewerbskultur und den Leistungswillen der einzelnen Menschen dauerhaft aufrechtzuerhalten, von Generation zu Generation weiterzureichen, sich nicht auf Erfolgen auszuruhen, sondern sie nachhaltig zu sichern, erinnert auch der *Ruler* von Dubai Mohammed bin Rashed Al Maktoum in einem der von ihm gesammelten Aphorismen, in dem er einen möglichen Zyklus als Warnung an seine Landsleute beschreibt: „Harte Zeiten formen starke Menschen, starke Menschen schaffen gute Zeiten, gute Zeiten gebären schwache Menschen, schwache Menschen schaffen harte Zeiten" (Al Maktoum 2012).

1.5 Exzellente Bildung auf allen Ebenen

Zu den wichtigsten „Rohstoffen" für erfolgreiche sozioökonomische und kulturelle Entwicklungen, insbesondere in Ländern, denen es an natürlichen Rohstoffen mangelt, die einfach zu extrahieren und auf dem Weltmarkt zu verkaufen wären, zählen die Bildung, der Lern- und Leistungswille ihrer Bevölkerung. Je höher und breiter verteilt der Bildungsstand ist – in allen Sektoren und auf allen akademischen, beruflichen, operativen Arbeitsebenen –, desto wahrscheinlicher ist es, dass qualifizierte und motivierte Arbeitskräfte für hoch wertschöpfende Tätigkeiten zur Verfügung stehen oder qualifiziert werden und produktiv zusammenarbeiten können. Entsprechend höher sind die Erfolgschancen für Forschung und Innovation sowie deren Umsetzung in unternehmerische Initiativen. Je besser die Bildung des „Humankapitals" an einem Standort ist, desto höher sind dessen Chancen bei einer zunehmend globalen Konkurrenz, insbesondere in den wissensbasierten Branchen, wettbewerbsfähig zu bleiben. Standorte befinden sich in einem Bildungswettbewerb zueinander. Je mehr Menschen gute Bildungsgrundlagen und das Interesse haben, sich kontinuierlich weiterzubilden, desto größer sind ihre Chancen auf soziale Mobilität, auf gesellschaftliche Teilhabe und bei der Anpassungsfähigkeit in sich ändernden Marktbedingungen und Krisenzeiten. Je besser das Bildungsangebot eines Landes, einer Stadt, desto attraktiver werden sie für ambitionierte Menschen, die ihr Leben selbstverantwortlich gestalten wollen.

Das gesamte **Wertschöpfungspotenzial, die Produktivität einer Gesellschaft hängt vom Bildungsstand der Bevölkerung ab,** deren Fähigkeiten und Engagement, sich Wissen anzueignen, es weiterzuentwickeln und für die Wirtschaftsplanung und konkrete Geschäftstätigkeiten anzuwenden. Wissensgesellschaften und Wissensökonomien sind im globalen Wettbewerb führend, auch und insbesondere dann, wenn sie selbst über nur wenige natürliche Rohstoffe verfügen. **Wissensbasierte Dienstleistungssektoren** nehmen in ihnen einen immer größeren Anteil der Wirtschaft ein, sie haben die Effizienz und Produktivität im Agrarsektor und produzierenden Gewerbe stark erhöhen können, in Deutschland seit den 1960er-Jahren versechsfacht. Bildung ist der zentrale Treiber für Wirtschaftsentwicklung, was auch durch den rapiden Aufstieg Chinas, Indiens, Südkoreas und anderer asiatischer Länder eindrucksvoll demonstriert wird. Wissenschaft und technologischer Fortschritt entwickeln sich immer schneller, je mehr Menschen der wachsenden Weltbevölkerung daran teilnehmen und diese aktiv vorantreiben. Um wettbewerbsfähig zu bleiben, müssen Wirtschaftsstandorte möglichst ideale Bedingungen für Bildung, Wissensvermittlung und -anwendung schaffen. Dies ist eine vor allem politische Aufgabe, die unterstützende Rahmenbedingungen und Infrastrukturen voraussetzt.

Manchen Städten und Regionen gelingt es, durch die Kombination attraktiver Bildungsangebote und guter wirtschaftspolitischer Rahmenbedingungen zu Zentren wissensbasierter Ökonomien zu werden, überdurchschnittlich viele ambitionierte junge Menschen anzuziehen und zu halten. Hierzu zählen insbesondere Universitätsstädte, die um ihre Hochschulen Forschungsinstitute, Inkubatoren und **Start-up-Infrastrukturen** entwickeln, öffentliche und private Investoren dort verorten und innovative Pionierprojekte fördern. Das Hightechforschungs-, -entwicklungs- und -unternehmenscluster Silicon Valley in Nord-Kalifornien um die Stanford University, das Cluster um die Ivy-League-Eliteuniversitäten Harvard und MIT (Massachusetts Institute of Technology) in Cambridge/Boston oder das IT-Cluster in Bangalore, Indien, zählen dazu und sind von internationaler Bedeutung. In Deutschland ist die Bildungs- und Innovationslandschaft sehr fragmentiert und öffentliche Schulen und Universitäten meiden noch immer die Zusammenarbeit mit dem privaten Sektor.

Für die Attraktivität und den langfristigen Erfolg von Zentren für wissensbasierte Ökonomien sind **Elitehochschulen und -forschungsinstitute** wichtig. Sie etablieren die Benchmarks und Reputation, an denen sich die umliegenden Einrichtungen messen müssen, treiben somit alle zu höheren Leistungen, größeren Erfolgen an. Sie spalten nicht die Gesellschaft, wie oft aus dem linken politischen Spektrum zu hören ist, sondern ziehen alle nach oben. Hochbegabte, Eliten sollten daher besonders intensiv gefördert werden, zumal der globale Wettbewerb auf dem Top-Level stark zugenommen hat. Die deutsche Hochschullandschaft fällt hier zunehmend zurück, bietet zum Teil noch solide Grundausbildungen, aber immer weniger international wettbewerbsfähige Exzellenz und Spitzenforschung. Deutsche Bildungspolitik ist zurzeit mehr an Nivellierung interessiert als an individueller Talentförderung und entsprechender Differenzierung des Bildungsangebots, „mehr an Masse als an Klasse", wie es Daniel Stelter überspitzt formuliert. Die größten Bildungserfolge erzielen aber gerade die Länder, die die größten Unterschiede, mehr Konkurrenz zulassen, die, die sie bekämpfen, geraten ins Hintertreffen. Massive öffentliche Investitionen und eine Reduktion der vielen einengenden Forschungs- und Umsetzungsregulierungen sind dringend erforderlich, um wieder konkurrenzfähige Wissensstandorte mit internationaler Strahlkraft zu entwickeln, die talentiertesten und engagiertesten Menschen anzuziehen.

Bildung darf nicht auf eine begrenzte Phase im Leben reduziert bleiben, sollte nicht mit einem akademischen Titel oder der formalen Berufsqualifikation enden, sondern eine lebenslange Gewohnheit, besser Selbstdisziplin werden, um möglichst langfristig aktiv und integriert zu bleiben. Bei Bildung geht es nicht, wie mit einer oft gebrauchten Metapher beschrieben, um „das Auffüllen eines Gefäßes", sondern um „das Entfachen eines Feuerwerks". Öffentliche, private und unternehmenseigene Bildungseinrichtungen sowie die Medien sollten sich um eine dauerhafte *Learning Culture* bemühen, um flächendeckend leicht zugängliche Angebote für kontinuierliche Fortbildungen auf allen Ebenen zu schaffen, die das Potenzial und die Perspektiven jedes Einzelnen in jedem Lebensabschnitt verbessern. Auch hier bietet Singapur ein gutes Beispiel mit den Bildungsgutscheinen die der Staat seinen älteren, über 40 Jahre alten Bürgern anbietet und die diese nach freier Wahl für Fortbildungen nutzen können. Möglichst viele Bürger sollen ihr Wissen fortlaufend aktualisieren, die neuesten verfügbaren Technologien verstehen und anwenden können, um langfristig eingebunden und produktiv zu bleiben, keiner soll unproduktiv und unerfüllt zurückbleiben.

Bildungseinrichtungen geben mehr als nur Fachwissen und die Fähigkeit, zu lernen, weiter. Sie vermitteln auch eine Haltung dazu, ob und wie Bildung dem eigenen Leben und der Welt dienen kann. Sie können Selbstbewusstsein und Zuversicht aufbauen, durch eigenes Handeln Positives zu bewirken, oder sie verunsichern und deprimieren. In den bildungsorientierten Entwicklungs- und Schwellenländern fallen der Optimismus und die positive Energie auf, mit denen Schüler und Studenten Bildung als Weg in eine bessere Zukunft begreifen und für diese einen Beitrag leisten wollen.

In hoch entwickelten Ländern des Westens, in denen sich bereits seit Langem komfortabel leben lässt, scheinen diese Motivationen und optimistischen Perspektiven zu schwinden. Wer bereits ab dem Kindesalter mit negativen Beschreibungen der großen globalen Bedrohungen, mit einer apokalyptischen Weltsicht konfrontiert wird, mit Aussichtslosigkeit, kann sich schwerer dazu motivieren, sich konstruktiv und unternehmerisch einzubringen. In vielen der derzeit sich in den Vordergrund drängenden Jugendbewegungen in Europa, wie Fridays for Future, die Letzte Generation und Extinction Rebellion, drückt sich eine perspektivlose Verweigerungshaltung aus, eine undifferenzierte Zukunftsangst, die ihren Ursprung zumindest teilweise in den Schulen und in der Art der Berichterstattungen in den Medien hat. Wer bereits im jugendlichen Alter resigniert, hat wenig Zukunft. Gerade wegen der großen Herausforderungen, mit denen sich die nachfolgenden Generationen auseinanderzusetzen haben, sollte Bildungsvermittlung wieder positiv motivieren, konstruktive Lösungsansätze zu studieren und zu erproben. Anderenfalls entsteht eine passive, hilflose Opferkultur, die sich keiner Bedrohung selbstbewusst entgegenstellen, keine Probleme aus eigener Kraft lösen kann.

Zu viele sozialstaatliche Leistungen können schon auf junge Menschen demotivierend wirken. In Deutschland wurden im Jahr 2021 mehr als 2,6 Mio. junge Menschen zwischen 20 und 34 Jahren statistisch erfasst, die keinen Berufsabschluss haben oder anstreben (Bundesinstitut für Berufsbildung 2022). Die Zahl der aus verschiedenen Gründen nichts Tuenden schätzt die Bertelsmann-Stiftung für das Jahr 2021 auf 630.000 Personen im Alter zwischen 15 und 24 Jahren. Für den Arbeitsmarkt und die Gesellschaft sind weit mehr als eine halbe Million komplett Inaktiver, die gerade erst erwachsen wurden, ein großes Problem. Je länger sie keiner Arbeit und/oder Ausbildung nachgehen, desto größer ist die Gefahr, dass sie dauerhaft Transferempfänger bleiben. Traditionelle Anreize funktionieren nicht mehr, wenn der Staat weitgehend bedingungslose Ersatzzahlungen in ausreichender Höhe verspricht und die „Bedürftigen" durch informelle Nebenjobs etwas hinzuverdienen können. Die Nebenwirkungen der gut gemeinten sozialpolitischen Ansätze können die Grundidee ad absurdum führen. Zeiten, in denen Menschen nicht arbeiten können, sollten engagierter für Bildung und berufliche Qualifikation genutzt werden. Dies ist kein auf Europa oder Deutschland begrenztes Phänomen. Auch in **Japan**, einem Land, dessen Arbeitskultur lange Zeit durch Fleiß und Disziplin bestimmt wurde, als Vorbild diente, zieht sich inzwischen ein nicht unerheblicher Teil von Jugendlichen mit einem „Hikikomori-Syndrom" zurück von den Herausforderungen und Chancen sozialen Lebens und aktiven unternehmerischen Handelns.

In vielen dieser gesättigten westlichen Kulturen werden besonders fleißige Schüler oft ausgegrenzt. Die Bezeichnung „Streber" und das Adjektiv „strebsam" sind hierzulande inzwischen negativ konnotiert und werden eher als Beleidigung benutzt. Ganz anders in den jungen Entwicklungs- und Schwellenländern, insbesondere in Asien, die sehr viel gezielter und konsequenter schulische Leistung fordern und fördern, wo schulische und akademische Erfolge mehr geachtet und gefeiert werden, deutlicher als langfristige persönliche Investitionen in die eigenen Entwicklungs- und Aufstiegschancen herausgestellt werden. In den USA, wo die weltweit dominanten IT- und bald KI-Unternehmen ansässig sind, hat einer ihrer zentralen Protagonisten, der Microsoft-Gründer Bill Gates, schon früh gewarnt: *„Be nice to nerds. One day they might be your bosses ..."* (*dies wurde von Gates mehrfach in TV interviews in den ersten Jahren seiner Microsoft Karriere verwendet*).

Das Bildungsniveau der Bürger bestimmt nicht nur das wirtschaftliche Entwicklungspotenzial von Standorten, sondern direkt spürbar dessen Energie und Charakter. Schulische Leistungen und Bildungsniveaus können objektiv gemessen und verglichen werden. PISA ist die internationale Schulleistungsstudie der OECD, die jährlich ihre Mitgliedsländer diesbezüglich untersucht und vergleicht. In den letzten Jahren sind einige europäische Länder, besonders Deutschland, im PISA-Ranking immer weiter abgestiegen. Deutschland verzeichnet 2023 auch die vierthöchste Schulabbrecherquote in der EU. Dies liegt nicht nur an dem Zuzug von Migranten, mit Sprachbarrieren, die einen immer größeren Anteil der Schüler ausmachen. Die Wertschätzung von Bildung als strategisches Investment in das persönliche und kollektive Entwicklungspotenzial scheint in der erfolgsverwöhnten westlichen Welt allgemein abgenommen zu haben. In britischen und amerikanischen Eliteuniversitäten steigt der Anteil asiatischer Studenten kontinuierlich, während der europäische weiter sinkt. Die Bedeutung der schnell herangewachsenen Konkurrenz aus asiatischen Ländern ist noch nicht erkannt worden. Bildung kann innerhalb nur einer Generation die Wettbewerbsfähigkeit von Ländern komplett verändern – positiv wie negativ. Bildung ermöglicht und befördert die Chance, sich selbst und sein Umfeld voranzubringen, sich mit einem Developer Mindset einzubringen. Der deutsche TV-Entertainer Harald Schmidt hatte bereits vor einigen Jahren in einer seiner Sendungen sarkastisch der jungen deutschen Generation empfohlen Chinesisch zu lernen, „um dann die Bestellungen ihrer Kunden besser verstehen zu können, wenn sie sie später als Kellner bedienen müssen" Harald Schmidt hat dies in einer Episode der „Harald Schmidt Show" gesagt, die im Jahr 2005 im ARD ausgestrahlt wurde.

Städte können die Qualität und Attraktivität ihrer Bildungseinrichtungen in vielfacher Weise verbessern. Dies beginnt mit mehrsprachigen Angeboten frühkindlicher Bildung in Kindertagesstätten, differenzierter, individuell talentfördernder Grundbildung in öffentlichen Schulen und reicht bis zur spezialisierten Elitenförderung in Universitäten und Forschungseinrichtungen. Ohne international wettbewerbsfähige lokale gebildete Eliten fallen Standorte im globalen Wettbewerb schnell zurück. Gleichermaßen wichtig sind spezialisierte Facharbeiter, Handwerker und Techniker, um auch in den Produktionsbereichen lokal unabhängig und selbstbestimmt handeln zu können. Die **duale Ausbildung** in Deutschland, die berufsschulische und betriebliche Ausbildung lernortübergreifend kombiniert, war hierfür bislang ein erfolgreiches Modell und hat dazu beigetragen, dass der hochspezialisierte produzierende Mittelstand und die Industrie lange Zeit global konkurrenzfähig bleiben konnten. Für die neuen Generationen von digitalisierten

1.5 Exzellente Bildung auf allen Ebenen

und automatisierten Planungs- und Produktionsprozessen, für die „Industrie 4.0", werden weitergehende naturwissenschaftliche und technische Ausbildungen aber zunehmend wichtiger.

Im Bereich der universitären Ausbildung und Forschung sind frühzeitige internationale Kooperationen und Austausch wichtig, um in einer globalisierten Wirtschaft Orientierung zu finden, Konkurrenz besser einordnen zu können. Viele der traditionsreichen europäischen und nordamerikanischen Bildungseinrichtungen, die früher hohes Ansehen genossen, müssen sich in internationalen Rankings selbstkritisch vergleichen, um zumindest hohe, wenn schon nicht mehr Spitzenpositionen zu halten oder wiederzuerlangen. Das Bildungsniveau in Spitzenuniversitäten ist in asiatischen Ländern, insbesondere China, Südkorea und Singapur, in den letzten Dekaden kontinuierlich gewachsen, in vielen europäischen Ländern hingegen abgefallen. Forschungserfolge und deren Sicherung durch Patente und Umsetzung in marktreife Technologien kommen ebenfalls zunehmend aus Asien. Dies hat in den offenbar gesättigten westlichen Ländern mit dem Absenken der Anforderungen, dem Aufweichen des Wettbewerbs und der Auslese bereits auf gymnasialer Ebene und insbesondere mit der Vernachlässigung der **MINT-Fächer** (Mathematik, Informatik, Naturwissenschaft und Technik) zu tun, die für die zukunftsbestimmenden Sektoren der Informationstechnologien, Produktionsautomatisierung und künstlichen Intelligenz die Grundlage bilden. Auch wirtschaftliches Grundwissen wird an deutschen Schulen nicht vermittelt. Höchste Wertschöpfungen sind aber in den wissensbasierten Branchen zu realisieren, für die es immer höhere Bildungsanforderungen in wachsender globaler Konkurrenz gibt. Die aktuelle geografische Aufteilung der Beiträge zur Entwicklung der künstlichen Intelligenz und ihrer Anwendungen – die USA erfinden, China macht es und Europa reguliert – muss nicht hingenommen werden.

Eine Einbindung von Universitäten in konkrete staatliche und private Forschungsaufgaben, einschließlich militärischer und Weltraumforschung, gibt den Studenten frühzeitig einen besseren Praxisbezug und die Chance, ihre Ideen mit größeren Budgets und der Zusammenarbeit professioneller Forschungs- und Entwicklungsteams zu testen. Erfindergeist und Fortschrittsoptimismus können mit diesen Erfahrungen geformt werden. Für die Auftraggeber ergeben sich die Chancen, einen größeren Talentpool nutzen zu können und frühzeitig besonders vielversprechende Talente zu identifizieren, zu fördern und später zu rekrutieren. In den USA sind solche Kooperationen häufig zu finden, in Europa, wo man um die Unabhängigkeit der Lehre bangt, seltener. Die Sorgen zum „Dual-Use"-Potenzial, das heißt möglicher militärischer Anwendungen von Produkten, die eigentlich für eine zivile Nutzung entwickelt wurden, könnten in der neuen weltpolitischen Bedrohungslage anders bewertet werden, ein indirekter Beitrag zur eigenen Wehrfähigkeit weniger negativ gesehen werden.

Die räumliche Nähe von Universitäten zu Forschungseinrichtungen und Dependancen von Forschungsabteilungen von Unternehmen, ihre Zusammenfassung in einem größeren Bildungscampus, kann den Kontakt unter den Akteuren frühzeitig fördern und befruchten, eine Forschungs- und Innovationskultur stärken. In Cambridge, USA, entstehen derartige Cluster um die Universitäten MIT (Kendall Square Innovation District) und Harvard (Harvard Enterprise Research Campus), in Abu Dhabi sind um die nachhaltige Experimentalstadt „Masdar City" verschiedenste internationale Technologieunternehmen um das Masdar Institute gruppiert, in Singapur entsteht eine „Biopolis" mit Fokus auf Biotechnologie. Deutschland hat viele privat und öffentlich geförderte Institute für Spitzenforschung mit internationalem Renommee, darunter die Fraunhofer-Gesellschaft, Max-Planck-Gesellschaft, Helmholtz-Gemeinschaft, Leibniz-Gemeinschaft, die räumlich verstreut angesiedelt sind. Mit über 450.000 Forschern hat Deutschland die weltweit viertgrößte Forschungskapazität, nach China, den USA und Japan. Die Umsetzung ihrer Forschungsergebnisse in konkrete, vermarktbare Anwendungen und neue Geschäftsmodelle bleibt aber unterproportional: aufgrund einer Vielzahl von Handlungseinschränkungen, aufgrund von Bürokratie und der Langsamkeit öffentlicher Förderungen und eines vergleichsweise kleinen Risikokapitalmarkts. Eine ambitioniertere Forschungsstrategie, die die fragmentierte Forschungslandschaft inhaltlich und räumlich in derartigen Innovationsclustern bündelt und besser mit den Anforderungen der Wirtschaft verbindet, könnte die Wettbewerbsfähigkeit wieder stärken.

Für eine erfolgreiche Anwerbung internationaler Fach- und Führungskräfte und ihrer Familien sind neben der Attraktivität des Unternehmens, den Arbeitsplätzen und dem verbleibenden Nettolohn drei Faktoren entscheidend: ausreichende und attraktive Wohnungsangebote, eine erstklassige medizinische Versorgung und sehr gute internationale, mehrsprachige Schulen. Wer dies nicht anbieten kann, wird keine internationalen Unternehmen in wissensbasierten, zukunftsorientierten Sektoren mit hoher Wertschöpfung anziehen und längerfristig halten können. Im War for Talents müssen den wenigen, zu Recht anspruchsvollen Fachkräften wettbewerbsfähige Angebote gemacht werden.

Hoch qualifizierte Mitarbeiter ziehen mit ihren Familien nur an Orte, wo sie sicher und gesund leben können und wo sie beste Bildungschancen für ihre Kinder vorfinden. Aufgrund dieser Erkenntnis haben die schnell wachsenden Städte in Asien und im Mittleren Osten, die anfangs besonders auf ausländisches Personal angewiesen waren, zügig entsprechende Angebote geschaffen, indem sie modernste Dependancen von international führenden Healthcare-Unternehmen, Hospitälern, Schulen und Universitäten finanziert haben. Diese strategischen Investments haben zum Wachstum aller Wirtschaftssektoren entscheidend beigetragen. Die Selbstgefälligkeit in Deutschland – mit kostenfreien, aber überlaufenen und bestenfalls mittelmäßigen Schulen und Universitäten – wird zu einem immer größeren Standortnachteil. Internationale Fach- und Führungskräfte kommen immer weniger nach Deutschland, immer mehr qualifizierte und ambitionierte Deutsche verlassen das Land, suchen nach besseren Bildungs- und Berufschancen im Ausland. Die Zahl der größtenteils bereits gut ausgebildeten Menschen, die Deutschland verlassen, lag in den letzten Dekaden zwischen 250.000 und 300.000 pro Jahr. Die Zahl der größtenteils nicht adäquat ausgebildeten Einwanderer liegt um ein Vielfaches höher, im Jahr 2022 waren es 2,48 Mio. ausländische Zuwanderer (Statistisches Bundesamt 2023).

Bildung ist auch ein wichtiges Thema für die politische Führungselite, die Themen bestimmt, Entscheidungen trifft und auch eine Vorbildrolle einnimmt, zumindest einnehmen sollte. Überdurchschnittliche Bildung, solides Fachwissen und für die jeweiligen Bereiche relevante Berufserfahrung sollten Grundvoraussetzungen für Führungspositionen in der Politik sein, so wie es in der Wirtschaft praktiziert wird. Je kritischer die Situationen, je anspruchsvoller die Herausforderungen, desto wichtiger werden diese Qualifikationen. Ein Learning by Doing ist dann keine gute Option. In einigen europäischen Ländern, etwa dem Vereinigten Königreich und Frankreich, noch mehr in den schnell wachsenden asiatischen Ländern, sind Studienabschlüsse von Eliteuniversitäten und erfolgreiche berufliche Erfahrungen bei angesehenen Unternehmen noch öfter Voraussetzungen, um für hohe Regierungsämter in Betracht gezogen zu werden. Deutsche Parlamente und Regierungsämter hingegen sind derzeit mit vielen Menschen besetzt, denen es an derartigen Voraussetzungen fehlt. Proporzkriterien, das heißt die Zugehörigkeit zu bestimmten, als gesellschaftlich unterrepräsentiert erachteten Gruppen (Frauen, junge Menschen, Staatsbürger mit Migrationshintergrund zum Beispiel), werden als mindestens ebenso wichtig erachtet. Das macht die Qualität der politischen Debatten und Entscheidungen aber nicht zwangsläufig besser, lässt sie, im Gegenteil, oft unprofessionell und realitätsfremd erscheinen. Dogmatismus ersetzt zu oft Realitätsnähe, praktische Erfahrung und darauf aufbauenden „gesunden Menschenverstand".

In demokratischen Regierungssystemen, insbesondere aber in Deutschland, werden die Spitzenpositionen in Ministerien und kommunalen Verwaltungen für Wirtschaftsentwicklung, Stadtplanung, Bauen und Verkehr meist von Parteipolitikern besetzt, denen es an fachlichen Qualifikationen und beruflichem Erfahrungshintergrund in ihren Zuständigkeitsbereichen fehlt. Es sind selten Diplomingenieure, Volks- und Betriebswirtschaftler, erfahrene Unternehmensmanager, die in die Politik wechseln, es sind bestenfalls Juristen, häufiger aber Soziologen und Politologen, falls sie überhaupt akademische Ausbildungen mitbringen. Sie werden von ihren Parteien aufgrund ihrer erfolgreichen parteipolitischen Arbeit nominiert. Im Falle ihres Wahlerfolgs wird von ihnen dann das Durchsetzen der jeweiligen Parteiprogramme und -ideologien erwartet, ihr Handlungskorridor entsprechend vorgegeben. Das beeinträchtigt sie, fach- und sachorientiertere Problemlösungen zu suchen, engt ihren Denkrahmen und Pragmatismus ein. **Ideologie** bedeutet nichts anderes als das kategorische Ausschließen von Lösungsalternativen. Ideologien überstimmen den gesunden Menschenverstand, der ohnehin weniger verbreitet ist als gemeinhin angenommen („commonsense is not so common"). Ideologisch geleitetes Vorgehen bedeutet auch nicht, sich der Realisierung einer Vision mit von einer Mehrheit getragenen Mitteln annähern zu wollen, sondern rigides, autoritäres Durchsetzen vorbestimmter Methoden, um politische Machtverhältnisse zu etablieren, alle Abweichungen auszuschließen, individuelle Freiheiten zu beschneiden.

Das Einarbeiten der neu gewählten, schlecht vorbereiteten Politiker in ihre komplexen Aufgabenbereiche erfordert zudem viel Zeit. Zeit, in der sie verunsicherter, weniger verbindlich agieren, als es die Wirtschaft erfordert. Wichtige Entscheidungen werden aufgeschoben, weil die Orientierung und Meinungsbildung der politischen und administrativen Entscheidungsträger auch wegen ihrer mangelnden Fachbildung länger braucht. Wertvolle Zeit geht verloren, manche Chancen bleiben ungenutzt. Das Hinzuziehen von unabhängigen Beratungsgremien, etwa Wirtschaftsentwicklungs- und Stadtplanungsbeiräten, ist nur dann hilfreich, wenn es sich um wirklich unabhängige Berater handelt, die relevante praktische Erfahrungen einbringen und die als kritisches Korrektiv wirken können. Derartige Gremien sind aber zu oft mit ebenso realitätsfernen Akademikern besetzt, selten mit praxiserfahrenen Managern. Hochqualifizierte, erfahrene Leistungsträger der Wirtschaft, risikobereite Investoren sind aber für ihre Vorhaben von Genehmigungen der Politik und Verwaltungen abhängig und sollten ein Mindestmaß an Fachkompetenz bei ihren Ansprechpartnern erwarten dürfen.

Nicht unwichtig ist auch der persönliche Erfahrungshintergrund von Politikern, welche Vergleiche mit anderen Städten ihnen aus ihrer eigenen Geschichte möglich sind. Oft kommen in Deutschland Politiker, die mit Führungsaufgaben in Großstädten betraut werden, selbst aus Kleinstädten, aus dem ländlichen Raum, sind mit der Größe, der Komplexität und Ambition ihrer neuen Wirkungsorte schnell überfordert, neigen instinktiv dazu, lieber zu bremsen. Ihnen fehlen internationale Vergleichsfälle von denen gelernt werden kann. Auch deswegen sind eine internationale Vernetzung und Erfahrungsaustausch unter Stadtpolitikern wichtig, innerhalb Europas und weltweit. Zu sehen, welche Planungsinitiativen in Städten wie Kopenhagen, Barcelona und Wien oder Singapur, Dubai, Boston zu guten Resultaten führten, kann auch deutschen Städten, kann auch provinzielle Selbstbeschränkungen überwinden helfen. Städte, die Teil globaler Netzwerke sind und enge Kooperationsbeziehungen zu anderen Städten und Regionen haben, können von Wissenstransfer und Partnerschaften profitieren und so eigene Erfahrungsdefizite ausgleichen.

Die Planungs- und Realisierungszeiträume von großen städtebaulichen Projekten erstrecken sich häufig über Planungshorizonte, die die Legislaturperioden überschreiten. Hier kommt es entsprechend zu Motivationsdefiziten, weil Politiker naturgemäß ungern für die Erfolge ihrer Nachfolger arbeiten. Gewählte Politiker konzentrieren sich lieber auf Aufgaben und Projekte, die sie in ihrer eigenen Amtszeit entscheiden und zu Erfolgen führen können. Längerfristige Projekte bieten ihnen diese politischen Erfolgschancen weniger. Es wäre besser, für die langfristig angelegten Stadtentwicklungsstrategien fachlich sehr gut ausgebildete und praxiserfahrene, parteiunabhängige Spezialisten, am besten „Quereinsteiger aus der Wirtschaft" zu berufen, mehr Realitätssinn zu wagen. Diese hätten auch weniger Berührungsängste mit der Wirtschaft und könnten so partnerschaftlicher agieren. Dass es in Deutschland so wenige Quereinsteiger in der Politik gibt, liegt an den Auswahlverfahren in den Parteien, in denen „Altgediente" vor neuer Konkurrenz geschützt werden, sowie an der geringen Vergütung politischer Ämter, verglichen mit denen in der Privatwirtschaft. In beiden Bereichen sollte man sich für Änderungen öffnen.

1.6　*Livability* – Städtebauliche Qualität als physischer Rahmen für Lebensqualität

Soziales Leben, wirtschaftliche Aktivitäten und Kultur finden in einem geplanten und gebauten Raum statt, der entweder förderlich, inspirierend und wohltuend sein kann oder hinderlich, deprimierend, vielleicht bedrohlich. Städtebau und Architektur sind mehr als nur zweckdienliche Behausung und funktionale Organisation des Zusammenlebens. Gebaute Stadt entsteht in komplexen iterativen Prozessen mit vielen Beteiligten, unterschiedlichsten Interessen und in ständigen Veränderungen. Das kann zu einer eher zufälligen Anhäufung belangloser „Wegwerf-Architekturen" (Lampugnani, 2023) in einem grauen Niemandsland führen oder zu dauerhaft gültiger, identitäts- und sinnstiftender Baukunst. Es kann Städte hervorbringen, die Menschen als ihre Heimat annehmen, in denen sie sich engagieren und eigene Spuren hinterlassen wollen, oder anonyme Orte allein arbeitsfokussierter, anspruchsloser Nomaden. Städte werden geplant, müssen dabei verschiedensten wirtschaftlichen, technischen und politischen Zielsetzungen und Möglichkeiten folgen. Dabei können und müssen Prioritäten gesetzt werden. Wenn man Städte nicht nur als physische Konstrukte betrachtet, sondern als organische Systeme von und für Menschen, wenn deren Energiefluss und Wohlbefinden als zentrale Grundlage für das Gelingen eines friedlichen, kreativen, produktiven Zusammenlebens gesehen wird, dann ändert sich der Planungsansatz, berücksichtigt soziale und psychologische Aspekte in besonderem Maße. Das Ermöglichen von *Livability,* von Lebensqualität in der gebauten Welt, beginnt beim städtebaulichen Masterplan und reicht bis zu architektonischen Details und Produktdesign. Wie weit kann und soll diese Planung gehen?

Große Stadtplanungsprojekte und Stadtentwicklungsschübe sind in Europa historisch oft durch neue technische Errungenschaften ausgelöst oder beschleunigt worden. Große Stadtumbauten und Erweiterungen ab Mitte/Ende des 19. Jahrhunderts, wie etwa in Paris durch den Stadtplaner Georges-Eugène Haussmann oder in Barcelona durch Ildefons Cerdà, wurden durch die Entwicklung der sanitären Infrastruktur, Wasserversorgung und Abwasserentsorgung getrieben, dann durch die Entwicklungen in der Stromerzeugung und Verteilung in städtischen Stromnetzen, durch die Erfindung des Automobils und die schnelle Verbreitung motorisierter Mobilität. Mit den technischen Entwicklungen entstanden neue Unternehmen, ein neues unternehmerisches Bürgertum, eine Gründerzeit. Viele der Planungsprinzipien dieser Epoche sind bis heute vorbildlich und stadtbildprägend. Dies betrifft das Zusammenwirken einzelner, großzügig dimensionierter, mischgenutzter und fein detaillierter Gebäude in harmonischen Ensembles, insbesondere aber die Gestaltung des öffentlichen Raums. Das aufstrebende Bürgertum engagierte sich auch für die Entwicklung von Kulturbauten und öffentlichen Parks. Viele Unternehmer bauten Werkswohnungen für ihre Angestellten.

Der moderne Städtebau ab Mitte des folgenden Jahrhunderts war durch mehr zentrale und tiefgreifendere Planung geprägt, durch strikte Funktionstrennungen und die Maxime der autogerechten Stadt. Die neue Hauptstadt Brasiliens, Brasília, geplant von dem Stadtplaner Lúcio Costa und mit Regierungsbauten von Oscar Niemeyer, ist hierfür eines von vielen Beispielen. Die modernen Planstädte und Stadterweiterungen, die sich als internationale Moderne global verbreiteten, zeigten bald ihre Schwächen, dass sie nämlich mit den Funktionstrennungen und dem Vorrang des Straßenverkehrs eben auch Menschen trennen. In heutigen europäischen Stadtplanungsprojekten besinnt man sich wieder auf mehr Durchmischung in Quartieren, auf eine „Feinkörnigkeit" der Strukturen, auf den Vorrang von Fußgängern und Radfahrern vor Autos, auf die Qualität des öffentlichen Raums. In den ersten Phasen neuer Stadtentwicklungen schnell wachsender Städte reicherer Emerging Markets hingegen entstehen zunächst eher Collagen spektakulärer Bauten, bevor diese dann zu einem funktionierenden Stadtgewebe in einem zweiten Schritt zusammengefügt werden müssen.

Entscheidend für die Qualität des gebauten Stadtraums ist, inwieweit er die besonderen Chancen des Stadtlebens, also des friedlichen und produktiven Zusammenlebens verschiedenster Menschen auf engem Raum, nutzt und verstärkt. Gut geplante, lebenswerte Städte können die wirtschaftliche, soziale und kulturelle Entwicklung ihrer Stadtgesellschaft nachhaltig positiv beeinflussen.

Neben den „harten Standortfaktoren" sind es viele „weiche", hinsichtlich ihrer Wirkung schwerer vorausberechenbare, exakt quantifizierbare Faktoren, die mit darüber entscheiden, ob sich ein Land bzw. seine Städte als nachhaltig attraktiv erweisen, sich dort eine solide wirtschaftliche Basis bildet und eine stabile Stadtgesellschaft entsteht, in der sich Familien über Generationen zu Hause fühlen oder nicht. Ausschlaggebend hierfür sind Angebote, die die alltägliche Lebensqualität ihrer Bewohner spürbar verbessern. Dies betrifft insbesondere die Aufenthaltsqualität im öffentlichen Raum, dessen Sicherheit und Sauberkeit, seine besondere, identitätsstiftende Schönheit, die Aktivierung öffentlicher Begegnungsorte mit Kultur- und Freizeitangeboten. Es geht um Rahmenbedingungen, die ein friedliches, für alle bereicherndes soziales Zusammenleben ermöglichen und Lebensfreude stärken. Diese Bedingungen müssen den Bedürfnissen aller Altersgruppen gerecht werden, insbesondere an denen der schwächeren und hilfsbedürftigeren, an Kindern und älteren Menschen ausgerichtet sein. Eine Stadt, in der sich diese wohlfühlen, funktioniert besser für alle. Dabei muss die Stadt eine „offene Stadt" sein, die integriert, nicht ausgrenzt, ohne sich dabei von weniger toleranten Teilgruppen missbrauchen und überrennen zu lassen.

Für den internationalen Vergleich der Lebensqualität in größeren Städten erarbeiten mehrere Marktforschungsorganisationen und Wirtschaftsmagazine jährliche Rankings. In deren Bewertungen gehen verschiedene harte und weiche Kriterien ein, wie politische Stabilität, Gesundheitsversorgung, Kulturangebote, Bildung und Infrastruktur. Weitgehend übereinstimmend werden einige europäische, nordamerikanische und australische Städte immer wieder in den Top 10 genannt, wie in den jährlich erscheinenden „Global Liveability Indexes" des Economist Intelligence Unit (Abb. 1.7). Es sind alles Städte mit längeren Wachstumsgeschichten, die in langsameren, kontinuierlichen Schritten entstanden, nicht explosiv, in denen sich ältere, bewährte Stadtplanungsprinzipien und Architekturen mit

1.6 Livability – Städtebauliche Qualität als physischer Rahmen für …

Top 10 positions

City	Location	Rank	Index	Stability	Healthcare	Culture & environment	Education	Infrastructure
Vienna	Austria	1	98.4	100.0	100.0	93.5	100.0	100.0
Copenhagen	Denmark	2	98.0	100.0	95.8	95.4	100.0	100.0
Melbourne	Australia	3	97.7	95.0	100.0	95.8	100.0	100.0
Sydney	Australia	4	97.4	95.0	100.0	94.4	100.0	100.0
Vancouver	Canada	5	97.3	95.0	100.0	97.2	100.0	96.4
Zurich	Switzerland	6	97.1	95.0	100.0	96.3	100.0	96.4
Calgary	Canada	7	96.8	100.0	100.0	87.3	100.0	100.0
Geneva	Switzerland	7	96.8	95.0	100.0	94.9	100.0	96.4
Toronto	Canada	9	96.5	100.0	100.0	94.4	100.0	89.3
Osaka	Japan	10	96.0	100.0	100.0	86.8	100.0	96.4
Auckland	New Zealand	10	96.0	95.0	95.8	97.9	100.0	92.9

Source: EIU.

Abb. 1.7 Top 10 Städte mit höchster Lebensqualität in 2023. (Quelle: Economist Intelligence Unit 2023)

neueren harmonisch verbinden konnten, sich ändernden Anforderungen ideal gerecht werden. Es sind Städte, die mit ihren Bildungs-, Kultur- und Gesundheitsangeboten sehr gute Grundlagen für die persönliche Entwicklung und das Wohlbefinden ihrer Bürger bieten.

Bei städtischer Lebensqualität geht es in besonderem Maße um attraktive öffentliche Räume, in denen man sicher flanieren, sich mit Freunden treffen kann, wo Kinder spielen und ältere Menschen teilhaben können. Es geht um Begegnungsräume, wo sich Menschen geplant und ungeplant über den Weg laufen, wo positive Energie in einem urbanen Miteinander erlebt werden kann. Begrünte, lebendige Innenstädte mit menschen-, nicht autoorientierten Flächennutzungen und Gestaltungen können das leisten – Städte oder Stadtteile, die gefährlich oder verwahrlost erscheinen, zu No-go-Areas absteigen, offensichtlich nicht. Die wirtschaftlichen Folgen sind deutlich und messbar. Städte sind mehr als Agglomerationen von Gebäuden. Sie sind zunächst eine Anzahl bestimmter Menschen, die diesen Ort gewählt haben und dort gemeinsam eine besondere Energie, eine gemeinsame Kultur und Identität erzeugen, miteinander zu leben und voneinander zu profitieren.

Urbane Lebendigkeit entsteht auch durch Veranstaltungen, temporäre Installationen, Musik, Kunst, Sport, Messen und Märkte, die die Stadtbevölkerung untereinander und mit Gästen zusammenbringen. Hohe Lebensqualität stellt sich an Orten mit viel Lebendigkeit, konzentrierter positiver Energie vieler Menschen mit gemeinsamen Interessen ein. Daraus entstehen Identität und Reputation, die große Anziehungskraft entfalten und Wachstum stärken können. Während neue Städte neue Geschichten, ein neues *City Branding* entwickeln müssen, können historisch gewachsene Städte auf vorhandene Stärken aufbauen, sie zeitgemäß anpassen und verstärken, um authentische Unverwechselbarkeit zu erzeugen. Der international wahrgenommene Prestigewert einer Stadt als Arbeits- und

Lebensstandort entsteht durch die Summe der harten und weichen Faktoren, die Unternehmen, einzelne Personen und Familien überzeugen müssen. Haben sich bestimmte Einschätzungen in der Öffentlichkeit über längere Zeiträume verfestigt, ist es schwierig, sie positiv zu ändern. Die Lebensqualität und der dazu passende Markenwert einer Stadt müssen kontinuierlich weiterentwickelt werden, dürfen sich keine langen, selbstgefälligen Pausen gönnen.

Einigen Städten gelingt es, durch die Entwicklung herausragender Kultureinrichtungen internationale Aufmerksamkeit und Besucher anzuziehen. In besonderen Fällen – etwa in Bilbao, wo 1997 ein spektakuläres Guggenheim-Museum fertiggestellt wurde – entstehen nicht nur identitätsstiftende Symbolbauten, sondern nachhaltige Motoren für den touristischen und andere Geschäftssektoren der lokalen Wirtschaft. Diese Impulswirkung wird oft als **Bilbao-Effekt** bezeichnet und weltweit zu kopieren versucht. Wilfried Wang trägt in seinem Buch *Culture City* (2013) viele derartige Beispiele zusammen und beschreibt deren Einfluss auf die Stadtgesellschaften und die lokale Baukultur. Der „softe" Kulturbereich kann also zu harten, messbaren wirtschaftlichen Erfolgen führen und sollte entsprechend strategisch entwickelt werden.

Dubai ist ein Beispiel dafür, wie durch intensives, kontinuierliches Branding eine Selffulfilling Prophecy erzeugt werden kann. Die an Superlativen und Übertreibungen nicht arme Selbstdarstellung des jungen Stadtstaats und seiner Projekte wurde von manchem internationalen Beobachter als übersteigert empfunden, die verkündeten Ziele als unerreichbar. Das Branding, für das ikonografische *Landmarks,* gebaute Erzählungen gezielt eingesetzt wurden, hat aber Dubai weltweit bekannt gemacht, mutige Investoren angezogen, eine Wachstumsenergie und Wachstumsstory zumindest beschleunigt. Die selbst gesteckten Ziele wurden kontinuierlich übertroffen. Die Erfolgsgeschichte Dubais kann heute niemand mehr anzweifeln. Dubai wollte schon immer erst die Region, dann die ganze Welt beeindrucken und mitreißen. Das gelingt.

Das etwas unaufgeregtere, aber nicht weniger ambitionierte Singapur hat in den letzten Dekaden alle Hausaufgaben bezüglich der „harten Faktoren" systematisch erledigt und den Stadtstaat wirtschaftlich sehr erfolgreich aufgebaut. In den letzten strategischen Planungen für die Stadtentwicklung wird nun zunehmend der Fokus auf eine **Enjoyable City** (Singapore Urban Redevelopment Authority, 2023) gelegt, weiche Faktoren werden mobilisiert, um die Lebensqualität für die angestammte und die neu hinzukommende Bevölkerung weiter zu verbessern. Für die Kreativität und Wertschöpfung in den neuen Wissensökonomien ist das persönliche Wohlbefinden ihrer Knowledge Worker wichtig. Die konkurrierenden Standorte wollen für die besten Talente die erste Wahl sein.

Image Building, das strategische Planen einer positiven Außenwahrnehmung, kann aber nur bedingt durch Marketinginitiativen, durch einzelne Projekte oder Events gelingen. Das **Image, die Reputation eines Standorts** entwickelt sich vor allem über die Summe der Erzählungen und Erfahrungsberichte der Menschen, die in diesem Ort gelebt haben und die diese Erfahrungen in persönlichen Gesprächen authentisch in ihren Netzwerken weitergeben können. Die erlebbare Realität, echte Erfahrungen zählen mehr als

1.6 Livability – Städtebauliche Qualität als physischer Rahmen für ...

1	Politische Stabilität, Rechtsstaatlichkeit gute Governance	- transparente demokratische Strukturen - wehrhafter, effizienter Rechtsstaat - schlanker Staat, wenig Bürokratie - international konkurrenzfähig, Best Practise
2	Wirtschaftsfreundliche Rahmenbedingungen	- liberale, wettbewerbsorientierte Marktwirtschaft, wenig Intervention - wettbewerbsfähig geringe Kosten, niedrige Besteuerung - strategische Wirtschaftsförderungsprojekte - moderne, leistungsfähige und zuverlässige Infrastruktur - qualifizierte Fachkräfte
3	Soziale Stabilität	- Chancenoffenheit für alle, gezieltes Fördern und Fordern - Eigenverantwortung, Subsidiarität - geregelte Immigration und Integration
4	Exzellente Bildung	- auf allen Ebenen, differenziert, von Basis bis Elite - Leistungskultur - Angebote und Förderung für lebenslanges Lernen - Forschung und Entwicklung
5	Livability, weiche Faktoren	- Städtebauliche Qualität, attraktiver öffentlicher Raum - unverwechselbare Identität, Verankerung in lokalen Traditionen - weltofffen und tolerant, aber keine Toleranz für Intoleranz - Kultur, Leuchtturmprojekte

Abb. 1.8 Kritische Standortfaktoren für erfolgreiche Wirtschafts- und Stadtentwicklung. (Quelle: eigene Darstellung)

die Versprechen. Um diese „Livability" zu erreichen, braucht es viele kleine Maßnahmen, die sich als Mosaik zusammenfügen, Energien mobilisieren und ein **Lebensgefühl,** eine lokale Kultur prägen. Harte und weiche Faktoren müssen zusammenkommen (Abb. 1.8).

Das Unternehmen Apple hat im Jahr 2023 verkündet, einen neuen, großen Entwicklungsstandort in München aufzubauen. Die Gründe für diese Wahl fasste der CEO Tim Cook mit nur zwei Kriterien zusammen: „It's the pool of talents and the lifestyle". Wo es hohe Lebensqualität für junge, dynamische *Knowledge Worker* gibt, konzentrieren sich diese und so können Unternehmen der wissensbasierten Branchen sicherer investieren. Trotz hoher Kosten und Überregulierung bieten manche Städte in Deutschland für manche Unternehmen in den wissensbasierten Sektoren und für ihre Knowledge Worker also doch noch attraktive Konditionen. Diese müssen zielstrebig und entschlossen verstärkt werden, um mehr und dauerhafter von ihnen zu profitieren.

1.7 Resilienz – Prioritäten in Zeiten disruptiver Veränderungen und Megabedrohungen

Um für eine erfolgreiche Standortentwicklung von Ländern, Regionen und Städten möglichst gute Rahmenbedingungen zu schaffen und wichtige Impulse geben zu können, sind die fünf hier beschriebenen Aufgabenfelder von zentraler Wichtigkeit. Deren Komplexität wird durch die wachsende internationale Konkurrenz zwischen den Standorten, insbesondere durch das rasante Aufholen und Überholen in manchen Emerging Markets, für die bisherigen Champions noch herausfordernder. Die Erfolgskriterien und Benchmarks werden in großer Geschwindigkeit durch sie neu definiert. Hinzu kommen neue globale Risiken und Gefahren.

Zwar wird der hier beschriebene Developer Mindset vorrangig als eine konstruktiv-positive Haltung verstanden, als ein zukunftsorientierter Wachstums-Mindset zum Erreichen wichtiger Ziele, aber er muss in Zeiten großer globaler Unsicherheiten und Herausforderungen **mit robuster Widerstands- und Verteidigungsfähigkeit verbunden werden. Positive Psychologie kann reale Bedrohungen nicht ignorieren, sondern muss sie mit der gleichen Energie abwehren, wie das Neue schaffen.**

Geopolitisch werden in den ersten Jahrzehnten des 21. Jahrhunderts die Rollen neu verteilt – neue Machtzentren entstehen, die konsequent auf die wichtigsten Rohstoffe für die Zukunft setzen: Bildung, Unternehmergeist, Zugang zu kritischen natürlichen Rohstoffen. Bei der wachsenden Weltbevölkerung und zunehmenden Überforderung des Ökosystems Erde werden Verteilungskämpfe um natürliche Rohstoffe zunehmen. Die erfolgsverwöhnten Europäer schlafwandeln in diese neue Zeit und erkennen anscheinend nicht oder erst viel zu spät, wo sie ihre Wettbewerbsfähigkeit und konkrete Marktanteile bereits verloren haben, insbesondere in zukunftsrelevanten Informationstechnologien. Disruptive, alle etablierten Strukturen infrage stellende Veränderungen, wie die Entwicklungen von künstlicher Intelligenz und Robotik, können von den Volkswirtschaften und den sie tragenden Kulturen als Bedrohungen oder als neue Marktchancen gesehen werden. Die Ernsthaftigkeit und Agilität, mit denen man sich diesen Themen stellt, werden darüber entscheiden, ob man zu den Gewinnern oder Verlierern zählt. Die Karten werden auch hier neu gemischt.

In seinem 2022 erschienenen Buch *Megathreats* warnt der Ökonom Nouriel Roubini, der wegen seiner düsteren Vorwarnungen (die sich aber als zutreffend erwiesen) zur globalen Finanzkrise 2008 als „Dr. Doom" bezeichnet wurde, vor einer herannahenden neuen globalen Krise, die sich durch das **unkontrollierbare Zusammenwirken einiger krisenhafter Megatrends** entwickeln kann. Dazu zählen staatliche Extremverschuldungen, demografische Zeitbomben, die Gefahren durch künstliche Intelligenz, Pandemien, geopolitische Machtverschiebungen, das Ende der Globalisierung, neue kalte und heiße Kriege, Massenmigration und die klimatischen Veränderungen. Das noch andauernde Zeitalter – mit vergleichsweise großen Sicherheiten und Stabilität – käme immer sichtbarer ins Wanken und Vorbereitungen auf neue, bedrohliche Szenarien seien unausweichlich.

Jede einzelne dieser großen Herausforderungen überfordert bereits ein gezieltes und koordiniertes Vorgehen der Weltgemeinschaft. In ihrem Zusammenwirken erscheinen sie überwältigend. Die Dynamik ist zu komplex, zu viele Player mit unterschiedlichen und wechselnden Agenden sind involviert. Ein Umlenken sei kaum noch möglich.

Roubinis detaillierte Analysen überzeugen und machen deutlich, dass der Fokus auf Resilienz und kontinuierliche Anstrengungen zur Krisenvermeidung und Krisenminimierung für unsere zivilisatorischen Entwicklungen und zur Absicherung bereits erreichter Ziele immer wichtiger werden. Selbst verschuldete, aber korrigierbare Probleme sollten energischer und zügiger angegangen werden, da zögerliches oder Nichthandeln einige von ihnen in unkontrollierbare Größen wachsen lassen können. Es wird immer häufiger über **Kipppunkte** gesprochen, „*points of no return*". Mehr Widerstandsfähigkeit gegen äußere Krisen und größere Unabhängigkeiten durch autonome Funktionsfähigkeit einzelner Länder und Städte werden in diesem Zusammenhang zu wichtigeren Themen. Möglichst unabhängige Grundversorgung, autarke Energie, Wasser- und Lebensmittelerzeugung, stabilere, vielleicht homogenere kulturelle Einheiten, robustere Lenkung und wehrhaftere nationalstaatliche Einheiten und globale Allianzen werden sich als bedeutende Aufgaben für unruhige Zeiten in den Vordergrund drängen.

Mehr Resilienz ist nicht nur gegenüber globalen, alle betreffenden Risiken wichtig, sondern auch im direkten Wettbewerb mit anderen Ländern und Geschäftskulturen. Wirtschaftlicher Wettbewerb wird nicht immer über ein sportliches, gegenseitig respektvolles Konkurrieren um neue Märkte oder größere Marktanteile durch bessere Angebote ausgetragen, über eine positive Konkurrenz der Innovationen, der besseren Lösungen und über bessere Preise. Wettbewerber können sich auch darauf konzentrieren, ihre Konkurrenten gezielt zu schwächen, zu destabilisieren, zu diskreditieren. Monopolpositionen bei Rohstoffzugängen, die Kontrolle von Handelswegen sowie der Zugriff auf kritische Infrastrukturen anderer Länder stärken die Verhandlungspositionen und das Erpressungspotenzial aggressiver Konkurrenten. Diese Methoden können den Abstand zu den bisherigen Marktführern verringern, mehr Zeit schaffen, zu ihnen aufzuholen, ihnen gegebenenfalls Marktanteile abnehmen. Starke Gegner können durch Cyberangriffe ausgespäht und gelähmt werden. Ganze Länder können dadurch geschwächt werden, dass man sie in teure Unterstützungen für Stellvertreterkriege zwingt, sie mit gelenkten Flüchtlingsströmen überfordert und den inneren Zusammenhalt durch gezielte Desinformation in Medien und Unterstützen von destruktiven Oppositionen spaltet. Diese Methoden aggressiver Konkurrenz, systematischer Infiltrationen und **hybrider Kriegsführung** werden derzeit sehr systematisch von Russland und China gegen die demokratischen Marktwirtschaften des Westens eingesetzt – mit bereits beträchtlichen Schäden. Die Zeit des Kalten Krieges ist zurück und immer häufiger entflammen offene kriegerische Auseinandersetzungen, kommen näher an Europa heran. Wie man sich für diese Bedrohungen besser schützen muss, ist wieder ein Thema geworden.

Einen größeren historischen Rahmen bietet Paul Kennedys Klassiker *The rise and fall of great powers* von 1987, in dem er die Faktoren, die zum Aufstieg und Niedergang großer Zivilisationen seit dem Mittelalter beschreibt. Neben den Entwicklungs- und Wettbewerbserfolgen von Nationen aufgrund ihrer wirtschaftlichen Entwicklungen, durch marktwirtschaftliche Chancen und technologische Innovationen war die **militärische Stärke** ein konstanter Faktor. Ohne ausreichend starken militärischen Schutz haben selbst die wirtschaftlich erfolgreichsten Nationen nicht lange überleben können. Ohne eigene militärische Stärke schwinden Ansehen und Verhandlungsstärke beim Durchsetzen eigener wirtschaftlicher Interessen. Wer keine glaubhafte Verteidigungs- und Rückschlagstärke darstellen kann, wird nicht ernstgenommen. Dieser Faktor wurde im, seit fast 80 Jahren friedensverwöhnten Europa und dem scheinbaren Ende des Kalten Krieges in Europa weitgehend vergessen. Neue Kriege am Rande Europas und anderen Teilen der Welt bringen ihn aber wieder in Erinnerung. Eine größere Gewichtung für militärische Ausgaben wird anderen Aufgaben aber Kapital und Engagement entziehen, Wirtschaftsentwicklungsplanungen für alle Sektoren beeinflussen. Das stärkere Berücksichtigen potenzieller Bedrohungsfälle wird auch konkrete Stadtplanungsstrategien ändern, wieder mehr Robustheit, Resilienz und Versorgungsautonomie erfordern. Dies betrifft nicht nur den Bau militärischer Einrichtungen, sondern insbesondere auch den Zivilschutz. Beides wurde in den zurückliegenden, friedlichen Jahrzehnten in Europa als unwichtig, verzichtbar erachtet.

Kriegsbedrohungen sind zu Beginn der 2020er-Jahre für die westlichen Demokratien keine Theorie mehr, sie werden immer realistischer und konkreter, kommen näher an die eigenen Landesgrenzen. Der Angriffskrieg von Putins Russland auf die Ukraine und Androhung weiterer Angriffe auf Osteuropa, die von Iran unterstützten Angriffe auf Israel und Handelsrouten im Mittleren Osten sowie Chinas Vorbereitungen und Ankündigungen der Annexion Taiwans und Besitzansprüche im und um das Chinesische Meer sind nur drei von immer mehr potenziellen und tatsächlich ausgetragenen kriegerischen Konflikten, die die gesamte Welt destabilisieren. Sie reduzieren die Chancen zu friedlichen Kooperationen bei den globalen Herausforderungen, wie Umweltzerstörungen, Klimawandel und Armutsmigrationen. Die Welt wird unberechenbarer und unsicherer. In diesem neuen geopolitischen Kontext müssen die Prioritäten neu geordnet werden, werden Risikomanagement und Verteidigen eigener Interessen immer wichtiger. Der aktuelle Fokus auf Transformationen zu mehr Nachhaltigkeit und Klimapolitik darf diese anderen Risiken nicht ausblenden. Wirtschafts- und Stadtentwicklungen werden sich zunehmend um robuste, resiliente Strukturen, militärische Verteidigungsfähigkeit und Zivilschutz bemühen müssen, um maximale Unabhängigkeit von unberechenbaren Handelspartnern und Lieferketten. Eine autarke Energie- und Lebensmittelversorgung muss für alle Fälle gesichert sein – *"back to basics"*.

Das Denken und Handeln aller in der Wirtschafts- und Stadtentwicklungsplanung beteiligten Akteure wird sich unter den neuen Umständen ändern müssen. Das Bewusstsein der steigenden Risiken und Gefahren schafft – neben der positiv visionären

Leidenschaftlichkeit – eine wichtige Balance für einen rational-visionären Developer Mindset, **eine realistische und pragmatische Problemlösungsmentalität.**

Clash der Narrative zur nachhaltigen Stadtentwicklung

„Smart City" – „grüne, klimaneutrale Stadt" – „offene Stadt".
Für ein kritisches Hinterfragen der aktuell populären
Leitbilder und ihrer Vermittlung

First we shape our buildings (our cities), thereafter they shape us.

Stadtentwicklungsplanung, Stadtgestaltung und deren Umsetzung in konkrete Projekte sind komplexe Aufgaben, die in den westlichen, demokratischen Marktwirtschaften zu immer längeren Prozessen führen. Prozesse, bei denen eine immer größere Anzahl von Stakeholdern, von direkt oder indirekt Betroffenen und schließlich die gesamte Öffentlichkeit an der Entscheidungsfindung beteiligt werden wollen. Konkurrierende Interessen, Meinungen und Befindlichkeiten von verschiedensten gesellschaftlichen Gruppierungen, aus allen politischen Lagern und aus den Medien ringen dabei um Aufmerksamkeit und Einfluss. In leidenschaftlichen Auseinandersetzungen treffen ihre Visionen von dem, was Stadt, was urbanes Leben sein soll, oft unversöhnlich aufeinander und steigern sich nicht selten in einen offenen Kulturkampf. Die jeweiligen Zielsetzungen und die daraus abgeleiteten Forderungen werden **in wohltönenden Euphemismen, als verheißungsvolle Leitbilder und in vereinfachenden Narrativen kommuniziert.** Dies dient einerseits einer groben Orientierung, klärt die Positionen und Präferenzen der Beteiligten, hilft aber weniger bei einer (selbst-)kritischen Bewertung konkreter Planungskonzepte und bei dem Bemühen, einen pragmatischen Interessenausgleich zu finden. Die Diskussionen sind zu oft ideologisch konfrontativ, sachlich unproduktiv und scheitern nicht selten an einer irrationalen Herangehensweise, an der Realitätsferne und Kompromissunfähigkeit der streitenden Parteien.

Strategische Richtungsentscheidungen für Stadtentwicklungen werden im Kontext der großen globalen Herausforderungen und Bedrohungen unserer Zeit – Klimawandel,

Umweltzerstörung, disruptive neue Technologien, geopolitische Neuordnungen, militärische Eskalationen, Massenmigrationen – anders bewertet, sie werden wichtiger und persönlicher genommen. Stadtentwicklung betrifft alle, denn sie findet im persönlichen Umfeld und um das eigene Zuhause herum statt. Stadtplanung und städtebauliche Entwicklung sind konkrete, materialisierte Wirtschaftsentwicklung, die dieses Zuhause bestimmen. Sie definieren die Möglichkeiten, Bedeutungen und den physischen Rahmen aller wirtschaftlichen und sozialen Aktivitäten der Stadtgesellschaften. Sie prägen unser Leben. Eine Einbindung möglichst vieler Interessengruppen ist daher politisch unverzichtbar.

Viele fordern drastische Kurskorrekturen hin zu mehr „Nachhaltigkeit", um drohende Katastrophen abzuwenden, Fehler aus der Vergangenheit zu korrigieren und verlässlich lebenswerte Bedingungen für möglichst viele Menschen zu schaffen und für die nächsten Generationen zu sichern. Hierfür werden ambitionierte Zielgrößen und Zeitpläne postuliert, die Dringlichkeit des Handelns betont. Mit den derzeit populärsten Leitbildern, politischen Statements und Manifesten werden entsprechende Absichten plakativ formuliert. Über die Grundideen einer nachhaltigen Entwicklung entsteht zunehmend allgemeine Einigkeit, sie erscheinen allen plausibel. Aber über das Wie, das Wann und das genaue Ausmaß gibt es völlig verschiedene Vorstellungen, was zu Missverständnissen, Blockaden und kritischen Zeitverlusten führt, die man eigentlich vermeiden wollte. Dies liegt auch daran, dass einige der Parteien eine radikale Abkehr von bislang erfolgreichen marktwirtschaftlichen Prinzipien fordern und zugleich ihre Ziele moralisch überhöhen, behaupten, dass die apokalyptischen Alternativen gar keine Kompromisse zuließen.

Die Umsetzungen der Visionen in konkrete Strategien müssen aber hinsichtlich ihrer **Praxistauglichkeit und langfristigen Folgewirkungen** immer kritisch hinterfragt werden. Manche gut gemeinte Idee erweist sich bei genauerer Prüfung als wenig effektiv oder gar kontraproduktiv. Die verwendeten Begriffe, Metaphern und Symbole sollten von denen, die sie verwenden, erklärt werden, um sicherzustellen, dass man das Gleiche meint. Konkrete Projektvorschläge müssen ehrlichen Realitätschecks standhalten, nach klaren, objektiven Kriterien, nach Common Sense, gesundem Menschenverstand. Für die Entscheidungsfindung verwendete Fakten müssen unabhängigen Überprüfungen standhalten, damit Begründungen nicht auf Wunschdenken, auf Mythen und Halbwahrheiten beruhen. Insbesondere über volks- und betriebswirtschaftliche Grundprinzipien und relevante Erfahrungswerte muss zunächst Konsens hergestellt werden, damit wirtschaftliche Machbarkeiten von allen verstanden und akzeptiert werden können. Ideologische Befangenheiten müssen aufgelöst werden, mehr Rationalität und Fachwissen sollten die Argumentationen leiten, nicht das Bauchgefühl. Es sollte sachlicher diskutiert werden, um schneller zukunftsorientierte und wirklich machbare Lösungen zu finden. Stadtentwicklungsplanungen und deren Umsetzung sind langfristige Generationenprojekte und sollten deswegen nicht überstürzt, unbedacht oder aufgrund panischer Ängste beschlossen oder verhindert werden. Entscheidungsfindungen dürfen aber auch nicht zu lange dauern, um nicht wichtige Treiber zu verlieren und vor ambitionierteren Konkurrenten zurückzufallen.

Mit ihnen übernimmt man die Zukunftsverantwortung und Verpflichtungen. Sie müssen allen Beteiligten möglichst große Planungssicherheit für diese Zukunft geben.

Dabei ist es hilfreich, sich in Erinnerung zu rufen, was die wichtigsten Aufgaben der Stadt immer waren und nach wie vor sind. Warum wurden Städte überhaupt gegründet, warum wachsen sie und warum wollen wir in ihnen leben? Historisch betrachtet wurden Städte meist an strategischen Schnittstellen entlang wichtiger Handelswege gegründet, um den Sitz weltlicher und religiöser Herrscher. Sie wurden als geschützte Räume gebaut, für Märkte, in denen Waren, Dienstleistungen und Informationen ausgetauscht werden konnten. In Städten kamen Menschen aus großem Umkreis und mit unterschiedlichsten Talenten zusammen, um arbeitsteilig zu wirtschaften und gemeinsam mehr zu erreichen als in ländlicher Isolation. Städte zogen die Ambitioniertesten der abhängigen Landbevölkerung mit ihrem Versprechen „Stadtluft macht frei" an: dem Versprechen, in größerer Freiheit und Eigenverantwortlichkeit ihr Leben selbst zu bestimmen an einem Ort mit vielen anderen diesbezüglich gleichgesinnten, ansonsten aber sehr unterschiedlichen Menschen. In der Stadt gibt es bessere Chancen, voranzukommen, von anderen zu lernen, sich beruflich zu qualifizieren, produktiver zu arbeiten und mehr zu verdienen. Es gibt eine bessere Gesundheitsversorgung und mehr kulturelle und Freizeitangebote. Dort können leichter Geschäftspartner, auch Freunde und Lebenspartner für Familiengründungen gefunden werden. Dies alles auf engstem Raum nebeneinander und im Wettbewerb miteinander. **Kurzum, Städte lebten immer von ihrer Dichte und Vielfalt, von ihrer Konzentration von Menschen und deren unternehmerischer Energie.** Städte waren schon immer wirtschaftliche und kulturelle Zentren, Zentren der zivilisatorischen Entwicklungen.

Je erfolgreicher die Wirtschaft und je attraktiver und bedeutungsvoller die Kultur einer Stadt ist, desto größere Anziehungskraft kann sie entfalten. Städte stehen in direkter Konkurrenz zueinander, national und international. Heute können Menschen immer freier wählen, in welcher Stadt sie leben möchten, welche ihnen die besten Bedingungen für ihren individuellen „Pursuit of Happiness" bietet, wo sie sich beruflich entwickeln wollen, mit ihrer Familie niederlassen und als Bürger aktiv einbringen wollen. Eine dynamische Wirtschaftsmetropole wächst schneller als eine wirtschaftlich weniger erfolgreiche, auch wenn diese vielleicht andere Qualitäten vorzuweisen hat. **Erfolgreiche Städte sind dynamische Laboratorien für Kreativität und Innovationen, sie sind Fortschrittstreiber.** Die ökonomische und kulturelle Dynamik, aus der nicht nur individueller und kollektiver Wohlstand erwächst, sondern auch Einfluss und politische Stärke, war also schon immer und bleibt das primäre Leitbild für die Stadtentwicklung. Alle anderen Leitbilder, die sich heute in den Vordergrund drängen, sind nachrangig, realistisch und chancenreich nur in dem Maße, in dem sie den Erfolg des primären Leitbilds stärken. Ohne oder gegen eine starke Wirtschaftsentwicklung bleiben sie nicht mehr als gutgläubiges Wunschdenken.

Urbane Zivilisation war weltumspannend und über die gesamte Menschheitsgeschichte ein Erfolgsmodell – und sie bleibt es. Urbanisierung, einer der großen globalen Makrotrends, nimmt stetig zu. Heute leben im weltweiten Durchschnitt bereits mehr als 55 %

der Menschen in urbanen Agglomerationen. Es wird erwartet, dass es bis zum Jahr 2050 über 70 % sein werden. Bestehende Städte wachsen zum Teil rasant, einige wachsen zu Megastädten, kleinere verdichten sich zu großräumigen Metropolregionen, komplett neue Städte entstehen in kurzer Zeit aus dem Nichts. Urbanisierung wird getrieben von einem rasanten Bevölkerungswachstum, von Migration und dem Wunsch nach Konzentration. Die Weltbevölkerung hat sich innerhalb der letzten 50 Jahre mehr als verdoppelt auf nun über 8 Mrd. Menschen und wird vermutlich auf 10 Mrd. bis zum Jahr 2050 anwachsen. Dieses Wachstum findet fast ausschließlich in den städtischen Ballungsräumen und informellen Siedlungen der sogenannten Entwicklungs- und Schwellenländer statt.

Die Erwartung, dass Städte nach den Erfahrungen in der COVID-19-Pandemie an Anziehungskraft verlieren würden, dass sie wegen zunehmenden *Remote Working* im Homeoffice und wegen Online-Shopping-Optionen weniger wichtig würden, hat sich nicht bewahrheitet. Menschen kehren nach den ersten Jahren der Erfahrung mit diesen neuen Möglichkeiten wieder vermehrt zurück in die Stadt. Die Dichte an Energie, die Konzentration von authentischen Erfahrungsoptionen, die Städte bieten können, gibt es in den neuen virtuellen Räumen nicht. Besonders die Stadtzentren bleiben die interessantesten Begegnungsorte. Edward Glaeser beschreibt in seinem Buch *Triumph of the city: how our greatest invention makes us richer, smarter, greener, healthier, and happier* (2017), warum und wie sich erfolgreiche Städte entwickeln und aus großen Krisen (wie Kriegen, Feuer, Pandemien etc.) gestärkt hervorgehen, sich neu erfinden. Diese Prozesse finden einhergehend mit dem exponentiellen demografischen Wachstum und technologischen Innovationen immer schneller statt.

Mit dem rasanten Wachstum der Städte entstehen zugleich immer mehr und immer größere technische, wirtschaftliche und soziale Herausforderungen, die es zu bewältigen gilt und für die neue Leitbilder und Agenden die Richtung weisen wollen. In der aktuellen Debatte sind es weltweit, vor allem aber in westlichen Demokratien insbesondere drei Narrative, die dabei um Aufmerksamkeit konkurrieren:

Narrative zur nachhaltigen Stadtentwicklung

1. Die technologieorientierte Vision der **„Smart City"** mit dem Versprechen, durch technologische Innovationen Probleme lösen zu können, die urbane Infrastruktur und das Zusammenleben der Stadtgesellschaft zu verbessern
2. Die ökologische Utopie und Forderung nach einer **„grünen und klimaneutralen Stadt"**, die den menschengemachten Klimawandel bremsen und ökologisch nachhaltige urbane Lebensformen durchsetzen will
3. Das soziologische Narrativ der **„offenen Stadt"**, das mehr soziale Gerechtigkeit, mehr Vitalität und Innovation durch das tolerante Zusammenleben verschiedenster Kulturen und das Aufbrechen rigider und ausgrenzender Strukturen erwartet

Alle drei Narrative verstehen sich als **konkrete, realistische Utopien**. Sie werden als große Lösungen, als Perspektiven zu langfristig nachhaltigen Strukturen präsentiert, nicht als kurzfristige Trends oder temporäres Krisenmanagement. Angesichts der globalen Herausforderungen geht es dabei um tiefgreifende zivilisatorische Weichenstellungen, die oft als radikale „Wende" in Bezug auf bisherige Modelle präsentiert werden, also oft mehr Revolution als Evolution sein wollen. Entsprechend leidenschaftlich sind die Auseinandersetzungen und Mittel des Protests, wenn die jeweiligen Forderungen nicht wichtig genug genommen oder als nicht realisierbar zurückgewiesen werden.

Aber es geht um die **Realisierbarkeit und das Kosten-Nutzen-Verhältnis** der aus den Visionen abgeleiteten Initiativen, um effektiven Economic Impact. Darum, ob die gewünschten Effekte wirklich eintreten oder bekannte Probleme lediglich verschoben oder durch neue ersetzt werden. Die Initiativen müssen einen spürbaren, objektiv messbaren Mehrwert für die Bürger bringen. Die als vielversprechende, positiv entwicklungstreibende „Gamechanger" vermarkteten Konzepte dürfen sich nicht bloß als destruktive „Showstopper" erweisen. Sie können nicht gesetzlich „von oben" verordnet werden, wenn bei den betroffenen Bürgern Zweifel und schlechte Erfahrungen mit ihnen überwiegen. Sie müssen durch das Eigeninteresse aller Bürger und aus den Erfolgsaussichten der Unternehmen heraus entwickelt und umgesetzt werden.

2.1 Die „Smart City"

Der Begriff „Smart City" wird für die Entwicklung und Anwendung verschiedenster technologischer Innovationen verwendet, die durch digitale Vernetzung, Datenerfassung und -verarbeitung ein effizienteres Funktionieren der städtischen Infrastruktur und ein besseres, komfortableres und gerechteres Zusammenleben der Stadtgesellschaft erstreben. Die zugrunde liegende auf Fortschritt fokussierte Vision sieht in **technischen Lösungen** die besten Chancen für die Bewältigung der großen zivilisatorischen Herausforderungen und zur weiteren Steigerung der Lebensqualität in Städten und des Erfolgs der einzelnen Bürger. Insofern ist sie eine Fortsetzung der zukunftsoptimistischen Moderne. Der Begriff impliziert eine eindeutige Wertung und ein großes Versprechen, ist somit auch eine clevere Marketingstrategie. Denn wer möchte schon nicht „smart" sein, nicht dazugehören und von den neuesten und besten Entwicklungen profitieren? Was wäre das Gegenteil einer Smart City? Und anscheinend war die bisherige Entwicklung nicht smart. Neue entsprechend spezialisierte Planungsleistungen, Produkte und Dienstleistungen, die dieses große Versprechen umzusetzen anbieten, sind auch deswegen zu einem großen und verlockenden Geschäft geworden.

Die Unschärfe des Begriffs „Smart City" erlaubt es einer sehr großen Bandbreite von Planern, Baufirmen und Herstellern von Produkten aus den Planungs-, Bau- und IT-Sektoren, ihre Ideen und Angebote in diese neue Kategorie einzuordnen, sich mit diesem Branding und scheinbaren Qualitätssiegel zu vermarkten. Ob es sich nur um einfache technische Weiterentwicklungen bekannter Produkte und Prozesse handelt oder um disruptiv-innovative, *"cutting-edge"*, KI-gesteuerte, voll integrierte und automatisierte Planungs-, Bau- und Betriebssysteme – alles wird neuerdings als „smart" vermarktet, als „nachhaltig" und irgendwie „grün" ohnehin. Was wirklich smart ist, was den Menschen am Ende tatsächlich die suggerierten Vorteile bringt und sich in der Praxis durchsetzen lässt, muss für jede einzelne konkrete Idee und von jeder potenziellen Nutzergruppe aber kritisch geprüft werden.

Smart Cities werden als hoch komplexe, aber kalkulier- und beherrschbare Systeme präsentiert, als vielschichtige, multidimensionale *Smart Grids* mit „intelligenten Gebäuden", kontrollierten öffentlichen Räumen für technisch kompetente, pausenlos vernetzte *Digital Natives* in einer *Smart Community,* für die jederzeit optimal personalisierte Bedingungen eingerichtet werden. Sie können in *Digital Twins* abgebildet, geplant und gesteuert werden. Alle Verbindungen und alle Bewegungen von Menschen und Material, alle Einflüsse von und Reaktionen auf natürliche Konditionen können über eine Vielzahl von Sensoren, über Überwachungskameras und Spuren im Internet erfasst werden, mit programmierten Zielgrößen verglichen und fortlaufend in Echtzeit optimiert werden. Aus den gesammelten Erfahrungswerten werden Voraussagen über zukünftige Wahrscheinlichkeiten berechnet, von Konsumentenpräferenzen, Verkehrsaufkommen, Strom- und Wasserverbrauch bis hin zu *Predictive Policing,* Erwartungen über das regelkonforme Handeln der Bürger. All dies mit immer größeren Datenmengen, mit Hochleistungscomputern, smarten Algorithmen und Apps, mit künstlicher, zunehmend auch generativ künstlicher Intelligenz. Beinahe täglich werden neue KI-Tools angeboten, von Analysewerkzeugen und Textverarbeitung bis hin zur Bildgenerierung, die nach neuen Anwendungsbereichen suchen.

Smart-City-Technologien versprechen qualitative Verbesserungen für ihre bewussten und unbewussten, nichts ahnenden User auf vielen Ebenen – effizientere Ressourcennutzung und Produktion, bessere Kommunikation in größeren Netzwerken, klügere Entscheidungsfindung, bessere, individualisierte Services, sichere Infrastrukturen, Stadträume, Gebäude und so weiter. Smarte Technologien präsentieren sich als kompatibel mit allen anderen Planungszielen, Leitbildern und Visionen, versprechen diese noch effizienter und erfolgreicher, noch smarter zu machen. Die Erhöhung von **Effizienz** steht meist außer Frage, aber ob diese Technologien auch zu mehr **Effektivität** führen, hinsichtlich des Erreichens besserer Lebensqualität für die Menschen, denen sie dienen sollen, kann und muss kritisch hinterfragt werden. Ist die Idee von urbaner Smartness, von "intelligenten Gebäuden" als hoch komplexe Maschinen nicht bereits obsolet, in einer Zeit, in der hochleistungsfähige künstliche Intelligenz in miniaturisierten Geräten viele dieser Maschinen überflüssig macht, die Connectivity "wireless" oder per Glasfaser-Breitbandanschluss überall hin zu jeder Zeit möglich ist? Wie sehr muss sich die gebaute Umwelt noch danach richten, teure Strukturen schaffen, die sich schon bald bestenfalls als Zwischenlösungen erweisen, langfristig nicht mehr benötigt werden? Bieten die neuen technologischen Möglichkeiten nicht auch die Chance, wieder ganz einfach zu bauen?

Der Smart-City-Trend ist nur ein Teil der umfassenden und tiefgreifenden Veränderungen unserer Wirtschaft und Kultur durch die rasante Entwicklung digitaler Technologien und künstlicher Intelligenz. Während die Smart-City-Konzepte zumeist noch direkt, zumindest aber indirekt mit der materiellen, gebauten Welt zusammenhängen, diese zunehmend steuern, geht die KI-Entwicklung viel weiter und ersetzt konventionell authentische Erfahrungen mit immateriellen. Smart-City-Erfahrungen können sich in von der Realität entkoppelten virtuellen Räumen oder in Überlagerungen dieser mit der physischen Welt abspielen. Der Wirtschaftsphilosoph Anders Indset spricht hier von einer postmateriellen, erfahrungsfokussierten, ganzheitlichen Ökonomie, die er „Quantenwirtschaft" nennt. Der fließende Übergang von gezielt und kontrollierbar eingesetzter Technologie, die ihre Nutzer bei der Lösung klar definierter Aufgaben unterstützt, hin zu selbstlernenden, unabhängigeren intelligenten Maschinen, die sich von der Kontrolle der Nutzer entfernen, verspricht nicht nur Vorteile. Auch einige fachkundige und hochrangige Vertreter der neuen Digitalwirtschaft sehen die Entwicklung mit Sorge. Wohin der zunehmende Kontrollverlust führen kann, bleibt unklar. Der wachsende Einsatz smarter Technologien für den gebauten Raum und Infrastrukturen und die Menschen, die sich in ihnen bewegen, bietet immer mehr Einfallstore für die neue, unbekannte Welt.

Vertreter von Smart-City-Dienstleistungen und -Produkten vermeiden diese Big-Picture-Betrachtungen und sind derzeit sehr erfolgreich in der Vermarktung ihrer Ideen, omnipräsent in den Medien, auf Konferenzen und in Fachpublikationen. Kommunalpolitiker aller Ressorts, Projektentwickler, Stadtplaner, Architekten und Ingenieure müssen sich mit dem Thema intensiv beschäftigen, zunächst die vorwiegend englische Terminologie lernen, dann zügig eigene Anwendungsinitiativen vorweisen, sich als up to date präsentieren. Keiner kann es sich erlauben, nicht dabei zu sein, den neuesten Trend zu verschlafen. Gesetzliche Vorschriften und Normen sind bereits für entsprechende Anforderungen angelegt. Neue Gebäude- und Quartierszertifizierungen, wie zum Beispiel *Wired Score* und *Smart Score,* messen und dokumentieren als „unabhängige" Berater und Prüfer, wie smart die Projekte sind, wie zeitgemäß, zukunftstauglich und wettbewerbsfähig in der digitalisierten, auf Nachhaltigkeit fokussierten Welt. Smart City ist ein großes Thema, dem sich niemand im Bereich der Wirtschafts- und Stadtentwicklung entziehen kann, und es ist zu einem großen neuen Geschäft für Berater und Produktanbieter und Betreiber geworden. Es gibt keine größere Stadt, die nicht selbst Smart-City-Konferenzen ausrichtet oder sich in derartigen Veranstaltungen anderswo präsentiert. Jeder will smart erscheinen.

Ob die Smart-City-Versprechen wirklich eingehalten werden können, welche Gegenleistungen oder Kosten von Investoren und Nutzern langfristig hierfür zu entrichten sind, ob sie die Lebensqualität der Menschen tatsächlich spürbar und nachhaltig verbessern, ihre User smarter, freier und glücklicher machen oder entmündigen, kontrollieren und abhängig machen, ob sie den Menschen dienen oder die Menschen am Ende den Maschinen – all dies sollte für jede einzelne Anwendung unaufgeregt und kritisch hinterfragt werden. Nicht alles, was angeboten wird, muss auch angenommen und angewandt werden.

Manchmal ist es vielleicht smarter, einzelne Angebote auszuschlagen. Auf manchen Komfort kann oder will man verzichten, gewohnte alte Freiheiten bewahren. Das Preisgeben detaillierter persönlicher Daten erscheint oft unangemessen. In Deutschland ist man diesbezüglich anscheinend besonders sensibel und verschärft die europäischen Vorgaben mit den Übertreibungen der deutschen Datenschutzgrundverordnung. Wie jede Technologie können auch die neuen Smart-City-Technologien für gute und weniger gute Ziele eingesetzt werden. Sie können von autoritären Regimen für die Überwachung und Manipulation ihrer Bürger missbraucht werden, wie das in China mit flächendeckenden Überwachungssystemen und Bewertungen aller Handlungen der Bürger im „Social Credit System" bereits unverhohlen der Fall ist. Der Gebrauch und Missbrauch für kommerzielle Ziele von Unternehmen, für offensichtliche und verdeckte Werbung sowie subtile Manipulation potenzieller Kunden sind noch wahrnehmbar. Politische Meinungsmanipulationen scheinbar freier Wähler über die neuen digitalen Medien nehmen ebenfalls stetig zu, oft weniger wahrnehmbar. Bei Smart Cities geht es also um weit mehr als nur effizientere städtische Infrastrukturen und komfortableres Leben. Es geht auch um konkreten Einfluss, um Macht und Kontrolle. Bei aller Euphorie über den technischen Fortschritt bleibt gesundes Misstrauen wichtig.

Im Bereich der Vernetzung und Integration bislang separater Prozesse der Planung, des Baus, des Betriebs und des Recyclings städtischer Infrastrukturen und Gebäude können smarte Systeme und Programme sehr hohe Effizienzgewinne generieren, zeitaufwendige Abstimmungsprozesse vereinfachen und Optimierungspotenziale besser nutzen. Sie bieten bessere, integrierte Plattformen für eine nachhaltigere Kreislaufwirtschaft, können zu sparsamerem Verbrauch von natürlichen Ressourcen, von Energieträgern, Baumaterialien und Bauteilen führen. Building-Information-Modeling-(BIM-)Planungssoftware bietet hierfür immer bessere Angebote, auch zur Einsparung der Ressourcen, Zeit und Kapital. Hierfür ist es aber entscheidend, die wirklich hilfreichen Teile aus dem überwältigend großen Angebot zu identifizieren und durch unnötiges Over-Engineering keinen unnötigen Zusatzaufwand und Zusatzkosten zu verursachen. Der Anteil der Bau- und Betriebskosten durch technische Gebäudeausrüstungen (TGA) bei hochwertigen gewerblichen oder mischgenutzten Gebäuden liegt heute bereits bei über 40 %. Mit den Zusatzausrüstungen für smarte Städte und intelligente Gebäude steigt dieser Anteil weiter an. Das Problem dieser Einrichtungen besteht darin, dass sie bereits nach wenigen Jahren veraltet sind und dann teure Upgrades oder Rückbau und Ersatz erforderlich werden. Ein lohnendes Geschäft für die Technologieanbieter, aber mehr Abhängigkeiten für die Gebäudeeigentümer und -nutzer. Für eine ehrliche Bewertung der Smart-System-Effizienzgewinne, insbesondere der langfristigen Betriebskosteneinsparung, ist daher eine detailliertere **Kosten-Nutzen-Analyse über den gesamten Lebenszyklus** der Bauten, ihrer Einzelteile, Materialien sowie der Energieträger, der Abfälle und Emissionen unerlässlich. In vielen Fällen können sich einfache, robuste und langlebige Strukturen, im

Sinne eines „intelligent Low-Tech" (wie von dem Haustechnikingenieur Prof. Klaus Daniels schon vor 30 Jahren beschrieben), als wirtschaftlicher und nachhaltiger erweisen als komplexe Hightechstrukturen und -systeme.

Ein wichtiger Anwendungsbereich neuer digitaler Technologien eröffnet sich für öffentliche Verwaltungen, ihre internen Abläufe und den Austausch mit Bürgern und Unternehmen. Die Verwendung digitaler Plattformen, von Online-Angeboten für diesen Austausch und das Delegieren standardisierter, regelmäßig wiederkehrender Prüfungen und bürokratischer Vorgänge an leistungsstarke Computerprogramme und künstliche Intelligenz können diese Vorgänge viel effizienter, zeit- und kostensparender ermöglichen. Daher wird der Ruf nach mehr Digitalisierung, zu einem **E-Government** immer häufiger gehört. Die Privatwirtschaft vollzieht die Anpassungen schon seit Langem, manche europäischen Regierungen, insbesondere die deutsche, fallen hier aber weit zurück. Die Rückständigkeit Deutschlands in Bezug auf die Digitalisierung seiner öffentlichen Verwaltungen ist bekannt, wird seit Jahren kritisiert, aber bislang nicht nennenswert verbessert. Im Vergleich zu seinen skandinavischen Nachbarn liegt die „E-Government-Reife" Deutschlands im Jahr 2023 noch immer weit abgeschlagen im unteren Mittelfeld des internationalen Benchmarkings mit nur 65 von 100 erreichbaren Punkten, gemessen an Kriterien wie Benutzerzentrierung, Transparenz, Schlüsselfaktoren und grenzüberschreitende Dienste (Quelle: European Union, eGovernment Benchmark 2023). Die von der EU ausgerufene „Digital Decade" lässt noch auf sich warten. Die noch vorherrschenden ineffizienteren Methoden kosten derweil die rückständigen Länder Produktivität und Standortattraktivität in signifikanter Größe.

Nachhaltige Energieerzeugung und -nutzung sind ein weiterer wichtiger und vielversprechender Teil der Smart-City-Technologien. Die innerstädtische Erzeugung von Energie aus erneuerbaren Quellen kann einen nicht unerheblichen Beitrag zu einer autarkeren Grundversorgung wichtiger Gebäude und Basisfunktionen der städtischen Infrastruktur leisten, mindestens aber die Resilienz im Falle von Blackouts erhöhen. Hierfür kommen im städtischen Raum vor allem Fotovoltaikanlagen auf Dächern und Fassaden, Geothermieanlagen im Boden sowie kleinere Windkraft- und gegebenenfalls Wasserkraftanlagen an Flüssen in Betracht. Genauso wie für die großen Anlagen außerhalb der Städte sind dazu aber ausreichend große Speichersysteme und ein Ausbau der Netze unverzichtbar. Überschüssige Abwärme von Industrieanlagen und Rechenzentren kann in Nah- und Fernwärmenetze eingespeist werden, um umliegende Wohn- und Geschäftshäuser oder auch Gewächshäuser für *Urban Farming* zu beheizen. All dies wäre smart, existiert in Deutschland aber erst in Ansätzen. Der Netzausbau in deutschen Städten ist kompliziert und langwierig, erfordert eine überwältigende Anzahl und Komplexität von Genehmigungsverfahren.

Das Potenzial der erneuerbaren Energien wird gerne von den Vertretern der technologie- und ökologisch orientierten Narrative zur nachhaltigen Stadtentwicklung schöngeredet und bisweilen stark übertrieben. Aufgrund ihrer sehr geringen Energiedichte, der Unstetigkeit von Sonnen- und Windertrag sowie noch fehlenden Speichersystemen und geringem Netzausbau werden die Erneuerbaren in Industrieländern mit sehr hohem und weiter wachsendem Energiebedarf auch langfristig aber nur einen Teil der Versorgung leisten können. Sie haben einen vergleichsweise geringen „Erntefaktor". Für eine stabile Grundlast sind sie noch nicht ausreichend. Der Strombedarf wird zudem in den nächsten Jahren durch weitere Digitalisierung, Elektrifizierung von Produktion, Wärmeerzeugung und Mobilität weiter stark ansteigen. „Brückentechnologien", entweder mit fossilen Brennstoffen oder CO_2-neutraler Kernkraft, werden daher noch für längere Zeit unverzichtbare, stabile Quellen bleiben müssen. Manchmal scheint es smarter, mehr in diese Brückentechnologien zu investieren, anstatt nur in die Erneuerbaren und damit Versorgungsengpässe zu riskieren.

Daniel Yergin ist einer der renommiertesten amerikanischen Experten zum Thema Energieversorgung und Energiewende. In seinem 2020 erschienenen Buch *The new map – energy, climate and the clash of nations* (Yergin 2020) bezweifelt er die Durchsetzbarkeit der gewünschten Transformationen in dem angekündigten Zeitrahmen. Er zweifelt weder am Klimawandel noch an der Umstellung auf grüne Energie. Er sieht die erheblichen Fortschritte bei erneuerbaren Energien und weist darauf hin, dass die Nutzung von Wind- und Solarenergie trotz der noch bestehenden Hindernisse weiter zunehmen wird. Er erkennt auch an, dass es irgendwann zu einer umfassenden Veränderung kommen wird, glaubt jedoch, dass die Energiewende ein schrittweiser Prozess ist, der sehr lange dauern wird, und er ist nicht davon überzeugt, dass dies in dem ehrgeizigen Tempo geschehen wird, das die Netto-Null-Ziele versprechen. Seiner Meinung nach sind die Bedenken hinsichtlich des Klimawandels aufseiten der wichtigsten globalen Machthaber noch nicht groß genug, um die geopolitischen Ordnungen grundlegend zu ändern oder Entwicklungspläne entsprechend umzugestalten.

Vor dem Hintergrund realistischer globaler Machbarkeiten müssen die Kosten-Nutzen-Analysen unvoreingenommener durchgeführt und die Öffentlichkeit, das heißt zahlende Konsumenten und Wähler, ehrlicher informiert werden. Die Gewichtung von Investitionsprogrammen und ihren Kosten sollte von Kommunen nach der realistischen Effektivität der Maßnahmen vorgenommen werden, nicht dem Druck von rechthaberischen Ideologen oder Lobbyisten folgen. Eine Stadt kann ihre Nachhaltigkeitsziele möglicherweise besser erreichen, wenn nicht zu viel ihres Budgets für Investitionen/ Investitionsförderungen für erneuerbare Energien verwendet wird. Das Geld kann auch in andere, kostengünstigere und zum Teil wirkungsvollere Maßnahmen in den Bereichen der Bedarfsreduzierung investiert werden. Städte müssen mit begrenzten Budgets auskommen, dabei die Grundlagen für wirtschaftliche Wettbewerbsfähigkeit nicht schwächen.

Ein zunehmend wahrgenommenes Risiko der digitalisierten vernetzten Systeme besteht in ihrer Offenheit und Zugänglichkeit für ungebetene Dritte, die sie für eigene Interessen nutzen können. Je mehr persönliche Daten Individuen, je mehr geschäftliche Daten Unternehmen ihren Serviceanbietern und deren Datenspeicherung anvertrauen, desto verwundbarer werden sie. Die Risiken von **Cyberangriffen** für Spionage oder Sabotage betreffen aber nicht nur Privatpersonen und Unternehmen, sondern gleichermaßen auch städtische Infrastrukturen. Moderne Kriegsführung kann durch den Angriff auf die Steuerungssysteme für Strom- und Wasserversorgung, Kommunikations- und Logistiknetzwerke sehr effektiv ergänzt werden. Dies macht Redundanzen mit autonomen und analogen Steuerungen erforderlich, die meist nicht mehr vorhanden sind. Im Kontext der aktuellen geopolitischen Unsicherheiten müssen diese Aspekte wieder ernsthafter berücksichtigt werden.

Die für internationale Konkurrenz offenen, demokratischen Marktwirtschaften des Westens profitieren von größeren Angeboten, setzen sich damit aber auch großen Risiken aus. Sie sind verwundbar, können die Tore ihrer Städte gutgläubig auch Trojanischen Pferden öffnen. Dies nutzt China in seinen hegemonialen Bestrebungen mit aggressiven wirtschaftlichen Expansionsstrategien aus. Seine Angebote, anderen Städten wichtige urbane Infrastrukturen zu finanzieren und zu bauen – Häfen, Brücken, Autobahnen, Schienenwege, Kraftwerke und Kommunikationstechnik –, werden als Win-win-Partnerschaften ausgegeben, können aber schnell zum Verlust von Souveränität der Partnerländer führen. Sobald diese nicht in der Lage sind, die Kredite vertragsgerecht zurückzuzahlen, hat China Zugriffsrechte auf die Grundstücke, gebauten Strukturen und technischen Systeme. Dies ist ein wohlkalkuliertes Risiko des Investors und ist bereits mehrfach eingetreten. In *Die lautlose Eroberung. Wie China westliche Demokratien unterwandert und die Welt neu ordnet* beschreiben die Autoren Clive Hamilton und Mareike Ohlberg diese politisch gesteuerte wirtschaftliche und kulturelle Expansion (Hamilton und Ohlberg 2020). Sie führen aus, wie über die Initiative „One Belt One Road"/„Neue Seidenstraße" der chinesische Einfluss auf Länder, Städte und deren Infrastrukturen im Westen zunimmt, westliche Teilhabe an der chinesischen Wirtschaftsentwicklung aber zunehmend reduziert wird. Die von Chinesen gebauten und betriebenen Infrastrukturen im Ausland dienen vorrangig dem chinesischen Waren- und Technologieexport, auch der Informationsbeschaffung für den Wettbewerb sowie potenziellem militärischen Zugriff. Die Vorteile der Partnerländer, die sich weitgehend den chinesischen Anforderungen anpassen müssen, sind langfristig meist geringer als ursprünglich erwartet. Die von Chinesen im Ausland finanzierten und betriebenen Infrastrukturen und städtebaulichen Entwicklung sind smart, nach chinesischen Vorstellungen.

Noch wirkungsvoller in der globalen Wirtschafts- und Systemrivalität ist die zunehmende Nutzung der digitalen Medien, insbesondere der sozialen Medien, um gezielte Falschmeldungen, **Fake News,** zu streuen, damit Konflikte innerhalb der Gesellschaft des Gegners zu schüren, deren Zusammenhalt zu schwächen. China, Russland und andere Staaten, die dem Westen immer offener feindlich gegenübertreten, betreiben hierfür große Trollfarmen, in denen Tausende von Mitarbeiter mit falschen Identitäten die neuen smarten Technologien einsetzen, ihre Gegner möglichst nicht zu smart, kritisch selbstdenkend werden zu lassen.

Weitere ganz grundsätzliche Risiken der smarten Technologien sind der **Verlust menschlicher Intelligenz, Sensorik und des Erinnerungsvermögens.** Bei diesen Technologien, Digitalisierung, künstlicher Intelligenz und Automatisierung geht es immer um

Effizienzsteigerung durch das **Delegieren menschlicher Denkleistungen an programmierte Maschinen,** das Ersetzen individueller Einzelentscheidungen durch vorprogrammierte Standardentscheidungen oder Situationsentscheidungen nach individuellen, aber vorprogrammierten Kriterien. Computer und digitalisierte Netzwerke können mit einem Vielfachen der Datenmengen, mit Erfahrungswerten von sehr viel mehr Vergleichsfällen gefüllt werden als das menschliche Gehirn. Sie können sie effizienter auswerten, darin präziser Muster erkennen, vergleichen und Lösungsoptionen und Erfolgswahrscheinlichkeiten schneller berechnen, Vorschläge anbieten oder gleich automatisch umsetzen. Dies bringt große Vorteile zum Beispiel in der medizinischen Diagnostik und Therapeutik. Auch für viele städtische Infrastrukturen und deren Management, etwa Verkehrsführungen, Medienversorgung, Notfallmanagement, für standardisierte Verwaltungsvorgänge und den Informationsaustausch mit Bürgern, bringt höhere Effizienz unmittelbar einleuchtende Vorteile.

Ob das Delegieren anspruchsvollerer Denkleistungen und das automatisierte Durchführen von allen Standard- und täglichen Routinetätigkeiten über den Effizienzgewinn hinaus zu glücklicheren, gar „smarteren" Menschen führen wird, sollte in allen Anwendungsbereichen der smarten Technologien ehrlich hinterfragt werden. Autonomes Fahren befreit die Menschen vom aktiven Navigieren und Fahrzeugführen, von der Kontrolle und Verantwortung über ihre Bewegungen im öffentlichen Raum; vollautomatisierte „intelligente Gebäude" befreien ihre Nutzer von eigenem, auch spontanem Bestimmen der Raumnutzungen, der Licht-, Klima- und anderen Komforteinstellungen; Pflegeroboter können hilfebedürftigen Menschen einfache Dienste erweisen und so menschliches Personal entlasten; mit Supermärkten und Lieferdiensten verbundene „smarte" Kühlschränke ersparen das individuelle Einkaufengehen; virtuelle Bürgerbüros machen das persönliche Erscheinen in Ämtern überflüssig. Was durch all diese digitalen Services aber zugleich verloren geht, ist der **zwischenmenschliche Kontakt, die authentische menschliche Begegnung in geteilten physischen Räumen,** die die Kultur des Zusammenlebens ausmachen. Je mehr von diesen Reibungen verloren gehen, von direkter Kommunikation, desto größer ist die Gefahr, dass Menschen vereinsamen, nicht mehr aktiv an dem teilhaben, was die Stadt so interessant und inspirierend macht. Die übliche Argumentation von Verkäufern der smarten Technologien lautet, dass deren Nutznießer durch sie von unangenehmen Tätigkeiten befreit würden, um ihre Zeit für wertvollere Tätigkeiten nutzen zu können. Dies unterschätzt die soziale Bedeutung echter Begegnungen für gemeinsame, tagtägliche kleine Problemlösungen, unterschätzt deren Wert für das Entwickeln von Nachbarschaften und Stadtgesellschaften, dem Community Building.

Schon heute ist zu beobachten, wie die Verbreitung mancher der smarten Hilfsmittel der letzten Jahrzehnte zum Verlernen wichtiger menschlicher Kompetenzen geführt hat: Seit der Verwendung von Taschenrechnern können nur noch wenige Menschen einfache Rechnungen ohne diese „im Kopf" ausführen; seit der Verfügbarkeit von Navigationsgeräten im Auto und in Mobiltelefonen können sich immer weniger Menschen im Stadtraum und bei größeren Entfernungen selbstständig orientieren; Telefon- und andere wichtige

Nummern muss man sich nicht merken – sie sind ja gespeichert; das Lesen und Deuten von Zeichen im natürlichen und gebauten Raum erscheint nicht mehr erforderlich, wenn alles gegoogelt werden kann; seit Erfindung von *Computer-aided Design* (CAD) und Rendering-Software können immer weniger Architekten und Ingenieure selbst zeichnen und skizzieren. Wie weit sind Erfahrungen und Problemlösungen in virtuellen Räumen für Problemlösungen im „echten Leben" brauchbar? Je häufiger und selbstverständlicher diese Technologien genutzt werden und eigene Plausibilitätschecks nicht mehr erforderlich erscheinen, keine eigene Verantwortung für Lösungsfindungen übernommen werden muss, desto abhängiger werden wir von ihnen. Je mehr wir mediale Reizüberflutungen dulden und uns permanent ablenken lassen, desto schwächer werden unser Erinnerungsvermögen sowie die Fähigkeit, selbstständig komplexe Zusammenhänge zu analysieren und Lösungen zu finden. Wie könnten wir etwa bei einem längeren Stromausfall unseren Alltag bewältigen?

Ob Smart Cities eine erstrebenswerte Utopie sind oder eine bedrohliche Dystopie, die Individuen ihrer Freiheit, Eigenständigkeit und Intelligenz beraubt und sie kontrollierenden Regierungen und kommerziellen Monopolisten ausliefert, hängt also davon ab, welche Technologien für welchen Zweck installiert, von wem programmiert und von wem wofür genutzt werden. Skeptiker dieses technophilen Ansatzes, wie Ben Green (*The smart enough city*, 2019), erwarten, dass diese Vision zu Städten führen wird, die intelligent erscheinen, unter der Oberfläche jedoch voller Ungerechtigkeit und Ungleichheit sind. Green schlägt stattdessen vor, dass Städte danach streben, **„smart enough"** zu sein, und dass Technologie kritisch und selektiv als ein Werkzeug in Verbindung mit anderen Formen des sozialen Wandels genutzt, nicht aber als Selbstzweck geduldet werden soll.

Die wirkungsvollsten und zugleich kostengünstigsten Lösungen für nachhaltige städtebauliche und architektonische Strukturen ergeben sich aus der konsequenten Anwendung von "passiven Planungsstrategien", für die wenig oder gar keine smarten Technologien erforderlich sind. Hierbei geht es um kompakte, bodeneffiziente Bebauungen, um orts- und klimaangepasste Gebäudeausrichtungen, effiziente Außenwand-Volumen-Verhältnisse, Gebäudehüllen mit thermischer Trägheit, um nutzungsoffene, anpassungsfähige Strukturen, um einfache, materialgerechte Konstruktionen, um Dauerhaftigkeit (Abb. 2.1).

2.2 Die „grüne, klimaneutrale Stadt"

Die Vision grüner, möglichst klimaneutraler Städte ist ein zentraler Teil der ökologisch orientierten Transformationspolitik, die inzwischen weltweit, insbesondere in den entwickelten westlichen Industrieländern, seit Jahren vorangetrieben wird und die in alle Bereiche der Wirtschaft und des individuellen Lebens massiv eingreifen will. Getrieben von großer Sorge, teils irrationaler Angst, angesichts der Folgen der menschengemachten Naturzerstörungen und des Klimawandels geht es vielen der Wortführer dieser Vision

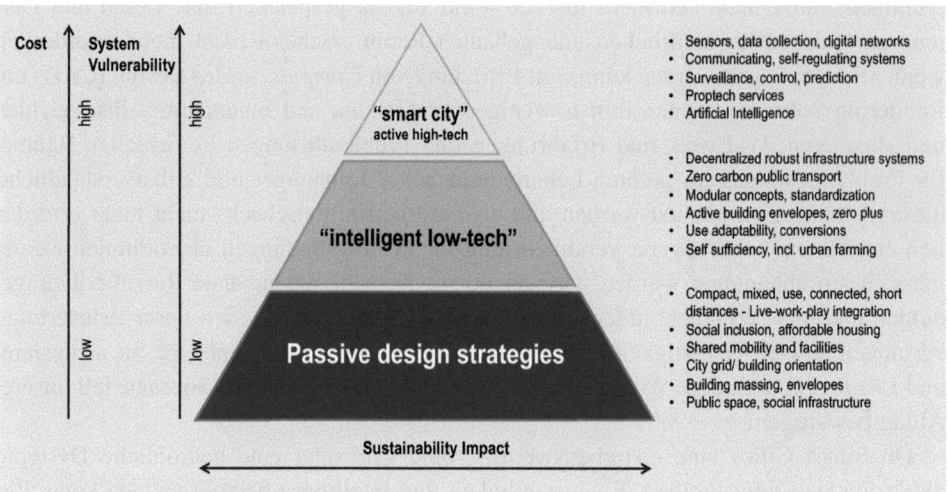

Abb. 2.1 Strategien für nachhaltige städtebauliche und architektonische Planungen, von passiv bis aktiv. (Quelle: eigene Darstellung)

um weit mehr als um sukzessive Schadenreduzierungen und Anpassungen an die neuen Bedingungen. Es geht ihnen um nicht weniger als **eine Überlebensstrategie der Spezies Mensch** auf dem von ihr geschundenen Planeten Erde. Deswegen sei ein möglichst radikaler und schneller Kurswechsel geboten. Gelänge dies nicht, drohe schon bald ein unbewohnbarer Planet, wie es David Wallace-Wells in seinem Buch *The uninhabitable earth – life after warming* (Wallace-Wells, 2019) beschreibt. Entsprechend emotional wird die Debatte geführt, entsprechend drastisch sind die alarmistische Wortwahl und die Mittel des Protests ihrer „Aktivisten", entsprechend autoritär ist der politische Lenkungswille. Grüne Weltretter sind oft schwierige Gesprächspartner, wenn solide Fachkompetenz, ruhige Sachlichkeit und wirtschaftliche Vernunft gefordert sind.

Der unbestreitbare Klimawandel und der weitgehend unbestrittene große Einfluss, den wir Menschen als Hauptverursacher, mindestens aber als Beschleuniger dieser Entwicklung durch unsere Treibhausgasemissionen haben, und was wir tun sollten, um unseren negativen Einfluss zu reduzieren, sind die medial und politisch beherrschenden Themen der Zeit. Eine Minimierung der Erderwärmung – als „Klimaschutz" bezeichnet – und konkrete, in ihrer Kausalität verständlichere Ziele des Umweltschutzes werden in der Diskussion dabei oft vermischt, obwohl sie getrennte Betrachtungen erfordern. Viele Umweltschutzthemen sind jeweils lokale und eingrenzbare Herausforderungen, die in vielen lokalen Einzelmaßnahmen angegangen werden können. Unsere Einflussnahme auf die global wirkenden klimatischen Verhältnisse, die atmosphärischen Prozesse, ist aber eine deutlich komplexere Herausforderung mit vielen Variablen und unbekannten Faktoren, für deren Bewältigung zudem eine umfassende weltweite Kooperation erforderlich wäre.

2.2 Die „grüne, klimaneutrale Stadt"

Beide Probleme wirken aber zusammen und beeinflussen einander. Die Summe der Folgen von Erderwärmung und Umweltzerstörung hat inzwischen offensichtliche und dramatische Ausmaße angenommen, bedroht immer direkter die Lebensqualität der Menschen und aller anderen Lebewesen, Fauna und Flora auf unserem Planeten. Es besteht daher grundsätzliche Einigkeit darüber, dass Änderungen und Anpassungen in allen Lebensbereichen, allen Sphären unserer Zivilisation erforderlich sind: was und wie wir produzieren, was und wie viel wir konsumieren, wie wir uns bewegen und behausen, welche und wie viele der endlichen natürlichen Ressourcen wir verbrauchen und wie viele Abfälle und Emissionen wir hinterlassen. Darüber, wie radikal dieser Kurswechsel sein muss und welche Initiativen den größten Effekt erzielen und zumutbar sind, besteht aber Dissens.

Da klimatische Veränderungen langfristige, träge Prozesse sind, eine weitere Erderwärmung also über viele Jahre weiter fortschreiten wird, auch wenn die menschenverursachten, schädlichen Treibhausgasemissionen abrupt und komplett beendet würden (was nur theoretisch möglich wäre), erscheinen effektive Anpassungsstrategien an das Unvermeidliche kurz- und mittelfristig mindestens ebenso wichtig und effektive Maßnahmen hierfür vorrangig. Der Mensch kann das Klima nicht „schützen", sondern lediglich sich selbst vor dem sich ändernden Klima. Große, schnell wachsende Teile der Treibhausgasemissionen, wie durch die Freisetzung von Methangasen der auftauenden Permafrostböden, lassen sich durch den Menschen nicht kontrollieren. Wir müssen uns also darauf einstellen, mit höheren Temperaturen und häufigeren Extremwetterphänomenen zu leben, müssen unsere Städte, Infrastrukturen, Gebäude entsprechend anpassen, insbesondere die an Küsten, die von steigendem Meerwasserspiegel bedroht sind. Die Reduzierung der Ursachen, zusammengefasst in dem Ziel einer maximalen weiteren Erwärmung von 1,5–2 °C bis zum Jahr 2100, kann dennoch als langfristige Zielsetzung dienen, auch wenn inzwischen einige Klimaforscher dies als kaum noch erreichbar beschreiben.

Mit einer exponentiell gewachsenen Weltbevölkerung von inzwischen über 8 Mrd. Menschen sind wir zur dominierenden Spezies „unseres" Planeten Erde geworden, bestimmen ein neues geologisches Zeitalter, das „Anthropozän". Wir Menschen sind demnach die Hauptverursacher globaler Probleme, damit aber auch diejenigen, die diese Probleme zu einem großen Teil verhindern oder lösen könnten. Unsere Zivilisation wird weltweit zunehmend eine urbane Zivilisation. In städtischen Räumen konzentrieren sich folglich viele der von Menschen gemachten Probleme. Bereits heute sind Städte beziehungsweise Stadtbevölkerungen direkt und indirekt für ca. 80 % des weltweiten Energieverbrauchs und für über 70 % der CO_2-Emissionen verantwortlich. Einen besonders hohen Anteil daran haben der Bau und Betrieb von Gebäuden sowie die motorisierte Mobilität. Dort mit Problemlösungen anzusetzen, scheint also besonders effektiv. Wir müssen unsere gebaute und insbesondere urbane Welt so umgestalten, dass ihr direkter und indirekter Beitrag zur Umweltzerstörung und Erderwärmung deutlich reduziert, womöglich rückgängig gemacht wird. Das sind die Ziele, die den Leitbildern „grüne Stadt" und „klimaneutrale Stadt" zugrunde liegen und in internationalen (*United Nations Sustainability Goals* und *European Green Deal*), nationalen und lokalen politischen Agenden formuliert werden. Nationen und Städte verkünden ambitionierte Ziele, bis wann sie klimaneutral sein möchten. Die EU will es bis 2050 schaffen, Deutschland bis 2045 und einzelne Städte in Deutschland (wie Frankfurt am Main) bereits bis 2035.

Bei aller Einigkeit über die Existenz der Probleme sind die Strategien zur Problemlösung aber keineswegs unumstritten. Viele lautstarke Repräsentanten stellen Forderungen, die sich als wenig durchdacht erweisen und in ihrer Konsequenz eher kontraproduktiv wirken. So ist es eine populäre Forderung, die Dichte der städtischen Bebauung zu begrenzen, möglichst viele große Grünflächen in der Stadt sowie offene, durchgrünte Siedlungsstrukturen vorzusehen. Dies widerspricht dem Grundgedanken und der besonderen Chance der Stadt, durch hohe und auch vertikale Verdichtung eine effizientere Bodennutzung zu erreichen und damit flächenineffiziente horizontale Ausbreitung, den **Urban Sprawl,** zu minimieren. Wenn die Stadt nicht kompakt und hoch konzentriert, auch vertikal innen wachsen kann, dann wird das städtische Umland zunehmend großflächig zersiedelt. In diesem Umland wird aber weniger dicht gebaut, somit müssen sich die Infrastrukturen weiter und ineffizienter dorthin ausdehnen. Für diese Expansion müssen mehr Straßen gebaut werden, um die Peripherie an die Innenstadt anzubinden. Urban Sprawl, stadträumliche Zersiedelung, bedeutet also mehr Flächenverbrauch, die Versiegelung von mehr Bodenflächen, die Naturräume hätte bleiben oder wieder werden können. Es entstehen ein höherer Energieverbrauch und mehr CO_2-Emissionen, insbesondere durch den motorisierten Pendlerverkehr.

Eine hoch verdichtete, kompakte Stadt, eine Stadt der kurzen Wege und effizienten Infrastrukturen ist eine Stadt mit kleinerem Fußabdruck, also grüner als eine sich großflächig ausbreitende Gartenstadt. In urbanen Zentren können alle Funktionen – Wohnen, Arbeiten, Handel, Bildung, Kultur – auf engem Raum neben- und miteinander stattfinden, das heißt fußläufig, mit dem Fahrrad oder mit öffentlichem Nahverkehr erreichbar. Kompakte Blockrandbebauungen können begrünte Innenhöfe, Hochhauscluster kleinere Grünflächen integrieren. Straßen können als baumbestandene Alleen ausgebildet, der ruhende Verkehr mehr in Quartiersgaragen verlagert und vertikal gestapelt werden. Viele Abstellflächen für den ebenerdigen ruhenden Verkehr können mit wasserdurchlässigen Oberflächen gestaltet werden, hierdurch die Ziele der „Schwammstadt" erfüllen, ohne Bauflächen reduzieren zu müssen. Mit Straßenbegrünungen wird die innerstädtische Luftqualität verbessert und die sommerliche Temperaturaufheizung reduziert. Ein Netz von kleineren *Pocket Parks* bietet kleine Erholungs- und Spielräume, Rückzugsorte für in der Stadt lebende Tiere. Noch mehr Natur und Biodiversität befinden sich vor der Stadt.

Dieser Zusammenhang wird oft nicht verstanden, städtische Verdichtung mit missverstandenen ökologischen Argumenten verhindert. Die Debatte zu diesem Leitbild wird oft eher emotional als rational ausgetragen. Apokalyptische Panik treibt die radikaleren Vertreter dieses Lagers immer öfter zu kuriosen Aktionen, bei denen innerstädtische Bauflächen besetzt werden, Aktivisten sich an einzelne Bäume festketten, die städtischen Wohnungsbauprojekten im Weg stehen, den Straßenverkehr blockieren oder schnell noch angeblich bedrohte Arten auf den Grundstücken entdecken. Um energieeffizientere, weniger klimaschädliche, grünere Städte zu bauen, müssen diese aber weiter verdichtet werden, Infrastrukturen und Mobilität in ihnen effizienter organisiert werden. Das heißt: höhere, enger beieinanderstehende Gebäude, auch Hochhäuser, alle Bauten möglichst adaptiv, robust, langlebig, für verschiedenste Mischnutzungsszenarien und effiziente Verkehrswege für alle Verkehrsträger zwischen ihnen. Kompakte Innenentwicklung ist ökologisch wirkungsvoller als unkontrolliertes, metastasierendes Wachstum in das Umland. Größere Flächen um die Städte können als Naturraum erhalten bleiben oder renaturiert werden. Die ökologische Bilanz endet nicht an den Stadtgrenzen, sondern muss die gesamte Region, letztlich den gesamten Planeten betrachten.

Ein wichtiger Teil der grünen Transformationsagenda betrifft die Mobilität und wie diese im städtischen Raum möglichst emissionsarm gestaltet werden kann. Neben dem Ausbau des öffentlichen Nahverkehrs sollen die Städte radfahrer- und fußgängerfreundlicher gestaltet werden. In kompakten, mischgenutzten Stadtteilen und Quartieren, in denen alle täglichen Ziele der Stadtbewohner in einem engen Umkreis zu erreichen sind, was oft als „15-min-Stadt" vermarkt wird, kann auf motorisierten Individualverkehr weitestgehend verzichtet werden. Für den Geschäftsverkehr und in großflächigen Metropolregionen mit starkem Pendlerverkehr ist dies weniger der Fall. Die Verkehrsflächen der Straßenräume müssen daher auch langfristig von verschiedenen Verkehrsträgern geteilt werden: Autos, Busse, Bahnen, Lieferverkehr und Fahrradfahrer müssen respektvoll und sicher nebeneinander fahren können und Fußgängern Priorität einräumen. Alle sollten möglichst effiziente Verbindungen finden, das heißt kurze Wege haben. Ruhender Verkehr sollte möglichst flächeneffizient in mehrgeschossigen Quartiersgaragen untergebracht werden.

Viele Vertreter der Vision einer grünen, klimaneutralen Stadt sind von einer derartigen friedlichen Koexistenz und Wahlfreiheit der Bürger, welche Verkehrsmittel sie wann und wofür nutzen wollen, nicht überzeugt und verlangen zunehmend autoritär ein Verbannen der Autos aus den Städten, sperren Straßen und Abstellflächen für Autos, reduzieren Fahrstreifen. Da ein Verzicht auf den Pkw-Verkehr für viele Stadtbewohner aus vielen guten Gründen aber nicht möglich ist, müssen diese sich immer längere Wege suchen, verursachen somit längere Staus und mehr Emissionen. Der Wechsel von Modellen mit Verbrennermotoren zu batteriegetriebenen Elektrofahrzeugen findet nur zögerlich statt. Dass die derzeit verfügbare E-Mobilität in einer Gesamtökobilanz langfristig wirklich umwelt- und klimafreundlicher ist, kann zudem angezweifelt werden. Viele der Umweltbelastungen werden mit dieser Technik lediglich verschoben, vom Verkehrssektor in den Energiesektor. Ausreichende Kapazitäten „grünen Stroms" können auf absehbare Zeit aber nicht erwartet werden, insbesondere nicht in Deutschland. Somit kommen die schädlichen Abgase nicht mehr direkt aus den Automotoren, sondern aus den Kohlekraftwerken, die die elektrische Energie erzeugen müssen. Auch ist fraglich, wie energieeffizient es ist, das Zusatzgewicht von Batterien, das fast dem, früherer kompletter Kleinwagen entspricht (ca. 500 kg), immer mittransportieren zu müssen, egal ob die Batterie geladen ist oder nicht. Übertragungsverluste beim Laden werden gerne übersehen. Der Abbau der Rohstoffe für

Batterien erzeugt erhebliche Umweltprobleme in den Herkunftsländern. Eine derartige **Verkehrswende,** mit großen Einschränkungen für den motorisierten Individualverkehr und Zwang zu anderen Antriebstechniken, für grünere Städte ist im Resultat also nicht zwingend umweltschonender und vereint Menschen nicht in einem gemeinsamen Ziel, sondern spaltet sie, verärgert und belastet einen großen Teil von ihnen.

Die verkehrliche Umplanung und Umgestaltung der Innenstadt Barcelonas bietet hierfür ein gutes Beispiel. Das nach den Plänen von Cerdà Mitte des 19. Jahrhunderts angelegte Stadtraster mit quadratischen Stadtblöcken von jeweils 113 × 113 m und dazwischenliegenden, meist zweispurigen Straßen wird seit einigen Jahren in **„Superblocks"** neu aufgeteilt, bei denen mindestens neun dieser Blöcke einen Superblock bilden, innerhalb derer kein motorisierter Verkehr mehr zugelassen wird. In diesen verkehrsberuhigten Superblocks können dann mehr Bäume angepflanzt, Sitzgelegenheiten und Spielplätze angelegt werden. Für dort lebende und arbeitende Menschen bedeutet dies einerseits weniger Verkehrslärm, etwas bessere Luft und Mikroklima durch das Stadtgrün, andererseits aber auch große Mobilitätseinschränkungen. Man kann nicht mehr zu Geschäften, zum Büro, der Wohnung fahren und vor oder nahe dem Gebäude parken. Pkw-Stellplätze werden den Bewohnern nur außerhalb der Superblocks in (noch) nicht ausreichender Anzahl angeboten. Die Umgestaltung wirkt als immobilienwirtschaftliche Gentrifizierung, das heißt, dass Mieten steigen und alteingesessene Mieter und ältere, einfachere Geschäfte verdrängt werden. Die Touristen, die ohnehin meist zu Fuß unterwegs sind, freut es, für die lokale Wirtschaft und den Erhalt lokaler Identität ist der Eingriff oft weniger vorteilhaft. Die Angebote öffentlicher Verkehrsmittel können die nun entstandenen Lücken (noch) nicht füllen, vor allem nicht für die Pendler, die aus der Peripherie und dem Umland täglich in die Stadt kommen. Mit diesem großen Aufräumen geht man, wie inzwischen deutlich wird, zu weit. Es droht der Verlust authentischer städtischer Dynamik, der Reibungen im engen Durcheinander, das das Stadtleben bislang so spannend und abwechslungsreich machte. Kompromisslösungen wären besser, solange es keine gleichwertigen Alternativen zum mobilisierten Individualverkehr gibt.

Straßen sind die Lebensadern des städtischen Organismus. Sie zu sperren oder nur Fußgängern und Fahrradfahrern offen zu halten, schränkt dieses Leben ein, blockiert es. Der Verkehr muss fließen, alle Ziele müssen mit möglichst vielen Verkehrsträgern erreichbar bleiben. Grüne Stadtplanung richtet in den Stadtzentren immer mehr „verkehrsberuhigte Zonen" ein. Mit bunten Farbmarkierungen auf dem Asphalt, allerlei Stadtmobiliar und dem ein oder anderen neuen Baum wird eine ungezwungene urbane Heiterkeit suggeriert, die Straßen aber einer ihrer wichtigsten Hauptfunktionen beraubt, ihrer Durchfahrbarkeit. Derartige Planungsstrategien kann man bestenfalls als infantile Missverständnisse erklären. Manche der deswegen Leidtragenden sehen darin eher eine gezielte Auto- und Wirtschaftsfeindlichkeit der grünen Politiker, die diese Initiativen forcieren. Urbane Mobilität braucht das Neben- und Miteinander verschiedenster Verkehrsträger. Die Straßenquerschnitte reichen in der Regel aus, um mehreren Verkehrsträgern und Fußgängern ausreichenden Raum nebeneinander anzubieten – auch wenn dies eine Verengung der einzelnen Spuren bedeutet. Eine solche Verengung würde zudem von selbst dazu führen, dass sich der motorisierte Verkehr vorsichtiger und langsamer bewegen muss. Aufwendige Tempoverbots- und Kontrollmaßnahmen könnten reduziert werden.

Ein weiteres populäres Missverständnis ist, man könne durch extrem **hohe Anforderungen an die Energieeffizienz von Gebäuden** einen höheren Beitrag zum Klimaschutz erzwingen. Statistisch ist das nicht zu begründen. Maßvollere, effektive energetische Baumaßnahmen an einer sehr großen Anzahl von Gebäuden sind in der Summe wirkungsvoller als die Optimierung weniger Gebäude, für die sich ein besonders großer Aufwand lohnt. Je höher die Ansprüche, desto teurer die Baumaßnahmen und desto weniger wird am Ende gebaut. Deutschland erlebt in der aktuellen Wirtschaftskrise diesen Effekt. Auch wie Gebäude hierzulande thermisch isoliert, gedämmt werden sollen, ist langfristig nicht immer der beste Weg. Aktuelle Bauweisen vermischen und verkleben untrennbar zu viele Materialien, um zumindest rechnerisch für eine nur kurze Nutzungszeit eine optimierte Energieperformance nachweisen zu können. Diese Bauweise resultiert in viel zukünftigem Sondermüll, wenn die Gebäude saniert oder rückgebaut werden müssen. Grüner und weniger klimaschädlich wäre es, einfacher zu bauen, leicht, mit wenigen Materialien, möglichst monolithisch, sortenrein und recycelbar für eine funktionierende Kreislaufwirtschaft. Auch hier wurde eine gut gemeinte Forderung für „grüne Städte" nicht durchdacht. Insbesondere der deutsche Perfektionismus und Regulierungswahn erweisen sich in diesem Kontext als nur bedingt zielführend und praxistauglich, als keineswegs vorbildlich für andere Länder, denen weniger Mittel zur Verfügung stehen.

Grüne Transformationspolitiker behaupten gerne, dass Deutschland übermäßig zum schädlichen Klimawandel beitragen würde und deswegen, „als reiches Land", die moralische Verpflichtung hätte, schneller als andere Klimaneutralität anzustreben. Mit Fakten lässt sich auch diese Behauptung nicht belegen. Die Bevölkerung Deutschlands macht ca. 1 % der Weltbevölkerung aus. Deren CO_2-Ausstoß entspricht ca. 1,7 % der globalen CO_2-Emissionen. Selbst bei einem theoretischen Stopp aller deutschen CO_2-Emissionen wäre der Welt insgesamt also nur wenig geholfen. Deutsche klimafreundliche Technologien sind oft kompliziert und teuer und taugen daher meist nicht zum Export oder als Standard für andere Länder, die sehr viel mehr Treibhausgase emittieren. Im Vergleich zu anderen Ländern und im Verhältnis zu seiner Wirtschaftsleistung ist Deutschland kein besonders großer „Klimasünder", im Gegenteil. Im Jahr 2021 betrugen die CO_2-Emissionen hierzulande ca. 665 Mio. Tonnen, die Chinas lagen bei 12,5 Mrd. Tonnen. Während Deutschland seinen CO_2-Ausstoß seit 1990 um 35 % senken konnte, haben Indien und China ihre Emissionen vervierfacht und verfünffacht. Bezüglich der CO_2-Effizienz (also CO_2-Emission pro 1000 $ erzeugter Wirtschaftsleistung) steht Deutschland mit 0,14 t pro 1000 $ BIP noch besser da. Zum Vergleich: Die USA emittieren 0,23 t pro 1000 $ BIP, Südkorea 0,27 t, Australien 0,29 t, Russland 0,48 t, China 0,50 t. Im Bereich der Bauwirtschaft wurden in Deutschland kontinuierlich große Erfolge durch sukzessive gesetzliche Verschärfungen der Energieeinsparverordnungen erreicht. Die Wärmeschutzverordnung (WSVO) 1977 erlaubte noch einen Primärenergiebedarf für Heizungen von über 250 kWh pro Quadratmeter Fläche, die Energieeinsparverordnung (EnEV) 2014 weniger als 50 kWh pro Quadratmeter. Die Null-Heizenergiehäuser und Effizienzhäuser Plus liegen bereits deutlich darunter (alle Daten vom Fraunhofer Institut für Bauphysik). Deutschland ist also bereits seit langer Zeit auf dem richtigen Weg. Weshalb jetzt diese Panik und immer neue, kostentreibende Auflagen?

Bei der klimaneutralen Stadt geht es um emissionsfreie Energie, wie im Leitbild der Smart City. Im Rahmen des Ausbaus der städtischen und gebäudespezifischen Anlagen zur Erzeugung erneuerbarer Energie steht in Deutschland in diesem Zusammenhang auch eine „Wärmewende" auf der Agenda der derzeitigen Regierung. Statt Wärmeerzeugung durch das Verbrennen fossiler Brennstoffe sollen elektrische Wärmepumpen die Umgebungsluft oder Geothermie zum Heizen der Gebäude nutzen. Die hierfür erforderliche zusätzliche „grüne Energie" muss aber, genauso wie für die propagierte E-Mobilität, in ausreichender Kapazität und zu konkurrenzfähigen Preisen bereitstehen, was noch nicht der Fall ist. Von teuren energetischen Zwangssanierungen, die zu noch höheren anschließenden Betriebskosten führen, lassen sich die Bürger aber nicht leicht überzeugen. Der Zweifel über angemessene Kosten und erzielbare Effekte wächst. Die mit Zeitdruck verordneten Umrüstungen der Gebäudeheizungen verursachen unangemessen hohe Belastungen für Immobilieneigentümer und sind bezüglich des ökologischen Effekts im globalen Maßstab vernachlässigbar gering.

Die Klimapolitik ist hier mit dem **80-zu-20 %-Dilemma, dem Paretoprinzip,** konfrontiert. Das nach dem Ingenieur und Ökonomen Vilfredo Pareto benannte Prinzip besagt, dass 80 % der Ergebnisse bereits mit nur 20 % des Gesamtaufwandes erreicht werden können. Die verbleibenden 20 % der Ergebnisse erfordern mit 80 % des Gesamtaufwandes den größten Aufwand, die höchsten Kosten. Aufwand und Kosten wachsen also nicht linear, sondern exponentiell. Es stellt sich auch bei den ambitionierten Klimaschutzzielen und ihrer Anwendung auf die Stadtentwicklungsplanung die Frage, ob der finanzielle Aufwand für das Erreichen der letzten Prozentpunkte für letztlich willkürlich gewählte Zielgrößen angemessen ist oder das begrenzte Budget besser für mehr Neubauten mit einfachem, aber gutem Energieeffizienzstandard, für mehr einfache energetische Sanierungen des Bestands oder andere, ebenso wichtige Ziele verwendet werden sollte. Am Ende zählt die Gesamtbilanz aus der Addition der Effekte aller Maßnahmen.

Wenn grüne Transformationspolitiker, -aktivisten und Medien über die grüne Stadt reden, soll anscheinend möglichst niemand mit der Komplexität des Themas überfordert werden. Einfache einprägsame Bilder sind gefragt, eine Infantilisierung der Debatte wird hierdurch aber entweder nicht erkannt oder nicht ernst genommen. Als Illustrationen für das Konzept einer „grünen Stadt" werden inzwischen häufig Renderings von pflanzenüberwucherten Gebäuden gezeigt, ähnlich den *„Bosco-Verticale"*-Wohnhochhäusern des Architekten Stefano Boeri in Mailand. In irritierender Selbstverleugnung verstecken Architekten ihre Gebäudeentwürfe immer öfter hinter immer dichteren grünen Vegetationswolken, um dem Zeitgeist und den entscheidenden Gremien zu gefallen. Fast schon verschämt schaut hier und da ein Stück Architektur hervor, dann aber möglichst in

Holzbauweise. Sie verwenden alle die gern gehörten Schlagworte zur grünen Stadt in ihren Erläuterungstexten, die sich immer öfter wie Manifeste von Soziologen und Klimaaktivisten lesen. Dass die gebaute Realität später anders aussehen wird, wissen die Architekten und Stadtplaner. Bäume können nicht auf Stahlbetondeckenplatten wachsen, der baukonstruktive und zukünftige Pflegeaufwand für dichte Begrünungen an und auf Gebäuden verursacht unangemessen hohe Kosten und bauphysikalische Risiken, wird deswegen später ohnehin von rational agierenden Bauherren gestrichen. Die Darstellung der unrealistischen, aber (für manche) schönen grünen Vision kann in Planungswettbewerben jedoch entscheidend sein für die Wahl der Entwurfsarchitekten. Also beteiligen sie sich an dem Verbreiten dieser Illusion, anstatt fachkundig aufzuklären. Von derart opportunistischen Architekten kann kein Korrektiv zu mehr Ehrlichkeit und Vernunft erwartet werden. Das allzu große Bemühen um politische Korrektheit kann dann auch leicht zu dem Verlust professioneller Kredibilität führen.

Da die proklamierten Zielgrößen und Zeitpläne der Agenden für grüne, klimaneutrale Städte sehr ambitioniert, nur sehr schwer erreichbar sind, werden radikale Energieeinsparungen und der Verzicht auf gewohnten Komfort immer offener gefordert. Wenn die „Klimawende" nur mit großen Einschränkungen der persönlichen Freiheit und des Komforts möglich ist, dann müsse das eben hingenommen werden. Populär im Lager derer, die schnellstmöglich klimaneutrale Städte schaffen wollen, ist der Ansatz, der als *„Degrowth"* oder „Postwachstum" bezeichnet wird und grundsätzlich auf das Prinzip Wachstum als Motor wirtschaftlicher und kultureller Entwicklung verzichten, jeden Konsum radikal reduzieren will, von **„Suffizienz"** und von **„Teilen statt Besitzen"** spricht. Es geht hierbei nicht um sukzessive, graduelle Verbesserung von Konsumgütern und gebauter Umwelt, im Sinne eines „less but better" (Dieter Rams, 1995), was ja auch wirtschaftliches Wachstum bedeuten würde, sondern um ein radikales, gerne auch gesetzlich verordnetes ersatzloses Weniger, als Kehrtwende von einer aus dem Ruder gelaufenen Konsumgesellschaft. Grüne Aktivisten und grünen Ideologien folgende Politiker glauben ihre Bürger dementsprechend erziehen zu müssen und zu können.

Vordergründig betrachtet könnte diese Strategie zu weniger Umweltbelastungen (weniger Produktion, weniger Verbrauch, weniger klimaschädlichen Emissionen) führen. In Städten, die diesem Degrowth-Modell folgen, würden Menschen mehr Räume, Transportmittel, Gebrauchsgegenstände teilen, statt sie individuell zu besitzen – es wäre eine noble Verarmung. Sie könnten in Wohngemeinschaften und Wohngruppen leben, Fahrräder statt Autos nutzen und sich mehr über lokale Produzenten versorgen, ihren Wasserverbrauch stark reduzieren. Was nach einem idyllischen Ökotopia klingt, könnte sich aber nur dann ohne radikale wirtschaftliche Verwerfungen und Wettbewerbsverzerrungen vollziehen, wenn alle globalen Märkte dieser Strategie gleichzeitig und in gleichem Maße folgen würden, wenn alle Konkurrenten die gleichen Ziele anstrebten und das Gleiche täten. Anderenfalls käme es lediglich zu geografischen Verschiebungen, zu massiven einseitigen Wettbewerbsnachteilen und der Bevorteilung von Konkurrenten, die weniger altruistisch ihre eigenen Interessen durchsetzen. Es käme dann an den Standorten, die die

Degrowth-Idee umsetzen, einseitig zu wirtschaftlichen Einbrüchen, zur Schließung und Abwanderung von Betrieben und damit zu Arbeitsplatz- und Wohlstandsverlusten. Dieser Effekt ist im Jahr 2023 in Deutschland bereits zu beobachten. Eine ärmere, deindustrialisierte Volkswirtschaft wäre aber noch weniger autark, weniger innovativ und abhängiger von anderen Wachstumsmärkten. Die Idee, einseitig mit Degrowth-Strategien voranzugehen, als Vorreiter ein gutes, „grünes" Beispiel zu sein und auch Wettbewerber zu einem Umdenken zu ermutigen, erscheint daher ziemlich naiv.

2.3 Die „offene Stadt"

Das Narrativ der „offenen Stadt" fokussiert auf die **Zusammensetzung und das Zusammenleben der Stadtgesellschaft.** Es wird von einigen Soziologen, wie zum Beispiel Richard Sennett, seit den 1970er-Jahren propagiert, zuletzt in seinem Buch *Die offene Stadt* (Sennet 2018). Es wurde von vielen Politikern, insbesondere aus dem linken Spektrum, übernommen. Zentrale Idee ist eine weitestgehende Offenheit für das Zusammenleben verschiedenster Kulturen und sozialer Schichten neben- und miteinander in einer heterogenen, „bunten" Stadtgesellschaft ohne ausgrenzende Strukturen.

Es ist das Narrativ einer alle bereichernden multikulturellen Gesellschaft, die Idee der Stadt als ein Laboratorium der Diversität, als gebauter und gelebter Raum für ergebnisoffene Experimente. Es versteht sich als eine radikale Abkehr von der Vision der rationalen Planbarkeit von Städten und Stadtgemeinschaften, wie sie die Moderne im letzten Jahrhundert einführte. Gerade die ungeplanten Stadträume, die improvisierten Nutzungen und tolerierten Regelbrüche brächten die Lebendigkeit, die Dynamik und das Innovationspotenzial, das Gesellschaften stimuliert und das jedem einzelnen Bürger mehr Chancen auf „Teilhabe" und soziale Mobilität bietet. Eine offene Stadt böte somit mehr Chancengleichheit und mehr soziale Gerechtigkeit. Dabei wird nicht nur unterstellt, dass eine friedliche Koexistenz, besser: eine Integration verschiedenster Menschen, von allen Beteiligten gewollt wird und gelingen kann, sondern auch, dass sie kreativer und im Ergebnis produktiver ist als eine homogene, traditionellere Gesellschaft.

Diese Idee betrifft die Zusammensetzung und Organisation der Stadtgesellschaft wie die des gebauten Raums gleichermaßen. Gewünscht sind wandlungsfähige urbane Strukturen, langfristig adaptiv, offen für unvorhersehbare Veränderung, für neue Ideen, insbesondere von Neuankömmlingen aus anderen Teilen des Landes und aus anderen Ländern und Kulturen. Wohlklingend fordert sie Strukturen, die alternative Lebensmöglichkeiten nicht verbauen, sondern eröffnen. Lokale Traditionen und die bestehende kommerzielle und kulturelle Geschlossenheit sollen aufgebrochen werden, um sich für Neues zu öffnen.

Die offene Stadt ist eine Stadt flexibler Mischnutzungsstrukturen. Eine Stadt der Zwischenräume, der durchlässigen Strukturen zwischen öffentlichen und privaten Bereichen, der mehrdeutigen Übergangs- und Filterzonen, in denen sich Gruppen von Menschen

2.3 Die „offene Stadt"

durchmischen und einander begegnen können. Dies geschieht in öffentlichen und halb öffentlichen Räumen. Dazu zählen klassische Stadtbauelemente, wie Arkaden, Passagen, offene Innenhöfe und Wintergärten, sowie die organisierteren kommerziellen Gemeinschaftsflächen, etwa Markthallen und Shoppingmalls. Gebäude in den Innenstädten sollten mit aktiven Straßenfronten gestaltet werden, entlang derer Einzelhandelsflächen, Cafés, Restaurants und Serviceeinrichtungen derartige halb öffentliche, halb private Begegnungs- und Aktivitätszonen bieten. Diese Zwischenräume sollten sich durch ein Minimum an Planungs- und Gestaltungsauflagen möglichst frei entfalten und immer wieder neu erfinden können. Also zählen insbesondere auch die provisorischen Pop-up-Installationen dazu. Richard Sennett nannte dies in einer seiner ersten Publikationen zu diesem Thema „Unordnung entwerfen" („Designing Disorder: Experiments and Disruptions in the City"; Sennett 1970).

Bezüglich der städtebaulichen Planung (beziehungsweise Nichtplanung) gab es eine ähnliche, in der Architekturtheorie einflussreiche Leitidee: die der *Collage City*, so der Buchtitel von Colin Rowe und Fred Koetters Publikation (Rowes und Koetter 1978). Anders als bei Sennett werden hier das collagenhafte Nebeneinander und die Überlagerungen mit geschichtlich gewachsenen Strukturen des jeweiligen Ortes als Erfahrungs- und Erinnerungsraum in den Vordergrund gestellt. Die Stadt soll sich nicht nur für Fremdes und Neues öffnen, sondern den Bezug zur eigenen Geschichte und lokalen Kultur ergründen, erhalten und das Neue einbinden. Dieser ortsspezifische, kontextuelle Ansatz stärkt eigene, unverwechselbare Identitäten, trotz vieler neuer Einmischungen und Überlagerungen.

Die erhofften freundlichen, stimulierenden und produktiven Reibungen der unterschiedlichsten Stadtbewohner finden vorwiegend in diesen erweiterten öffentlichen und miteinander geteilten Räumen statt. Diese müssen entsprechend einladend gestaltet werden, um die gewünschten Effekte zu erzielen. Der dänische Stadtplaner Jan Gehl ist hier eine international führende, richtungsweisende Persönlichkeit, die das Instrumentarium für die Gestaltung lebendiger öffentlicher Stadträume seit Jahrzehnten beschreibt und weltweit umsetzt („Life between Buildings: Using Public Spaces"; Gehl 1987 und „Städte für Menschen"; Gehl 2015). Seine Planungsempfehlungen beruhen dabei auf einfachen, traditionellen städtebaulichen Prinzipien und auf Analysen der menschlichen Psychologie, zu den Sinneswahrnehmungen im gebauten Raum und zum Befinden und Verhalten in großen anonymen Gruppen. Gehl erinnert an Dimensionen und Proportionen im Stadtraum, die als traditionelles „menschliches Maß", also in kleineren, überschaubareren Maßstäben, zu mehr Wohlbefinden und sozialem Austausch unter den Bewohnern führen. „Städte für Menschen" ist eine klare Abkehr von dem früheren Leitbild der „autogerechten Stadt" und fordert eine neue Aufteilung des öffentlichen Straßenraums hin zu weniger Verkehrsflächen und mehr Begegnungsflächen für Menschen sowie mehr Stadtgrün.

Diese stadtplanerischen Konzepte sind in den letzten Jahren – nicht nur in Europa und Nordamerika – wiederentdeckt worden und werden zunehmend weltweit bei Stadt- oder städtischen Quartiersplanungen angewandt. Offene, adaptive Mischnutzungsstrukturen, größere typologische und gestalterische Vielfalt in kleineren Parzellenstrukturen, enger beieinanderstehenden Gebäuden oder in geschlossenen Stadtblöcken sowie attraktive öffentliche Gemeinschaftsflächen und Grünflächen, Vorrang für Fußgänger und Radfahrer vor Autoverkehr sind inzwischen erfolgreiche neue Standards für eine „smarte", „grüne" und auch „offene Stadt" geworden. Die Zusammensetzung der wachsenden, sich neu mischenden Stadtbevölkerungen muss dabei aber für ein erfolgreiches *Community Development* mehr realistisch als idealistisch geplant und für jeden Ort und jede Zeit derart kalibriert werden, dass eine Integration im besten Sinne der offenen Stadt langfristig gelingen kann.

Die Vision der offenen Stadt entstand aus der berechtigten Kritik an den leblosen Planstädten des modernen Städtebaus, die Abweichungen von ihren Masterplänen mit ihren strikten Nutzungs- und damit auch Nutzeraufteilungen nicht zulassen, kaum Nischen für kreative Improvisationen, Zwischennutzungen, Marktexperimente und soziale Mobilität bieten. Ein Dilemma und Widerspruch zu der Alternative der offenen Stadt ist aber, dass diese lebendige, bunte und inklusive Vielfalt mit vielen sozial schwächeren und fremden Mitbürgern nur funktionieren kann, wenn alle eine ausreichende soziale Absicherung haben, die ihnen eine Teilhabe am öffentlichen Stadtleben überhaupt ermöglicht. Dies wiederum bedarf der Planung – mit allen ihr innewohnenden kreativitätshemmenden und bürokratischen Einschränkungen. Insbesondere „bezahlbares Wohnen", das heißt sozialer Wohnungsbau, wird zu einer wichtigen Planungsaufgabe als Teil umfassender sozialstaatlicher Unterstützungspakete. Vertreibung einkommensschwächerer Bürger durch Gentrifizierungen soll limitiert bleiben, auch wenn dies oft die einzige Möglichkeit für den Werterhalt historischen Baubestands wäre. Dass Mischnutzungsstrukturen mit einem Anteil von niedrigpreisigen Wohnangeboten und eine größere bautypologische Vielfalt für eine Stadt besser sind, sie vitaler und resilienter machen, wird inzwischen überall verstanden.

Die Vision der offenen Stadt war also auch eine Reaktion auf die soziale Segregation, die Trennung sozialer Schichten in separaten Stadtteilen und die Bildung von Ghettos mit ärmeren Bewohnern, insbesondere Einwanderern. Insofern und bezüglich des positiven Inputs, den Immigranten für die lokale Wirtschaft und Kultur haben können, besteht heute auch grundsätzliche Einigkeit. Grenzen zwischen den Stadtteilen und Bevölkerungsgruppen sollen durchlässiger werden. Inzwischen, 50 Jahre nach den ersten postmodernen Manifesten zur offenen Stadt, haben sich aber die Migrationsphänomene quantitativ und qualitativ stark verändert. Manche Städte, insbesondere in Europa und Nordamerika, werden mit massenhafter Immigration von Menschen aus teils sehr entfernten Kulturkreisen zunehmend überfordert. Ein großer Teil der Migranten von ärmeren, weniger entwickelten Ländern in reichere, weiter entwickelte Länder braucht Zeit, um sich zu integrieren und wirtschaftlich selbstständig zu leben, bleibt bis dahin auf die finanzielle und andere Unterstützung des aufnehmenden Landes angewiesen. Die Kapazitäten der Aufnahmeländer sind hinsichtlich verfügbaren Wohnraums hierauf finanziell und administrativ aber nicht vorbereitet.

Kritiker des Leitbilds der offenen Stadt machen auf **die Grenzen des Möglichen** aufmerksam und warnen vor naiver Sozialromantik und quantitativer und kultureller Überforderung. Aus einer Weltbevölkerung von heute über 8 Mrd., bald 10 Mrd. Menschen würde sicher ein großer Teil lieber in europäischen Wohlfahrtsstaaten leben, insbesondere wenn dort eine soziale Absicherung angeboten wird, die qualitativ besser ist als das, was sie in ihren Herkunftsländern erreichen könnten. Die **Push- und Pull-Faktoren** für eine Migration sind derzeit sehr stark, aber die Aufnahmekapazitäten und finanziellen Mittel der Einwanderungsländer sind begrenzt.

Für die Integration unterschiedlichster Menschen mit verschiedenen kulturellen Prägungen, Religionen und Bildungsniveaus müssen Werte und Grundregeln etabliert werden, die von allen akzeptiert, gelebt und verteidigt werden. Für eine dauerhaft funktionierende Weltoffenheit muss die Schnittmenge der Gemeinsamkeiten deutlich größer sein als die Unterschiede, um nicht in einem destruktiven Chaos zu enden oder einem Puzzle von abgegrenzten Parallelgesellschaften und Stadträumen. Wachsende Teile der angestammten Gesellschaftsmehrheit befürchten inzwischen, zur Minderheit im eigenen Land zu werden. Sie befürchten ihre vertraute Heimat zu verlieren und eine irreparable Schwächung der lokal gewachsenen „Leitkultur". In Deutschland hat derzeit jeder dritte Einwohner einen Migrationshintergrund. Diese Gruppe wächst deutlich schneller als die anderen zwei Drittel. Das demografische Profil ändert sich rasant. Mit dieser Zunahme wird Schritt für Schritt neu ausgehandelt, welche die neuen dominanten Kulturen sein werden. Dadurch muss nicht zwangsläufig ein toleranter, bereichernder **Multikulturalismus** entstehen, es kann auch zu einem instabilen **Multitribalismus** kommen. In einer offenen Stadt müssen die Menschen nicht zwangsläufig miteinander leben, sondern können auch einander fremd bleiben und nebeneinander leben, im schlimmsten Falle in kultureller und territorialer Rivalität gegeneinander.

Aus einer grenzenlosen **Willkommenskultur** für Einwanderer, von denen anfänglich ungeprüft angenommen wurde, dass es sich vorwiegend entweder um schutzbedürftige Asylsuchende oder arbeitswillige Facharbeiter handele, ist inzwischen zumindest große Skepsis geworden. Städte, die sich vor zehn Jahren noch stolz als weltoffene **Arrival Cities** vermarkteten, verstehen die langfristigen Folgen inzwischen besser, fordern nun immer öfter eine Begrenzung der Zuwanderung. Die Furcht, nicht mehr „Herr im eigenen Haus" zu sein, nimmt in den Einwanderungsländern zu. Besonders sichtbar werden langfristige Risiken in Schulen mit wachsendem Anteil von Migrantenkindern aus bildungsfernen Milieus, denen das Erreichen bisheriger Bildungsmindeststandards des Aufnahmelands nicht gelingt und die langfristig für die Anforderungen ihrer hoch entwickelten Wissensökonomien nicht qualifiziert sein werden. Das durchschnittliche Bildungsniveau ist in Deutschland und anderen europäischen Ländern auch wegen dieser Migrationseffekte in den letzten Jahren dramatisch gesunken. Diese Standorte verlieren dadurch zunehmend an internationaler Wettbewerbsfähigkeit. Migrationspolitik muss nun konsequenter zwischen Asylmigration und Wirtschaftsmigration unterscheiden, hierfür die

Kriterien nachjustieren und das Sicherheitsbedürfnis nicht nur der schutzsuchenden Einwanderer, sondern auch das der angestammten Bevölkerung berücksichtigen. Eine offene Stadt kann, wenn sie langfristig weltoffen, liberal und tolerant bleiben will, nicht blind für alle und immer mehr offenstehen.

Die Einwanderungsstatistik macht die quantitative Herausforderung deutlich: Von 2015 bis 2024 hat sich die Nettozuwanderung nach Deutschland auf fast 6 Mio. Menschen summiert, zwischen 220.000 und 1,14 Mio. pro Jahr (Quelle: Statistisches Bundesamt 2023, Abb. 2.2). Dies entspricht jedem Jahr dem Zuwachs einer Großstadtbevölkerung, vergleichbar den Größen von Stuttgart oder Düsseldorf. Die Menschen verteilen sich zwar auf das gesamte Bundesgebiet, konzentrieren sich aber besonders stark in einigen Städten und dort in einigen Stadtteilen. Die größten Zuwanderergruppen kommen aus Syrien, Afghanistan, der Türkei und Irak, sind also vorwiegend muslimischen Glaubens. Seit dem Beginn des Ukraine-Kriegs kamen auch viele Schutzsuchende von dort. Die Bundesregierung bestimmt die Grundzüge der Migrationspolitik, überlässt die Erfüllung der hiermit verbundenen Aufgaben aber den einzelnen Kommunen, von denen sich immer mehr überfordert fühlen.

Eine besondere Herausforderung ergibt sich daraus, dass die neue städtische Bevölkerungsmischung durch Migration aus verschiedensten Ländern und Kulturkreisen mit

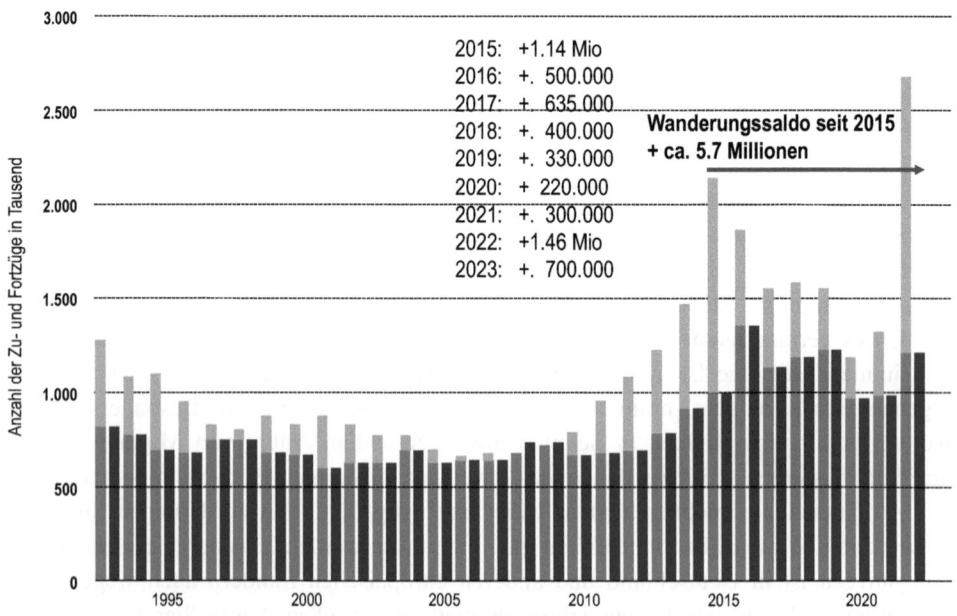

Abb. 2.2 Ein- und Auswanderung in Deutschland, 1950–2021. (Quelle: eigene Darstellung auf Grundlage der Daten des Statistischen Bundesamts, Destatis 2024)

2.3 Die „offene Stadt"

Konflikten nicht nur mit ihnen, sondern auch zwischen den unterschiedlichen Einwanderergruppen belastet wird. Denn diese tragen Konflikte aus ihren Heimatländern in das Einwanderungsland und setzen sie dort fort. Hierzu zählen zum Beispiel die kriegerischen Konflikte zwischen Israel und Palästina und mit Palästina solidarischen arabischen Ländern und Muslimen. Dieser Konflikt wird weltweit demonstriert und zum Teil offen ausgetragen. In Einreiseländern wie Deutschland oder Schweden, die einerseits weltoffen, tolerant und humanitär gegenüber allen Asylsuchenden sein wollen, Deutschland andererseits eine historisch begründete besondere Verpflichtung gegenüber Israel hat, entsteht ein Dilemma. Je intensiver solche Konflikte in Gast- beziehungsweise Aufnahmeländern ausgetragen werden, desto lauter wird dort der Ruf, Zuwanderung besser zu regeln und zu begrenzen. Der öffentliche Stadtraum in Einwanderungsländern wird immer öfter zu einer Bühne für ortsfremde Konflikte.

Es gibt unterschiedliche Sichtweisen und Erfahrungen dazu, wie viel kulturelle Homogenität oder Diversität, zumindest jeweils phasenweise, erforderlich ist, um eine hohe Lebensqualität für Mehrheiten und Innovationsleistungen von Eliten hervorzubringen. Kulturgeschichtlich waren es eher Wellenbewegungen von längeren Phasen der introvertierten Konzentration und kürzeren Phasen der disruptiven Offenheit und Zuwanderung, anstatt sich ständig ändernden Durchmischungen, die lokale Kulturen stark, wettbewerbsfähig und resilient gemacht haben. So scheint auch die intensive Globalisierung der letzten Jahrzehnte zu einem Ende zu kommen, eine Ruhepause einzulegen, zumindest andere Formen und andere Allianzen hervorzubringen. Es geht also um Ausgewogenheit von Stabilität und Brüchen, von Gewohntem und Fremdem, darum, wie lange und wie viel gesellschaftliche Veränderungen einer Stadt und Stadtgesellschaft guttun, welche und wie viele Störungen positiv befruchtend wirken, welche schwächend.

In China, zum Beispiel, wird eine Politik maximaler kultureller Homogenisierung der Bevölkerung betrieben, auch und insbesondere in Landesteilen und neu angeeigneten Ländern, in denen historisch eine Vielfalt unterschiedlicher Kulturen entstanden war. Kulturelle Offenheit und Diversität wird von der chinesischen Zentralregierung nicht als Bereicherung betrachtet, nicht als Stärkung der wirtschaftlichen, politischen und militärischen Macht, sondern als Schwächung oder Bedrohung. Homogenität und maximale Kontrolle der chinesischen Bevölkerung bieten Grundlagen für einen übersteigerten Nationalismus, der sich in der zunehmend aggressiven wirtschaftlichen Expansion und in imperialistischen Bestrebungen ausdrückt. Die multikulturelle, weltstädtische Offenheit, die in Hongkong, Shanghai und anderen chinesischen Städten bis zum Beginn des neuen Millenniums entstand, wird zunehmend zurückgefahren. Sie sollen keine offenen Städte mehr sein.

Auch in den europäischen und nordamerikanischen Einwanderungsländern ändert sich die Einschätzung von Vor- und Nachteilen von Migration zunehmend, insbesondere wenn sie „massenhaft und unkontrolliert" auftritt. (Douglas, 2017). Die Angst vor Verdrängung und „Überfremdung" wird befeuert von Nachrichten aus Städten, wo die Integration scheinbar unkorrigierbar misslungen ist. Die Situation in den Banlieues, den französischen Vorstädten, wird als warnendes Beispiel oft genannt. Dort steigt die Kriminalität, die Bedrohung durch gewalttätige Banden perspektivloser Jugendlicher aus Migrantenfamilien sowie Bandenkriege zwischen ihnen und mit der Polizei nehmen zu. Über die Jahre sind immer mehr gefährliche No-go-Areas in diesen Städten entstanden. Der nun erforderliche massive Einsatz von Polizeikräften, von Überwachung und Kontrollen ist das Gegenteil dessen, was mit der liberalen und humanistischen Idee der offenen Stadt ursprünglich beabsichtigt wurde. Realitätschecks und Korrekturen erscheinen zwingend, auch eine offene Stadt braucht verbindliche Regeln.

Eine offene Stadt bedarf der Toleranz, aber die hat Grenzen, um nicht die angestammte Bevölkerung, die mit ihr und durch sie gewachsene Kultur des Ortes und die finanziellen Mittel ihrer sozialstaatlichen Angebote zu überfordern und intolerante Abwehrreaktionen auszulösen. Der Philosoph Karl Popper (*Die offene Gesellschaft und ihre Feinde*, 1945) spricht in diesem Zusammenhang von einem **„Toleranz-Paradoxon"**, davon, dass eine tolerante Macht aufgrund ihrer Toleranz intoleranten Kräften erlaubt oder ermöglicht, die eigene Toleranz einzuschränken oder ganz abzuschaffen. Derartige intolerante Gegenbewegungen erstarken in den letzten Jahren in Nordamerika, Europa und anderen Einwanderungsregionen und artikulieren offene Fremdenfeindlichkeit. Liberale offene Stadtgesellschaften erreichen Grenzen und werden nicht mehr vorbehaltlos als Errungenschaft und Bereicherung bewertet. Die Angst vor Kontrollverlust und Zweifel an der Handlungsfähigkeit des Rechtsstaats werfen die Frage auf, wie viel Offenheit liberale Gesellschaften vertragen können.

Migrationsbewegungen werden aber weiterhin zunehmen und sind für beide Seiten, für das Auswanderungs- und Einwanderungsland, wichtig. Die demografischen Veränderungen in reicheren, entwickelten Ländern erfordern die Zuwanderung aus anderen Teilen der Welt, um vakante Arbeitsplätze zu besetzen, ihren entwickelten Standard halten zu können und auch weiterhin wettbewerbsfähig zu bleiben. Dort wird „Fachkräftemangel" immer offener beklagt. Offene Städte sind also von beidseitigem Interesse. Sie erfordern aber einen soliden Rahmen, mehr Planung und Kontrolle – was die ursprüngliche Idee der offenen Stadt einschränkt. Integration ist dabei das zentrale Thema. Dafür ist nicht nur entscheidend, dass der Zuwanderungsort, die Stadt, brauchbare Angebote bereithalten kann, sondern auch, dass die Zuwanderer die lokale Kultur akzeptieren und sich weitgehend integrieren wollen, das Einwanderungsland nicht überfordern. In dem 1996 erschienenen Buch *The clash of civilizations* prognostiziert Samuel P. Huntington eine neue multipolare und multikulturelle Weltordnung, in der die westlichen Werte für die zunehmend konkurrierenden Kulturräume in Asien, dem Mittleren Osten und Afrika nicht als universelle Werte angesehen werden, denen sie sich anzupassen hätten. Der aus selbstbewussten Differenzen entstehende „Kampf der Kulturen" wird durch Globalisierung und Migration in die offenen Räume der Städte ausgedehnt.

Douglas Murray geht in seinen Büchern zu dem Thema, wie "The strange death of Europe – immigration, identity, Islam" (2017) noch weiter und entwickelt eine pessimistische Perspektive. Er beschreibt die Veränderungen der europäischen Gesellschaften durch ungeregelte, massenhafte Migration als eine politisch gewollte, vorsätzliche Selbstzerstörung, als "Selbstmord" einmaliger, historisch gewachsener Zivilisationsräume. Die daraus entstehenden neuen Gesellschaftsmehrheiten in den europäischen Städten wären weder daran interessiert noch in der Lage, die Errungenschaften der europäischen Kulturen aufrechtzuerhalten und auf gleicher Wertebasis weiterzuentwickeln. Er beschreibt das Leben von bestimmten Zuwandergruppen in Teilen von Städten wie London, Paris oder Berlin als nicht integrationsinteressierte Parallelgesellschaften, sieht hierfür "Kipppunkte" zum Teil bereits überschritten, Veränderungen irreversibel.

Auch die Auswanderungsländer verändern sich in diesem Prozess. Viele derer, die auswandern, zählen zu den Mutigsten und Stärksten, meist junge Männer, die für die wirtschaftliche Entwicklung des Auswanderungslands fehlen und mit ihrem Wegzug anderen ein Beispiel geben, dass das Engagement im eigenen Land weniger aussichtsreich ist als der Neuanfang woanders. Die Städte, die sie verlassen, können noch schneller verarmen und veröden. Die kulturellen, wirtschaftlichen und sozialpolitischen Aspekte von Migration, insbesondere in „offene Städte", sind heute also weit komplexer, als es in den 1970er-Jahren erschien. Migration ist zu einem globalen Massenphänomen geworden, das beide Seiten nachhaltig verändert. Es bedarf somit ehrlicher Problemanalysen und eines realistischen Interessenausgleichs, um die liberale Vision erhalten, anpassen und konstruktiv umsetzen zu können.

2.4 Für eine andere Diskussions- und Entscheidungskultur

Je tiefer man in die Visionsangebote und konkreten Lösungsvorschläge zur nachhaltigen Stadt einsteigt, desto deutlicher wird, dass die Herausforderungen sehr komplex sind und es keine einfachen Antworten gibt. Die derzeit besonders populären Leitbilder „Smart City", „grüne, klimaneutrale Stadt" und „offene Stadt" haben jeweils gute Begründungen, nach ihnen ausgerichtete Initiativen sind bis zu einem gewissen Grad mit breiter Zustimmung konfliktfrei realisierbar. Sie müssen sich aber als kompatibel und produktiv für eine nachhaltige sozioökonomische Entwicklung und messbaren Wohlstandszuwachs erweisen. Nachhaltigkeit muss **systemisch** verstanden und verfolgt werden, Wechselwirkungen müssen berücksichtigt werden. Ohne ökonomische Nachhaltigkeit ist keine soziale und ökologische Nachhaltigkeit möglich. Wo sich dieses Verständnis nicht durchsetzen kann, wo radikale, kompromisslose Forderungen von isoliert betrachteten Einzelinteressen aufeinanderstoßen, kann nicht entschieden, geplant und gebaut werden, wertvolle Zeit geht verloren.

Vertreter politischer Parteien, die in westlichen Demokratien für die Wirtschafts- und Stadtentwicklung relevante Regierungsämter ausfüllen, befeuern die Konflikte oft mehr, als dass sie zu ihrer fach- und sachgerechten Lösung beitragen. Mit Blick auf gefällige Slogans für die eigene Wahlwerbung werden einfache Narrative, die sich in der Öffentlichkeit bereits verfestigt haben, gerne undifferenziert übernommen. Sie sind hilfreich für die Mobilisierung von Mehrheiten für die Partei, für die Zustimmung von Menschen, denen eine grundsätzliche Haltung, eine Gesinnungszugehörigkeit wichtiger ist als fundierte Problemanalysen und Lösungsanstrengungen. Karrieren im Politikbetrieb erfolgen mehr nach dem „Peter-Prinzip", anstatt nach wirklicher fachlicher Eignung. Vielen Politikern in westlichen Demokratien erscheinen vermutlich auch deswegen lange Debatten wichtiger als Entscheidungen zu großen Vorhaben, zu Projektrealisierungen, für die Verantwortung zu übernehmen wäre. Viele Politiker agieren oft mehr wie die politisch engagierten "Aktivisten", denen sie gefallen wollen, bemühen sich mehr um Symbolik, darum, "Zeichen zu setzen", anstatt Lösungen sach- und ergebnisorientiert umzusetzen. Politik und Verwaltung agieren grundsätzlich mehr prozessorientiert, selten unternehmerisch denkend ergebnisorientiert. Außerdem sind die Amtszeiten ihrer Repräsentanten meist viel kürzer, als es die Planung und Umsetzung größerer städtebaulicher Projekte und sozioökonomischer Initiativen erfordern. Warum also mit den eigenen Anstrengungen die Erfolge der Nachfolger vorbereiten?

Das **bewusste Übertreiben von Fakten, das Schüren von Ängsten** und damit eine **Emotionalisierung der Debatten** wird zunehmend als politisches Mittel eingesetzt, insbesondere aus dem Lager der selbst ernannten Klimaschützer. Mit nicht selten missionarischem Eifer werden manche Korrekturen als alternativlos bezeichnet, ihre Lösungen wie Heilsversprechen verbreitet. Das deutsche Publikum scheint hierfür besonders empfänglich zu sein, die legendäre *German Angst* wird weltweit mit Unverständnis oder Amüsement beobachtet. Kein anderes Volk hat sich so sehr von Waldsterben, den Risiken der Atomkraft, Feinstaub, genmanipulierten Lebensmitteln und jetzt vom Klimawandel verängstigen lassen. Aber wer Angst vor großen Herausforderungen hat, ist besonders leicht verführ- und manipulierbar von denen, die einfache Lösungen anbieten. Aktivisten, mit und ohne politische Ämter, spüren dies instinktiv, wissen das für sich zu nutzen. Manche Medien unterstützen diese verzerrte Realitätswahrnehmung durch entsprechendes thematisches und Meinungs-Framing und suggestiven Sprachgebrauch. Interessant in diesem Zusammenhang sind auch die grafischen Veränderungen der Wetterkarten, die in den öffentlich-rechtlichen Fernsehsendern täglich gezeigt werden. Während vor einigen Jahren eine sommerliche Temperatur von über 25 Grad Celsius noch auf grünem Kartenhintergrund gezeigt wurde, sind es heute beängstigende Orange- und Rottöne, die bei gleicher Temperatur vor einer gefährlichen Überhitzung warnen wollen. Radikale Maßnahmen sollen unabdingbar erscheinen. Dass zu hohe Erwartungen mit den angebotenen Erklärungen und Lösungen irgendwann an der Realität scheitern müssen, zu Frustrationen und **„kognitiven Dissonanzen"** führen, interessiert in den aufgeregten Debatten, im ständigen Wahlkampf nicht.

In den öffentlichen Diskussionen zu Wirtschaftsentwicklung, Stadtentwicklung und Stadtplanung werden verkürzte Phrasen, oft schon allein die Hauptbegriffe für einzelne

Themenfelder als Positionsbeschreibung und Forderung verwendet, ohne sie weiter zu differenzieren. Man sei entweder „für Digitalisierung" oder gegen sie – ohne zu differenzieren, welche konkreten Anwendungen welche Vor- und Nachteile bringen. Man sei entweder „für Migration" oder gegen sie – ohne zu differenzieren, welche Migration gewünscht ist, welche nicht und wie das zu regulieren wäre. Man sei entweder „für staatliche Regulierung" oder gegen sie, „für eine grüne Stadt" oder gegen sie, „für soziale Gerechtigkeit" oder gegen sie und so weiter. **Es geht zu oft um ein Entweder-oder, zu selten um ein Sowohl-als-auch.** Derartige grobe Vereinfachungen und Polarisierungen infantilisierten die Debatten, laden zu unreflektierten, voreilig moralisierenden Wertungen ein und ermutigen Gesprächsteilnehmer, denen ein ausreichendes fachliches Verständnis und die Bereitschaft, es sich anzueignen, fehlen. Klugen Entscheidungen dient das nicht.

Die vereinfachte, moralisierende Bewertung von Positionen führt schnell zu vereinfachten, moralisierenden Bewertungen der Personen, die diese explizit vertreten oder zu vertreten scheinen. Die Auseinandersetzungen über die großen Zukunftsthemen werden schnell persönlich. Vorgefertigte Meinungen lassen oft keine offenen, fairen Dialoge mehr zu. Man muss aufpassen nicht missverstanden zu werden, in die falschen Schubladen eingeordnet zu werden, aus denen man so leicht nicht mehr herauskäme. Es bliebe immer ein Verdacht. Unabhängige kritische Kommentatoren in den USA und in Europa beklagen, in einer zunehmend woken Debattenkultur, sich immer öfter selbst zensieren zu müssen, als Schutz, um nicht vorverurteilt und ausgeschlossen zu werden. Dies fände immer stärker sowohl in den führenden, meinungsbildenden Medien statt wie auch in den Universitäten. Ausüben der Meinungsfreiheit und sachliche Diskussionen werden erschwert. Diese Debattenkultur kompromissloser Konfrontationen wird durch die sozialen Medien verstärkt, deren Mechanismen mehr auf Reflexe anstatt Analyse, mehr auf Emotionen anstatt Vernunft setzen. Dabei entsteht eine Kultur des Misstrauens, in extremen Fällen auch des Denunziantentums. In einigen deutschen Kommunen werden bereits „Meldestellen" eingerichtet, in denen regelabweichendes Verhalten von Mitbürgern gemeldet werden kann (Meldestellen nach dem Hinweisgeberschutzgesetz).

Der Philosoph Philipp Hübl hat sich mit dem Entstehen und der Dynamik der polarisierten, zunehmend moralisierenden Debatten, mit denen alle politischen Debatten zu den großen Zukunftsthemen geführt werden, intensiver beschäftigt. In seinem Buch *Die aufgeregte Gesellschaft* (Hübl 2019) beschreibt er das Entstehen moralischer Werte und daraus abgeleiteter politischer Haltungen als vorwiegend emotional begründet, weniger vernunftbegründet. „Emotionen prägen unsere moralische Identität und damit unsere politischen Präferenzen." Wir seien „für identitätsschützende Denkfehler anfällig, neigen eher dazu unliebsame Fakten zu ignorieren oder umzudeuten, als unsere moralischen Vorstellungen zu ändern." Die Polarisierungen erleichtern Orientierung und Gruppenzugehörigkeit. Ein Denken in Schwarz-Weiß-Schemata ist leichter als in vielen Graustufen, leichter als sorgfältiges Analysieren und Abwägen, bevor man sich eine Meinung bildet. In den Debatten darüber, wie wir unsere Gesellschaft und unsere Lebensräume formen wollen, treffen diese Positionen oft besonders heftig aufeinander, in ihnen konzentrieren sich viele

Wertvorstellungen. In seinem neuesten Buch *Moralspektakel* geht er weiter, aktualisiert seine Analysen zur deutschen Debattenkultur und beschreibt, wie "die richtige Haltung zu einem Statussymbol geworden ist". Haltung zeigen ist in der aufgeregten, schnell empörten Gesellschaft wichtiger geworden als differenzierte Analysen und respektvoller Meinungsaustausch. Führende, meinungsbildende Medien, Tageszeitungen, TV und Radio lassen keine Gelegenheit ungenutzt, um zu signalisieren, die richtige Haltung zu vertreten, auf der richtigen Seite zu stehen. Dies suggeriert einfache Wahrheiten und einfache Lösungen. Fortschritt kann aber nur in kritischen, auch selbstkritischen Analysen, ehrlichem Bilanzieren und immer neuen Versuchen entstehen.

Eine derart emotional geleitete Öffentlichkeit hat oft Schwierigkeiten, die wichtigsten Akteure der Stadtentwicklung, die privaten Investoren und Projektentwickler, aus deren Einzelprojekten sich die Stadt zusammensetzt, in ihrer Rolle und ihrem Vorgehen zu verstehen. Diese müssen rational handeln, dürfen sich nicht zu viele Emotionen leisten, um ihre Vorhaben realisieren und zu erfolgreichem Abschluss führen zu können. Bei ihnen geht es um marktgerechte Nutzungskonzepte, Flächeneffizienzen, technische Baubarkeit, Kosten-Ertrags-Kalkulationen, Finanzierbarkeit und Vermarktbarkeit. **Ohne Erfolg versprechenden *Business Case* wird niemand investieren.** Vielen Diskussionsteilnehmern fehlt hierfür aber jedes Verständnis, jegliche volks- und betriebswirtschaftliche Vorbildung. „Geld gäbe es ja" oder „der Staat könne und müsse alles lenken", wird oft unterstellt. Es wird hitzig debattiert, gefordert, Gesetze und Verordnungen werden beschlossen, ohne die wichtigsten Akteure besser einzubinden und verstehen zu wollen.

Hinzu kommen am Ende auch die Architekten und Stadtplaner, die die schönen Narrative in konkrete Planungen umsetzen sollen. Diese haben noch ganz andere Agenden, die sie gerne einbringen würden, sehen Themen für ihre Gestaltungsvorschläge zum Beispiel auch im historisch gewachsenen Kontext oder eigenen ästhetischen Vorlieben und entwickeln daraus ihre eigenen Leitbilder. Auch diese leben oft in Blasen, abgeschirmt von den ökonomischen Komplexitäten. Alles muss aber irgendwie zusammenpassen und irgendwer muss dafür zahlen. Die Zusammensetzung der an Entscheidungen zur Stadtentwicklung beteiligten Parteien ist heterogen, erfordert den Ausgleich von Interessen und vernunftgeleitete Kompromisse.

Die diskussionsbestimmenden Nachhaltigkeitsnarrative sollen, so scheint es zumindest derzeit in Deutschland, nicht allzu kritisch hinterfragt werden. Die von der aktuellen Regierung forcierten „Wenden" (Energiewende, Heizwende, Verkehrswende, Ernährungswende etc.) und umfassenden „Transformationen" sind für sie politische Prestigeprojekte. Ihnen zugrunde liegende Prämissen sollten besser nicht infrage gestellt werden, konkrete Initiativen sollen nicht aufgehalten werden, es scheint, koste es, was es wolle. Ein von der früheren Bundeskanzlerin Angela Merkel gern übernommenes pauschales: „Wir schaffen das" (…irgendwie …), reicht aber immer offensichtlicher nicht.

Die erregten Auseinandersetzungen in den verschiedensten Diskussionsforen werden aber zunehmend von Ideologen dominiert, denen daran nicht gelegen ist. Die zur apokalyptischen Bedrohung vergrößerten Herausforderungen, insbesondere des Klimawandels und aller daraus resultierenden Probleme, ließen keine Kompromisse zu. Mit oft ignoranter Selbstgerechtigkeit werden leichtfertig Maximalforderungen vertreten, alle störenden Realitäten großzügig ausgeblendet. Mit derart verengtem Blick werden zunehmend wichtige Entwicklungsprojekte verhindert und somit großer Schaden für die Gemeinschaft und die Zukunftsfähigkeit der jeweiligen Standorte angerichtet. **Stillstand in der Stadtentwicklung heißt aber nicht Bewahren des Status quo, sondern Abstieg durch kumulierende, nicht gelöste Probleme bei zeitgleich besseren Wachstumsperspektiven an konkurrierenden Standorten.** Wer sich nicht klug und entschlossen genug für den Wettbewerb aufstellt, fällt zurück. Global mobile Unternehmen und Individuen, insbesondere die, die in den neuen Knowledge Industries arbeiten, haben keine Zeit, lange darauf zu warten, bis sich Stadtregierungen und Verwaltungen auf zukunftsorientierte Strategien und die Realisierung wichtiger Projekte geeinigt haben. Sie ziehen weiter, in andere Städte, die ambitionierter und schneller sind.

Kompromisse und Fortschritt sind aber möglich. Es scheint machbar, mit einer vernünftigen Auswahl vieler kleiner Schritte eine kontinuierliche, von großen Mehrheiten getragene Veränderung zu erreichen, Stadtentwicklung als **zivilisatorische Evolution, nicht als radikalen Bruch und Revolution zu begreifen und umzusetzen.** Es ist möglich, Städte zu entwickeln, die smart genug, effektiv grün sowie harmonisch offen sind, ohne sich in einseitige Ideologien zu verrennen, einander zu blockieren und am Ende zu wenig, zu langsam zu realisieren. Die Debatten können entspannter, sachlicher und konstruktiver geführt werden. Bei der Stadtentwicklungsplanung geht es um langfristig wirksame strategische Weichenstellungen für möglichst dauerhafte Strukturen, die die besten Beispiele aus der Vergangenheit und Gegenwart mit den vielversprechendsten Möglichkeiten zukünftiger Technologien kombinieren. Dazu muss das Rad nicht neu erfunden werden. War es nicht schon immer die Kernaufgabe der Stadtplanung, nach dauerhaften, nachhaltigen Lösungen zu suchen, nach einem Ausgleich ökologischer und ökonomischer Interessen, nach einer Öffnung für neue Menschen, neue Impulse? Es geht darum, Grundlagen für Prosperität und Lebensqualität in den wachsenden Städten zu sichern. Angstgetriebene Überreaktionen oder kurzfristige parteipolitische Taktik sind für Entscheidungen über langfristige Strategien wenig hilfreich. Auch sollten die kommerziellen Eigeninteressen von Treibern bestimmter technischer Lösungsansätze erkannt und kritisch bewertet werden.

Nüchterne Kosten-Nutzen-Analysen und die ehrliche Überprüfung der ökonomischen Machbarkeit bieten solide Grundlagen, um Selbstüberforderungen und Enttäuschung über das Nichterreichen der definierten Etappenziele zu vermeiden. Für den Erfolg der gewählten Initiativen sind die Unterstützung möglichst großer Teile der Stadtgesellschaft und eine ernsthafte Einbindung wirklich sach- und fachkompetenter Planer entscheidend. Die Summe ihrer Beiträge, ihrer individuellen finanziellen und persönlichen Engagements kann die Visionen Wirklichkeit werden lassen. Politische Entscheidungen können hierfür lediglich einen Rahmen setzen.

ESG Business

3

Zu großer Aufwand für geringen Ertrag? Mit weniger Panik und Regulierung zu mehr Innovation und Nachhaltigkeit

> *Sapere aude! Habe Mut, dich deines eigenen Verstandes zu bedienen.*
>
> *Niemand kann mich zwingen, auf seine Art glücklich zu sein* (Immanuel Kant).

3.1 Vertrauen ist gut, Kontrolle anscheinend besser

Immer umfangreichere Richtlinien, Vorschriften und Kontrollen diktieren allen Akteuren aus den Bereichen der Stadtplanung, Architektur und Immobilienwirtschaft in Europa, wie sie sich am Erreichen der Ziele für eine nachhaltige Entwicklung durch ESG-Strategien – also geeignete Maßnahmen in den Bereichen Umwelt- und Klimaschutz (Environment), gesellschaftlicher Zusammenhalt (Social) und Unternehmensführung (Governance) – beteiligen sollen. Immer mehr Spezialisten werden eingebunden, um Zielgrößen und konkrete Lösungen für mehr Nachhaltigkeit zu definieren und über deren Einhaltung streng zu wachen. Ist dieser Zwang notwendig? Kann man der Vernunft, der Fachkompetenz und Berufsethik der Planer und Projektentwickler nicht mehr trauen? Müssen sie erzogen, „an die kurze Leine" genommen werden, um nichts falsch zu machen? Darf man den Selbstregulierungskräften des Markts nicht trauen? Und: Sind die geforderten Maßnahmen überhaupt in einer relevanten Größenordnung wirkungsvoll, ist der geforderte Aufwand angemessen?

Das Erfüllen von ESG-Kriterien ist inzwischen zum dominanten Thema für alle direkt und indirekt Beteiligten in der europäischen Immobilienwirtschaft geworden – für Investoren und Kreditinstitute, für Projektentwickler und ihre Wirtschafts-, Rechts- und technischen Berater, für Architekten und Fachplaner, für Baufirmen und ihre Zulieferer, für Betreiber und Nutzer von Gebäuden und Infrastrukturen. Umfangreiche und detailliert definierte Kriterien sollen eine Bewertung darüber zulassen, wie umwelt-

und klimafreundlich ein Unternehmen handelt, ob Gemeinwohlaspekte berücksichtigt und Aspekte wie Arbeits- und Gesundheitsschutz eingehalten werden, ob transparente und faire Steuerungs- und Kontrollprozesse angewandt werden. Mittels umfangreicher Nachweis- und Berichtspflichten sollen sie Rechenschaft über ihre Projektplanungen, Umsetzungsprozesse, fertiggestellten Bauten und deren Betrieb ablegen. **Das zentrale Thema ist die Dekarbonisierung,** die Reduktion von CO_2-Emissionen aller Produkte und Prozesse.

Die politische Führung der Europäische Union will mit ihrem „Green Deal" von 2019 den Staatenbund bis zum Jahr 2050 „klimaneutral" umgestalten und Finanzströme in nachhaltige Projekte und nachhaltig agierende Unternehmen lenken (Abb. 3.1). Hierfür wurde ein umfangreiches Programm mit detaillierten ESG-Richtlinien und Vorschriften für die Nachhaltigkeitsberichterstattung entwickelt, an dem sich alle nachgeordneten nationalen, regionalen und kommunalen Ebenen in ihren Gesetzgebungen und Verordnungen (über das ESG Legal Framework) orientieren müssen. Hierzu zählen die **EU-Taxonomie, Corporate Sustainability Reporting Directive (CSRD) und Sustainable Finance Disclosure Regulation (SFDR).** Hinzu kommt ein **Lieferkettensorgfaltspflichtengesetz (LkSG),** das es den europäischen Akteuren auferlegt, dafür Sorge zu tragen und nachzuweisen, dass alle ihnen zuliefernden inner- und außereuropäischen Unternehmen möglichst dieselben hohen Standards erfüllen. So sperrig wie die Begriffe sind auch die Vorschriften und Verfahren. Sie wurden und werden weiterhin sukzessive verschärft, Umsetzungsfristen werden immer ambitionierter verkürzt. Damit einhergehend erhöhen sich Aufwand und Kosten für die Unternehmen.

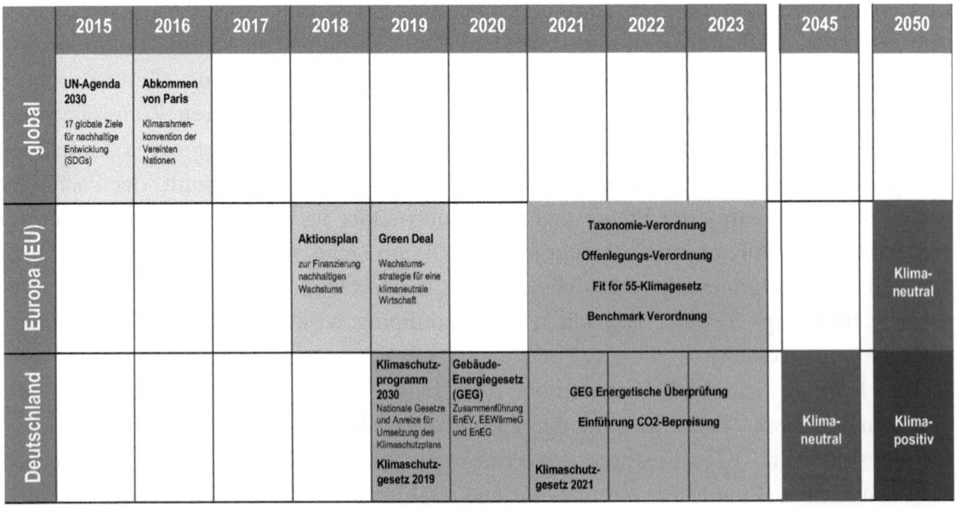

	2015	2016	2017	2018	2019	2020	2021	2022	2023	2045	2050
global	UN-Agenda 2030 17 globale Ziele für nachhaltige Entwicklung (SDGs)	Abkommen von Paris Klimarahmenkonvention der Vereinten Nationen									
Europa (EU)				Aktionsplan zur Finanzierung nachhaltigen Wachstums	Green Deal Wachstumsstrategie für eine klimaneutrale Wirtschaft		Taxonomie-Verordnung Offenlegungs-Verordnung Fit for 55-Klimagesetz Benchmark Verordnung				Klimaneutral
Deutschland					Klimaschutzprogramm 2030 Nationale Gesetze und Anreize für Umsetzung des Klimaschutzplans Klimaschutzgesetz 2019	Gebäude-Energiegesetz (GEG) Zusammenführung EnEV, EEWärmeG und EnEG	GEG Energetische Überprüfung Einführung CO2-Bepreisung Klimaschutzgesetz 2021			Klimaneutral	Klimapositiv

Abb. 3.1 Meilensteine der Klimaschutzgesetzgebungen, global, EU-weit, Deutschland. (Quelle: eigene Darstellung)

Da alle Marktteilnehmer die Kriterien erfüllen müssen, kann keiner entweichen und sozusagen „unter dem Radar" erfolgreich wie bisher weitermachen. Ohne hohe Ratings in Zertifizierungen und ohne positive Gutachten von unabhängigen, spezialisierten Organisationen erhalten Projektentwickler keine Finanzierungen für ihre Projekte und keinen Zugang zu staatlichen Förderprogrammen, Architekten keine Baugenehmigungen, Baufirmen keine Baufreigaben. Institutionelle und private Investoren sowie Banken ändern ihre Geschäftsmodelle, wollen mit neuen Anlageprodukten und einer **„Sustainable-Finance"**-Strategie an der grünen Transformation aktiv und möglichst sichtbar mitwirken und reichen den Druck an ihre Geschäftspartner weiter. Als nachhaltig zertifizierte Investitionen und Projekte erhalten eine „Green-Premium"-Bewertung, nicht derart zertifizierte müssen mit einem „brown discount", einem deutlichen Wertabschlag, rechnen. Ohne regelmäßige öffentliche Auskünfte über Bemühungen und konkrete Initiativen leidet die Reputation eines Unternehmens schnell. Investoren, Aktionäre und Geschäftspartner könnten nach engagierteren, regelkonformeren Alternativen suchen. Die Selbstdarstellung von Unternehmen auf Websites, ihre *Mission Statements,* ihr gesamtes Corporate Marketing und Projektmarketing sowie Pressemitteilungen lassen an dieser Sorge keine Zweifel. Jeder will, jeder muss als besonders nachhaltig wahrgenommen werden.

Das Erstellen von Nachhaltigkeitsberichten war bisher nur für wenige Großunternehmen verpflichtend. Doch ab dem Geschäftsjahr 2025 wird es für die meisten Unternehmen mit mehr als 250 Mitarbeitern gelten. Sie müssen ihre Geschäftsberichte um Angaben zu Umwelt-, Sozial- und Governance-Faktoren ergänzen. Aber schon heute sind auch die kleineren und mittelgroßen Unternehmen betroffen, da sie im Zuge einer nachhaltigen Lieferkette die großen Unternehmen, denen sie zuarbeiten, entsprechend unterstützen müssen. Die Gesetze definieren klare Verantwortlichkeiten, somit auch sehr ernst zu nehmende **Haftungsrisiken,** und zwingen Unternehmen dadurch zum Handeln. Sie erlauben keine Wahl, es gibt keine Freiwilligkeit. Das geforderte Reporting ist sehr aufwendig: Zunächst müssen die Unternehmen einen Plan erstellen, der sicherstellt, dass ihr Geschäftsmodell, ihre Strategien und ihre Produkte mit der Einhaltung der Pariser Klimaziele zur Begrenzung der Erderwärmung vereinbar sind. Die in den relevanten Gesetzen und Verordnungen geforderten **Sorgfaltspflichten** erstrecken sich von der Definition interner Prozesse wie Risikoanalysen, Präventionsmaßnahmen und Beschwerdemechanismen bis hin zu den umfangreichen Jahresberichten. Das Reporting erfordert geschultes, gut bezahltes Personal aufseiten derer, die die Daten zusammentragen, auswerten, von externen Spezialisten bestätigen lassen und in Berichten zusammenfassen, sowie aufseiten derer, die sie lesen, mit eigener Due Diligence prüfen und ihrerseits bewerten müssen.

Dies alles erscheint wie eine groß angelegte, teure Arbeitsbeschaffungsmaßnahme, schafft Heerscharen von „Nachhaltigkeitsspezialisten" und Bürokraten mit engem Fokus, denen der Überblick über alle anderen wirtschaftlichen, rechtlichen und technischen Aspekte, die die Machbarkeit von Projekten bestimmen, meist fehlt, die die Anstrengungen der Projektentwickler, Planer und Baufirmen aber mit zusätzlichem Aufwand, mit

Kosten und Zeitverzug belasten. Ein Markt, der von immer mehr pedantischen Technokraten getrieben wird, die stolz auf ihre Detailversessenheit sind, beseelt von der Überzeugung, einen wichtigen Beitrag zur Weltenrettung zu leisten. Wäre es für eine nachhaltige Wirtschaftsentwicklung nicht besser, wenn diese Menschen für Beiträge im produktiven Kerngeschäft, der Real Economy zur Verfügung stünden?

Die Politik sieht das anders, insbesondere die deutsche. Hier will man sich bei dem Einfordern und Liefern von ESG-Konformität besonders engagiert hervortun, würde gerne als Musterschüler und internationales Vorbild anerkannt werden und setzt sich noch ambitioniertere Ziele. Deutschland will bereits im Jahr 2045, also fünf Jahre früher, als es der EU Green Deal fordert, klimaneutral sein, will sich mit besonderer Diversität, Achtung der Menschenrechte und Korruptionsbekämpfung profilieren. Stärker als in anderen europäischen Ländern ist hier das Thema so allgegenwärtig und bestimmend, dass man den Eindruck gewinnt, als hätte der gesamte Sektor keine anderen Herausforderungen. Die immer höheren gesetzlichen Anforderungen, immer weiter wuchernde Vorschriften und Eingriffe in die Freiheiten der Akteure treffen auf einen offenbar verunsicherten Markt, der sich weitgehend unkritisch in vorauseilendem Gehorsam unterwirft. Ein langjähriger Prozess der Meinungsbildung (oder darf man es bereits *Brainwashing* nennen?) fruchtet. Hat die in Deutschland schon immer stark ausgeprägte Staatsgläubigkeit und Untertanenmentalität, wie sie Josef Kraus in seinem Buch *Der deutsche Untertan. Vom Verlust des eigenen Denkens* (2021) detailliert beschreibt, dazu geführt, dass hier die unkritische Gefolgschaft so stark ausgeprägt ist? Kraus bezieht sich dabei auch auf ein Zitat von Immanuel Kant: „Es ist so bequem, unmündig zu sein." Oder sind es wieder die bekannte „German Angst" und die Neigung zu panischen Überreaktionen? Was definitiv auffällt: Noch stellt kaum einer kritische Fragen oder leistet Widerstand, auch wenn die Kollateralschäden dieser einseitigen Fokussierung immer deutlicher werden. Die aktuelle Wirtschaftskrise in Deutschland und der Stillstand im Bausektor hängen auch mit dieser aus dem Ruder gelaufenen Überregulierung und der auch durch sie verursachten Kostenexplosion zusammen. Wie könnte eine global effektive Nachhaltigkeitstransformation besser gelingen – ohne die schädlichen wirtschaftlichen Folgen?

Nach mehreren Jahrzehnten erfolgreichen „Marschs durch die Institutionen" haben sich selbst ernannte Umwelt- und Klimaschützer, Kämpfer für mehr Diversität und „soziale Gerechtigkeit" erfolgreich in Politik, Medien, Schulen, Verwaltungen etc. fest verankert, verbreiten ihr Weltbild als neue Norm, die keine Abweichungen mehr zulässt. Wer es wagt, über grundlegende Prämissen kritisch diskutieren zu wollen oder die Angemessenheit der Kosten und des regulativen und administrativen Rahmens anzuzweifeln, kann schnell ausgegrenzt werden.

In anderen europäischen Ländern und in den USA ist diese Entwicklung ebenso zu beobachten. Neben den Lobpreisungen auf modernste, „smarte" Technologien, die eingesetzt werden, um (mit teils großem Energieaufwand) den Energieverbrauch und CO_2-Emissionen von Gebäuden nominal zu reduzieren, werden die *New Work Environments* der neuen Bürogebäude aufwendig illustriert, hiermit soziale Verantwortung suggeriert, das „S" der ESG-Agenda adressiert. Sie zeigen bunte, scheinbar kreativitäts- und kommunikationsfördernde Arbeitswelten, die sich von animierenden Holiday Resorts immer weniger unterscheiden – coole Lounge-Bereiche mit Bars, Couch-Inseln und Spielbereichen scheinen inzwischen unverzichtbar. Den Beschreibungen des fröhlichen „non-territorialen" Miteinanders werden gerne Attribute der woken Identitätskultur beigemischt. Projektentwickler hissen die Regenbogenfahne und bevölkern die Bilder ihrer Projektwelten und eigenen Corporate Identity mit genauestens abgewogenen Mischungen von Vertretern diverser ethnischer und kultureller Gruppen. Große Unternehmen schmücken sich mit „Diversity Manager", die allein hierfür Sorge tragen.

Die bemühte Zurschaustellung politisch korrekten, vom neuen Zeitgeist scheinbar geforderten Handelns wirft die Frage auf, ob frühere Arbeits-, Wohn-, Einkaufs- und Kulturbauten und der öffentliche Stadtraum etwa intolerant waren, irgendwem gegenüber diskriminierend, ausgrenzend? Oder war es bereits so selbstverständlich, für alle zu planen, alle zu berücksichtigen, dass man gar nicht mehr darüber reden musste? Was haben die politischen Statements noch mit dem eigentlichen Unternehmenszweck, den Produkten und Dienstleistungen der Immobilienwirtschaft und der Gebäudenutzer zu tun? Schämt man sich für das originäre Geschäftsmodell und das Ziel, Profite zu erwirtschaften? Haben alle Geschäftstätigkeiten nur dann eine Berechtigung, wenn sie vorrangig den Nachhaltigkeitstransformationen dienen? Manche Übertreibungen bewirken inzwischen das Gegenteil dessen, was sie eigentlich erreichen wollen, provozieren Widerstand gegen einen vermeintlich aufgezwungenen Kulturkampf. Nicht erwünschte oder nicht zugelassene Kritik an den Übertreibungen wird als Cancel Culture wahrgenommen.

Dabei sind die guten Absichten der Gesetzgeber erkennbar, die Zielsetzungen verständlich – sie werden ja auch fortwährend und unüberhörbar kundgetan, insbesondere für die Dekarbonisierung: Die fortschreitende Erderwärmung, „Klimakrise", ließe kein Zögern mehr zu, dringendes Handeln sei geboten. Den zugrunde liegenden Ideen kann man als verantwortungsvoller Mensch und mit Vertrauen in die Klimaforschung nicht widersprechen – auch wenn das 1,5-Grad-Ziel maximaler Erderwärmung gemäß dem Übereinkommen von Paris von 2015 inzwischen vielen Experten als überambitioniert und der reduzierte Fokus auf das von Menschen verursachte Treibhausgas CO_2 unvollständig erscheint. Selbstverständlich sollte sich jeder Wirtschaftszweig, so auch die Stadt-, Gebäude-, Infrastrukturplanung und der gesamte Immobilien- und Bausektor, weiterhin und verstärkt um energie- und ressourceneffiziente Projekte bemühen, Gemeinwohlinteressen berücksichtigen, sich zu fairem Geschäftsgebaren verpflichten. Und natürlich kann es den Wettbewerb hilfreich lenken, wenn Best Practices gefördert und herausgestellt werden. Aber sind die ambitionierten, selbst auferlegten Fristen, die umfangreichen und detaillierten Regulierungen sowie immer tiefere Markteingriffe hierfür der beste Weg? Warum glaubt man, so viel Erziehung und Führung anwenden zu müssen? **Reicht es nicht, die Ziele festzulegen, muss man auch die Wege dorthin präzise vorgeben? Haben die Akteure der Wirtschaft kein Eigeninteresse, an den Problemlösungen mitzuwirken, verantwortungsvoll zu handeln?** Und: Ist insbesondere Europa nicht ohnehin schon seit langer Zeit auf dem richtigen Weg und sollte man nicht besser die Transformation in anderen globalen Regionen unterstützen? Könnten die immer komplexere Regulierung und Bürokratie, der staatliche Dirigismus, am Ende kontraproduktiv wirken, andere dringend benötigte Projekte aufhalten oder verhindern? Könnten sie kleine und mittelgroße Unternehmen überfordern und zum Aufgeben zwingen?

Schafft sich Europa durch diese einseitigen, allein für EU-Mitgliedstaaten geltenden Regelungen nicht einen großen Wettbewerbsnachteil gegenüber globalen Konkurrenten, die sich mit derartigen Auflagen nicht belasten? Schützt sich der europäische Handelsraum, seine Volkswirtschaften und Arbeitsplätze durch ausgleichende Einfuhrzölle ausreichend vor ihnen? Die Europäische Union wurde einst gegründet, um durch eine engere und vereinfachte Kooperation der Mitgliedsstaaten, durch den enger verbundenen Binnenmarkt, später auch durch eine gemeinsame Währung den Staatenbund gemeinsam stärker zu machen, konkurrenzfähiger mit den globalen Supermächten China, den USA und den neuen Emerging Markets. Warum also belastet sich Europa nun so sehr mit selbst auferlegten ESG-Anforderungen, die seine Konkurrenten nicht, zumindest nicht in dieser Höhe an sich stellen? Warum sollen europäische Bürger und Unternehmen für Maßnahmen zahlen, die sie im globalen Wettbewerb schwächen, ärmer machen? Glaubt man wirklich, dass dies zumindest langfristig Europa in eine bessere Position bringt, oder könnte man auf dem Weg dahin vielleicht schon die stärksten Unternehmen verlieren?

Die dirigistische europäische Klimapolitik droht eine **immer weiter- und tiefergehende Interventionsspirale** auszulösen und unternehmerische Freiheiten immer mehr zu beschneiden. Das Durchsetzen der ESG-Agenda mit vorausgewählten Lösungen wird zunehmend autoritär und vergibt somit Chancen kreativer Mitwirkung derer, die über das Fachwissen verfügen und an den „Fronten" der Wirtschaft handeln müssen, unternehmerische Risiken eingehen müssen. Beim Militär unterscheidet man zwei Befehlstaktiken: „Führen mit Auftrag" und „Führen mit Befehl". Während die erste dem untergebenen Soldaten eine gewisse Freiheit in der Durchführung eines erteilten Auftrags einräumt, bindet die Befehlstaktik den Untergebenen strikt an die Weisungen seines Vorgesetzten. Auch zweckmäßige, der Lage angepasste, eigene Entschlüsse sind nicht vorgesehen. Wie erfolgreich ein Führen mit Auftrag sein kann, zeigt derzeit die ukrainische Armee, die sich mit dieser Taktik gegen den zahlenmäßig weit überlegenen russischen Angreifer unerwartet gut verteidigen kann.

Die große Gefahr des engmaschigen Regulierens, des sich ausbreitenden, zunehmend autoritären staatlichen Dirigismus, besteht darin, dass es Forschung und Innovation demotiviert und ausbremst. Der große Einfluss von Lobbyisten, die die politischen Entscheidungsträger bei der Definition von Zielen und Methoden beraten, ist auffällig. Wo detaillierte Lösungen für die drängenden Herausforderungen der Zeit staatlich bereits bestimmt und vorgegeben werden und nur diese Lösungen Zustimmung und Förderungen erwarten können, schwindet der Mut unternehmerischer Bürger, alternative Wege zu erforschen, hierfür Kapital, Energie und persönliche Reputation einzusetzen. Die Risiken wären für viele zu groß, sie schwimmen lieber mit dem Strom als gegen ihn.

Was aber, wenn sich die staatlich mit besten Absichten vorgegebenen Lösungen als teure Irrwege erweisen, wenn der Staat Gefolgschaft für Strategien erzwingt, die den erklärten und vereinbarten Zielen nicht wirklich dienen oder ihre Folgekosten und Kollateralschäden zu groß sind? Wenn zum Beispiel Deutschlands Energiewende, weg von (international vergleichsweise sicherer) Kernenergie, bevor es ausreichende Leistung der alternativen Erneuerbaren gibt, zu mehr Nutzung fossiler Energieträger und entsprechend höheren Emissionen führt? Steht damit die Versorgungssicherheit des Industrielands Deutschland auf dem Spiel? Wenn zudem die Erhöhungen der Stromkosten zu einer massiven wirtschaftlichen Schwächung bis hin zu einer Deindustrialisierung der einst innovativsten, technologieführenden europäischen Länder führt, sie in immer größere Abhängigkeit von außereuropäischen Rivalen führt? Wenn der forcierte Umstieg auf batteriebetriebe Elektromobilität zu immensen Naturzerstörungen an den Orten führt, wo die erforderlichen, begrenzten Rohstoffe (Lithium, Kobalt, Nickel, seltene Erden) abgebaut werden? Wenn immer höhere Gebäudedämmvorschriften, Heizungsaustauschverordnungen, geforderte Höchststandards und Normen Bauen so langwierig und teuer machen, zugleich immer höhere Quoten für sozialen Wohnungsbau und Mietpreisbremsen potenzielle Erträge so sehr reduzieren, dass am Ende immer weniger gebaut wird, das Bauen und Wohnen unerschwinglich teuer wird? Was, wenn die geforderten Bauweisen und marktführenden Materialien keineswegs dauerhaft und recyclebar sind, lediglich zukünftigen Sondermüll erzeugen – und *en passant* die einst blühende europäische Baukunst auf ein trauriges Gestaltungsniveau herabdrückt? Es fällt auf, dass nicht nur die Liste der nachzuweisenden Einzelmaßnahmen immer länger wird, sondern dass insbesondere teure Maßnahmen gefordert werden, nicht die effizientesten.

Die von Gesetzgebern und Zertifizierungsorganisationen vorgegebenen und empfohlenen Lösungen zum Erreichen der Nachhaltigkeitsziele sind in der Summe sehr teuer, erzielen bei genauerer Betrachtung oft aber nur geringe Verbesserungen. Durch mehrfache Besteuerungen aller Transaktionen, Produkte und Prozesse treibt der Staat die Kosten zusätzlich in die Höhe. Sollten die Marktteilnehmer nicht besser motiviert werden nach eigenen Lösungen zu suchen, zu forschen und zu experimentieren, effektivere und kosteneffizientere zu entwickeln? Sollten die Architekten und Bauingenieure ihre Entwurfsideen und Nachhaltigkeitskonzepte nicht selbstständig für die spezielle Bauaufgabe und den speziellen Ort, die Ambitionen des Bauherrn und die erwarteten Ansprüche der Nutzer entwickeln, anstatt sich von Nachhaltigkeitszertifizierungsberatern eine To-do-Liste vorgeben zu lassen, die penibel abzuarbeiten ist? Wäre **größere gestalterische Freiheit für das Erreichen der vorgegebenen Ziele** nicht ökonomisch effizienter, ökologisch effektiver, böte mehr Chancen zu Innovationen?

Warum sollen die privaten Unternehmen mit großem Kosten-, Zeit- und Personalaufwand all die geforderten Nachhaltigkeitsnachweise, exakt so wie von den Gesetzgebern definiert, erbringen? Wäre nicht eine **Beweislastumkehr** angemessen? Sollte nicht der misstrauische Staat den Unternehmen nachweisen müssen, dass sie keine hohen Nachhaltigkeitserfolge erzielen und erst dann mit Vorschriften eingreifen? Oder sollte der Staat die Unternehmen für ihren zusätzlichen Aufwand nicht zumindest finanziell entschädigen? Sollte der Aufwand nicht nach dem Bestellerprinzip bezahlt werden?

Das Misstrauen großer Teile der Politik in die Wirtschaft ist vielleicht übertrieben: Investoren, Projektentwickler, Gebäudeeigentümer und ihre Bewohner haben ein großes eigenes Interesse daran, ihre Bau- und Betriebskosten, somit auch Mietnebenkosten möglichst gering zu halten. Bei hoher Energie- und CO_2-Emissionsbepreisung werden sie selbstständig und fachkompetent nach Lösungen suchen, ihren Energieverbrauch zu reduzieren, möglichst ohne die Gebäude- und seine Nutzungsqualität zu reduzieren. Der Gesetzgeber muss sie hierbei nicht anleiten, muss sie nicht zu ihrem Glück zwingen. Der Markt reguliert sich selbst.

Die Richtlinie über die Gesamtenergieeffizienz von Gebäuden in der Europäischen Union (EPBD) zielt darauf ab, den gesamten Gebäudebestand in allen EU-Mitgliedsländern zu dekarbonisieren. Hierfür werden alle bestehenden und geplanten Gebäude in Energieeffizienzklassen eingestuft, die den für sie errechneten Verbrauch mit den politischen Zielgrößen vergleicht. Je schlechter die Energieeffizienz, desto dringlicher die geforderten energetischen Sanierungen. Die Berechnungsgrundlagen für diese Energieeffizienzklassen müssen kritisch hinterfragt werden. Sie gehen davon aus, dass in allen Gebäuden, von allen Nutzern gleiche Komfortansprüche gestellt werden, was nicht der Fall ist. In Gebäuden mit einfacherem Standard, mit schlechterer Wärmedämmung heizen oder kühlen die Nutzer nicht notwendigerweise mehr, um den gleichen Komfort wie in besser gedämmten Gebäuden zu erzielen. Vielleicht gibt man sich mit einem geringeren Gebäudestandard und geringerem Komfort zufrieden, ist froh dafür geringere Miete zahlen zu müssen. Der Markt entwickelt differenzierte Angebote für unterschiedliche Nachfragen.

Eine Vielzahl einfacher, kosteneffizienter Lösungen bietet sich für Strom- und Wassereinsparungen, für eine Reduzierung der Wartungserfordernisse an. Von „passiven Strategien" bei der Planung, die ohne oder mit wenig teurer Gebäudetechnik den Heiz- und Kühlbedarf minimieren, über innovative Leichtbauweisen mit neuen und weniger Materialen bis zu einfacher Gebäudeautomation, bei der Sensoren die Raumnutzung erfassen und die Belichtung und Klimatisierung, falls überhaupt erforderlich, entsprechend regulieren. Was zuverlässig und dauerhaft gut funktioniert, welcher Komfort gewünscht und ausreichend ist, das wissen die Projektentwickler, Gebäudeeigentümer und Mieter am besten. Wirkungsvolle energetische Sanierungen, das heißt deutliche Reduzierungen des Energieverbrauchs, lassen sich oft schon mit einfachen Maßnahmen zu geringen Kosten erreichen. So kann bei freistehenden Einfamilienhäusern schon allein eine Dämmung des Dachbodens sehr große Effekte erzielen. Es muss nicht das gesamte Gebäude in zusätzliche Dämmschichten eingepackt werden, Heizungen und Fenster ausgetauscht werden. Meinungs- und Problemlösungskorridore sollten nicht von der Politik und ihren Bürokraten eingeengt werden. Dies kommt einer „Anmaßung des Wissens" gleich, wovor schon Friedrich August von Hayek vor 80 Jahren in seiner Kritik zentralstaatlich organisierter Ökonomien warnte.

Die Bewältigung der großen globalen Herausforderungen und Krisen: Umweltzerstörung und Klimaveränderung, Überbevölkerung und Massenmigrationen, teils gewaltsame erzwungene geopolitische Neuordnungen, erfordert eine Vielfalt von Lösungsansätzen, Innovationsanstrengungen und Technologieoffenheit. Lösungen, deren Entwicklung nur mit großen regulativen und unternehmerischen Freiheiten entstehen kann, nicht gegen sie. Forschung, Innovationen und deren Umsetzung in marktfähige Produkte entstehen dort, wo diese Freiheiten gewährt werden, wo die Staatsvertreter nicht glauben, alles besser zu wissen und überall eingreifen und lenken zu müssen. In den besonders wichtigen Zukunftsfeldern der Informationstechnologie, der Biomedizin und Pharmazie sind es nach wie vor die USA, die besondere Forschungs- und wirtschaftliche Entfaltungsmöglichkeiten eröffnen, sowie zunehmend die bildungs- und technologieaffinen asiatischen Länder. Auch in den Bereichen Mobilität, Baukonstruktion und Materialforschung ist Deutschland nicht mehr führend. Während in Deutschland noch sehr gute Grundlagenforschung entsteht, finden weitergehende Forschung, Produktentwicklung und Kommerzialisierung woanders statt. Und wo Forschung leichter zu vermarktbaren Produkten führt, wächst auch ein Risikokapitalmarkt, der entsprechende Entwicklungschancen bereits frühzeitig fördert. Liberalere Strukturen führen zu mehr Wettbewerb, der für Lösungsalternativen der großen Aufgaben entfesselt werden muss. Die gut gemeinten europäischen Regulierungen und deutschen Verschärfungen wirken im Ergebnis zunehmend innovationslähmend.

Insbesondere Deutschland, einst als „Land der Dichter und Denker", der Erfinder und Ingenieure bewundert, sollte wieder mehr Offenheit, Mut und Möglichkeiten für Innovationen zulassen, sich von lähmender Überregulierung befreien. Hierzu lohnt ein geschichtlicher Rückblick in das frühe 19. Jahrhundert, der Epoche der Aufklärung und der späteren Entstehung des Bildungs- und Unternehmerbürgertums. Freiherr Wilhelm von Humboldt (1767–1835), der als preußischer Bildungspolitiker hierfür wichtige Weichenstellungen vornehmen konnte, kann als ein früher Wirtschaftsliberaler gelten. Er sah den gescheiterten fürstlichen Absolutismus ebenso kritisch wie einen allumfassenden Wohlfahrts- und Kontrollstaat, den er heraufziehen sah. Bereits im Jahr 1792 verfasste er den Aufsatz „Wieweit darf sich die Sorgfalt des Staates um das Wohl seiner Bürger erstrecken". Seine Antwort war klar formuliert und weitsichtig: „[Es] leidet durch eine zu ausgedehnte Sorgfalt des Staates die Energie des Handelns überhaupt, und der moralische Charakter … Wer oft und viel geleitet wird, kommt leicht dahin, den Überrest seiner Selbstthätigkeit gleichsam freiwillig zu opfern. Er glaubt sich der Sorge überhoben, die er in fremden Händen sieht, und genug zu tun, wenn er ihre Leitung erwartet und ihr folgt. Damit verrücken sich seine Vorstellungen von Verdienst und Schuld."

Zu viel **paternalistische staatliche Eingriffe,** zu viel unkritische Staatsgläubigkeit der Bürger lähmen also selbstverantwortliches Denken, Kreativität und unternehmerisches Handeln – Energien, die man für die großen Zukunftsaufgaben aber besonders dringend braucht.

3.2 Gewinner und Verlierer, Entscheider und Mitläufer

Eine Zwischenbilanz zu den Erfolgen der neuen ESG-Vorschriftswelt ergibt unterschiedliche Ergebnisse, abhängig davon, mit wem man spricht. Zu den **Gewinnern** zählten bislang (noch) die Politiker, die sich mit immer höheren Forderungen an die Wirtschaft das Profil engagierter, fürsorglicher „Klimaretter" und Kämpfer für „soziale Gerechtigkeit" aufbauten und Wählerstimmen hierfür erhielten. Für jedes neue Gesetz, jede neue Vorschrift, die sie durchsetzen können, entstehen immer mehr Verwaltungsvorgänge, für die immer mehr Berater und Bürokraten angestellt werden müssen sowie Leistungen an externe, regierungsparteinahe Organisationen vergeben werden können. Politiker können staatlich finanzierte Versorgungsposten an ihnen genehme Unterstützer verteilen. Dabei geht es nicht nur um wenige Personen und Beratungsunternehmen, sondern auch um neue Verwaltungen mit Tausenden von Mitarbeitern.

Große Gewinner sind die vielen spezialisierten Consultants, die allen Unternehmen Orientierung und umfangreiche Beratung anbieten, ihnen bei der Bewältigung der bürokratischen Erfordernisse helfen und ihre Risiken zu minimieren versprechen: Rechtsanwälte, Wirtschaftsberater und -Prüfer, Sustainability Consultants und Fachplaner für die verschiedensten Teilaspekte, Gutachter, Bewerter und Zertifizierungsorganisationen. Neue Softwareprogramme wurden entwickelt, um Unternehmen beim Sammeln und Auswerten aller für eine Nachhaltigkeitsbewertung relevanten Aktivitäten, ihren ökologischen Fußabdrücken, zu leiten. Kurze Ausbildungsprogramme, neue Berufsbilder und schließlich Jobs wurden für alle diese neuen Beratungsleistungen geschaffen. Bei den Mitarbeitern in den größeren Consultingunternehmen handelt es sich fast ausschließlich um Personen, die keine Vorbildung in den Kerndisziplinen und eigene Berufserfahrungen im Planungs- und Baubereich mitbringen, selbst niemals unternehmerische Risiken eingingen und für den Erfolg von Projektentwicklungen Verantwortung übernehmen mussten. Der bei ihnen oft festzustellende Mangel an einem tieferen und gesamtheitlichen Verständnis der Materie, ihre fehlenden empirischen Grundlagen machen sie immun gegen Kritik an der Angemessenheit und Praxistauglichkeit der neuen Nachhaltigkeitsvorschriften. Dadurch entstehende Verständnisprobleme und Frustrationen bei den Kunden müssen die Berater dennoch nicht allzu sehr stören. Die gesetzlichen Anforderungen sorgen für gesicherte Autorität, Aufträge und Einnahmen. Als entsprechend sicher und attraktiv werden berufliche Perspektiven in diesen Bereichen von immer mehr jungen Menschen in Europa gesehen.

In der Finanzwirtschaft gibt es viele Gewinner, schließlich sind Immobilien die größte Anlageklasse der Welt. Die ESG-Richtlinien und gesetzlichen Vorschriften erfordern Umschichtungen von Investments und Kreditfinanzierungen hin zu nun als nachhaltig erachteten Produkten – alte werden abgestoßen, neue entwickelt bzw. neu geordnet. Alle europäischen Institutionen treiben die ESG-Agenda voran, schließen den Kreis. Auch die Europäische Zentralbank geht über ihren ursprünglichen Kernauftrag, die

Sicherung der Geldwertstabilität, hinaus und hat die europäische Bankenaufsichtsbehörde mandatiert zu prüfen, wie deren Durchsetzung im Kreditvergabegeschäft besser kontrolliert und Versuche des „Greenwashing" nichtgrüner Geschäfte entlarvt werden können. Die verbindlichen ESG-Richtlinien haben neue Geschäftsmöglichkeiten geschaffen, in vielen zusätzlichen Schichten um das produktive Kerngeschäft. So entstehen auch Anbieter und Verwalter neuer Finanzprodukte, die einen „Ablasshandel" mit CO_2-Verschmutzungsrechten betreiben. Das können kompensierende *Green Bonds* oder CO_2-Zertifikate sein. Über derartige Zertifikate sollen Treibhausgasemissionen bewirtschaftet werden, mit dem Ziel, diese zu reduzieren. Unternehmen können sich freiwillig dazu entscheiden oder werden gesetzlich dazu verpflichtet.

Zunächst betrifft es nur die sehr energieintensiven Sektoren, doch bald schon wird es auch den Bau- und den Verkehrssektor erfassen. Durch den Kauf von CO_2-Zertifikaten gleichen Unternehmen ihre „Klimasünden" aus und können sich so als „klimaneutral" vermarkten. Das Geld, das sie für die Zertifikate zahlen, soll in Projekte fließen, durch die CO_2 reduziert wird. Dieses Instrument folgt der CO_2-Strategie des Gesetzgebers: 1. zu eliminieren, 2. zu reduzieren oder 3. zu kompensieren. Die neuen Finanzprodukte und der Handel mit ihnen erfordern neue Spezialisten aufseiten derer, die Verschmutzungsrechte erwerben wollen, aufseiten derer, die Kompensationen anbieten (wie etwa Waldbesitzer oder Betreiber regenerativer Energieanlagen) und bei den Händlern und Verwaltern dazwischen. Unter der neuen Wortschöpfung **„Carbonomics"** bieten Investmentberater und Banken Orientierung und Führung durch die neue Welt der nachhaltigen Investments und bieten ihre maßgeschneiderten grünen Investmentprodukte an

Zu den Gewinnern zählen darüber hinaus die vielen Verbände, Lobbyisten und zum Teil steuerfinanzierten NGOs, die die Themen und die direkt und indirekt betroffenen Akteure vertreten und sich immer größeren Einflusses und größerer Wichtigkeit erfreuen, sowie einige Hersteller von Produkten für die bevorzugten technischen Lösungen (Wärmepumpen, „Passivhaus"-Dämmfassaden, PV-Paneele, Smart-Metering-Systeme, batteriegetriebene E-Mobilität etc.), die sie vertreten, europäische und auch die nichteuropäischen, die diese nach Europa exportieren.

Zu den Gewinnern zählen schließlich einige der großen institutionellen Investoren/ Developer, große Projektentwickler und Baufirmen, die sich den Kosten- und Zeitaufwand leisten können, zusätzliches Personal für die geforderten Mehrleistungen, insbesondere für die Berichterstattungen und Bürokratie, einstellen und teure Berater und Gutachter beauftragen können. Insbesondere Aktiengesellschaften, die ohnehin schon weitreichenderen Berichtspflichten unterliegen, sind besser auf diesen zusätzlichen Aufwand vorbereitet. Die Neuordnung des Marktes, in dem viele kleinere, finanzschwächere Unternehmen aufgeben müssen, bietet den großen zudem attraktive *Distressed Opportunities,* die sie mit großem Discount übernehmen und so noch weiter wachsen können. Ob diese Marktveränderungen mit den Grundprinzipien eines fairen Wettbewerbs und mit der „S"-Agenda in ESG in diesem Zusammenhang vereinbar sind, kann man kritisch hinterfragen

Denn auf der anderen Seite wird immer sichtbarer, dass zu den **Verlierern** der neuen ESG-Vorschriften vor allem die kleineren und mittelgroßen Projektentwicklungs- und Bauunternehmen zählen, die sich den ganzen Aufwand und die zusätzlichen Planungs- und Baukosten eben nicht leisten können, deswegen weniger investieren bzw. gar nicht mehr bauen. Immer mehr dieser Unternehmen beenden ihre Geschäftstätigkeiten, teilweise gezwungenermaßen über Insolvenzen. Mit ihnen geht eine große Anzahl an Arbeits- und Ausbildungsplätzen verloren, schließlich langfristig wichtiges Fachwissen. Gerade in Deutschland bildete immer die Summe der kleineren, zumeist eigentümergeführten, mittelständischen Unternehmen das volkswirtschaftliche Rückgrat.

Da nun von diesen immer weniger gebaut wird, sind es schließlich auch die Wohnungssuchenden, die entsprechend wenige und teure Angebote vorfinden, die nun zu den Verlierern zählen. Die Eigentümer älterer Gewerbeimmobilien, deren Marktwert sich ohne aufwendige energetische Komplettsanierung stark reduziert, haben Schwierigkeiten, Mieter zu finden, da diese für ihre Unternehmensbewertung nur in besonders gut evaluierten Gebäuden residieren wollen. Private Immobilieneigentümer, die auf eine Werthaltigkeit ihrer Objekte für die Altersvorsorge setzten, müssen nun mit deutlichen Abschlägen, mit Wertverlusten rechnen. Zu den Verlierern zählen zumindest temporär auch einige der Produzenten von Baumaterialien, die ihre Produktionsprozesse aufwendig umstellen müssen – und dies bei zugleich massiv gestiegenen Energie- und Personalkosten.

Ob am Ende die Mehrheit der Eigentümer und Nutzer der in der EU realisierten Projekte – die Stadtgesellschaft und schließlich unser gesamter Planet – durch den ESG-konformen, ressourcen- und emissionsreduzierten Bau und Betrieb langfristig profitieren, ist keineswegs gesichert und sollte für einzelne Maßnahmen und Projekte ebenfalls selbstständig kritisch geprüft werden. Bewertungen über längere Zeiträume und unter Berücksichtigung weiterer Kriterien und deren indirekten Einflusses auf eine Nachhaltigkeitsgesamtbilanz können zu anderen Ergebnissen führen, insbesondere bei einer weltweiten Gesamtbetrachtung.

Was in diesem bislang nur hinter vorgehaltener Hand oft als „Transformationszirkus" bezeichneten Wirtschaftsumbau verloren geht, ist der Blick für Maß und Mitte, der gesunde Menschenverstand. **Die hohe, weiter steigende Bepreisung der CO_2-Emissionen sollte doch als zentraler Anreiz genügen, nach unterschiedlichsten energieeffizienten Lösungen zu suchen.** Projektentwickler und Planer sollten selbst nach machbaren, nach innovativen oder bekannten, erwiesenermaßen wirkungsvollen Lösungen suchen. Der Markt aus Anbietern und Nutzern sollte über den gewünschten Komfort entscheiden und entsprechend preislich differenzieren. Reicht das nicht aus?

Scheinbar nicht. Ohne hohe Zertifizierungsratings geht inzwischen gar nichts mehr. Vor einigen Jahren war es noch „nice to have", aber verzichtbar für Genehmigungen oder das Marketing. Inzwischen ist es marktentscheidend geworden, wie viele Zertifizierungen Bauprojekte vorweisen können und welche Stufe sie jeweils erreichen. Für die Nachhaltigkeit, insbesondere die Gebäudeenergieeffizienz, sind es LEED, DGNB, BREEAM und andere nationale und internationale Zertifizierungssysteme, die Silber-,

Gold- oder Platinum-Ratings vergeben, die deutsche DGNB bietet detaillierte Ökobilanzierungen an und vergibt QNG-Siegel (Qualitätssiegel Nachhaltiges Gebäude). Die bundeseigene Förderbank Kreditanstalt für Wiederaufbau bewertet Projekte nach KfW-Effizienzhaus-Klassifizierungen und bietet entsprechende Förderkredite und Zuschüsse an. Für die IT-Konnektivität ist es zum Beispiel Wired Score, für die intelligente Gebäudeautomation Smart Score. Mobilitätslösungen können nach Mobility Forward zertifiziert werden. Für die New-Work-Wohlfühl-Klassifizierungen bietet sich inzwischen WELL an. Wer bei all diesen Zertifizierungen nicht Gold-, besser Platinum-Ratings vorweisen kann, sollte gar nicht erst antreten, denn er muss fürchten, nicht mehr wettbewerbsfähig zu sein.

Um aber derartig hohe Bewertungen zu erreichen, müssen Bauherren und Planer das ganze Feuerwerk an geforderten Maßnahmen präsentieren können, nichts auslassen oder gar dem Markt, dem Endnutzer überlassen. Dies verteuert die Bauvorhaben immer mehr. Je höher die angestrebte Nachhaltigkeitsperformance, desto höher die Zusatzkosten. Diese steigen nicht linear, sondern exponentiell für die letzten Optimierungen. Die Baukosten sind in Deutschland allein in den letzten drei Jahren um 40 % gestiegen, im Zeitraum von 2015 bis 2023 um 60 %. Eigentlich wären jetzt Kostenreduzierungsstrategien gefragt, um den Entwicklungsmotor wieder zu starten, nicht weitere Verteuerungen. Bei dem ESG-konformen, zertifizierten Vollprogramm entsteht zudem eine künstliche Komplexität, die sich von den einfachen, grundlegenden Bedürfnissen immer weiter entfernt. **Einfache Lösungen für normales Bauen und normale Nutzungen** werden weniger gut bewertet, auch wenn sie, über längere Lebenszyklen betrachtet, eine gleich hohe oder bessere Nachhaltigkeitsperformance oder Nutzungsflexibilität vorweisen. Auch viele innovative Lösungen passen nicht ins gewünschte Schema.

Die ESG-Kriterien und -Zertifizierung fokussieren auf bestimmte Aspekte der Gebäudequalitäten, der urbanen Infrastrukturen und Mobilität und ihrer Performance, die nur einen Teil der gesamten potenziellen Lebenszyklusperformance, ihres ökologischen Fußabdrucks und der gesellschaftlichen Gesamtkosten abbildet. Sie bevorzugen ganz bestimmte planerische und technische Lösungen, geben weniger Raum für alternative Ansätze. Je aufwendiger die Bemühungen der Planer, die gewünschten Lösungen nachzuweisen, desto wahrscheinlicher sind hohe Ratings. Ihre Bauherren erwarten entsprechende Ergebnisse. Insbesondere im Bereich der technischen Gebäudeausrüstung wird der Aufwand immer größer, um den Energieverbrauch zu reduzieren und den Komfort zu erhöhen. Die Kosten für Planung, Bau und Wartung dieser haustechnischen Systeme sind hoch, die wirtschaftliche Nutzungsdauer ist meist aber auf wenige Jahrzehnte begrenzt. Oft müssen sie bereits nach nur 20 Jahren ausgetauscht werden. Die Nachhaltigkeitsbewertung von Projekten müsste diesen langfristigen bzw. eher mittelfristigen Negativeffekt mehr berücksichtigen.

Wahrscheinlich könnte mit weniger Aufwand mehr Nachhaltigkeit erreicht werden. So können einfache Sanierungen älterer Bestandsgebäude zu guter energetischer Performance dem Abriss und Ersatzneubauten von kurzlebigen High-Performern in der Gesamtbilanz überlegen sein. Einfache „Intelligent-low-tech"-Wohn- und -Geschäftsgebäude mit ausreichend gutem ESG-Standard können schneller und kostengünstiger in großer Anzahl errichtet und betrieben werden, die akute Wohnraumkrise, mit all ihren sozioökonomischen Implikationen, somit schneller auflösen als nur wenige, teure Neubauten mit sehr hohem Standard. Und Modelle einfachen seriellen Bauens können nicht nur die Nachfrage in den europäischen Ländern schneller bedienen, sondern auch leichter für Anwendungen in außereuropäischen Ländern mit starkem Bevölkerungswachstum angepasst werden und als brauchbare Vorbilder oder Exportprodukte dienen. Alle diese Vorteile werden derzeit bei den inzwischen marktüblichen Zertifizierungen nicht angemessen berücksichtigt.

Die grüne Transformation war bislang kein erfolgreiches Konjunkturprogramm, wie von grünen Politikern versprochen, hat nicht zu Wirtschaftswachstum durch mehr Investitionen in grüne Infrastruktur und bessere, nachhaltigere Bauten geführt. Im Gegenteil. Die immer höheren Auflagen haben zu so hohen direkten und indirekten Kosten für die Vorhabensträger geführt, dass sie ein Engagement nicht mehr leisten können – es rechnet sich nicht mehr. Insbesondere Deutschland, das die grüne Transformation mit besonders hohen Anforderungen ambitioniert vorantreiben wollte, sich anschickt, diesbezüglich die ganze Welt zu belehren, befindet sich im Jahr 2023 in einer dramatischen Wirtschaftskrise. Der Immobilienmarkt des grünen Musterschülers Deutschland stagniert, der Standort Deutschland verliert rapide an internationaler Wettbewerbsfähigkeit.

Warum also geht die Entwicklung ungehindert weiter? Warum werden die Schrauben von der Politik immer weiter angezogen? Wie konnte es so weit kommen, dass ESG-Nachhaltigkeitsetikettierungen und -zertifizierungen zum inzwischen wichtigsten Bewertungskriterium von Planungen und Bauten wurden, dass die zugrunde liegenden Definitionen einzelner Zielgrößen und Maßnahmen aber eine Eigendynamik entwickelt haben, die von den wichtigsten Entscheidungsträgern in der Immobilienbranche nicht mehr kritisch geprüft, oft nicht einmal verstanden werden? Der Markt folgt weitgehend unkritisch und widerspruchslos den immer höheren Ansprüchen und immer konkreteren Vorgaben zu ESG-Konformität, nur wenige trauen sich, eigene alternative Lösungsansätze zu entwickeln.

Diese Entwicklung hängt auch damit zusammen, dass die Mehrheit der Personen mit Entscheidungsbefugnissen aller involvierten Parteien über keine ausreichende eigene planerische und technische Fachkompetenz verfügt oder ihre kurzfristigen wirtschaftlichen Eigeninteressen über die langfristigen, realen Nachhaltigkeitserfolge ihrer Beiträge stellt. Der Stadtentwicklungs-, Planungs- und Immobiliensektor ist beruflich heute sehr fragmentiert, setzt sich aus sehr vielen Spezialisten für kleine und kleinste Teilaspekte und immer weniger Generalisten mit einem Gesamtüberblick zusammen.

Es fängt an bei den politischen Führungspositionen, die in Europa auf allen europäischen, nationalen, regionalen und lokalen Ebenen fast ausschließlich von Berufspolitikern übernommen wurden, die keinerlei fachliche Ausbildung und Erfahrung im Planungs-, Investment- und Baubereich mitbringen, die ihren parteipolitischen Ideologien folgen müssen und deren Amtszeiten meist viel kürzer sind als der Entwicklungshorizont größerer Projekte, die sie vorantreiben sollten. Sie werden zu oft von Lobbyisten und „Influencern" mit offensichtlichen Eigeninteressen umworben, alles andere als unabhängig fachlich beraten. Im politischen Wettstreit um die Wählergunst haben sich bislang engagierte Weltrettungsankündigungen mit immer größeren Forderungen als erfolgreich erwiesen. Also wird dieser Ansatz konsequent weitergetrieben und mit düsteren, apokalyptischen Szenarien gerechtfertigt. Machbarkeit und Umsetzung ihrer Programme sind anderer Leute Probleme.

Große, marktbestimmende institutionelle Investoren werden von Menschen geführt, die beruflich zumeist einen betriebswirtschaftlichen oder juristischen Hintergrund haben, bei technischen Fragen zu den von ihnen gehandelten oder finanzierten Objekten aber schnell überfordert sind und gerne vollumfänglich an die neuen Nachhaltigkeitsspezialberater und -bewerter delegieren, die ihnen die Lästigkeit eigenen Lernens und kritischen Mitdenkens ersparen. Auch bei den üblicherweise multidisziplinär aufgestellten Projektentwicklern verlässt man sich oft auf externe Gutachten, Bewertungen und standardisierte Zertifizierungen der neuen Experten. Eigene Wege erfordern mehr Erklärungsaufwand und bergen höhere Risiken, nicht verstanden zu werden. Die meisten Projektentwickler folgen dem Markt opportunistisch, nur wenige wagen Neues. Die Prozesse sind schon kompliziert genug, warum zusätzliche Risiken eingehen?

Die vielen neuen Spezialberater, Bewerter und Kontrolleure nehmen die Übertragung der Aufgaben auf sie gerne an. Je unverzichtbarer und wichtiger sie gemacht werden, desto umfangreicher ihr Leistungsbild, desto komplizierter ihre Lösungsvorschläge und desto höher ihre Honorare. Sie können gar kein Interesse an Deregulierung und Vereinfachung der Vorschriften, an realitätsnahen, pragmatischen Strukturen haben, denn es würde ihnen die Geschäftsgrundlage entziehen. Von ihnen kann daher keine Unterstützung für die dringend erforderlichen Befreiungsschläge erwartet werden. Sie teilen dieses Interesse mit den verschiedensten ingenieurtechnischen Spezialisten, die in den letzten Dekaden immer größere Teile der Planungsaufgaben übernommen und – gemeinsam mit Herstellern von Bauteilen und technischen Anlagen – dafür gesorgt haben, dass der zu beachtende „Stand der Technik" in immer mehr, immer anspruchsvolleren Normen zur verbindlichen Vorgabe wird. Somit können sie ihren eigenen Markt entwickeln, immer neue einträgliche Geschäftsmodelle und Produkte kreieren, die früher niemand vermisste. Es ist ja für die gute Sache, alle wollen doch nachhaltiger werden, oder?

Die über ESG-Kriterien, konkrete ESG-Lösungsansätze und ESG-Bewertungen bestimmenden Fachplaner sind zu zentralen, mächtigen Mitentscheidern geworden, zu den neuen Stars der Branche. Der Gesetzgeber fordert immer niedrigere CO_2-Emissionswerte von den Investoren, Entwicklern, Planern und Baufirmen, erwartet immer detailliertere Nachweise und Berichte. Wer dem nicht oder nur unzureichend folgt, verliert schnell. Der Gesetzgeber sanktioniert Under-Performer oder Abweichler. Ein Umstand, der geradezu genüsslich von rechtlichen und technischen Consultants genutzt wird. Man solle doch froh sein, dass sie Hilfe anbieten, um den anderenfalls zu erwartenden Bestrafungen zu entgehen, hört man immer unverblümter auf Fachkonferenzen und vertiefenden Seminaren.

Von ihnen kann kein uneigennützig kritisches Denken erwartet werden. ESG-, Taxonomiekonformität etc. zu erreichen ist wichtiger, als nach bestmöglichen, auch alternativen Wegen für das Erreichen der grundlegenden Ziele zu suchen. Es ist ein sicheres Business für die Berater.

Schicksalsergeben schauen die Architekten und Stadtplaner dieser Entwicklung zu, bemerken ihren Macht- und Bedeutungsverlust zu spät. Architekten waren einmal als umfassend gebildete und gefragte **„Baumeister"** die Generalisten, die alle gestalterischen, technischen und Baumanagementaufgaben gesamtheitlich verstanden und für den Bauherrn geleitet haben. Sie wussten, wie Gebäude funktionieren, wie man sie schön gestaltet, wirtschaftlich und nachhaltig baut. Der römische Architekt und Architekturtheoretiker Vitruv definierte im 1. Jahrhundert vor Christus die drei Hauptanforderungen an die Architektur als: *Firmitas* (Festigkeit, das heißt Dauerhaftigkeit, Nachhaltigkeit), *Utilitas* (Nützlichkeit, das heißt Funktionalität und Wirtschaftlichkeit) und *Venustas* (Schönheit, Identität, Sinnstiftung). In der Architektur müsse allen drei Kategorien gleichermaßen und gleichwertig Rechnung getragen werden. Der Architekt musste in der Lage sein, alles zu verstehen und zusammenzubringen. Heute sind Architekten zu oft bloß die „Designer", die sich allein um ästhetische Gestaltung und einfache funktionale Ordnungen ihrer Objekte kümmern. Für die technischen Details gibt es die Fachplaner, die wirtschaftliche Planung macht der Bauherr, um rechtliche Fragen kümmern sich Anwälte. Schuld an dieser neuen Aufgabenverteilung ist die seit Jahrzehnten praktizierte Architektenausbildung, die mehr auf möglichst spektakuläre, unverwechselbar einmalige Fantasieplanungen und einen wohlklingenden soziologischen Überbau setzte. Architekten sollten mit mutigen, ungewöhnlichen Lösungen Aufmerksamkeit erzielen und diese mit gefälligen Bildern und politisch korrekten Beschreibungen verkaufen. Ob und wie das alles funktioniert, sollten später die Bauingenieure und andere Spezialisten klären.

Die kreative Energie und der Enthusiasmus früherer Architektengenerationen, wie sie auch in Ayn Rands Klassiker *The fountainhead* (Rand 1943) glorifiziert werden, zielten auf ein umfassendes Verständnis und Führungsanspruch bei Entwurf und Umsetzung ab, wurden von einem realistischeren Developer Mindset getrieben. Heute denken die meisten Architekten ausschließlich über ihre rechte Gehirnhälfte mit. Sie können die Definition von Nachhaltigkeit, die Angemessenheit von Anforderungen und die Vorgaben von konkreten Lösungen deswegen nur noch sehr beschränkt beeinflussen, auch wenn sie Nachhaltigkeit inzwischen diensteifrig als ihre vornehmste Aufgabe beschreiben. In diesen ungefragten, vorauseilenden Beteuerungen drückt sich inzwischen aber eher Hilflosigkeit und Unmündigkeit als Führungsanspruch aus. Wer berät eigentlichen wen, wer sitzt am Steuerrad? Sollten nicht die fachkundigen Planer die Bauherren, Investoren und die Gesetzgeber beraten und dabei eine umfassendere Gestaltungsagenda, im Sinne Vitruvs, vertreten? Geht es bei nachhaltigem Städtebau und Baukunst nicht um viel mehr als nur Energieeffizienz? Sollte man nicht gesamtheitlicher denken, die Herausforderungen besser systemisch verstehen (Abb. 3.2)?

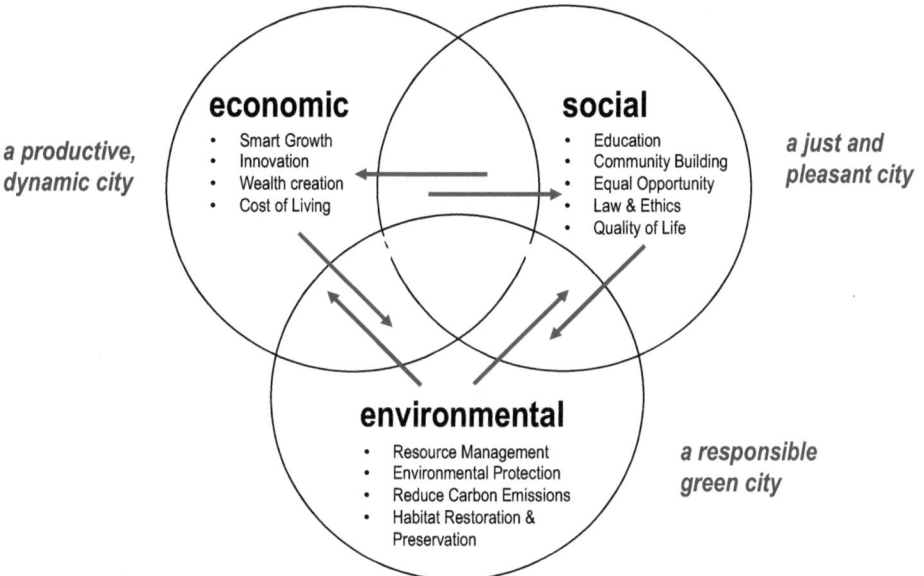

Abb. 3.2 Systemisches Denken und Planen für eine nachhaltige Stadtentwicklung. Wechselseitige Wirkungen zwischen Humankapital, Naturkapital und produziertem Wirtschaftskapital verstehen. (Quelle: eigene Darstellung)

3.3 Alternative Ansätze – weniger, einfacher, dauerhafter, seriell bauen

Nachhaltig Wirtschaften und Bauen sind eine globale Aufgabe für eine große, weiter wachsende Weltbevölkerung. Es geht bei den Maßnahmen also um Quantität, um eine globale Bilanz. Ansätze zu einfacherem und dauerhafterem Bauen würden auch deswegen in der ökologischen und ökonomischen Gesamtbilanz zu besseren Resultaten führen als die gegenwärtige Praxis der aufwendigen Optimierungen weniger Neubauten für vergleichsweise kurze Nutzungszeiten in hochentwickelten Ländern. Die derzeitige ESG-Betrachtungsweise und -Bewertungsmethodik benachteiligen dies aber. In einer Welt begrenzter materieller Ressourcen sollte das, was bereits verbaut ist, so lange wie möglich genutzt werden. Einfache Renovierungen und energetische Sanierungen von Bestandsgebäuden werden selten den gleichen Energieverbrauch im Betrieb und die gleichen räumlich funktionalen Qualitäten hervorbringen wie optimierte Neubauten. Aber sie bestehen bereits, ihre Bausubstanz trägt „graue Energie", bereits nutzbare Energie, die im Falle des Abrisses verloren ginge und für Ersatzneubauten zusätzlich zu investieren wäre. Hier bedarf es eines **Paradigmenwechsels mit dem Ziel, möglichst viel Baubestand durch Umbau und Umnutzung neu zu aktivieren.** Die ESG-Diskussionen und Zertifizierungen sollten dies stärker berücksichtigen, auch einfache energetische Sanierungen besser bewerten. Der Markt wird die Preise regulieren und bei Angeboten mit einfacherem Standard zu geringeren Preisen führen. Allein dem Bausektor wird, global betrachtet, ein Anteil von ca. 30 % der CO_2-Emissionen und 40 % des Energiebedarfs zugerechnet. Hinzu kommen ca. 50 % des Ressourcenverbrauches und 60 % des Abfallaufkommens. Bauen und der Betrieb von Gebäuden sind also extrem umweltrelevant.

Viele der Neubauten, die errichtet werden müssen, dienen einfachen Aufgaben und könnten entsprechend einfach gebaut werden mit guten, aber nicht übertriebenen Standards. Die Baugesetzgebung hat im Zusammenhang der neuen ESG-Diskussion insbesondere in Deutschland aber zu Übertreibungen geführt, die die meisten Bauherren, Projektentwickler, Wohnungsbaugesellschaften überfordern und dazu führen, dass ihre Projekte wirtschaftlich nicht mehr machbar sind. Dass sie dann weniger oder ausschließlich für den hochpreisigen Sektor bauen, steht im direkten Widerspruch zu den sozialen Zielsetzungen, möglichst viel Wohnraum auch für Geringverdiener in Städten zu schaffen und diese außerdem nicht zu separieren, sondern bestmöglich zu integrieren. Der Anforderungskatalog an nachhaltiges, umwelt- und klimagerechtes Bauen ist inzwischen aber so hoch geworden, dass bezahlbares Wohnen nicht mehr kostendeckend gebaut und vermietet werden kann. Eine Rückbesinnung auf einfachere Standards – einfachere Baumethoden, leichter, mit weniger Material, solide und dauerhaft – wäre nicht nur ökologisch nachhaltiger, sondern auch sozial gerechter. Günther Moewes hatte bereits in seinem 1995 erschienenen Buch *Weder Hütten noch Paläste – Architektur und Ökologie in der Arbeitsgesellschaft* (Moewes 1995) auf derartige Vereinfachungen, auf Materialwahl und Konstruktionsprinzipien hingewiesen, die sich für eine Kreislaufwirtschaft eignen.

Die Einführung eines **neuen Gebäudetyps, Typ E,** E, wie einfach oder experimentell, wird seit Jahren in Deutschland diskutiert, ist aber noch nicht gesetzlich verankert. Bei einem solchen Gebäudetyp blieben die grundsätzlichen Schutzziele der Bauordnungen, also Standsicherheit, Brandschutz, gesunde Lebensverhältnisse und Umweltschutz, unberührt. Aber alles andere könnte zwischen Bauherren und Architekten besprochen und vertraglich vereinbart werden. Der Markt würde dann über den Wert und über angemessene Kauf- und Mietpreise dieser Objekte selbst entscheiden. Als Grund für die Einordnung in „E" könnte die Anwendung einer innovativen Konstruktion ebenso gelten wie der Versuch, bezahlbaren Wohnraum zu schaffen. Grundsätzlich stellt sich die Frage, welcher rechtliche Rahmen die Eigeninitiative und Kreativität der Beteiligten für die Lösung ihrer und der gesamtgesellschaftlichen Herausforderungen fördert oder diese einschränkt: ein immer enger geschnürtes Korsett von Vorschriften und Verboten oder lediglich Zieldefinitionen und eine weitgehende Lösungs- und Technologieoffenheit?

Für gute einfache Gebäude müssten traditionelle Planungsprinzipien, vor allem die **„passiven Nachhaltigkeitsstrategien",** wiederentdeckt und angewandt werden. Architektur müsste so optimiert werden, dass es möglichst wenig Technik bedarf, um ein angenehmes Raumklima zu erzeugen und die vielen anderen Komfort-, Nutzungs- und Gestaltungsansprüche zu befriedigen. Unspektakuläre, unaufgeregtere Gebäude bilden

3.3 Alternative Ansätze – weniger, einfacher, dauerhafter, seriell bauen

leichter Ensembles, fügen sich leichter in gewachsene Kontexte ein und wären auch leichter langfristig zu erhalten bzw. zu ertüchtigen. Sie ließen sich leichter anpassen und umbauen, wenn sich die Anforderungen ändern. Grundstrukturen und Dimensionen müssten für Neubauten so geplant werden, dass sie langfristig eine größere „Drittverwendungsfähigkeit" bieten, wie es den großzügigen Wohngebäuden aus der Gründerzeit so vorbildlich gelingt. Gute Lösungen mit einfachen Mitteln zu erzielen ist auch deswegen so wichtig, weil die größte Nachfrage in bevölkerungsreichen Ländern besteht, denen weniger Mittel als in den reichen EU-Ländern zur Verfügung stehen. Heute gibt es eine Weltbevölkerung von über 8 Mrd. Menschen. Davon leben fast 6,5 Mrd. in den sogenannten Schwellen- und Entwicklungsländern, die nach unserem Lebensstandard streben. Wenn all diese nach den neuesten ESG-Standards Europas bauen sollten, wären die globalen Ressourcen sehr bald erschöpft. In der bereits entwickelteren, reicheren Welt einfacher zu bauen böte also auch mehr Chancen, brauchbare Vorbilder anzubieten, die auf andere Teile der Welt leichter übertragen werden könnten.

Ein interessantes, ermutigendes Beispiel für neues und unkompliziertes Bauen in Europa bieten die Architekten Baumschlager Eberle mit ihrem **„2226 Gebäudekonzept"**, das zuerst für das Bürohaus 2226 in Österreich realisiert wurde und inzwischen für weitere Projekte angewandt wird. Die Gebäude können aufgrund ihrer massiven, 76 cm dicken Ziegelaußenwände mit hoher thermischer Speicherfähigkeit ohne Heizungs- und Kühlungstechnik auskommen. Sie sind eine Alternative zu den derzeit marktüblichen Wärmedämm-Verbundsystemen (WDVS), bei denen auf die tragenden Stahlbeton- oder gemauerten Wände außen dicke Schichten synthetischer oder mineralischer Dämmstoffe aufgeklebt sind, den Gebäuden damit aber keine solide, harte und dauerhafte Schale geben. Im Winter sorgt die Abwärme aller Wärmequellen (Bewohner, Geräte) in den 2226-Gebäuden für eine angenehme Raumtemperatur. „Sensorisch gesteuerte Lüftungsflügel der Fenster öffnen sich automatisch, sobald der CO_2-Anteil oder die Temperatur im Raum steigt. Bei sommerlicher Hitze öffnen sich die Flügel bei Nacht, um mit natürlicher Zugluft zu kühlen. Die Sensoren des Klimasystems lassen sich umgehen und die Lüftungsflügel individuell von Hand bedienen." Der Verzicht auf Heizungs- und Kühlungstechnik und die Verwendung einfacher, langlebiger und recycelbarer Baustoffe reduzieren die Bau- und Betriebskosten und machen die Gebäude autarker von Versorgungsnetzen. Dieses Konzept zeigt, wie ökologische Ziele mit geringerem Aufwand und zu geringeren Kosten realisierbar sind. Einfach bauen, minimalistisch, ist keineswegs trivial, erfordert besondere Präzision, eine sorgfältige Abwägung, wie mit den einfachsten Mitteln der größte Effekt erzielt werden kann. Albert Einstein beschrieb diese besondere Herausforderung wie folgt: „Man sollte alles so einfach wie möglich machen, aber nicht einfacher."

Ebenfalls vielversprechend, aber noch nicht als hinreichend baurecht- und ESG-konform bewertet sind die wiederentdeckten **Konzepte für serielles Bauen,** das heißt mit fabrikseitig vorgefertigten Bauteilen und Raummodulen, die in kurzer Zeit auf der

Baustelle montiert werden können. Die serielle Vorfertigung in Fabriken erlaubt eine witterungsunabhängige, präzisere, ressourcensparsamere, abfallvermeidende und zeit- und kostensparende Bauweise. Sofern sie für hohe Energieeffizienz geplant und mit kreislauffähigem Material erstellt werden, können viele Kriterien zugleich erfüllt werden. Ein gutes Bespiel hierfür sind die Aktivhaus-Holzmodule des Architekten und Bauingenieurs Werner Sobek und erste realisierte Projekte in Stuttgart. Die Bauweise wird von den Anbietern als „Triple Zero Vision" beworben: „1. Zero Energy: Ein Gebäude verbraucht nicht mehr Energie, als es im Jahresdurchschnitt aus nachhaltigen Quellen selbst erzeugt. 2. Zero Emission: Es erzeugt keine schädlichen Emissionen. 3. Zero Waste: Alle Bauteile können vollständig in biologische oder technische Kreisläufe überführt werden" (Quelle: www.ah-aktivhaus.com). Die leichte, aber robuste Struktur verspricht Langlebigkeit. Serielles Bauen wurde in Europa, insbesondere Osteuropa, bis in die 1970er-Jahre großflächig umgesetzt, geriet aber aufgrund geringer Gestaltungs- und Bauqualität bald in Verruf. Die neuen Ansätze mit besseren und vielfältigeren architektonischen Gestaltungen und einer größeren Berücksichtigung der Nachhaltigkeitskriterien können dieser Bauweise zu einer Renaissance verhelfen. Wichtig für den wirtschaftlichen Erfolg sind verlässliche Beauftragungen großer Stückzahlen, die den Unternehmen die hohen Investitionen in industrielle Produktionskapazitäten erlauben.

Die **Verwendung besseren, dauerhafteren Materials** verspricht große Skaleneffekte für das Erreichen der Nachhaltigkeitsziele, insbesondere Verbesserungen des zentralen Werkstoffs Beton. Derzeit übliche Betonmischungen nutzen Zement, der mit extrem hohem Energieaufwand, bei Temperaturen bis zu 1450 Grad Celsius, hergestellt wird. Die Haltbarkeit und Widerstandsfähigkeit der derzeit üblichen Stahlbetonkonstruktionen, für Infrastrukturen und Gebäude, sind aber sehr begrenzt. Schon nach nur 50 Jahren werden beispielsweise Autobahnbrücken wegen Materialermüdung und Schäden ersetzt, viele Bürogebäude schon früher. Beides könnte durch neue Betonmischungen verbessert werden. In Anlehnung an die vorbildlich langlebigen Konstruktionen aus der römischen Antike, denen durch die Beimischung von Kalziumkarbonat und Vulkanasche Selbstheilungseffekte bei Rissen gelingen, kann auch heute verwendeter Beton optimiert werden. Signifikante Reduzierungen von CO_2-Emissionen könnte bei der Materialherstellung mit anderen Mischungen und niedrigeren Temperaturen und der geringeren, viel späteren Erfordernis von Abriss und Ersatzbauten erreicht werden.

Ein grundlegendes Kriterium für die Nachhaltigkeit von Gebäuden und urbanen Strukturen ist deren potenzielle Dauerhaftigkeit, das heißt deren Solidität und Robustheit, die ihnen eine langfristige Adaptabilität für sich ändernde Nutzungsansprüche gibt – ohne sie allzu umfangreich umbauen oder komplett ersetzen zu müssen: gebaute Strukturen, die über viele Generationen nutzbar sind, im besten Falle als zeitlos elegant, langfristig kontextuell passend und identitätsstiftend wahrgenommen werden. Sie sind nachhaltiger, verbrauchen weniger Ressourcen als spezialisierte Neubauten, die mit großem Aufwand für allein eine Nutzung optimiert wurden, lediglich über eine kurze Lebenszeit von wenigen Dekaden eine gute ESG-Performance liefern, dann aber abgerissen und ersetzt werden müssen. Was gut funktioniert und schön ist, will man pflegen, länger erhalten.

Der Architekturtheoretiker und einst einflussreiche ETH-Professor der Architekturgeschichte Vittorio Magnago Lampugnani propagiert in seinen Publikationen seit vielen Jahren eine neue „Modernität des Dauerhaften", erinnert an die zeitlosen Qualitäten des Städtebaus und der Architektur klassischer Epochen, Renaissancen, Gründerzeiten und positioniert sich leidenschaftlich gegen die heute marktbestimmende, modisch kurzlebige „Wegwerf-Architektur" (Lampugnani, 2023). Nach seinem Verständnis ist dieser Niedergang Folge und Ausdruck ausschließlich gewinnorientierten Handelns verantwortungsloser Spekulanten, die die „verbrauchssüchtigen Ereignisgesellschaften des globalen Kapitalismus" bedienen. Mithin fordert er einen „Paradigmenwechsel wider den wachstumsbesessenen Immobilienmarkt" und ein „drastisches politisches, soziales und wirtschaftliches Umdenken", das mit größeren staatlichen Eingriffen in wirtschaftliches Handeln und Privateigentum durchgesetzt werden soll. Vom Einzelnen erwartet er die Bereitschaft, seinen privaten Verbrauch zugunsten des allgemeinen Wohlstands zu reduzieren, glaubt, dass der „Standard, den es in den sechziger Jahren in Europa gab", der wieder anstrebenswerte und für alle ausreichende Standard zu sein habe, sieht seine „Utopie vom Ende des Wachstums als existenzielle Notwendigkeit". Er fasst seine Thesen mit der Forderung zusammen, möglichst wenig zu bauen, „auf jeden Fall nur, was unbedingt notwendig ist, am besten nichts. Das ökologischste Haus ist das, was nicht realisiert wird".

Exponentielles globales Bevölkerungswachstum, Armuts- und Klimamigrationen, zunehmende Konzentrationen in Städten, sich verschärfende Verteilungskämpfe um Raum und Rohstoffe – all diese Faktoren werden in seiner Weltanschauung allerdings ausgeblendet, was seine Lösungsansätze etwas weltfremd erscheinen lässt. Mit seiner Kritik und seinen Forderungen stellt sich Lampugnani zudem zu unkritisch auf die Seite der linken Akademiker, die die ökologischen und Klimakrisen zum (willkommenen?) Anlass nehmen, nun noch vehementer einen politischen Systemwechsel, mehr Planwirtschaft zu fordern. Das Stärken apokalyptischer Ängste, der panische Handlungsimpuls und die Forderung nach mehr staatlicher Regulierung wirken dabei aber eher kontraproduktiv. Anstatt weniger, schlichter und robuster zu bauen, befeuert dieser Ansatz regelungswütige Bürokraten, die die Dynamik einer sozialen Marktwirtschaft lähmen wollen.

Bei aller Zustimmung zu Lampugnanis Kritik an dem schädlich Überflüssigen, dem schnelllebigen „Konsumismus", der inzwischen Gebäudeplanungen und ganze Stadtentwicklungen erfasst hat, sie oft belanglos und austauschbar gemacht hat, bei aller Zustimmung zu seinen Forderungen nach mehr Qualität und Dauerhaftigkeit unserer gebauten Welt erscheint seine pauschale Kapitalismuskritik, seine *Degrowth*- und sozialistische Umverteilungsutopie eher undurchdacht, naiv und zu idealistisch. Die kreativen und unternehmerischen Leistungen (gerade auch in den von ihm gefeierten geschichtlichen Epochen) waren es, die große Qualität hervorbrachten – es waren nicht staatliche Einschränkungen, nicht Bevormundung oder Enteignungen. In den Gründerzeiten war es das neue unternehmerische Bürgertum, das stolz seinen eigenen Erfolg, den seiner Unternehmen und seiner Städte entwickelte und prägte, ein fortschrittsorientiertes, sozial verantwortungsbewusstes Unternehmertum, das durch eigene Mehrleistung alle voranbrachte.

Kapitalismuskritik ist heute im gesättigten Westen wieder en vogue. Alle Probleme der Umweltzerstörung und der Klimakrise werden pauschal dem Kapitalismus angelastet, ohne anzuerkennen, dass es eben dieses Wirtschaftssystem und diese liberale, offene Privatrechtsgesellschaft waren, die technischen Fortschritt und großen Wohlstand für die Mehrheit der Menschen brachten, und ohne sehen zu wollen, dass die planwirtschaftlichen Systeme über kurz oder lang alle scheiterten und weit größere Ungerechtigkeiten und Schäden anrichteten. In seinem Buch *Kapitalismus ist nicht das Problem, sondern die Lösung* beschreibt Rainer Zitelmann in einer „Zeitreise durch fünf Kontinente" anhand vieler Beispiele, wie dieses System sich immer als überlegen erwies (Zitelmann 2018). Gerade Deutschland könnte und sollte diesbezüglich aus seinen eigenen geschichtlichen Erfahrungen gelernt haben.

Die Potenziale des Leistungsprinzips und des Wettbewerbs in einer nicht überregulierten kapitalistischen Marktwirtschaft bieten nach wie vor die beste Grundlage für konstruktive Eigeninitiativen und geben Hoffnung auf Problemlösungen und Verbesserungen zum Wohle aller. Dem Wegwerf-Konsumismus begegnet man effektiver als mit dem „Ende des Wachstums" durch eine Veränderung des Wachstums, eine anders ausgerichtete Nutzung unseres geistigen und wissenschaftlichen Potenzials, durch neue Lösungen für eine engere, überbevölkerte Welt mit begrenzten natürlichen Ressourcen und immer neuen Konfliktherden. Nicht mehr kämpfen, forschen, arbeiten zu wollen, nicht mehr wachsen zu wollen, erscheint populistisch und nicht zu Ende gedacht. Insbesondere wenn es einseitig der westlichen kapitalistischen Welt abverlangt wird, somit lediglich den konkurrierenden Systemen Wettbewerbsvorteile verschafft – die zum Teil offensichtlich nicht nach gleichen Werten und Zielvorstellungen operieren. Die gut gemeinten, selbst auferlegten Dekarbonisierungsmaßnahmen kosten viel Geld, das den EU-Ländern an anderen Stellen fehlt. Es schwächt zumindest kurz- und mittelfristig große Teile der Wirtschaft in der globalen Konkurrenz. Um in einem großen, relevanten Maßstab agieren und anderen helfen zu können, muss man sich zunächst um eigene Stärke bemühen. Dies ist in den Gebrauchsanweisungen der Sauerstoffmasken für Notfälle in Flugzeugen sehr verständlich zusammengefasst: *„Put your oxygen mask on first, before helping others."*

3.4 Big Picture Kosten-Nutzen-Betrachtung, Prioritäten

Der in der Europäischen Union geforderte Aufwand, um immer ambitioniertere ESG-Ziele, insbesondere die Dekarbonisierungsziele, zu erreichen, und damit einhergehende Kosten scheinen sich von einem realistischen Nutzen immer weiter zu entfernen. **Mehr Bescheidenheit und Realismus bezüglich der eigenen Wichtigkeit und des Effekts,**

den man in und aus Europa heraus für die globale Herausforderung der Klimaveränderung leisten kann, scheint geboten. Eine kritische Zwischenbilanz im Jahr 2023 lässt zumindest Zweifel an der Verhältnismäßigkeit der Initiativen zu. Alles Geld, Personal, Zeitaufwand und Material, das für die Umsetzung der ESG-Programme eingesetzt wird, fehlen für andere wichtige Entwicklungsinitiativen. Die starke Fokussierung auf eine Reduzierung der CO_2-Emissionen geht nicht nur zulasten aller anderen sozialen und kulturellen Aufgaben, die Wirtschafts- und Stadtentwicklung zu leisten hat, es überfordert insbesondere die ökonomischen Möglichkeiten. Eine ökonomisch geschwächte europäische Wirtschaft wird langfristig aber immer weniger zu den Lösungen der wachsenden globalen Herausforderungen beitragen können. Staaten, Unternehmen und Bürger mit begrenzten Budgets oder gar in existenziellen Nöten werden andere, kurzfristig egoistische Prioritäten setzen müssen.

Die immer größeren Anstrengungen Europas, seine CO_2-Emissionen zu reduzieren, stehen zudem im Gegensatz zum massiven, scheinbar akzeptierten Anstieg in anderen Teilen der Welt, insbesondere China. Dort werden die Kohleförderung und Energiegewinnung durch Kohlekraftwerke weiterhin massiv ausgebaut, auch in den letzten Jahren – nachdem China das Pariser Klimaabkommen ratifizierte. Bei der Größe des Landes, dessen Wirtschaftswachstum und entsprechend wachsenden Energieverbrauch kommen enorme Mengen an Emissionen zusammen (insgesamt 32 % der globalen Emissionen), die bereits einen großen Teil des noch verfügbaren globalen CO_2-Budgets aufbrauchen, das heißt, bis die Erwärmung die 1,5-Grad-Grenze überschreitet. China nutzt offensichtlich diese Zeiten der europäischen Dekarbonisierungs-Kostenselbstbelastungen noch aggressiver und rücksichtsloser, um sich weitere Wettbewerbsvorteile und „Gebietsgewinne" zu verschaffen. Die EU hat hierauf bislang noch keine konsequente und wirkungsvolle Antwort gefunden. Effektiver Klimaschutz ist nur möglich, wenn China seine Energiepolitik ändert. Die Beiträge der europäischen Länder, die zusammen nur ca. 8 % der globalen Emissionen ausmachen, sind vergleichsweise unbedeutend, wie in den Erhebungen und Präsentationen unter anderen des eindrucksvoll dargestellt wird (Abb. 3.3).

Der Ökonom Hans-Werner Sinn sprach zudem von einem **„Green Paradox"**, dem Effekt, dass Produzenten und Anbieter von fossilen Energieträgern ihr Angebot massiv erhöhen, seitdem immer mehr Regierungen den Verbrauch ihrer Bürger und Industrien mit vielen gesetzlichen Auflagen zu drosseln versuchen, um CO_2-Emissionen zu reduzieren. Dieses zusätzliche Angebot wird verbraucht, auch wenn zunehmend an anderen Orten, die Emissionen steigen kontinuierlich. Er schlug deswegen vor („Green Paradox", Sinn 2012), über eine weltweite politische Zusammenarbeit das Angebot zu reduzieren. In einer Welt, in der viele der Produzenten und Konsumenten sich mehr auf eigene kurzfristige Vorteile anstatt langfristige globale Interessen konzentrieren, scheitert aber auch dieser Ansatz. Schnellstmögliche autarke Energieversorgung über weniger oder nicht CO_2 emittierende Rohstoffe und Technologien bleibt daher die beste Strategie zur Reduzierung der Treibhausgase.

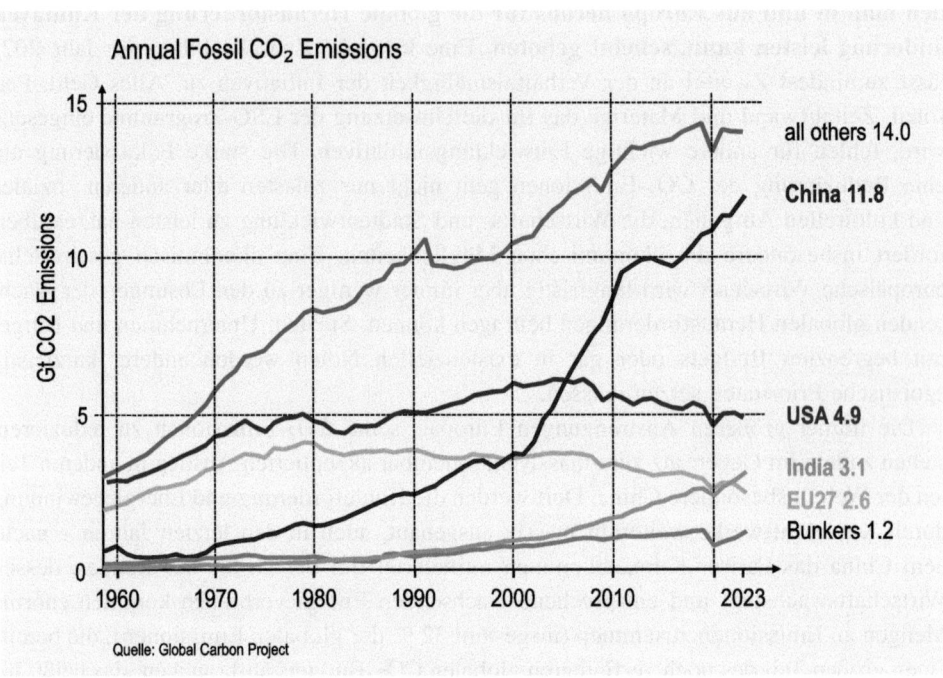

Abb. 3.3 CO_2-Emissionen (in Gigatonnen) nach Land, Entwicklung seit 1960. (Quelle: Global Carbon Project 2021, lizenziert unter CC-BY 4.0)

Die für Europa geltenden **Definitionen von Sektorzielen** und Aufteilung und Zuordnung jeweiliger Aufgaben im Rahmen der CO_2-Emissionsreduzierung scheinen zudem nicht der richtige Weg zu sein. Der potenzielle Beitrag des Bausektors wird überschätzt. Die Korrelation zwischen der Gebäudeenergieeffizienz und der gesamtheitlichen Energieeffizienz eines Wirtschaftsstandorts zeigt nicht die erwarteten und versprochenen Resultate. Ein extrem hoher Aufwand für Gebäudedämmungen und neue elektrische Heiz- und Kühlsysteme haben keinen nennenswerten Effekt, wenn im Energiesektor der Strom für Materialerzeugungen und Betrieb der Systeme aus der Verbrennung von Braunkohle gewonnen wird. Probleme werden lediglich von einem Sektor in einen anderen verschoben. Höhere Investments für emissionsarme Energieerzeugung und effiziente Netze und Speicherung wären in der Gesamtbilanz sehr viel effektiver. Hier bedarf es eines selbstkritischen Bilanzierens und des Bestimmens neuer Prioritäten. Die negativen Effekte für die Bauwirtschaft und über sie für die gesamte Volkswirtschaft sind einfach zu groß.

Der Strombedarf wird weltweit weiter rasant steigen, nicht nur wegen der politisch forcierten E-Mobilität und elektrisch betriebenen Gebäudeheiz- und -kühlsysteme, sondern auch für die Infrastruktur der Digitalisierung. Immer mehr und immer leistungsfähigere **Rechenzentren** werden für die Speicherung der Daten errichtet. Mit ihnen steigen der

Energieverbrauch und die CO_2-Emissionen stetig an. Alle Rechenzentren der Welt haben im Jahr 2021 zusammen bis zu 650 Terrawattstunden Strom verbraucht. Das ist in etwa so viel, wie ganz Deutschland benötigt – inklusive aller Privathaushalte, Gewerbe, Industrie und öffentlichen Einrichtungen. Wäre das Internet ein Land, hätte es den weltweit sechstgrößten Stromverbrauch und läge mit einem Anteil von fast drei Prozent am weltweiten CO_2-Ausstoß auf Platz 6 nach China, der USA, Indien, Russland und Japan. Wesentlicher Faktor ist der Stromverbrauch, vor allem für Server und Kühlungssysteme. In Deutschland verbraucht das Internet, also der Betrieb der Netze sowie Rechenzentren, ca. 13 Terrawattstunden Strom pro Jahr, ohne Berücksichtigung des Stromverbrauchs der Endgeräte der Nutzer. Einige der neu gebauten Rechenzentren benötigen sogar mehr Strom als einzelne deutsche Großstädte. Die weltweite IT ist für einen sehr relevanten und wachsenden Anteil am Energieverbrauch verantwortlich und somit auch am CO_2-Ausstoß. Die rasante Entwicklung und Nutzung künstlicher Intelligenz werden den Energieverbrauch weiter steigern. Eine weniger klimaschädliche, stabil grundlastfähige Erzeugung von Energie in großem Maßstab wird immer wichtiger, wichtiger als aufwendige Maßnahmen zu Energieverbrauchseinsparungen für nur einen Teil des Gebäudesektors.

Bjørn Lomborg beschreibt in seinen Büchern *The skeptical environmentalist* und *False alarm* (2022), wie die inzwischen auf einer Klimarettungspanik basierende Politik zu teuren Übertreibungen führt, die dem Kampf gegen eine Erderwärmung wenig nutzt, aber viele negative wirtschaftliche Folgen insbesondere für arme Bevölkerungsschichten hat. Er bestreitet nicht den Klimawandel und seine negativen Auswirkungen, warnt aber vor apokalyptischen Prophezeiungen und erratischem Aktionismus. Die gewaltigen finanziellen Aufwendungen fehlen anderen sozialen Initiativen und der Entwicklung besonders vielversprechender technologischer Entwicklungen.

Ein Paradigmenwechsel von der Idee des maximalen Aufwands, der Optimierung für geringe Quantitäten hin zu einem geringeren Aufwand für sehr viel größere Quantitäten, scheint für einen maximalen globalen Effekt der bessere Weg zu sein. In den entwickelteren Ländern sollte der Fokus mehr auf einfachen energetischen Sanierungen von älteren Bestandsgebäuden gelenkt werden, die den Großteil der gebauten Umwelt ausmachen. In Deutschland sind über 80 % Wohnbauten älter als 30 Jahre. Schon geringfügige Verbesserungen an diesem Bestand würden in der Summe größere Effekte erzielen als extreme Optimierungen der wenigen Neubauten. Und anstatt in kürzester Zeit die gebaute Umwelt Europas „klimaneutral" machen zu wollen, wäre der Welt besser gedient, möglichst viele Teile der Welt zügig weniger klimaschädlich zu gestalten. Europa, insbesondere Deutschland, befindet sich schon seit vielen Jahren auf dem richtigen Weg und reduziert seinen ökologischen Fußabdruck kontinuierlich, gemessen an seiner Einwohnerzahl und Wirtschaftskraft. Diese Entwicklung nun panisch beschleunigen zu wollen und große wirtschaftliche Kollateralschäden dabei in Kauf zu nehmen, ist nicht zielführend, schwächt Europa, aber hilft dem Weltklima nur wenig. Die geburtenstarken Entwicklungs- und Schwellenländer bräuchten mehr Unterstützung (aber nicht Bevormundung!) auf ihrem Weg zu besserer Umwelt- und Klimapolitik. Ihre Erfolge, auch wenn sie nur langsamer gelingen, hätten in der globalen Gesamtbilanz einen größeren Effekt. Europa sollte diesen Teilen der Welt pragmatisch helfen, mit einfachen, kosten- und ressourceneffizienten Methoden klimafreundlichere Städte und Infrastrukturen zu entwickeln. Damit kämen diese zu größerer Autarkie und hätten bessere Entwicklungschancen, was auch die zunehmende Klima- und Armutsmigration in reichere Länder reduzieren würde. Übertrieben komplexe, komplizierte europäische Lösungen dienen den größten Teilen der Welt nicht als Vorbild, europäische Zurechtweisungen schon gar nicht.

Dieser Ansatz beinhaltet auch eine Unterstützung armer Entwicklungsländer, insbesondere in Afrika, bei ihrer Familienplanung, ihrer Geburtenkontrolle. Ungewollte und ökonomisch und ökologisch nicht tragbare **Überbevölkerung** in diesen Teilen der Welt kann zum Vorteil aller reduziert werden. Ein weiteres exponentielles Anwachsen der Weltbevölkerung auf 10 Mrd. oder noch mehr Menschen muss nicht passiv hingenommen werden. Die Bevölkerung allein in Afrika, heute ca. 1,5 Mrd. Menschen, wächst jeden Tag um 200.000 Menschen, in einer Woche um die Bevölkerungszahl einer europäischen Großstadt, in einem Jahr fast um die Bevölkerungszahl Deutschlands. Im Jahr 2025 könnten es dann 2,5 Mrd. Menschen sein – alles andere als klimaneutral. Das wäre eine Verzehnfachung in einem Jahrhundert. Da jedem Menschen die Chance auf bestmögliche Lebensbedingungen auf unserem Planeten mit begrenzten Ressourcen gegeben werden soll, muss ungewünschte Überbevölkerung engagierter verhindert werden, auf freiwilliger Basis, durch Aufklärung und Zurverfügungstellung aller Mittel für die individuelle Familienplanung. Die Thematik der Überbevölkerung, ihre Ursachen und Folgen, wird nicht ausreichend in den Klimadiskussionen berücksichtigt. Alan Weisman beschreibt in seinem Buch *Countdown – our last, best hope for a future on earth* (2013) die Bevölkerungsexplosion als größte Herausforderung und warnt vor unserer Überschätzung **der Carrying Capacity** unseres Planeten und den begrenzten Fähigkeiten der Menschheit, bei derart wachsender Bevölkerung und wachsendem Konsum friedlich miteinander zu leben, zu teilen, nicht in kriegerischen Verteilungskämpfen zu enden. Gewaltfreie Methoden der Bevölkerungsreduzierung seien der einzige Weg.

Die Fixierung der EU-Klimapolitik auf eine schnellstmögliche Reduzierung menschenverursachter Treibhausgase suggeriert nicht nur, dass das möglich ist, sondern auch, dass im Falle des Gelingens eine weitere Erderwärmung gestoppt werden könnte und das weitere Leben unserer Spezies und der uns vertrauten Flora und Fauna auf der Erde damit gesichert sei. Das kann bezweifelt werden. Klimatische Veränderungen sind sehr träge, langfristige Prozesse. Manche Planetenforscher weisen zudem auf andere mögliche Ursachen für die Erderwärmung hin, etwa die sich verändernde Strahlungsintensität der Sonne, ihr Rotationsabstand und veränderte Sonnenflecken. Auf diese Phänomene haben wir keinen Einfluss. Diese Naturwissenschaftler gehen ebenfalls von einer langfristigen weiteren Erderwärmung aus. Ein anderer Aspekt bei einer kritischen Betrachtung der gegenwärtigen ESG-Strategie betrifft den Fokus auf das Treibhausgas CO_2 und das vergleichsweise geringe Interesse an Reduzierungsstrategien für das sehr viel schädlichere Methangas, das in großen Quantitäten ungehindert aus den Erdgasfeldern in Zentralasien und durch das

Auftauen der Permafrostböden in Sibirien in die Atmosphäre gelangt. Eine Tonne emittiertes Methan entspricht der Klimabelastung von 25 t CO_2. Die emittierte Tonne Methan ist, auf 100 Jahre gesehen, so klimaschädlich wie 25 t Kohlendioxid. Die Quantitäten sind also relevant. Der Methanausstoß einzelner Erdgasfelder entspricht der gesamten CO_2-Emission einzelner europäischer Industrieländer. Hier fehlen überzeugende Strategien, die Teil einer globalen ESG-Strategie sein müssten.

Auch diese Beobachtungen und Prognosen legen es nahe, dass eine **Anpassung auf wärmere Temperaturen und die damit verbundenen Folgen – Extremwetterphänomene, Eisschmelze und Anstieg des Meeresspiegels** – uns mindestens ebenso sehr beschäftigen sollten wie die Bemühungen, deren Ursachen, den Temperaturanstieg zu bremsen. Die Ursachenbekämpfung ist langfristig wirkungsvoller, aber eben nur langfristig. Sie ersetzt keine Anpassungsstrategien. Mehr Anpassung an die Erderwärmung heißt nicht, die Bekämpfung der Ursachen, die Dekarbonisierungsstrategien aufzugeben. Diese müssen aber global wirkungsvoller gestaltet werden. Nicht nur durch viele kleine, graduelle Verbesserungen der Energieeffizienz von Städten und Gebäuden in Regionen mit sehr großer Bevölkerungsdichte, sondern auch mit großen Lösungen, mit technischen Innovationen, die in den bereits entwickelteren Ländern entstehen können. Dazu gehören auch „Carbon-Capture"-Technologien, mit denen die Klimagase aktiv aus der Luft genommen werden.

Zuvor aber sollte die Speicherkapazität der Natur besser genutzt werden. Zu den wirkungsvollen Maßnahmen zur Reduzierung der Treibhausgase in der Atmosphäre gehört die **Steigerung der CO_2-Speicherungskapazität der Böden,** die für Landwirtschaft genutzt werden. Hierzu bedarf es „gesunder" Böden mit stabilen Humusschichten, die nicht durch Erosionen abgetragen werden. Falsche Bewirtschaftungsmethoden, Monokulturen und großflächig industrielle Übernutzungen haben aber den Humusaufbau, damit die Fruchtbarkeit und die Speicherfähigkeit der Böden immer mehr reduziert. Die landwirtschaftlichen Methoden müssen weltweit geändert werden, um Bodenqualitäten wieder zu verbessern, Entwicklungsländer müssen dabei unterstützt werden. Damit können mehrere positive Effekte zugleich erzielt werden. Nicht nur verbessert man die Lebensmittelversorgung und die Entwicklung ertragreicher Agrarsektoren, sondern man verbessert auch die globale CO_2-Bilanz.

Die erforderlichen Anpassungsmaßnahmen führen zu anderen Planungskonzepten für die von Menschen besiedelten Gebiete und Städte sowie für landwirtschaftlich genutzte Flächen. In diesem Zusammenhang lohnt es sich für Europa, Nordamerika, für alle Länder der nördlichen Erdhälfte, auch von traditionellen Stadtplanungsstrategien bereits wärmerer Erdregionen zu lernen. Hierzu gehört insbesondere das Repertoire passiver Planungsstrategien: engere, dichtere Bebauungsstrukturen mit Solarorientierung, verschatteten Wegen (z. B. Kolonnaden, Arkaden), selbst verschattenden Gebäudefassaden (anstatt ungeschützter *Curtain Walls* aus Glas) und natürlicher Durchlüftung. In der städtischen Landschaftsplanung und offenen Landwirtschaft gehören die Nutzung von Grauwasser, feinmaschige Bewässerungssysteme, Kanäle und Zisternen dazu, in Küstenregionen

Dämme und Renaturierung von Flussläufen mit Überschwemmungsgebieten und natürlich großflächige Wiederaufforstungen um und zwischen den Städten.

Insgesamt fehlt derzeit aber eine große, positive Problemlösungsvision für eine nachhaltige, emissionsfreie Energieversorgung der wachsenden Weltbevölkerung, es fehlen **neue Moonshot-Projekte.** Anstatt sich ausschließlich auf das Abwenden einer Apokalypse zu fixieren, sind auch Quantensprünge zu langfristigen Verbesserungen durch technologischen Fortschritt denkbar – und wahrscheinlich umsetzbar. Das bedrohliche Zusammenspiel der aktuellen Krisen sollte größeren Antrieb für Forschung und Entwicklung geben. Neben der Summe der vielen kleinen Schritte zur Problemminderung sollte der Fokus viel stärker auch auf technologische Innovationen gelegt werden, die sehr große Effekte versprechen. Die Nachhaltigkeitsplanung braucht mehr globale Kooperation für die globale Herausforderung.

In diesem Zusammenhang sollten auch die neuen, weniger gefährlichen und belastenden Technologiegenerationen der Kernenergie engagierter weiterentwickelt werden, der Energieträger Wasserstoff und perspektivisch die **Kernfusion.** Hiermit könnte – wenn es gelingt, das theoretische Konzept in funktionierende Technologie umzusetzen – das Energieproblem der Menschheit sehr viel effizienter, in großem Maßstab gelöst werden, als es heutige umwelt- und klimabelastende Technologien erlauben. Die konzentrierte Nutzung von Solarenergie in Nordafrikas Wüstenregionen und das Teilen der Erträge per interkontinentaler Stromkabel mit Europa, eine Projektidee, die im Jahr 2010 unter dem Namen **Desertec** bekannt wurde, bot großes Potenzial, das bis heute nicht genutzt wird. Die Weiterentwicklung und Realisierung großer **Aufwindkraftwerke** versprechen großes, noch ungehobenes Potenzial für nachhaltige Energieerzeugung. Bereits im Jahr 1980 wurde ein Prototyp in Spanien nach Planungen der Stuttgarter Ingenieure Schlaich Bergermann und Partner gebaut und erfolgreich betrieben. Auch innovative Technologien zur Lebensmittelproduktion, wie *Vertical Indoor Farming* und pflanzliche Fleischersatzlebensmittel, die den Ressourcenverbrauch für die Ernährung der wachsenden Weltbevölkerung entscheidend reduzieren, können zur Lösung beitragen.

Die meisten großen Lösungen kennen wir wahrscheinlich noch nicht. Forschungen werden uns möglicherweise neue Optionen bieten, an die wir heute noch gar nicht denken können. Die gerade erst beginnenden Disruptionen durch generative künstliche Intelligenz können bei allen derartigen Forschungstätigkeiten entscheidende Unterstützung bieten. In diese Forschungen und technologischen Entwicklungen mehr zu investieren, erscheint mindestens ebenso vielversprechend wie die vielen kleiner gedachten ESG-Strategien, die die Planer und Entrepreneure heute so sehr beschäftigt halten.

# Teil II
Trends, Konzepte und Umsetzungsprozesse

Langfristige Trends – neue Business Opportunities

4

Neue Lebens- und Arbeitsformen schaffen neue urbane Strukturen, neue Gebäudetypen, Planungs-, Bau- und Dienstleistungen

> *Der eine wartet, dass die Zeit sich wandelt, der andere packt sie kräftig an – und handelt* (Dante Alighieri).

Das Zusammenwirken von demografischen Veränderungen, technologischen Innovationen und den Transformationen zu nachhaltigeren Strukturen hat zu neuen Formen des Arbeitens, des Wohnens, des Einkaufens und in den meisten anderen Bereichen urbanen Lebens geführt. Mit dem Wandel der Ansprüche einerseits und den neuen Möglichkeiten andererseits ändern sich auch die Planungsziele für Städte, für Gebäude und den öffentlichen Raum. Neue Produkttypen und neue Dienstleistungen entstehen, ergänzen oder ersetzen alte Abb. 4.1). Diese Veränderungen betreffen sowohl die jungen, schnell wachsenden Städte in Entwicklungsländern wie auch die Europas mit seinen historisch gewachsenen, veränderungsträgeren Strukturen. Dabei wirken einige Trends als besonders starke Treiber.

4.1 Urbanisierung: Konzentration, Innenentwicklung, Dichte, Vertikalisierung

Urbanisierung, also eine weiter zunehmende Konzentration von Menschen in Städten, insbesondere in den wirtschaftlich erfolgreichen Städten und Stadtregionen, wird sich als weltweiter Megatrend in den nächsten Dekaden fortsetzen (Abb. 4.2). Wie dieses Wachstum städtebaulich organisiert wird, entscheidet maßgeblich über die Lebensqualität in ihnen, über ihre Anziehungskraft und langfristige Wettbewerbsfähigkeit als Wirtschafts- und Wohnort. Städte können als sorgfältig geplante Kompositionen kompakter Zentren

Urbanisierung und städtische Innenentwicklung	- höhere Grundstücksausnutzung, dichtere Bebauung in Zentren - vertikales Wachstum, Hochhäuser - Aufstockungen, Anbauten, Auffüllen der Blockinnenräume - stärkere Verzahnung private und öffentliche Flächen - 15-Minuten Stadt
Neue Arbeitswelten	- kompaktere Büroflächen in zentraleren Stadtlagen - Serviceangebote in und um die Büroflächen - smarte Gebäudeautomation - Hybrid-Gebäudetypen - Sharing-Konzepte für Sonderflächen und Mobilität - Urban Manufacturing, Maker Studios - mehrgeschossige urbane Produktions- und Logistikhallen - Rechenzentren
Neue Wohnwelten	- kompaktere Einheiten in besseren Stadtlagen - Micro-Living, Co-Living mit Services - Work-Live Lofts - Sharing-Konzepte für Sonderflächen und Mobilität - (transportable) Tiny Homes
Neue Quartiere	- mischgenutzt: Wohnen, Arbeiten, soziale Infrastruktur - quartiersweit geteilte Services - grüner Campus, Pocket Parks, Urban Farming - Quartiersgaragen - autarke Energieversorgung
Aufwertung der Innenstadt	- vom Shopping-Funktionsraum zum Begegnungsraum - gestalterischer Aufwertung des öffentlichen Raums - Neuaufteilung der Verkehrsflächen, mehr Grünflächen
Neue urbane Infrastrukturen	- PV Solardächer und -fassaden - Energiespeicher für erneuerbare Energien - Glasfaser-Netzausbau - grüne Rechenzentren mit Abwärmenutzng - Vertical Indoor Farming und Rooftop Gewächshäuser
Neue Konstruktionen, neue Materialien	- modular, seriell vorfabriziert - einfach, monolythisch, intelligent low tech - CLT-Holz-Hybrid Konstruktionen - Leichtbaukonstruktionen und -materialien

Abb. 4.1 Trends in der Stadtplanung, Architektur und Bauwirtschaft

und Quartiere – mit einer hohen gestalterischen und Aufenthaltsqualität, insbesondere in ihren öffentlichen Freiräumen – geplant werden oder als unstrukturierter Siedlungsbrei austauschbarer Teile wuchern. Wachstum lässt sich an den Stadträndern leichter realisieren als in den bereits dicht bebauten Zentren. Gerade hier wollen aber die meisten Menschen wieder leben und arbeiten, wollen von der Angebots- und Erfahrungsdichte, von der Effizienz und dem Komfort dichten urbanen Lebens profitieren.

4.1 Urbanisierung: Konzentration, Innenentwicklung, Dichte, Vertikalisierung

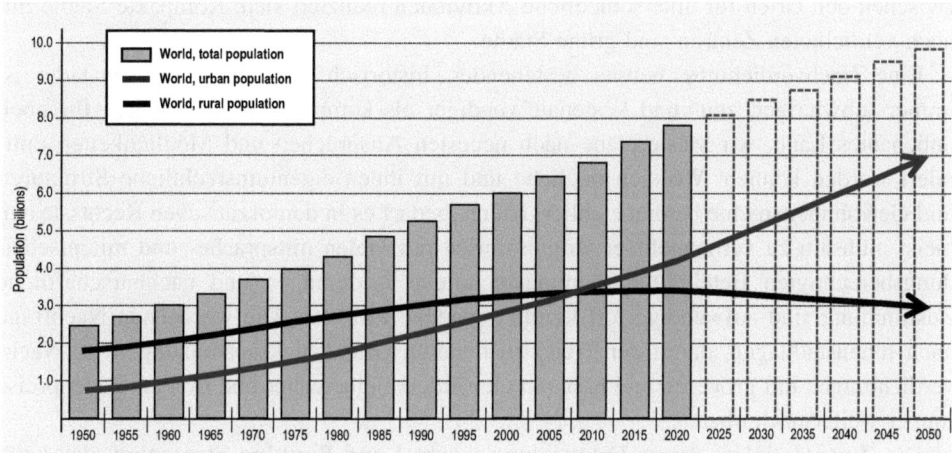

Abb. 4.2 Wachstum der Weltbevölkerung und Aufteilung in städtische und ländliche Besiedlung (Datengrundlage: United Nations, World Population Prospects, 2018)

Städtische Innenentwicklung gehört deswegen zu den wichtigsten Themen und Aufgaben des Urbanisierungsmegatrends, ineffizienter Urban Sprawl soll reduziert werden.

Eine sehr gute Stadtlage, hohe Qualität und der Prestigewert des Gebäudes werden für den Unternehmens- und Wohnsitz der anspruchsvollen *Knowledge Worker* immer wichtiger. Man möchte möglichst in oder nahe dem Stadtzentrum arbeiten, am Puls des urbanen Lebens. Der daraus entstehende hohe Verwertungsdruck auf die begrenzten innerstädtischen Flächen führt zu weiterer Verdichtung, zu höheren Gebäuden, zu Aufstockungen oder dem Abriss von Bestand und Ersatz mit größeren Neubauten. Wo horizontale Ausdehnung wie am Stadtrand und in den Vorstädten nicht möglich ist, muss die Stadt **vertikal wachsen, auch in Form von Hochhäusern.** Die modernen *Central Business Districts* in US-amerikanischen Städten bildeten eine solche Konzentration schon in früheren Wachstumsphasen mit ihren Hochhauszentren eindrucksvoll ab. In europäischen Städten ist dies noch eher selten, hohe urbane Dichten können aber schon mit **kompakten mittelhohen Gebäuden und Blockrandstrukturen** erzeugt werden. Gesetzgeber müssen für eine Anpassung an diese neue Konzentration auf Innenstädte die entsprechenden planungsrechtlichen Grundlagen schaffen, die Bestimmungen zu zulässiger Art und zum Maß der Nutzung entsprechend verändern. Hierbei stehen in Europa, insbesondere in Deutschland, oft ideologische den fachlichen Begründungen entgegen. Kompakte, vertikalisierte Innenstädte und Quartiere sind aber nicht nur für ihre Bewohner als „Stadt der kurzen Wege", oft auch „15-min-Stadt" genannt, effizienter und bieten eine hohe Lebensqualität, sondern auch für die ökologische Bilanz der gesamten Stadtregion besser: Weniger Boden wird für Gebäude und Straßen versiegelt und der motorisierte Verkehr zwischen den Orten für unterschiedliche Aktivitäten reduziert sich. Kompakte Städte mit hoch verdichteten Zentren sind grüne Städte.

Eine Nachverdichtung bereits bestehender, historisch gewachsener Innenstädte ist immer schwieriger, zeit- und kostenaufwendiger als komplette Neuplanungen für noch unbebautes Land, wo Masterpläne nach neuesten Ansprüchen und Möglichkeiten optimiert werden können. Wo sich bauliche und mit ihnen eigentumsrechtliche Strukturen und Gewohnheitsrechte bereits etabliert haben, bedarf es in demokratischen Rechtsstaaten meist mühsam zu verhandelnder Kompromisse mit vielen mitsprache- und mitentscheidungsberechtigten Beteiligten. Planungsrechtliche Änderungen und nachbarschaftliche Zustimmung sind aufwendige, oft konfliktbeladene Prozesse. Die wachsende Nachfrage nach Innenstadtlagen, damit der Trend zu höheren Grundstücksausnutzungen, zu Nachverdichtungen mit größeren und höheren Gebäuden bleiben aber und treiben Bodenpreise immer weiter nach oben.

Die Zuverlässigkeit dieser Entwicklung macht **Land-Banking-Strategien,** das heißt die Bevorratung mit zukünftig bebaubaren oder dichter bebaubaren Grundstücken, mit Bauerwartungsland, sowie älteren, ineffizienten Bestandsgebäuden in Wachstumslagen und -phasen grundsätzlich vielversprechend. Solange die Nachfrage das Angebot übersteigt, wird der Bodenwert steigen, auch ohne irgendein zusätzliches Investment der Eigentümer. Wenn die Eigentümer als aktive **Land Developer/Baulandentwickler** mit den Kommunen das Planungsrecht darüber hinaus aktiv verbessern und für konkrete Planungen auf den Grundstücken Baurecht beantragen und erhalten, steigt der Wert deutlich höher. Die Grundstücke können dann mit Gewinn veräußert werden. Passives und aktives Land Banking wird von einigen Kommunen zunehmend aber als „Baulandspekulation" und „Gentrifizierung" bewertet und stärker reguliert. Ein Teil der planungsbedingten Bodenwertsteigerung wird von ihnen einbehalten und Baurecht wird nur erteilt, wenn die Projekte bestimmte Quoten von sozialem Wohnungsbau und/oder sozialer Infrastruktur beinhalten. Baugenehmigungen werden zudem mit befristeten Bauverpflichtungen verknüpft. Kommunen sehen die Chance, den Entwicklungsdruck mehr in gemeinwohlorientierte Projekte zu lenken. Abhängig davon, wie weitgehend die Auflagen der Kommunen sind, bleiben Land Banking und Land Development aber attraktive Geschäftsmodelle in wachsenden Wirtschaftsstandorten. In diesem Zusammenhang bilden sich städtebauliche Entwicklungskorridore, treiben und reagieren auf innerstädtische Expansionen entlang bestimmter Vektoren. Diese können durch die Ansiedlung größerer Unternehmen oder städtischer Aktivitätszentren bestimmt oder verstärkt werden. Vorausschauend entlang dieser Wachstumsvektoren zu investieren kann für private Entwickler und Kommunen gleichermaßen profitabel sein.

Die durchschnittlichen **Baulandpreise** sind in Deutschland in den vergangenen drei Jahrzehnten um über 360 % gestiegen (Abb. 4.3). Kurz nach der Wiedervereinigung kostete ein Quadratmeter baureifes Land im Durchschnitt und über alle Lagen 43 €. Im Jahr 2020 sind es bereits rund 200 € pro Quadratmeter. In großen Städten sind die Baulandpreise am höchsten. Mit Abstand am teuersten sind die Stadt und der Landkreis

4.1 Urbanisierung: Konzentration, Innenentwicklung, Dichte, Vertikalisierung

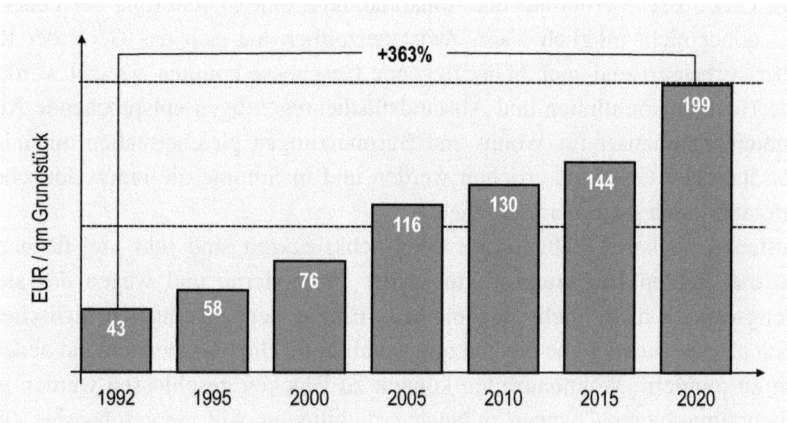

Abb. 4.3 Preisentwicklung für baureifes Land in Deutschland, Durchschnitt über alle Lagen (in Euro pro Quadratmeter; Datengrundlage: Destatis 2021)

München mit durchschnittlich 2400 € bzw. 2300 € pro Quadratmeter für Wohnungsbau. In besonders guten Stadtlagen und bei besonders hohen Ausnutzungskennziffern kann der Bodenwert deutlich höher liegen, im Frankfurter Hochhaus-Bankenviertel zum Beispiel bis zu 30.000 € pro Quadratmeter, nach Bodenrichtwertkarte 2022. Bodenrichtwerte basieren auf zurückliegenden Kaufpreissammlungen tatsächlich vollzogener und dokumentierter Transaktionen und geben Orientierungs- und Durchschnittswerte an. Der tatsächliche Marktpreis, der Verkehrswert, kann aber deutlich darüber liegen.

Der Bau von **Hochhäusern** ist in den meisten europäischen Städten noch die Ausnahme und immer mit besonderen Widerständen und Komplikationen verbunden. Während dieser Bautyp in Städten wie São Paulo insbesondere für die zentralen Lagen selbstverständlich und stadtbildprägend ist – im Großraum der Stadt stehen mehr als 40.000 Gebäude, die höher als 35 m sind –, werden um einzelne Hochhäuser in Deutschland jahrelange Kämpfe mit Behörden und Teilen der Öffentlichkeit geführt. Die Stadt Frankfurt am Main erstellt besondere Rahmenpläne, die möglichst konfliktarme Lagen für Hochhäuser festlegt. Wer derartiges Planungsrecht für sein Grundstück erhält, darf sich wie ein Lottogewinner fühlen. Der grundsätzlich positive Wachstumsdruck in Städten und dessen Konzentration auf zentrale Lagen sollte von der Stadtpolitik und Investoren als Win-win-Chance gesehen werden und entsprechend kooperativ gestaltet werden, Auflagen reduziert werden. Wenn mehr und besser gebaut wird, stärkt es den gesamten Standort. Wenn private Bauherren für ihre ambitionierten Projekte Kapital, Know-how und Unternehmen in die Stadt ziehen, profitieren am Ende alle.

Die Grenze, ab wann Gebäude baurechtlich als Hochhäuser gelten und entsprechend höhere und teurere Auflagen erfüllen müssen, sollte in Deutschland kritisch geprüft werden. Die seit Jahrzehnten gültige Höhe von maximal 22 m bis zum Fußboden des obersten nutzbaren Geschosses beruht auf der Annahme, dass eine Anleitung der Feuerwehr im Brandfall höher nicht möglich wäre. Zwischenzeitlich hat sich das Gerät der Rettungskräfte aber verbessert und auch höher liegende Geschosse könnten erreicht werden. Gäbe es für die Hochhausrichtlinien und Abstandsflächenregelungen entsprechende Anpassungen, könnten Stadthäuser für Wohn- und Büronutzungen gleichermaßen mit mindestens einem zusätzlichen Geschoss errichtet werden und in Summe die innerstädtische Dichte behutsam, aber doch signifikant erhöhen.

Die offenen, lockeren Bebauungen der Nachkriegszeit sind sehr viel flächenineffizienter als die dichten Blockrandstrukturen der Vormoderne und wegen des steigenden Verwertungsdrucks nicht mehr angemessen. Einige der ungenutzten Zwischenflächen lassen sich aber bebauen, ohne die Nutzungsqualität für die bestehenden und neuen Wohneinheiten zu mindern. Wohnbauzeilen können zu Blöcken geschlossen werden und auch Blockinnenräume bieten Chancen zu Nachverdichtungen. Auf viergeschossige Zeilen lassen sich oftmals zwei weitere Geschosse in Leichtbauweise aufsetzen. Hier ergeben sich Geschäftschancen für Hersteller von Wohnbaumodulen, insbesondere für vorgefertigte volumetrische Module in Holzbauweise. Der große Vorteil all dieser Nachverdichtungen des Bestands besteht darin, dass sie an bereits bestehende Infrastrukturen angeschlossen werden können.

Große **Backoffice-Komplexe in Stadtrandlagen** werden immer weniger gebraucht, da die dort arbeitsplatzintensiven Tätigkeiten zunehmend digitalisiert und automatisiert werden. Sie können in einigen Fällen für Wohnnutzungen oder Bildungseinrichtungen umgebaut werden. Als neuer Player in diesen Lagen breiten sich zunehmend Rechenzentren aus, deren IT die alten Backoffice-Mitarbeiter viel effizienter ersetzt, für die die Kommunen aber ausreichende Kapazitäten „grünen Stroms" zu international wettbewerbsfähigen Preisen zur Verfügung stellen müssen. Für beide Kriterien erreichen deutsche Standorte, wie etwa Frankfurt am Main mit dem DE-CIX-Internet-Knotenpunkt, bereits die Grenzen der Machbarkeit, müssen sich auch hier mehr engagieren. Die durch die Server entstehende Abwärme kann in Nah- oder Fernwärmenetze eingespeist werden und einen Beitrag zur Wärmeversorgung umliegender Stadtteile leisten.

4.2   Neue Arbeitswelten

Die rasanten technologischen Entwicklungen und disruptiven Innovationen der letzten Jahre verändern alle Aspekte unserer Arbeitswelten und stellen neue Anforderungen an die für sie gebauten Räume. Neue digitale Informationstechnologien übernehmen immer mehr Datenverarbeitungs- und Verwaltungsvorgänge in allen Sektoren. **Algorithmen ersetzen Menschen,** selbst die fleißigsten und produktivsten, die diese Leistungen bisher erbrachten. Dies betrifft nicht nur standardisierte einfache Tätigkeiten, die früher mit großem Personalaufwand in Backoffices an den Stadträndern erbracht wurden, sondern zunehmend auch Planungsleistungen, Kundenkontakte und mittlere Managementtätigkeiten. Mithilfe von *Big Data Analytics* und künstlicher Intelligenz können immer bessere Grundlagen für die Strukturierung und **Automatisierung von Unternehmensabläufen** geschaffen werden. Bei Planungen ersetzen nun solide, objektive Fakten vage Schätzungen und den Austausch von persönlichen Meinungen.

Neue Kommunikationstechnologien machen es möglich, nun zumindest zeitweise *remote* (zu Hause oder sonst wo) zu arbeiten und sich nur gelegentlich über Videokonferenzen mit den Kollegen zusammenzuschalten. Interne und mit externen Partnern und Dienstleistern geteilte digitale Dokumente erlauben eine Zusammenarbeit, ohne sich persönlich in Besprechungen treffen zu müssen. Die COVID-19-Pandemie, in der Menschen zu häuslicher Abgeschiedenheit gezwungen waren, diente als großer Test für das Remote Working und hat diesen Trend beschleunigt. Inzwischen sind derart hybride Arbeitsformen zum neuen Standard geworden, vermischen zunehmend die einst räumlich getrennten Arbeits- und Wohnstätten. Es wird inzwischen von „Work-Life-Blending" gesprochen, auch um die negativen Konnotationen des „Work-Life-Balance"-Begriffs zu überwinden. Selbst in der Ferienzeit und vom Ferienort kann weiterhin mitgearbeitet werden. Hier hört man öfter den Begriff **„Workation"**. Viele Beratungsleistungen und Kundendienste, für die es früher Ansprechpartner mit Namen und Gesicht gab, holen sich Kunden nun auf Internetplattformen oder an Terminals selbst ab. Auch direkt für und am Menschen arbeitende – wie medizinisch-diagnostische, therapeutische und andere persönliche – Dienstleistungen können zunehmend über digitale Vernetzungen erfolgen, erfordern immer weniger direkten physischen Kontakt. In der Summe führen diese Entwicklungen dazu, dass immer weniger Menschen gebraucht werden, um Leistungen effizienter und schneller zu erbringen. Also werden auch immer weniger traditionelle Büro- und Serviceflächen gebraucht.

Die Zeiten, in denen große, fünfstellige Quadratmeter-Mietflächen an ein einzelnes Unternehmen in einem Gebäude vermietet werden konnten, neigen sich dem Ende zu. Davon gibt es immer weniger, fast alle Unternehmen kommen mit kleineren Flächen, weniger Mitarbeitern und Homeoffice-Angeboten aus. Größere Bürogebäude in den Zentren werden daher zu **kleinteiligeren *Multi-Tenant Offices*.** Da sich für kleinere Mieteinheiten viele besondere Flächen und Angebote, wie große Besprechungs-, Präsentations- und Veranstaltungsräume, eigene Mitarbeiterkantinen etc., nicht lohnen, können diese ausgelagert, von Dritten gemanagt und mit anderen Mietern geteilt werden. Große *Multi-Tenant*-Bürogebäude bieten immer öfter nach Bedarf anmietbare Konferenzflächen sowie *Food Courts* in ihren zentralen Gemeinschaftsflächen an. Bürogebäude werden zunehmend als Hybride geplant, in denen diese und andere gewerbliche Nutzungen und auch Hotels vertikal übereinandergestapelt werden.

Die Spezialisten und Manager, die man in den Unternehmen und Verwaltungen noch braucht, sind die begehrten Knowledge Worker, um die ein aufwendiger **War for Talents** ausgetragen wird, denen immer mehr geboten werden muss. Arbeitgeber bemühen sich, ihnen räumliche Bedingungen und unterstützende Services anzubieten, die sie zu mehr

Teamwork und Wissensaustausch mit Kollegen animieren und die sie lange in den Büros und in dem Unternehmen halten. **Das Büro wird für die Arbeit 4.0 zum Begegnungs- und gemeinsamen Erlebnisort.** Anstelle getrennter Bürozellen, um deren Größe und Lage die Manager einst eifersüchtig konkurrierten, sind es nun offene, non-territoriale Bürolandschaften mit unterschiedlichsten Begegnungs- und Besprechungszonen. Da sich Anwesenheiten und Konstellationen ständig ändern, gibt es keine persönlich zugeordneten Arbeitsplätze mehr. Dies erlaubt es den Unternehmen, sehr viel flächeneffizienter zu operieren, deutlich weniger Fläche für ihre Mitarbeiter anmieten, ausstatten und betreiben zu müssen.

Im Zuge der New-Work-Arbeitsphilosophie ändern sich die Innenraumgestaltung und Möblierung der Büroflächen. Neue mobile und modulare Möbelsysteme werden angeboten, die je nach Arbeitsplatz- und Gruppenkonfigurationen unterschiedlich zusammengestellt und im Großraum verschoben werden können. Hinzu kommen geschlossene Raummodule, bewegliche Kapseln für Videokonferenzen, kleine Besprechungen, die die umliegenden Büroflächen akustisch nicht stören sollen oder umgekehrt ruhige Konzentrationszonen bieten, die von äußeren Ablenkungen besser abgeschirmt sind. Bei der Gestaltung und Möblierung der Lounge-ähnlichen Begegnungszonen kann man sich der Erfahrungen und Produkte der Hotel- und Restaurantplaner bedienen. Büros werden zu produktiven Wohlfühloasen. Der Umsatz von Herstellern für Tischfußballspielzeug und Bean Bags ist in den letzten Jahren vermutlich enorm gestiegen, da diese Produkte für das heitere Teambuilding der jungen Mitarbeiter scheinbar unverzichtbar geworden ist.

Besondere Räume und Serviceeinrichtungen können nicht nur innerhalb der Mietfläche eines Unternehmens geteilt werden, sondern als **Sharing- und Co-Working-Konzepte** auch unter vielen kleinen Teilflächen verschiedener Unternehmen – auf einer Etage, in einem Gebäude oder Gebäudekomplex. Diese können als **Third Places** temporär von Unternehmen, zum Beispiel für zeitlich begrenzte Projektarbeiten, angemietet werden. Für den Komfort und das Wohlbefinden der anspruchsvollen Knowledge Worker werden verschiedenste personalisierte Dienstleistungen in den einzelnen Büros oder den Bürogebäuden für alle Büromieter angeboten. Zu diesen Services gehören gastronomische Angebote, Kinderbetreuung, Training in Fitnessstudios und reichen bis hin zu hotelähnlichen Concierge-Diensten. Sie zu teilen schafft weitere Flächeneffizienzen für die Büromieter und mehr Chancen für Begegnungen und soziales Leben. Der früher in manchen amerikanischen Bürogebäuden arbeitende Schneider oder Shoeshine-Man wird weniger gebraucht, die Arbeitsbekleidung wird immer weniger formal und elegant. Es scheint, als glaube man, dass besonders lässige Kleidung selbstbewusste Unabhängigkeit und besondere kreative Kompetenz ausdrücke.

Der Hype um Co-Working ist nach einem fulminanten Start mittlerweile etwas abgeebbt, zu schnell und zu groß gewachsene Anbieter schließen einige Niederlassungen wieder oder verkleinern sie. Dennoch werden sie ein fester Bestandteil des Büroflächenangebots bleiben. Sie erweisen sich inzwischen eher als attraktive, oft nur temporäre Ergänzungen zu den unternehmenseigenen Büros, nicht aber als vollständiger Ersatz.

Der amerikanische Ökonom Richard Florida prognostizierte bereits in seinem 2002 erschienenen und 2012 aktualisierten Buch *The rise of the creative class*, dass in den entwickelten Dienstleistungsgesellschaften zukünftig nur noch für wenige hoch gebildete, spezialisierte und kreative Menschen Büroflächen benötigt werden und dass diese Büros so gestaltet sein müssen, dass deren Wissen und Kreativität maximal stimuliert und genutzt werden kann. Administrative Arbeiten würden nach und nach von Maschinen erledigt und Unternehmenskulturen änderten sich durch die neuen technischen Möglichkeiten radikal. Wie schnell die Entwicklung maschinellen Lernens und generativer künstlicher Intelligenz voranschreiten würde, konnte damals nur geahnt werden. Nun ist sie Realität und stellt immer mehr der früher von Menschen geleisteten Arbeit zur Disposition. Kreatives, laterales Denken für innovative Problemlösungen und soziale Kompetenz für die Zusammenarbeit mit anderen erweisen sich (derzeit noch) als mit der KI kompatible und konkurrenzfähige menschliche Qualifikationen für die immer weniger Verbleibenden, für die auch immer weniger Büroraum benötigt wird.

Im Wachstumssektor **Life Sciences** mischen sich Büroflächen mit Ausbildungs-, Forschungs- und Laboreinrichtungen. Aufgrund der hohen Wertschöpfung des Sektors und der Ansprüche ihrer hoch qualifizierten Mitarbeiter drängen auch diese Unternehmen weiter in zentrale Stadtlagen, wo sie kleinere Cluster – oft mit und um konvertierte ehemalige Industriegebäude – errichten und als *Innovation Campus* vielversprechend vermarkten. Die räumliche Nähe zu Universitäten oder Forschungsorganisationen erlaubt Kooperationen bei der Ausbildung und bietet den Unternehmen einen nachwachsenden Talentpool.

Die IT-Infrastruktur für die neuen Büroflächen ist entweder in kleinen, unternehmenseigenen IT-Abteilungen und Serverräumen versteckt, zumeist aber in immer größeren, ausgelagerten **Rechenzentren** mit *Colocation-Hosting,* dedizierten Servern und *Hyperscale-Cloud*-Anbietern konzentriert. Rechenzentren sind eine Gebäude- und Assetklasse, für die in den nächsten Jahren sehr großes Wachstum erwartet werden kann. Aufgrund exponentiell wachsender Datenmengen und digitaler Serviceangebote steigt die Nachfrage nach Rechenzentren rapide – und mit ihnen der Strombedarf.

Auch im **produzierenden Gewerbe und der Logistik** verändern sich die Arbeitsplätze. Menschen müssen sich inzwischen dafür qualifizieren und darauf konzentrieren, Programme und Maschinen zu planen, zu steuern und zu warten. In allen produktiven Gewerben, vom Handwerk bis zur Großindustrie, werden immer mehr Leistungen von hochleistungsfähigen Maschinen mit immer präziserer Robotik erbracht und kommen mit weniger Menschen aus. Die zunehmende Automatisierung führt auch in diesem Sektor zu flächeneffizienteren Strukturen: in großen Industriebetrieben vor der Stadt, in mittelgroßen Gewerbegebieten an der Peripherie und auch beim kleineren, nicht (mehr) störenden Gewerbe, das nun näher in die Innenstadt rücken kann. Hier entstehen innovative **Urban-Manufacturing-Konzepte,** wie zum Beispiel kleine **Maker Studios.** Der Einsatz von 3-D-Druckern ist eine der vielversprechenden Technologien, die es verschiedenen Herstellern erlauben wird, in unmittelbarer Kundennähe ohne lange Lagerzeiten und Lieferwege "on demand" bestimmte kleinere (zum Beispiel Haushalts-)Produkte zu produzieren, neue Entwicklungen zu testen oder Ersatzteile nachzufertigen. Nicht störendes Gewerbe und kleinere Logistikflächen für verbrauchernahe Auslieferungen der „letzten Meile" können mit Bürogebäuden und mischgenutzten Hybriden integriert werden, dies führt unter anderem auch zu weniger Lärm- und anderen Emissionen. In den Gewerbegebieten in und um die Stadt können Grundstücksflächen zunehmend durch mehrgeschossige Produktions- und Logistikhallen höher ausgenutzt werden. Kleinere Lkw können über Rampen und Lastenaufzüge die Andockstationen in den oberen Geschossen erreichen.

4.3 Neue Wohnwelten

Auch die Art und Weise, wie wir in Europa wohnen, wird sich zunehmend ändern, getrieben vor allem durch Flächenknappheit in den begehrten Innenstadtlagen und den demografischen Wandel. Neben der Verdichtung bekannter Wohnungstypen in etwas enger beieinander stehenden, tieferen und höheren (bis knapp unter die Hochhausgrenze) reichenden Gebäudeensembles kommen seit einigen Jahren **Mikroapartments** hinzu, kleinere Ein- und Zweizimmerapartments mit Gemeinschaftsflächen, oft nur für temporäre Nutzung: etwa als Alternative zum Hotel, als Zweitwohnung für Pendler, als Studentenzimmer oder als Wohnraum für Senioren (mit oder ohne Betreuungsangebote). Als gewerbliche Wohnform bieten sie befristete Aufenthalte, wenn sie planungsrechtlich zum Wohnen ausgewiesen sind, kann man sich hier auch zeitlich unbegrenzt einquartieren.

Da die europäischen Gesellschaften zunehmend altern, das Erwerbsleben aber immer kürzer wird, ist das Zusammenleben in kompakten Wohneinheiten in guter Stadtlage und mit Gemeinschaftseinrichtungen und optionalen Dienstleistungen insbesondere bei älteren, oft alleinstehenden Menschen immer gefragter für einen aktiven urbanen Lebensstil. Auch mit einer Altersdurchmischung werden sie zunehmend als „generationenübergreifendes Wohnen" angeboten. Engere Gemeinschaften unter den Mietern können als **Co-Living-Konzepte** konzipiert und von spezialisierten Betreibern gemanagt werden oder als genossenschaftliches Wohnen von der Eigentümer- und Endnutzergemeinschaft entwickelt und betrieben werden. Kompakte Wohnungen von 25 bis 50 Quadratmetern sind vielen Alleinstehenden und Paaren groß genug, wenn sie im gleichen Gebäude größere Veranstaltungsräume, Cafeterias, Fitnessstudios und andere Angebote vorfinden und die umliegende Innenstadt alles andere in fußläufiger Nähe bietet. Die privaten Rückzugsorte können kleiner werden, wenn die ganze Stadt als „Wohnzimmer" vor der Tür liegt. Im Zusammenhang dieser Micro- und Co-Living-Konzepte entstehen verschiedenste Dienstleistungen für die Mieter, von Wohnungsreinigungsdiensten bis zu persönlichen Betreuungsangeboten für Kinder und ältere Menschen. Für ältere Bewohner steigt der Bedarf an Pflegediensten, medizinischer Betreuung und täglicher Unterstützung, wie Einkaufsdienste.

Das Spektrum der kleinen Wohneinheiten reicht von solchen mit sehr einfacher Ausstattung, um etwa Studenten, Auszubildenden und Berufsanfängern bezahlbare, temporäre Angebote zu machen, bis zu sehr luxuriösen, hochwertigen Ausstattungen, zum Beispiel als innerstädtische Zweitwohnung für Berufspendler. In Brasiliens innerstädtischen Wohnkomplexen, oft als bewachte *Gated Communities* (Condomínios Fechados), ist das Prinzip kleiner individueller Einheiten mit geteilten großzügigen Sonderflächen bereits sehr üblich. Dort gehören Veranstaltungsräume mit großen Küchen („salão de festa" und „espaço gourmet") für größere Familienfeste sowie professionell ausgestattete Co-Working-Büroflächen und die verschiedensten Sport- und Spieleinrichtungen zu den marktüblichen Sharing-Konzepten. Damit nicht jede Wohnung eigene, eher selten genutzte Spezialräume vorhalten muss, werden sie für alle Bewohner gemeinschaftlich zur Verfügung gestellt. Im Falle dieses Landes und seiner Städte hängt das auch mit der Ineffizienz der städtischen Mobilität und der Gefährlichkeit des öffentlichen Raums zusammen. Je seltener man den geschlossenen Komplex verlassen muss, desto angenehmer und sicherer.

In Europa sind die durchschnittlichen Haushaltsgrößen gerade in den Städten im Verlauf der letzten Jahrzehnte geschrumpft. In den meisten Wohnungen leben lediglich zwei Personen. Junge und sehr alte Menschen leben oft allein, die Zeit des Familienlebens erstreckt sich für die meisten nur über einen kurzen Lebensabschnitt, nicht jeder hat Kinder. Geräumige Wohnungen oder Häuser für große Familien werden also seltener gebraucht, können für Alleinstehende sogar zur Last werden. Kompakte Wohneinheiten hingegen werden immer häufiger nachgefragt. Die Erwartung, dass die Vernetzung über das Internet dazu führt, dass mehr Menschen nicht mehr in Städten, stattdessen lieber auf dem (kostengünstigeren) Land wohnen wollen, bewahrheitet sich bislang nicht. Dort droht noch mehr Vereinsamung.

Kleinere Wohneinheiten, wie etwa Mikroapartments, lassen sich ideal **standardisieren, modular planen, seriell herstellen** und transportieren, auch als volumetrische, bereits voll ausgebaute Raummodule. Diese Bauweise wird derzeit wiederentdeckt und bietet große Wachstumschancen. In einem Markt, in dem traditionelle Bauweisen keinen rentablen Wohnungsbau mehr zulassen, bieten sie eine wirtschaftliche Alternative. Durch die Kombination von industrieller, effizienterer Vorfertigung und kürzeren Planungs- und Bauzeiten, damit auch kürzeren Finanzierungszeiten und dem Verzicht auf teure Untergeschosse können Kosteneinsparungen von insgesamt bis zu 50 % erzielt werden. Die schlechte Qualität des seriellen Bauens, des Plattenbaus in sozialistischen Ländern und des sozialen Wohnungsbaus der 1970er-Jahre in Westdeutschland hat diese Planungs- und Bauweise lange Zeit diskreditiert. Heutige Konzepte bieten eine sehr viel bessere bauliche Qualität und größere gestalterische Vielfalt. Manche Systeme erlauben bereits mit wenigen Modulen eine sehr große „Plug-and-play"-Variabilität, können durch unterschiedliche Anordnungen der Module zu mannigfaltigen Gebäuden mit je eigenem Charakter führen.

4.4 Neue mischgenutzte Stadtquartiere

Städtebauliche Projekte, die aus mehreren Gebäuden bestehen – ob vorwiegend für Wohnnutzungen oder vorwiegend für Büronutzungen –, werden zunehmend als mischgenutzte, kleinteiligere Quartiere geplant. Die im modernen Städtebau propagierte Funktionstrennung mit Stadtteilen monofunktionaler Großformen hat sich bezüglich ihrer sozialen, ökonomischen und städtebaulichen Qualitäten als nicht nachhaltig erwiesen. Statt monotoner Wohnsiedlungen, Bürostädten und Gewerbegebieten werden diese Nutzungen, ihre Nutzer und Nutzungszeiten wieder gemischt und hierfür flexiblere Strukturen vorgesehen. In den neuen Quartieren können die Sharing- und Servicekonzepte der neuen Arbeits- und Wohnwelten sowie eine emissionsärmere Energieversorgung und gemeinsame Mobilitätskonzepte zusammengebracht werden und verschiedenste Synergieeffekte erzeugen. Bei der Planung der neuen Quartiere setzen sich einige Strategien und konkrete bauliche Lösungen durch:

Da sowohl die Büroflächen von Unternehmen als auch innerstädtische Wohnungen kleiner werden, können für diese auch **kompaktere Gebäudeeinheiten, kleinere Einzelgebäude** geplant werden. Das hat mehrere wirtschaftliche Vorteile: Sie können in mehreren Phasen gebaut werden, für die Errichtung stehen mehr qualifizierte (auch lokale) Bauunternehmen zur Verfügung als für sehr große, komplexere Gebäudetypen. Gleiches gilt für den Investorenmarkt, der sie finanzieren und erwerben kann. Dafür müssen die Gebäudeeinheiten baulich und eigentumsrechtlich realgeteilt sein, am besten vertikal auf je eigenen Parzellen bzw. Flurstücken. Größere Nutzungs- und Eigentumseinheiten können durch den Zusammenschluss mehrerer Teile ermöglicht werden, eine spätere Teilung großer Objekte ist hingegen oft sehr viel schwieriger.

Wenn auf eine gemeinsame Tiefgarage in verbundenen Untergeschossen verzichtet werden kann, stattdessen eine **Quartiershochgarage** gebaut wird, ist die Teilung noch einfacher und weniger unterirdischer Betonverbrauch verbessert die CO_2-Bilanz. Modulare Hochgaragensysteme mit standardisierten, vorgefertigten Stahl-, Beton- und/oder CLT-Holzelementen sind nicht nur materialsparsamer, kostengünstiger und schneller herzustellen, sondern könnten auch zu einem späteren Zeitpunkt leichter umgenutzt oder demontiert werden. Tiefgaragen haben diese Vorteile nicht. Das Planungsrecht muss für den zusätzlichen Grundstücksflächenverbrauch aber wirtschaftliche Anreize schaffen, zum Beispiel die zulässige Grundflächenzahl und Geschossflächenzahl für das gesamte Quartier erhöhen. In diese Hochgaragen können auch die in immer höherer Anzahl geforderten Fahrradabstellplätze flächensparend integriert werden, ggf. kann automatisiert geparkt werden. Mobilitätskonzepte können in Abstimmung mit den Genehmigungsbehörden für das gesamte Quartier erarbeitet werden, um das Angebot von Pkw- und Fahrradstellplätzen mit Car- und Bike-Sharing-Modellen zu erweitern.

Quartiersweit geteilte Sonderflächen und Serviceeinrichtungen für die Büro- und Wohngebäude können in den Erdgeschossen entlang zentraler Achsen der Erschließungsstraßen oder um innenliegende Höfe und Gärten angeordnet werden, somit der gesamten

Quartiersgemeinschaft zur Verfügung stehen. Sie können Straßenfronten und Gebäudesockelzonen aktivieren und zu vitalen Begegnungszonen machen. Hierbei ergänzen sie die Quartierseinzelhandelsversorgung, kleine Läden und soziale Infrastruktur wie Kindertagesstätten und Angebote für Senioren. Gastronomie, Co-Working und alle anderen Angebote können somit von den Bewohnern und Mitarbeitern in den Büro- und Gewerbeflächen gleichermaßen genutzt werden. *Economies of Scale*, Skaleneffekte, geben den Betreibern dieser Einrichtungen, falls sie durch Outsourcing spezialisierten Dritten übergeben werden, höhere Erfolgschancen.

Städtebauliche Ensembles auf kleinteiligeren Parzellierungen mit kleineren Gebäudeeinheiten ermöglichen zudem eine größere gestalterische Vielfalt. Diese kann durch eine verbindliche **Gestaltungssatzung** koordiniert werden und so zu einer harmonischen Einheit komponiert werden. Gebäudekanten, Kubaturen und Materialien können aufeinander abgestimmt werden, sodass sich ein besonderer stadträumlicher und architektonischer Charakter entwickelt. Diese Ordnungsprinzipien machen den Städtebau der europäischen Gründerzeit im 19. Jahrhundert noch heute so attraktiv.

Die kleinteilige Durchmischung von Nutzungen und Nutzern auf Quartiers-Masterplan-Ebene kann in einzelnen Gebäuden fortgesetzt werden. Diese werden zunehmend als **Hybrid-Gebäudetypen** konzipiert, in denen gewerbliche und Wohnnutzungen in einem Volumen kombiniert werden. Neben öffentlich zugänglichen Einzelhandels- und Serviceangeboten im Erdgeschoss können die oberen Etagen geschossweise verschiedenen Nutzungen dienen, zum Beispiel die unteren für kleinere Büros und Arztpraxen, darüber Wohnungen. Derartige Mischungen waren für vormoderne Stadthäuser in Europa üblich.

Eine besondere – idealtypisch nutzungsoffene – flexible Form des Wohnens wie des Arbeitens sind *Work-Live-Lofts*. Sie können entweder durch Aufteilung und Ausbauten ehemaliger Industriegebäude oder als Neubauten mit vergleichbarer Dimension und Robustheit entstehen. Die großen Stützenabstände oder stützenfreie Grundrisse lassen verschiedenste Raum-in-Raum-Einbauten zu, die Raumhöhen oftmals auch Mezzaningeschossebenen in Teilbereichen. Von Künstlern und Unternehmen kreativer Berufe (Architekten, Fotografen, Werbeagenturen etc.) werden sie seit Langem geschätzt. Als offene, non-territoriale Büroflächen sind sie aber für immer mehr Unternehmen geeignet. Eine höhere Traglast erlaubt große Adaptabilität und Drittverwendungsmöglichkeiten für Kombinationen von Büro- und nicht störenden Produktionsbereichen, für *Maker Studios*, Labore oder als IT-Serverflächen.

Die Gebäudetypen des modernen Städtebaus und dessen Ausrichtung zur „autogerechten Stadt" erlaubten entlang den Straßen bestenfalls „Straßenbegleitgrün" und zwischen freistehenden Gebäuden oftmals nur wenig nutzbares „Abstandsgrün", kleinste Grünflächeninseln, meist um Pkw-Stellplätze. Die neuen beziehungsweise wiederentdeckten vormodernen Planungskonzepte führen zu einer gemischteren, fußgänger- und radfahrerfreundlicheren und durchgrünteren Nutzung des öffentlichen Straßenraums und zu einer Änderung des landschaftsplanerischen Ansatzes in den Quartieren. Büroquartiere werden als **„grüne Campus"** in Anlehnung an klassische durchgrünte Universitätscampus geplant, um attraktive Ruhezonen zu schaffen und um die gewünschten Begegnungen und den Austausch unter Mitarbeitern auch in den Außenraum und die Pausenzeiten zu verlängern. Wohnquartiere schaffen kleine Parks, oft nur **Pocket Parks,** in Blockinnenräumen oder größeren baulich eingefassten Außenräumen, um grüne Rückzugsoasen für die Stadtbewohner zu bieten. Die Konzentration von Pkw in gemeinsamen Hochgaragen schafft hierfür den erforderlichen Freiraum, der, nicht unterbaut, auch die Anpflanzung größerer, tiefwurzelnder Bäume ermöglicht. Diese kleinen Parks können nun besser genutzt werden: als offene Besprechungsräume, als Spiel- und Sportplätze oder für gemeinsame Gärten, auch mit kleinere *Urban-Farming-*Einrichtungen. Sowohl als größere, professionell betriebene *Vertical-Indoor-Farming-*Produktionsstätten wie auch als kleinere Gewächshäuser, die von Wohnnachbarschaften gemeinsam genutzt werden können, tragen diese Formen städtischen Anbaus von Pflanzen zunehmend zur lokalen Lebensmittelselbstversorgung bei.

Für größere Quartiersentwicklungen können eigenständige, weitgehend netzunabhängige Lösungen für die **Strom-, Wärme- und Kälteversorgung** sowie die Bereitstellung und das Laden von E-Mobilität geplant werden. Die Bündelung von Energie-Inputs und -abnahmen erlaubt eigene Systeme, die zentral gesteuert werden und effizienter operieren. Dies können Blockheizkraftwerke sein, Nahwärmenetze, die mit Abwärme benachbarter Rechenzentren gespeist werden, geothermische Anlagen oder von Dachfotovoltaik betriebene Wasserstoffelektrolyse. Überschüssiger, tagsüber nicht genutzter Strom kann in lokalen Batterien und/oder denen der E-Fahrzeuge gespeichert und nach Bedarf abgegeben werden. Eine derartige energetische Selbstversorgung entlastet nicht nur die kommunalen Netze, sondern stärkt auch die Autonomie und Resilienz einzelner Stadtteile.

4.5 Aufwertung des öffentlichen Raums in den Innenstädten

Auf die Teile der Stadtzentren, die bislang vom Einzelhandel lebten, von der Konzentration der Kaufhäuser, Fachgeschäfte, Dienstleister und Gastronomie, kommen große Herausforderungen zu. Der rasant gewachsene Onlinehandel hat dem stationären Handel Kundschaft und Umsatz entzogen. Es gibt weniger Gründe, in die Innenstadt zu fahren, wenn Waren im Internet bestellt und vor die Haustür geliefert werden und wenn Streaming-Plattformen *Home Entertainment* anbieten und damit Kinobesuche obsolet machen. Die zurückliegenden Pandemiejahre mit ihren erzwungenen Einschränkungen des Geschäftsbetriebs haben diesen Trend beschleunigt. Inzwischen können sich immer mehr Geschäfte und Restaurants – darunter viele, die seit Generationen die lokale Identität prägen – einen Weiterbetrieb nicht mehr leisten und müssen schließen. Ihre Umsätze sind zu sehr gefallen, ihre Kosten, insbesondere die Personalkosten, aber kontinuierlich gestiegen. Um einer zunehmenden Verödung zu entgehen, müssen Innenstädte neue, möglichst bessere Angebote schaffen, damit sie attraktiv bleiben und ihre traditionelle urbane Zentrumsfunktion erhalten.

Vor dieser Herausforderung stehen Städte, die nach den Prinzipien des modernen Städtebaus mit strikten stadträumlichen Funktionstrennungen gebaut wurden, stärker als die mit historischem, vormodernem Bestand: Frankfurt am Main ist heute, nach den Kriegszerstörungen und dem hastigen Wiederaufbau also stärker betroffen als etwa Wien, Prag, Barcelona oder Paris, die einen solchen Bruch nicht oder weniger stark erfahren mussten. Die traditionellen europäischen Städte waren immer von einer engmaschigen und flexiblen Mischnutzungsstruktur geprägt, die erst die Moderne auflöste. Nun stehen insbesondere in vielen deutschen innerstädtischen Fußgängerzonen große Kaufhäuser nebeneinander, die immer weniger gebraucht werden und für die neue Nutzungsansätze gefunden werden müssen.

Hiermit bieten sich viele neue Chancen – am naheliegendsten die, **wieder zu der früheren, vielfältigeren urbanen Mischnutzung zurückzufinden.** Der aktuellen Shopping-Monostruktur könnten mehr Büro-, Kultur- und Bildungseinrichtungen sowie auch Wohnraum hinzugefügt werden und alle Komponenten sollten auch baulich zukunftsfähiger, das heißt langfristig anpassungsfähiger gestaltet werden. Vielfältige Mischnutzungsstrukturen in Stadtteilen und in einzelnen Gebäuden haben sich in der Geschichte des Städtebaus als adaptiver und resilienter erwiesen als monofunktionale Cluster. Sie öffnen die Stadt unterschiedlichen Bevölkerungsgruppen und halten sie rund um die Uhr aktiv. Die heute erforderlichen Um-, An- und Neubauten bieten zudem die Chance für „Stadtreparaturen", für besser gestaltete und kontextuell integrierte Gebäude: harmonische Ensembles anstelle solitärer Funktionsbauten.

Stadtzentren waren schon immer vor allem Marktplätze, Treffpunkte für Einwohner und Besucher, um Waren und Dienstleistungen, aber auch Informationen, neue Ideen auszutauschen. Es sind Begegnungsorte für besondere Rituale in und mit der Gemeinschaft und für individuelle alltägliche Routinen, Orte, an denen sich viele verschiedene Menschen zusammenfinden und miteinander kommunizieren können. Dabei geht es nicht nur um die Effizienz geplanter Routinen, sondern auch und gerade um das Ungeplante, um zufällige Begegnungen und spontanen Austausch. Diese schaffen die Synergien, die Kreativität und Produktivität, die Städte attraktiv machen, lebendige Urbanität ermöglichen. Der direkte persönliche Kontakt war immer und bleibt dabei essenziell. Er wird sich auch im Zeitalter digitaler Konnektivität und virtueller Realitäten nicht vollständig ersetzen lassen. Im Gegenteil: **Je mehr Zeit wir alle mit digitalen Techniken in virtuellen Räumen verbringen, desto größer wird das Bedürfnis nach authentischen menschlichen Begegnungen, nach echten, unmittelbar erfahrbaren Räumen, nach analogen Welterfahrungen.**

Urbane Dichte, viele Menschen eng, aber anonym beieinander, hektische Aktivitäten, laute Geräusche etc. erzeugen Stress, der aber auch als bedrohliche Reizüberflutung, als negativer Stress wahrgenommen werden kann. Je höher diese Dichte und Energieintensität, desto wichtiger werden Organisation und Gestaltung der öffentlichen, geteilten Räume, damit die positiven Aspekte dieser Stimulierungen und Reibungen überwiegen und die negativen Begleiterscheinungen kontrollierbar bleiben. Der Arzt und Psychiater

Mazda Adli plädiert für eine **„Neurourbanistik"** (Adli, 2017), einen systematischeren, interdisziplinären Planungsansatz, um Städte, insbesondere deren dichte Zentren zu lebenswerten Orten zu machen. Das hierfür erforderliche Instrumentarium erinnert an viele Prinzipien des klassischen Städtebaus, wie er in seiner großen Blütezeit am Ende des 19. und Anfang des 20. Jahrhunderts in Europa umgesetzt wurde. Ein Städtebau, bei dem positive Sinneseindrücke und Raumerfahrungen durch gute Proportionierungen von Gebäuden und Zwischenräumen, schöne und harmonisch miteinander korrespondierende architektonische Gestaltungen, Stadtgrün und maßvolle Durchmischungen von Nutzungen und Nutzern ein möglichst friedliches und bereicherndes Zusammenleben fördern sollen. Der Architekt und Architekturtheoretiker Christopher Alexander hat diese stadtgestalterischen Prinzipien in seinem, in der Ära der Postmoderne einflussreichen Buch *A pattern language* (Alexander, 1977) wieder in Erinnerung gerufen und könnte auch heute als ein hilfreicher, dauerhaft gültiger Leitfaden wieder aufgegriffen werden.

Die Einzelhandels-, Gastronomie- und Unterhaltungskonzepte heutiger Shopping-Innenstädte müssen sich in diesem Zusammenhang ändern, müssen stärker verknüpft und „erlebnisorientierter" konzipiert werden, um den heute angebotsverwöhnteren Konsumenten konkurrenzfähige, interessante und erinnerbare Erfahrungen bieten zu können. Die Reizüberflutung durch digitale Medien und die permanente Berieselung mit einer Simulation dessen, wie ein perfektes Leben auszusehen hat, haben unsere Wahrnehmungs- und Informationsverarbeitungsfähigkeiten bereits stark beeinflusst. Die Quantität und Geschwindigkeit der Bilder, die wir empfangen und zumindest oberflächlich zuordnen und auswerten wollen, sind deutlich größer geworden. Es gibt weit mehr Kanäle, über die wir sie empfangen. Anbieter von Waren, Dienstleistungen und Informationen stellen sich zunehmend darauf ein. Insbesondere die Generationen, die mit den neuen Medien aufwachsen, brauchen eine intensivere Stimulation, um sich auf Angebote einzulassen.

Was heißt das für den Einzelhandel, für Geschäftsräume? Manche Geschäfte werden sich auf Marketing, Beratung, Branding und Kundenbindung konzentrieren, wenn der Verkauf ihrer Produkte separat online erfolgen kann und keine Lagerflächen in der Stadt benötigt. Kaufstimulierende Produktinszenierungen, Raumkonzepte mit multimedialen Installationen, Cafés und Lounge-ähnlichen Aufenthaltszonen werden zunehmen. Thematisch wechselnde Streetfood-Märkte und Pop-up-Läden, Kunstinstallationen und Veranstaltungen werden größere Teile des öffentlichen Raumes einnehmen. Mit derartigen Szenarien können Innenstädte neue und häufiger wechselnde Erfahrungswelten anbieten, anstelle des hinlänglich bekannten Einerleis in traditionellen Warenhäusern.

Die Innenstadtbereiche müssen mit ihren Angeboten und Raumerfahrungen sorgfältiger kuratiert werden, um eine insgesamt ausgewogene, sich wechselseitig bereichernde Nutzungs- und Nutzermischung zusammenzubringen und gezielter fortlaufend anpassen zu können. Für den öffentlichen Raum kann und sollte das durch Planer und Verwalter der Stadt sowie durch Wirtschaftsförderung geschehen, für die Flächen in privatem Eigentum über einen Zusammenschluss der ortsansässigen Unternehmen. Teile der Innenstadt können als *Business Improvement Districts* koordiniert geplant und bespielt werden.

Dadurch können schädliche Konkurrenzsituationen und Interessenkonflikte unter den Einzelhändlern, Gastronomen und anderen Nutzern reduziert werden. Nicht alle Flächen müssen dabei langfristig präzise definiert werden, manche können als flexible, häufiger in Nutzung und Charakter wechselnde „offene Möglichkeitsräume" vorgesehen werden. Die strategische Planung soll proaktiv Optionen entwickeln, um längere Leerstände und Kontrollverluste über öffentliche Räume zu vermeiden.

Neben den wirtschaftlichen und stadtplanerischen Vorteilen einer größeren Nutzungsdurchmischung trägt diese auch zu mehr **Sicherheit im öffentlichen Raum** bei. Die Anwesenheit und Wachsamkeit von Menschen, die ihr Arbeits- und Wohnumfeld für schützenswert erachten, tragen dazu bei, Bedrohungen, Straßenkriminalität und Vandalismus zu reduzieren. Hierfür sind aber auch die technischen Möglichkeiten einer „Smart City" mit Videoüberwachung und Personentracking hilfreich. In Stadtteilen, die sich bereits zu besonderen Problemzonen entwickelt haben (wie zum Beispiel das Frankfurter Bahnhofsviertel), wo die Kombination von offener Drogenszene, Prostitution und Gewaltkriminalität das Viertel zur Gefahrenzone macht, sind inzwischen auch härtere polizeiliche Maßnahmen unverzichtbar.

Die Mitwirkung von Verkehrsplanern bei der Gestaltung des öffentlichen Stadtraums muss durch gesamtheitlich denkende und an ästhetischer und atmosphärischer Qualität mehr interessierte Stadtplaner eingehegt werden, um ein visuelles Chaos zu vermeiden. Unter Berufung auf die Straßenverkehrsordnung neigen Verkehrsplaner dazu, den öffentlichen Raum ausschließlich als funktionalen Mobilitätsraum zu sehen, in dem die Bürger mit Geboten und Verboten präzise gelenkt und vor allen erdenklichen Gefahren gewarnt werden müssen. Im Resultat ergeben sich Schilderwälder und Hindernisparcours aus Fahrbahnabgrenzungen, Schranken, Pollern etc.

Ein Besuch der Innenstadt ist oft nicht rein zielorientiert, um geplante Einkäufe, Erledigungen oder ein Treffen zu erledigen, sondern bewusst als Stadtbummel angelegt, der dem Zeitvertreib, der Unterhaltung oder Inspiration dient und zufällige Begegnungen möglich macht. Man genießt zielloses Flanieren, das „Sehen und Gesehenwerden". Für derartige spontane Erkundungsbesuche ist die Aufenthaltsqualität – durch **Sicherheit, Sauberkeit, Bequemlichkeit** – sogar noch wichtiger als für geplante Erledigungen. Die Fußgängerzonen, die in Deutschland seit den 1970er-Jahren in vielen Innenstädten eingerichtet wurden, zielten vor allem auf funktionale Effizienz ab, nicht auf Verweilqualität. Möglichst viele Besucher sollten in möglichst kurzer Zeit möglichst hohe Umsätze generieren, ganz im Sinne der funktionalistisch orientierten Moderne. Nicht direkt umsatzfördernde stadtgestalterische Elemente, wie Brunnen, Denkmäler und gestaltete Grünflächen, Sitzgelegenheiten, öffentliche Toiletten etc., wurden auf ein Minimum reduziert. Sonnen- und regengeschützte Arkaden wurden nicht mehr gebaut, um die wertvolle Erdgeschosszone bis auf den letzten Meter für Schaufenster auszureizen. Innerstädtische Geschäftshäuser wurden in der Moderne nach einfachsten Anforderungen der Zweckmäßigkeit geplant. Aber hochwertige Gestaltung der Gebäude und des durch sie eingefassten öffentlichen Raums, **identitätsstiftende Schönheit**, ist für das Funktionieren der Stadt als Begegnungs-

und positiver Erfahrungsraum von entscheidender Wichtigkeit – und damit zumindest auch indirekt geschäftsfördernd. Dem Mantra der klassisch-modernen Architektur *„form follows function"* wurde bereits in der Postmoderne ein *„form is function"* entgegengesetzt. Ästhetische Gestaltung von Gebäuden und Stadträumen sei mehr als nur ein Mittel zu klar definierten Zwecken, habe einen hohen eigenständigen Wert, sei mindestens eine „angewandte Kunst".

Die Schönheit des Stadtraums und der ihn einfassenden Gebäude, mit angenehmen Proportionen, hochwertigen Materialien, Stadtgrün und Kunst, trägt zum Wohlbefinden seiner Bewohner und Besucher bei, dies ist eine zentrale Funktion. Auch das „Stadtmobiliar" gehört dazu – Bürgersteige, Sitzbänke, Straßenschilder, Straßenbeleuchtungen, Werbeschilder, Haltestellen etc. –, das in Kombination mit digitalen Technologien mehrere Aufgaben zugleich erfüllen kann. Vittorio Magnago Lampugnani beschreibt „die kleinen Dinge im Stadtraum" als „bedeutsame Belanglosigkeiten" (2019), als Objekte und Gestaltungsdetails, die nicht nur in schöner Form einfachen Funktionen dienen, sondern dies in jeder Stadt etwas auch anders tun, somit zur lokalen Einzigartigkeit und Identität beitragen. Die Einrichtung des öffentlichen Stadtraums in Paris sieht wiedererkennbarer anders aus als etwa in Barcelona Tokyo oder New York. Ein hoher Gestaltungsanspruch für diese bedeutsamen Belanglosigkeiten erhöht die Attraktivität der Städte. Was von der Mehrheit als nützlich und schön erachtet wird, erhält und pflegt sie, bemüht sich um ihre Dauerhaftigkeit. Diese Qualitäten wieder einzuführen ist möglich und kann in vielen kleinen Schritten erfolgen.

Ein Modewort, das ursprünglich US-amerikanische Stadtplaner (und Marketing Professionals von Real-Estate-Developern) eingeführt haben, lautet **Placemaking.** Es beschreibt städtebauliche Planungsanstrengungen, die darauf abzielen, besondere, konturierte und erinnerbare öffentliche Stadträume zu schaffen. *Placemaking* will Orte mit unverwechselbarem Charakter und unverwechselbarer Identität kreieren. Damit kann dort der Immobilienwert gesteigert und das *Community Building* (die Entwicklung einer Gemeinschaft der hier wohnenden und arbeitenden Menschen) gefördert und verankert werden. Dies scheint besonders wichtig bei der Planung komplett neuer Städte und Stadtteile, bei neuen Siedlungen, die sich von den immer gleichen Standardlösungen abheben und höheren Prestigewert erzielen wollen. In den bestehenden, historisch gewachsenen Städten Europas ist es oft interessanter, bereits vorhandene, zu großen Teilen aber vergessene oder unter vielen Schichten verborgene Bilder und Geschichten wieder freizulegen und zu festigen. Das (Wieder-)Entdecken der Tradition und des Genius Loci, des historisch gewachsenen Geistes eines Ortes, der die Gegenwart mit der Geschichte verbindet, erlaubt ein reiches und authentisches *Placemaking* mit unterscheidbarem Lokalcharakter. Zeitgenössische Neubauten, stadträumliche Strukturen und Nutzungsansätze, die auf diesen Genius Loci reagieren, ihn in Teilen zitieren, adaptieren oder abstrahieren, können Städte, insbesondere ihre zentralen Bereiche, stärken und von den inzwischen weltweit immer ähnlicher werdenden Stadtbildern in besonderer Weise abheben. **Die städtebauliche Weiterentwicklung gewachsener Innenstädte kann als eine Kombination von geschichtsbewusster Stadtreparatur, zeitlos eleganten und innovativen Neubauten und offenen Experimentierräumen geplant werden.**

Kritische Rekonstruktionen

Wiederentdeckung der historischen städtischen Identität

5

> *Wer die Vergangenheit nicht kennt, kann die Gegenwart nicht verstehen und die Zukunft nicht gestalten.*

In einer Zeit, in der die Nachhaltigkeit von Architektur und Städtebau zu sehr auf ihre Energieeffizienz und ihren Beitrag zum Erreichen von ambitionierten „Klimaschutzzielen" verengt wird, geraten andere Aspekte der Nachhaltigkeit und Gestaltung zunehmend aus dem Blick. Aspekte der ästhetischen Qualität, der kontextuellen Integration und des Bezugs zur Geschichte eines Ortes, seines Genius Loci, erscheinen zweitrangig. In den Jahren nach der deutschen Wiedervereinigung war das anders. Der zweite Wiederaufbau der Städte im Osten bot eine neue Chance, über den Umgang mit noch erhaltenen historischen Gebäuden oder deren Rekonstruktionen nachzudenken. Der Wiederaufbau des Berliner Stadtschlosses war in diesem Zusammenhang ein herausragendes Projekt, eine wichtige Fallstudie und Vorbild für viele andere Rekonstruktionen, auch in anderen Städten. Hierzu ein 2015 anlässlich des Richtfests geschriebener Text und eine aktuelle Nachbemerkung nach den ersten Jahren des Betriebs[1]:

Am 12.06.2015 feierte Berlin das Richtfest für den Wiederaufbau des historischen Stadtschlosses im Herzen der Stadt. Dieses Ereignis markierte einen wichtigen Meilenstein in einer mehr als 20 Jahre andauernden hitzigen Debatte: Über den Umgang mit diesem besonders symbolträchtigen Projekt und den noch verbliebenen bzw. bereits verlorenen historischen Bauwerken in Deutschland, über deren Wert für eine Erinnerungskultur und über die Stärkung städtischer Identität. Mit der Wiedervereinigung Deutschlands und

---

[1] Der Text wurde vom Autor verfasst und bisher noch nicht veröffentlicht.

© Der/die Autor(en), exklusiv lizenziert an Springer Fachmedien Wiesbaden GmbH, ein Teil von Springer Nature 2024
H. Achilles, *Stadtentwicklung mit einem Developer Mindset*,
https://doi.org/10.1007/978-3-658-45549-1_5

dem großen Bedarf an Sanierungen, Renovierungen und Neubauten im ehemaligen Ostteil erhielt die Debatte neue Dringlichkeit und eine zweite Chance zur Reflexion darüber, welche Möglichkeiten sich durch Rekonstruktionen wichtiger Baudenkmäler ergeben.

In den letzten drei Jahren des Zweiten Weltkrieges griffen die britische Royal Air Force und die US Airforce Deutschland in koordinierten Tages- und Nacht-Bomberoffensiven an. Die massiven Luftangriffe zielten zunächst auf die Zerstörung militärischer Einrichtungen, auf Infrastruktur und kriegswichtige Industrie, dann undifferenzierter auf die Zerstörung von ganzen Stadtzentren und Wohngebieten, um hiermit die Bevölkerung zu demoralisieren und ein schnelleres Kriegsende zu erzwingen. Im Rahmen dieses Flächenbombardements (Carpet Bombing) wurden mehr als 160 Städte in Deutschland stark, teilweise vollständig zerstört. Ungefähr 500.000 Zivilisten, vor allem Frauen, Kinder und ältere Menschen, wurden getötet, viele weitere verletzt. Nie zuvor in der Geschichte hatte es Zerstörungen von Städten und ihren schutzlosen Bewohnern in einem ähnlichen Ausmaß gegeben. Ob es sich bei diesen Angriffen noch um angemessene, legitime Kriegsführung handelte, kann kontrovers diskutiert, unterschiedlich bewertet werden. Es besteht aber kein Dissens darüber, dass die Folgen dieser Zerstörungen für das Land und seine Bewohner weitreichend und langfristig wirkten. Sie sind noch heute, über 70 Jahre nach Kriegsende, sichtbar und spürbar.

Die meisten der zerstörten Städte und kleineren Ortschaften hatten keine militärische Bedeutung; die Kriegsfronten lagen zum Zeitpunkt der Angriffe ganz woanders. Aber sie hatten einen unermesslichen kulturellen und persönlichen Wert für diejenigen, die sie erbaut hatten und dort lebten. Städte, die vor Hunderten von Jahren gegründet und seither ausgebaut, weiterentwickelt, sorgfältig verbessert und mit Schätzen angefüllt wurden, waren der physische Ausdruck einer reichen Kultur, Kunst, Architektur und technischer Errungenschaften. Diese gebaute Welt bildete den sichtbaren Rahmen und den Erinnerungsraum einer vielschichtigen städtischen Kultur, die viel weiter zurückreichte als die wenigen Jahre der Terrorherrschaft der Nationalsozialisten.

Nach der Niederlage, Teilung und Besetzung Deutschlands mussten sich die traumatisierten und verarmten Überlebenden auf das Wesentliche konzentrieren, um einen allmählichen, sehr bescheidenen Neuanfang zu schaffen. Die Städte lagen in Schutt und Asche. Noch funktionsfähige Teile der Industrie wurden von den Siegermächten demontiert und in die eigenen Länder gebracht. Baukultur hatte keine Priorität. Darüber hinaus führte auch das Schuldgefühl, den verheerenden Krieg begonnen und an unvergleichlichen Verbrechen beteiligt gewesen zu sein oder sie zugelassen zu haben, dazu, dass viele diese Vergangenheit verdrängten, den Blick vor allem nach vorn richteten. Es ging darum, wieder „auf die Beine zu kommen" und sicherzustellen, dass sich eine solche Geschichte niemals wiederholen würde. Aus heutiger Sicht erscheint es, als hätte man in den Nachkriegsjahren kategorisch alles Vergangene abschütteln und entsorgen wollen. Alles Alte erschien wohl verdächtig und zudem unpraktisch für die dringenden alltäglichen Bedürfnisse des mühsamen Neuanfangs.

5 Kritische Rekonstruktionen

In diesen Jahren wurde vieles von dem, was hätte erhalten werden können – zumindest einige noch intakte Gebäudefassaden oder Bauteile –, abgerissen und durch einfache, schmucklos funktionale Gebäude ersetzt. Manche der „progressiveren" Politiker und Stadtplaner argumentierten, dass exakte Reproduktionen der historischen Originale den trügerischen Anschein erwecken könnten, als hätte es den Krieg (und damit die eigene Schuld) nie gegeben. Zudem böte die Zerstörung Chancen für einen besseren Neuanfang, neue Möglichkeiten für ein modernes, zeitgemäßeres Leben. Diejenigen, denen dieser Ansatz schon damals suspekt war, die der Meinung waren, dass der radikale Modernismus Jahrhunderte reicher deutscher Vorkriegsgeschichte zu leichtfertig ignorierte, mussten sich der neuen wirtschaftlichen Realität beugen. Städte mussten in kürzester Zeit für die vielen obdachlos Gewordenen und Kriegsrückkehrer neu errichtet werden, mit bescheidenen finanziellen und technischen Mitteln. Rekonstruktionen der Ruinen erschienen unangemessen aufwendig und teuer. Nie zuvor wurde in der jüngeren Geschichte ein ganzes Land wiederaufgebaut. Die Herausforderungen waren gewaltig, aber die Erfolge hinsichtlich der Quantität und des Tempos beeindruckend. Die meisten der heute in Deutschland stehenden Gebäude wurden nach 1945 errichtet. Ein einfacher Wiederaufbau der Städte gelang erstaunlich schnell, aber die Menschen brauchten sehr viel mehr Zeit. Der Krieg hinterließ ein traumatisiertes und verunsichertes Volk.

Die massiven Zerstörungen erlaubten es, ganze Stadtpläne umzugestalten, sie funktionaler und autogerecht anzulegen, wie es das Mantra der damaligen Zeit war, das Versprechen des Fortschritts. Die Nachkriegsmoderne versprach neue Freiheit, mehr Komfort und Effizienz mit individueller Automobilität, überall und zu jeder Zeit. Doch dafür brauchte man mehr Platz für Straßen und Parkplätze. Viele der übrig gebliebenen historischen Gebäude und Relikte standen dem im Weg. Tatsächlich war der Abriss verbliebener historischer Bausubstanz in der Nachkriegszeit, um Platz für breitere und neue Straßen zu schaffen, fast so verheerend wie die Zerstörung durch die Bomben des Feindes zuvor.

Der Eifer, sich und anderen zu beweisen, dass man nun ein ganz neues, geläutertes Volk sei, war im sozialistisch regierten Osten des Landes besonders groß. Ein „antifaschistischer Schutzwall" sollte die DDR von der BRD trennen. Alle Kriegsschuld und Kriegsschuldigen sah man im Westen. Alles, was an das alte Vorkriegsdeutschland erinnerte, sollte entfernt werden. Der Stuck aller verbliebenen bürgerlichen Wohnhäuser wurde abgeschlagen, erhaltene Paläste und Kirchen wurden abgerissen – so auch das Berliner Stadtschloss. Die Idee, mit einem Tabula-rasa-Ansatz, mit einem gründlichen Aufräumen und dem Entfernen von allem Alten, eine Art historische Dekontamination zu erreichen, überzeugte aber nie. Insbesondere deswegen nicht, weil die modernen Ersatzbauten, im Osten wie im Westen, nicht annähernd an die früheren Qualitäten heranreichen konnten. Dies betraf alle Gebäudetypen, fiel aber bei öffentlichen Sonderbauten für kulturelle Nutzungen, also den staatlichen Repräsentationsbauten, besonders auf.

Der 500 Jahre alte Palast der preußischen Könige und Kaiser der Hohenzollern, das Zentrum und die Wiege Berlins, wurde bei den Luftangriffen und dem Einmarsch der sowjetischen Armee schwer beschädigt, hätte aber wieder instand gesetzt werden können.

Abb. 5.1 Palast der Republik im Jahr 1986, der nach Abriss der Schlossruine von der DDR als „Parlaments"-Gebäude errichtet wurde. (Quelle: Junge 1986, lizenziert unter CC-BY-SA 3.0)

Stattdessen wurde er vollständig abgerissen und durch ein modernes Funktionsgebäude ersetzt, den „Palast der Republik", ein Pseudoparlament des sozialistischen Einparteiensystems (Abb. 5.1). Durch diesen Eingriff wurde nicht nur der wichtigste stadträumliche und geschichtliche Bezugspunkt der Stadt beseitigt, sondern auch ein Ensemble historischer Gebäude zerstört, das gemeinsam den Stadtteil „Museumsinsel" bildete, eine der wohl wertvollsten Museumslandschaften der Welt und UNESCO-Welterbe-Denkmal.

Die Wiedervereinigung von West- und Ostdeutschland und der geteilten alten/neuen Hauptstadt Berlin im Jahr 1990 bot die Chance, das historische Stadtzentrum neu zu denken, wichtige historische Gebäude zu restaurieren oder wieder aufzubauen. So auch das Stadtschloss. Eine private Initiative um Wilhelm von Boddien war hierbei die treibende Kraft. Die Diskussion über einen Wiederaufbau des historischen Stadtschlosses gestaltete sich sehr komplex und langwierig, da viele Schichten der langen Geschichte des Ortes und viele verschiedene Akteure und Interessen berücksichtigt werden mussten. Die Debatte brachte drei anscheinend unvereinbare ideologische Positionen ans Licht und mobilisierte zahlreiche Bürgerinitiativen, Petitionen, Demonstrationen und politische

Abb. 5.2 Blick auf das wieder aufgebaute Berliner Schloss, jetzt „Humboldt Forum" im Jahr 2024. (Quelle: eigenes Foto)

Kampagnen in jedem Lager: diejenigen, die das moderne Parlamentsgebäude als rechtmäßiges Denkmal der jüngsten ostdeutschen Vergangenheit erhalten wollten, diejenigen, die etwas von dem, was die Stadt 500 Jahre lang geprägt hatte, wiederaufbauen wollten, und diejenigen, die stattdessen auf dem Bau neuer moderner Gebäude bestanden und das Recht jeder Generation einforderten, ihren eigenen Weg zu gehen, jeweils neue Zeichen ihrer Zeit zu setzen.

Am Ende kam es zu einem typisch deutschen Kompromiss. Das Stadtschloss wird als modernes Bauwerk in der alten Form wiederaufgebaut, an den meisten Seiten mit einer historischen Fassade umhüllt und innen als Museum für Artefakte verschiedener Weltkulturen genutzt (Abb. 5.2). Die internationalen Sammlungen der Berliner Museen, Bibliotheken und Universitäten haben ihre Wurzeln in der sogenannten Wunderkammer des Hohenzollern-Stadtschlosses. Die Rückkehr an ihren Geburtsort mit viel größeren Sammlungen schien eine gute, vermittelbare und politisch korrekte Lösung zu sein. Als „Humboldt Forum" erinnert es an die Universalgelehrten, die Wissenschaftler, Philosophen und Entdecker Alexander und Wilhelm von Humboldt, die die Ideen der Aufklärung des 18. Jahrhunderts aufgriffen, mehr Freiheit von Kunst, Wissenschaft und Kommunikation forderten. Statt ein Symbol der einstigen deutschen/preußischen Macht zu rekonstruieren, bietet es ein offenes Forum mit einem didaktischen Ansatz, der einer Alexander von Humboldt zugewiesenen Aussage folgt: „Die gefährlichste aller Weltanschauungen ist die Weltanschauung jener Leute, welche die Welt nie angeschaut haben."

Die Initiative für eine zumindest teilweise historische Rekonstruktion war eine Privatinitiative einer kleinen Gruppe engagierter geschichtsbewusster Bürger. Die Finanzierung der historischen Fassaden erfolgt durch deren Spendensammlungen, der Rest wird durch Bundes- und Landesmittel finanziert. Je weiter das Projekt voranschreitet und je besser sein künftiges Gesicht erkennbar wird, desto stärker scheint sich die anhaltende Debatte in eine positive Richtung zu entwickeln. Immer mehr Menschen interessieren sich für das Projekt und unterstützen es; sie sehen es als eine willkommene, längst überfällige Gelegenheit, den Reichtum der deutschen Architekturgeschichte und der Berliner Stadtgeschichte neu zu entdecken. Die wenig inspirierenden modernen deutschen Nachkriegsstädte, der Mangel an zeitüberdauernden Repräsentationsbauten und Schönheit haben ein Identitätsvakuum hinterlassen, dessen man sich nun mit weniger ideologischer Voreingenommenheit annehmen kann. Die Deutschen sind zunehmend daran interessiert, ihre Geschichte, ihr historisches Erbe zu verstehen und wieder mehr davon zu sehen.

Städte sind komplexe kulturelle Artefakte, die ganz bestimmte Konventionen, Traditionen und Vorlieben der Menschen widerspiegeln, die sie gebaut haben und die in ihnen leben. Sie sind ein Spiegel der Bestrebungen und Überzeugungen ihrer Bewohner. Sie entwickeln sich im Laufe der Zeit, fügen etwas hinzu, passen es an, korrigieren es und addieren Schichten neuer Ideen, hinterlassen immer neue Spuren ihres Lebens. Diese Tiefe und dieser Reichtum bilden einen Erinnerungsfundus, der den Bürgern einen jeweils unverwechselbaren Rahmen für ihre lokale Identität und Zugehörigkeit bietet. Sie prägen das kollektive Gedächtnis. Der plötzliche und gewaltsame Verlust all dessen hinterlässt destabilisierte, kollektiv traumatisierte und wurzellose Menschen. Die Wiederherstellung von Teilen davon ist ein legitimer, verantwortungsvoller und notwendiger Versuch, Wunden zu heilen.

Ein Volk, das seine Vergangenheit nicht kennt, ist nicht in der Lage, seine Zukunft selbstbewusst zu gestalten. So oder so ähnlich wurde es von vielen Historikern wie auch von visionären Planern oft gesagt, unter anderen von Helmut Kohl, Bundeskanzler der deutschen Wiedervereinigung in einer oft zitierten Rede vor dem Bundestag am 01.06.1995. Dies erfordert eine offene und kritische Auseinandersetzung mit den helleren und dunkleren Kapiteln der eigenen Geschichte, den Blütezeiten, den Krisen und Tragödien. Die Reduktion auf ein schreckliches, aber kurzes und außergewöhnliches Kapitel hinterlässt schwache, irritierte Menschen mit wenig Selbstachtung und ohne visionäre Kraft. In Deutschland ist die Fixierung auf die Zeit des Nationalsozialismus und den durch ihn entfesselten Krieg nach wie vor bestimmend. Darunterliegende historische Schichten werden seltener betrachtet. Der Blick zurück und das Studium historischer Städte liefern Inspiration und Antworten auf die Herausforderungen von heute, geben Orientierung und

Sicherheit bei der Zukunftsplanung. Heute erlaubt der größere zeitliche Abstand zu den Schrecken des Nationalsozialismus neue Ansätze zur Wiederentdeckung und Würdigung der eigenen, davorliegenden Geschichte, der Jahrhunderte von Monarchien, kulturellen Blütezeiten, Kriegen, Reformen, Aufklärung, die Wiederentdeckung dessen, wie sich diese Zeiten auch in ihren Bauwerken ausdrückten. Mit dem Reichtum dieses geschichtlichen Erbes, der eigenen Wurzeln kann drei Generationen nach den umfassenden letzten Kriegszerstörungen etwas entspannter umgegangen werden. Dies scheint immer wichtiger zu werden, da eine sich zunehmend globalisierende Welt eine allgegenwärtige Gleichförmigkeit *(Sameness)* und Orientierungslosigkeit schafft. Der Verlust von eindeutigen, einzigartigen Identitäten von Orten, ihrem Genius Loci, schafft eine globale Uniformität, vermittelt immer seltener die Erfahrung spezifischer Heimat. Nun entsteht wieder ein größerer Wunsch nach örtlicher Zugehörigkeit, nach lokaler Verwurzelung. Die Menschen sehnen sich wieder mehr nach ihren eigenen, unverwechselbaren Orten, nach authentischen Ausdrucksformen, die aus ihrer spezifischen Kultur und Tradition erwachsen – nicht nach irgendeinem Ort.

Die städtische Identität, das Gefühl der Zugehörigkeit zu einem bestimmten Ort mit seinem ganz eigenen Charakter und seiner individuellen Geschichte, ist wichtig für das Selbstwertgefühl und das Wohlbefinden der Einwohner und für das Entstehen einer engagierten Bürgerschaft. Der gebaute Raum liefert die Bilder, die sichtbaren und greifbaren physischen Manifestationen der Geschichte. Wie der brasilianische Stadtplaner Jaime Lerner beschreibt, „ist die Stadt wie ein altes Familienporträt, dessen Flüsse, Straßen, Plätze, Gebäude und Wahrzeichen die Elemente der Stadtgeschichte darstellen". Um in der Metapher zu bleiben: Das Familienporträt Deutschlands ist angesichts seiner langen und wechselvollen Geschichte sehr groß und voller unterschiedlicher Charaktere, einige Gesichter sind jedoch halb verdeckt, verschwommen oder ausgeschnitten.

Die Zerstörung gewachsener städtischer Strukturen durch Kriege, aber auch durch funktionalistische, moderne Planungsideale hat viele Städte weltweit betroffen und ist in Europa, wo sich so viele historische Schichten reicher Gestaltungskulturen überlagern, besonders schmerzhaft. Der Streit um Erhaltung, behutsame Anpassung oder Abriss und Ersatz hat in den letzten Jahrzehnten zugenommen. Der italienische Architekt Aldo Rossi legte in seinem bereits 1966 veröffentlichten Buch *Die Architektur der Stadt* (Rossi 1966) eine der ersten großen Neubewertungen der Moderne vor und erläuterte die Bedeutung des „kollektiven Gedächtnisses" und seiner Erscheinungsformen in der gebauten Umwelt. Sein Appell, die noch bestehenden Verbindungen mit der Geschichte des Ortes, seiner kontinuierlichen Entwicklung, nicht leichtfertig auszulöschen, hatte einen bedeutenden Einfluss auf die Debatte über die Entwicklung Berlins nach der Wiedervereinigung.

Die wachsende Migration nach Europa verleiht dem Wunsch vieler Europäer, ihr eigenes, landestypisches, unverwechselbares Erbe wiederzuentdecken und zu erhalten, sich ihrer Herkunft zu vergewissern, einen zusätzlichen Impuls. Die Entwicklung ihrer lokalen Kultur, die Kämpfe und Errungenschaften vergangener Generationen, will man besser verstehen, um Wertvolles erhalten und verteidigen zu können. Das Studium und die Nachbildung einiger historischer städtischer Strukturen sind Möglichkeiten, verlorene Kapitel wiederherzustellen, die Wunden der Zerstörung zu heilen und dadurch wieder mehr Selbstvertrauen zu gewinnen. Die Ankunft von Millionen von Menschen aus unterschiedlichen Kulturen hat erneut einige grundlegende Fragen darüber aufgeworfen, worum es bei den europäischen, insbesondere der deutschen Kultur, geht: Welche Werte liegen ihr zugrunde und wie werden diese in der sozialen und wirtschaftlichen Struktur umgesetzt? Welche Verhaltenskonventionen leiten sich daraus ab? Und wie drückt sich diese Kultur im gebauten Raum aus? Noch zögerlich, aber beharrlich entsteht auch in Deutschland wieder eine Debatte darüber, was die nationale und die verschiedenen lokalen „Leitkulturen" ausmacht, darüber, was „Heimat" bedeutet. In ganz Europa ist das Wiederaufleben einer nativistischen, oft nostalgischen Sehnsucht zu beobachten.

Die Idee einer spezifischen **„Heimat"** ist wahrscheinlich universell, für alle Menschen, egal wo sie aufgewachsen sind oder leben. Sie scheint jedoch in einem Land mit einer so langen, reichen Geschichte und so vielen gewaltsamen Ereignissen und Zerstörungen, in dem diese Idee so oft und grundlegend infrage gestellt wurde, besonders stark zu sein – rational-intellektuell wie auch sentimental. Der deutsche Begriff „Heimat" umfasst viel mehr als das englische Wort „home" oder entsprechende Wörter in anderen Sprachen. Er steht für ein starkes Gefühl der Zugehörigkeit, der Verwurzelung und Authentizität. Es ist allerdings ein mehrdeutiges, oft widersprüchliches Gefühl, eine ständige innere Auseinandersetzung, die von Zweifeln und Klarheit gleichermaßen geprägt ist. Der Begriff bezieht sich sowohl auf eine spezifische geografische/räumliche Definition von Zugehörigkeit als auch auf eine kulturelle, spirituelle Definition und deren Interdependenzen und Widersprüche. Es erinnert an das portugiesische Wort „Saudade", das ebenfalls schwer zu übersetzen ist. Nach den Verbrechen der Nazizeit und des Zweiten Weltkriegs fiel es den Deutschen schwer, ihre nationale Heimat zu erkennen und sich wieder positiv zu ihr zu bekennen. Es wurde der Versuch unternommen, ein vereintes Europa zur Ersatzheimat zu machen und den eigenen Nationalstaat und seine spezifische Geschichte in einem übernationalen Staat aufzulösen. Das Experiment scheint zu scheitern, zu stark ist die Sehnsucht nach der eigenen, spezifischen Identität.

Die Rekonstruktion eines historischen Gebäudes oder Stadtviertels nach den ursprünglichen Plänen macht es nicht historisch, gibt ihm noch keine glaubhafte Authentizität. Die meisten Architekten, Planer, selbst professionelle Denkmalschützer und Intellektuelle verschiedener Disziplinen lehnten historische Rekonstruktionen in Deutschland auch deswegen stets leidenschaftlich ab. Sie wurde als bewusste Täuschung, falscher Schein, als „Disneyland" für oberflächliche, unkritische, uninformierte Konsumenten oder als Bühnenbild für Touristen gebrandmarkt. Akzeptabler, allerdings nur für begrenzte Bereiche, schien eine „kritische Rekonstruktion", eine zeitgemäße Interpretation historischer Strukturen und Prinzipien. Die Entwicklung Berlins nach der Wiedervereinigung folgt diesem Mantra, wenn auch mit sehr großzügigen Interpretationsspielräumen. Die überwiegende Mehrheit der zeitgenössischen Bauten sind eher banale, funktionale Bauwerke, ausgeführt ohne Details, ohne Ornamente und ohne besondere Handwerkskunst: leicht austauschbare Gebäude, bestenfalls unauffällige, nicht störende Einfügungen.

Dass es vor der Moderne nicht so war und nicht so sein muss, beweist ein Blick auf Fotos der deutschen Vorkriegsstädte. Damals scheint es viele bessere städtebauliche und architektonische Lösungen gegeben zu haben. Immer mehr Menschen fragen sich, was aus dieser reichen Gestaltungs- und Baukultur geworden ist, der hohen handwerklichen Qualität, der Qualität des öffentlichen Raums, die über so viele kunsthistorische Epochen hinweg entwickelt und perfektioniert wurde. Warum können wir heute keine Gebäude mit starken, unverwechselbaren Charakter bauen, Gebäude die Geschichten erzählen – Geschichten über ihre Nutzer, ihren Ort, über die Ideen ihrer Zeit? Früher waren Gebäude mehr als nur praktische Behausungen, funktionale technische Strukturen oder kurzlebige Corporate-Design-Statements. Wie kam es zu der Einfallslosigkeit und Uniformität der zeitgenössischen Moderne? Früher vermittelten sie Bedeutung durch Form, Ornamente und Kunst. Ornamente galten noch nicht als „Verbrechen" oder Ausdruck kultureller Rückständigkeit, wie Adolf Loos, ein erster Wegbereiter der Moderne, provokant behauptete (Loos 1908).

Aus den meisten, selbst einfachsten Gebäuden der Epochen vor der Moderne spricht ein anderer Geist, ein anderer Gestaltungswille und Qualitätsanspruch seiner Erbauer, den man bei heutigen Neubauten meist vermisst: der Anspruch, solide, dauerhafte und schöne Gebäude und Stadträume zu schaffen, die den Stolz ihrer Bauherren, Planer und Handwerker zum Ausdruck brachten und sich um eine **langfristige Gültigkeit** bemühten. Bauen war selbstverständlich immer auch Baukunst, ein Zusammensetzen und harmonisches Zusammenwirken handwerklich und gestalterisch hochwertiger Teile, städtische Kompositionen als einander respektierende Ensembles um wohlproportionierte öffentliche Zwischenräume. Die verloren gegangene Kultur des **„Baumeisters"**, des umfassend gebildeten Architekten und Bauherrenvertreters, der alle Gewerke und alle Prozesse versteht und verantwortet, hat zu viel besseren Ergebnissen, zu einer viel besseren Integration aller Teile in ein „Gesamtkunstwerk" von überzeugender Schönheit geführt. Die Fragmentierung von Fachwissen, von einzelnen Beiträgen und Verantwortlichkeiten im heutigen Planungs- und Bauprozess führt hingegen zu oft zu vielen Kompromissen, insgesamt zu ausdrucksloser und austauschbarer Architektur. Heute wird der Prozess von zu vielen Menschen mit einem zu engen Fokus gesteuert.

Unter dem Etikett „postmoderne Architektur" (in Anlehnung an die europäische philosophische Postmoderne) entstand in den letzten Dekaden des vergangenen Jahrhunderts, zunächst in den USA, dann auch in Europa, die Bestrebung, diese Leere der Moderne zu überwinden, Architektur wieder Geschichten erzählen zu lassen und sich dabei auch historischer Anleihen und Zitate zu bedienen. Abgesehen von ihren wortgewaltigen Manifesten und ihrer Kritik an den Unzulänglichkeiten einer auf Zweckmäßigkeit und Wirtschaftlichkeit fokussierten Moderne konnten ihre Protagonisten jedoch keine überzeugenden und dauerhaften Alternativlösungen in dieser kurzen geschichtlichen Epoche anbieten. Viele der Bauten dieser Zeit wurden inzwischen wieder zurückgebaut. Gleichwohl hatten sie

Abb. 5.3 Der Frankfurter Römerberg im Nachkriegsjahr 1946. (Quelle: Institut für Stadtgeschichte, Frankfurt, S7B Nr. 1998–12, Landesbildstelle Hessen)

ein wichtiges neues Gefühl aufgenommen, dass nämlich etwas Grundlegendes fehlte. Die Sehnsucht nach einer Erinnerungskultur, nach Spuren von Tradition und lokaler Authentizität wuchs, angetrieben von leidenschaftlichen Normalbürgern, die keine Experten waren. Schließlich konnten sie größere Gruppen mobilisieren, die sich auch in Deutschland für historische Rekonstruktionen in ihren Städten einsetzen.

Der Wiederaufbau des Berliner Stadtschlosses ist nicht das einzige oder erste derartige Projekt. In vielen anderen deutschen Städten werden derzeit wichtige historische Bauwerke und ganze Stadtteile aus unterschiedlichen Epochen wiederaufgebaut. Dresden, dessen barocker Stadtkern samt monumentalem Sakralbau 1945 von britischen und amerikanischen Bombern zu 90 % zerstört wurde, baute die Frauenkirche und das sie umgebende Viertel wieder auf. Frankfurt am Main baut einen kleinen Teil seines mittelalterlichen, ebenfalls kriegszerstörten Stadtzentrums rund um die gotische Kathedrale (Abb. 5.3) wieder auf und ersetzt damit ein brutalistisches modernes Nachkriegsgebäude der öffentlichen Verwaltung. Diese neue „Altstadt" (Abb. 5.4) ist, abgesehen von einigen wenigen Originalfassaden, nicht wirklich alt, sondern eine Interpretation der historischen Situation. Bei einigen Gebäuden handelt es sich um historische Rekonstruktionen, bei anderen um zeitgenössische, moderne Bauten innerhalb der historischen Parzellen und Volumina. Potsdam ist besonders aktiv beim Wiederaufbau seines historischen Stadtzentrums: orientiert am ursprünglichen Vorkriegsstadtplan und mit vielen historischen Rekonstruktionen. Es begann mit dem barocken Stadtschloss, das heute den Landtag beherbergt, und weitet sich allmählich auf den gesamten Stadtkern aus.

Abb. 5.4 Wieder aufgebauter Teil der Frankfurter Altstadt im Jahr 2018, bei Fertigstellung. (Quelle: Alexander 2018, Foto von Wolfgang Eilmes)

Je mehr historische Gebäude hinzukommen, desto mehr neue Initiativen entstehen, um noch weitere Rekonstruktionen folgen zu lassen. Sie erweisen sich auch als erfolgreiche Immobilieninvestitionen, denn die Verkaufspreise und Mieten für Wohnungen, Büro- oder Einzelhandelsflächen in wiederaufgebauten historischen Gebäuden sind sehr hoch.

Diese Wiederaufbauprojekte entfalten allmählich eine bemerkenswerte Wirkung auf eine wachsende Zahl von Architekten, Ingenieuren und den Bausektor. Sie führen Planern, Bauherren und künftigen Nutzern vergessene städtische Maßstäbe, Dimensionen und Proportionen von Gebäuden und öffentlichen Räumen vor Augen, die aus Zeiten stammen, in denen die Städte noch nicht vom Autoverkehr dominiert wurden, sondern für den menschlichen Maßstab, für Fußgänger, gebaut wurden. Es erinnert an die Planungsprinzipien, die Camillo Sitte in seinem Buch *Der Städtebau nach seinen künstlerischen Grundsätzen* von 1889 propagiert (Sitte 1889), nämlich unregelmäßige Stadtraster und intime öffentliche Räume.

Historische Rekonstruktionen erfordern es, dass fast ausgestorbene Berufszweige, etwa Steinmetz, Zimmermann, Kunstschmied und andere Spezialisten, wiederbelebt werden. Im Zuge dessen kann der besondere Wert des Handwerks und handgefertigter Objekte wiederentdeckt und neu gewürdigt werden. Historische Rekonstruktion lädt dazu ein, traditionelle Baumaterialien und Konstruktionsmethoden zu erforschen sowie intelligente vorindustrielle Bautechniken anzuwenden, um eine alternative Materialauswahl und -verwendung für robuste, dauerhafte und ästhetische Lösungen zu finden. Früher wurden Gebäude für längere wirtschaftliche Nutzungsdauern geplant und gebaut. Sie waren anpassungsfähig, wandelten sich im Laufe der Zeit, da Teile leichter hinzugefügt oder entfernt werden konnten.

Die Auseinandersetzung mit historischen Gebäuden und ihrer Rekonstruktion ermöglicht die Wiederentdeckung anderer architektonischer, innenarchitektonischer und landschaftsgestalterischer Planungsstrategien, anderer Proportionen, Prinzipien der geometrischen Ordnung, verschiedener Fassadentektonik und -plastizität, von Gebäuden mit differenzierten Dächern und hochwertigen Fassaden. Es gab andere funktionelle Lösungen und Funktionshierarchien. Die Beschäftigung damit ermöglicht die Ergründung von Überlagerungen historischer Schichten und somit ein besseres Verständnis vergangener Zeiten. Auch das Erkennen und Akzeptieren religiöser Symbolik an historischen Gebäuden können den atheistischen Zeitgeist bereichern.

Bei der Auseinandersetzung mit historischen Stadträumen und Gebäuden stellt sich die Frage nach den Hierarchien im Stadtbild, danach, wem man in den Städten Raum, Sichtbarkeit und Bedeutung zugesteht: den Hauptquartieren großer multinationaler Unternehmen oder lebendigen, gemischt genutzten Strukturen, also öffentlichen kulturellen und religiösen Gebäuden (wie es früher der Fall war). Das wirft die grundsätzliche Frage auf, wie viel Platz man Autos und wie viel den Fußgängern einräumen will – historische Rekonstruktion ermöglicht es Fußgängern und Radfahrern also, ihre Städte zurückzuerobern. Sie provoziert und stimuliert eine neue Art von Diskussionen über Ästhetik und ihren Wert für die Stadt und die Bürger. Was macht eine Stadt schön? Gibt es objektive Möglichkeiten, dies zu messen? Mehr historische Rekonstruktionen setzen die heutigen Architekten einem direkteren Vergleich und Wettbewerb aus und zeigen, dass zeitgenössische Architektur nicht gesichtslos, repetitiv und langweilig sein muss.

Der Wiederaufbau des Berliner Stadtschlosses und von Teilen der historischen Stadtzentren in Dresden, Potsdam, Frankfurt und anderen deutschen Städten hat den Anstoß für weitere Rekonstruktionen in ihrem Umfeld gegeben. Der teilweise Wiederaufbau des historischen Stadtzentrums ist für Frankfurt besonders wichtig und ein längst überfälliger Schritt. Die nach dem Krieg weitgehend zerstörte Stadt war in ihren städtebaulichen Bemühungen nicht sehr sensibel und erfolgreich. Das neue Frankfurt wurde zu Recht oft als die „hässlichste Stadt Deutschlands" bezeichnet. Wahllose Collagen aus anspruchsloser, austauschbarer, hastig errichteter Billigmoderne prägen noch immer weite Teile Frankfurts. Die historische Rekonstruktion der Altstadt führt nun eine fast vergessene Kategorie der Planung wieder ein: die Schönheit, das Streben nach funktionsunabhängiger Ästhetik.

Größere integrierte Quartiere, die sich an historischen Planungsprinzipien orientieren und durch historische Rekonstruktionen einiger Schlüsselgebäude verankert sind, werden inzwischen von einem wachsenden Teil der Bevölkerung und zunehmend auch von den Medien unterstützt. Der ehemalige Berliner Senatsbaudirektor Hans Stimmann war einer der ersten Befürworter dieses Ansatzes. In seinem 2009 erschienenen Buch *Berliner Altstadt: Neue Orte und Plätze rund um das Schloss* regte er eine Erweiterung und (kritische) Rekonstruktion größerer Teile des verlorenen historischen Zentrums um die Museumsinsel und das Schloss an (Stimmann 2009). Die unmittelbare Reaktion zum Zeitpunkt der Veröffentlichung des Buches war überwiegend ablehnend. Inzwischen hat sich die Situation jedoch verändert. Die jüngsten öffentlichen Diskussionen über diese historischen Wiederaufbauinitiativen erscheinen bereits weit weniger ideologisch voreingenommen und wertend, ausgewogener, aufgeschlossener und reifer. Immer mehr Menschen verstehen das weitreichende Potenzial und die positiven Auswirkungen, die sie haben können.

In einigen osteuropäischen Städten, die ebenfalls im Zweiten Weltkrieg stark beschädigt wurden, anschließend von der sowjetischen Besatzungsmacht im Stil der sozialistischen Moderne wieder aufgebaut wurden, geht man heute wieder unbefangener, grundsätzlich positiv mit historischen Rekonstruktionen um, erkennt ihren Wert für die Wiederentdeckung und Stärkung lokaler kultureller Identität. Seit ihrer Befreiung von sowjetischer Besatzung und Bevormundung werden viele Gebäudefassaden in Anlehnung an ihre historische Vorkriegsgestaltung wieder errichtet. Die polnische Hauptstadt Warschau ist hierfür ein beeindruckendes, wegweisendes Beispiel.

Nachbemerkung 2023
Im Jahr 2023, acht Jahre später und bereits einige Jahre nach der Fertigstellung des Berliner Stadtschlosses, der Frankfurter Altstadt, von Teilen der Potsdamer Innenstadt und anderer Rekonstruktionsprojekte in Deutschland, kann man die große Aufregung und die ideologische Verhärtung, die zu Beginn dieses Jahrhunderts die Diskussionen bestimmten, nur noch schwer nachvollziehen. Die fertiggestellten Rekonstruktionen werden inzwischen von einer großen Mehrheit der Bürger und Gäste der Städte geliebt. Sie fügen sich ganz selbstverständlich wieder in den Kontext der *Collage Cities* ein. Sie „reparieren" zerbrochene Strukturen, stellen alte stadträumliche und architektonische Bezüge wieder her. Sie sind weit mehr als touristische Anziehungspunkte, aber auch das – und zwar sehr erfolgreich. Sie werden ganz selbstverständlich von den Bürgern angenommen, genutzt, mit Leben gefüllt. Sie haben, wie erhofft und erwartet, Teilen der Architektenschaft wieder einen Zugang zu anderen Gestaltungs- und Bauqualitäten ermöglicht, den Trend zu monotonen Standardisierungen zumindest offener infrage gestellt.

Der trotz großer politischer Widerstände erfolgte Wiederaufbau eines kleinen Teils der Frankfurter Altstadt erweist sich erwartungsgemäß als großer Erfolg, zieht Stadtbewohner wie Touristen gleichermaßen an. Die stadträumliche und baukünstlerische Erfahrung in diesem Quartier ist eine lang vermisste und ersehnte in einer Stadt, die im Krieg großflächig zerstört wurde und danach schnell und zweckmäßig, aber ohne großen architektonischen Anspruch wiederaufgebaut wurde. Sie ist eine Brücke zu lebendiger Erfahrung der Stadtgeschichte, gibt Identität und Heimat. Weitere Teile der ehemaligen Altstadt sollten folgen, insbesondere das von der Stadtregierung und Verwaltungen genutzte Römer-Gebäudeensemble, das noch immer die Notdächer der Nachkriegszeit trägt. Private

Initiativen bemühen sich schon seit Jahren, hier einen Anstoß zu geben und gesammelte Spenden beizutragen.

Mit dem aktuellen, übersteigerten Fokus auf Klimaneutralität, Energieeffizienz und Kreislaufwirtschaft sind diese positiven Entwicklungen aber wieder in Gefahr. Die Vereinbarkeit historischer Rekonstruktionen oder historisch inspirierter Neubauten mit den Anforderungen maximaler Fassadendämmung kann kaum gelingen. Anstatt hier nach baulichen Kompromissen zu suchen, scheint es richtiger, die Definition von Nachhaltigkeit kritisch zu hinterfragen, zu erweitern und andere Lösungsansätze zuzulassen. Solide gebaute, von der Mehrheit der Menschen als schön erachtete Gebäude, die sich an historischen Beispielen orientieren, sind dauerhafter, werden länger erhalten und genutzt, auch wenn sie nicht den letzten technischen Standards entsprechen. Längere Lebenszeiten von Gebäuden sind vielleicht das wichtigste Kriterium für Nachhaltigkeit – und geben mehr Generationen einen Rahmen dafür, ihre Spuren zu hinterlassen und weitere historische Schichten aufzutragen.

Die Krise als Chance nutzen

Wie der Stadtentwicklungsmotor wieder gestartet werden kann – Befreien vom Überbietungswettbewerb der Regulierer

> *Das Wort Krise setzt sich im Chinesischen aus zwei Schriftzeichen zusammen. Das eine bedeutet Gefahr und das andere Gelegenheit.*
>
> *Wer will, der findet Wege, wer nicht will, der findet Gründe.*
>
> *Never let a good crisis go to waste*
>
> (u. a. Winston Churchill).

6.1 Standort Deutschland im Jahr 2023: Zeit für Reformen

Im Verlauf des Jahres 2023 wird die Wirtschaftskrise in Deutschland immer sichtbarer, erfasst immer mehr Sektoren. Die Faktenlage belegt es, die Situation lässt sich nicht mehr schönreden. Während alle anderen führenden Industrieländer und die europäischen Nachbarn wachsen, droht Deutschland eine lang anhaltende Stagnation, vielleicht Rezession. Das Zusammenwirken von einigen extern verursachten und vielen selbstverschuldeten Problemen hat das Worst-Case-Szenario, vor dem viele engagierte Ökonomen und Wirtschaftsvertreter seit Jahren warnen, Wirklichkeit werden lassen. Zu lange hat man ein ideologiegeleitetes, nicht an volks- und betriebswirtschaftlichen Realitäten orientiertes politisches Handeln geduldet, lähmende Strukturen wuchern lassen und die daraus resultierenden Wettbewerbsnachteile leichtfertig ignoriert. Dem Land droht ein dramatischer und dauerhafter Abstieg, wenn nicht zügig Maßnahmen für einen entschlossenen Turnaround ergriffen werden.

Die Krise wird in der Immobilienwirtschaft besonders deutlich. Drei Faktoren kommen dort zusammen, die diesen Wirtschaftssektor so sehr belasten, dass es inzwischen zu einem Stillstand gekommen ist und eine Insolvenzwelle der beteiligten Unternehmen begonnen hat:

Erstens sind die **Finanzierungskosten** innerhalb kürzester Zeit rapide gestiegen: Bauzinsen, die sich über mehrere Jahre auf einem historischen Niedrigstand bewegten, stiegen plötzlich um das Vierfache an. Zwischen 2015 und 2022 lagen sie zwischen 2 %, dann um nur 1 % und sind dann sprunghaft auf circa 4 % gestiegen (Abb. 6.1). Dies belastet Projektentwickler, die für ihre Projekte nach dem Grundstücksankauf und Projektplanung eine Baufinanzierung oder eine spätere Anschlussfinanzierung benötigen und hierfür mit gleichbleibendem Zinsniveau gerechnet hatten. Es betrifft gleichermaßen die Käufer von fertiggestellten Objekten, insbesondere private Haus- und Wohnungskäufer, die sich einen Erwerb nun nicht mehr leisten können. Finanzierende Banken fordern in dem neuen Krisenumfeld zudem weitere Sicherheiten von den Investoren, deutlich mehr Eigenkapital als noch vor wenigen Jahren.

Zweitens die **Baukosten,** Kosten für Material und Löhne. Diese haben sich im Laufe der letzten Jahre extrem erhöht. Seit 1995 haben sie sich mehr als verdoppelt, seit 2015 sind sie um 60 % und allein seit 2020 um 40 % gestiegen (Abb. 6.2). Hinzu kommen Lieferengpässe für Material und Bauteile, immer weniger qualifiziertes Fachpersonal und entsprechend längere Beauftragungs- und Bauzeiten, mehr Unwägbarkeiten. In Deutschland liegen die Bauerstellungskosten, zu denen auch die Grunderwerbskosten und die Baunebenkosten zählen, im europäischen Vergleich am höchsten. Ein wichtiger Kostentreiber ist hier der Staat, der durch Steuern und Abgaben auf alle Waren und Leistungen mit circa 37 % zu den Gesamtkosten beiträgt.

Drittens die **wachsenden gesetzlichen Anforderungen und Vorschriften der Planungs- und Baubehörden,** die die Gebäudekosten, Bürokratie und Zeitaufwand, somit

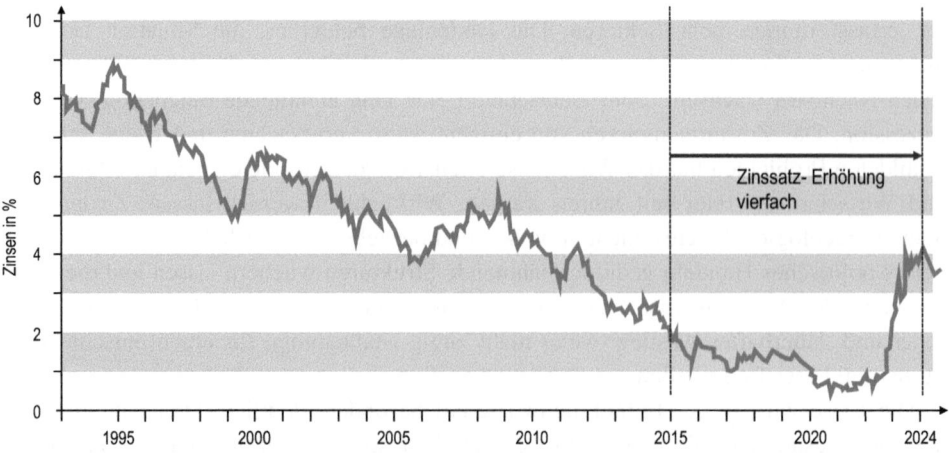

Abb. 6.1 Historische Zinsentwicklung in der Baufinanzierung in Deutschland, 10 Jahre Sollzinsbindung. (Quelle: auf Grundlage von Statista 2024)

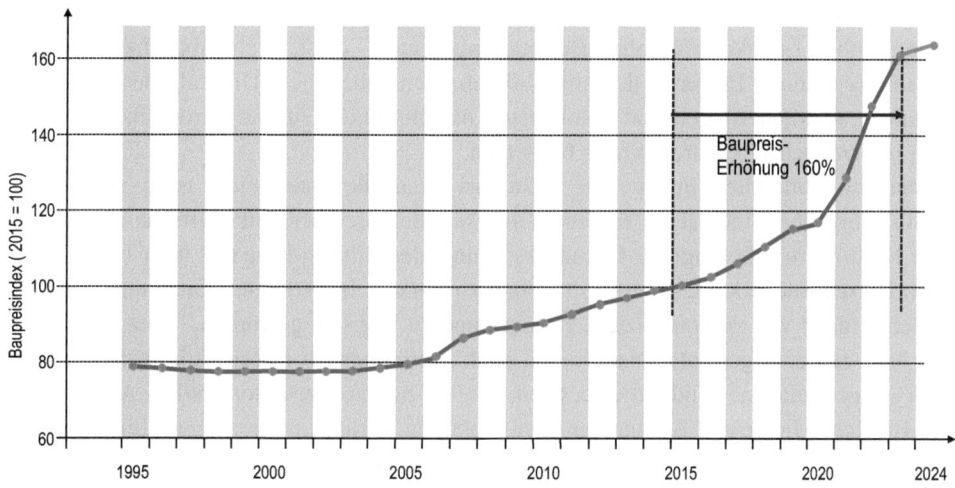

Abb. 6.2 Entwicklung des Baupreisindexes für Bauleistungen an Wohngebäuden in Deutschland, 2015 = Index 100. (Quelle: auf Grundlage der Daten von BKI 2024)

auch die Finanzierungskosten erhöhen, gleichzeitig Ertragspotenziale aber beschneiden. Die Regulierung ist im Laufe der letzten Jahre immer umfangreicher und komplexer geworden, die Anforderungen an die Energieeffizienz, Schallschutz, Brandschutz und andere Kriterien immer höher geworden. Dies verlängert die Verfahren, die Planungs-, Genehmigungs- und Bauzeiten, somit auch die Finanzierungskosten. Insbesondere die ambitionierten Klimaschutzziele, die von der EU vorgegeben, von deutschen Bundes-, Landes- und kommunalen Regierungen dann noch weiter verschärft werden, erweisen sich als zentrale Kostentreiber. Öffentliche Förderungen für sozialen Wohnungsbau und besonders energieeffiziente Gebäude sind zur gleichen Zeit aber reduziert worden. Sich ständig ändernde Programme, Budgets und Verfahren lassen Vorhabensträger diesbezüglich nicht zuverlässig planen. Auch im privaten Wohnungsbau sollen Mietpreisobergrenzen eingehalten werden, die es den Bauträgern nicht ausreichend ermöglichen, die erhöhten Erstellungskosten über entsprechend angepasste Mieten zu kompensieren.

Hinzu kommt eine **nachlassende Marktnachfrage** nach Büro- und Einzelhandelsgebäuden, Nutzungsarten, die durch zunehmendes Homeoffice-Working und Onlineshopping nun mit deutlich weniger Flächen auskommen. In den vorangegangenen zehn Jahren, einem immobilienwirtschaftlichen Superzyklus in Deutschland, konnten die steigenden Kosten durch steigende Miet- und Verkaufspreise kompensiert werden. Dies ist nun nicht mehr der Fall. Verkehrswerte von Wohnhäusern, Eigentumswohnungen, Bürogebäuden und anderen gewerblichen Immobilien sind bereits stark gesunken und fallen weiter – die Erstellungskosten für Neubauten sind aber unverändert hoch geblieben. Um die Immobilienwirtschaft wieder zu beleben, müssen diese Kosten auf allen Ebenen angepasst, das heißt deutlich reduziert werden.

Im Zusammenspiel mit anderen Standortnachteilen Deutschlands – den hohen Energiekosten, hohen Lohnkosten, hohen Besteuerungen etc. – entsteht ein **toxischer Cocktail,** den immer weniger Player in der Immobilienbranche überleben. Die Zahl der Geschäftsaufgaben, Abwanderungen und Insolvenzen nimmt zurzeit zu und wird sich vermutlich auch in den nächsten Jahren weiter fortsetzen.

Die Immobilieninvestment-, die Planungs- und die Baubranche sind strategische Schlüsselbranchen und zählen zu den wichtigsten Sektoren der Volkswirtschaft: bezüglich ihrer Bruttowertschöpfung, der Grundversorgung, der Arbeitsplätze und ihrer Innovationskraft. Diesen Entwicklungsmotor gilt es nun zu stärken. Investieren, Planen und Bauen ist in Deutschland viel zu kompliziert, zu teuer und zu langsam geworden. Trotz hoher, zum Teil über Jahre aufgestauter Nachfragen nach Wohnungsbau lassen sich in diesem Segment immer seltener Renditen errechnen, die die hohen Investitionsrisiken rechtfertigen und Banken, Mieter und Käufer von den geplanten Vorhaben überzeugen. Im internationalen Vergleich hat der Investitionsstandort Deutschland deutlich an Attraktivität verloren und ist nicht mehr konkurrenzfähig. Es fehlen überzeugende Wachstumsperspektiven. Die meisten deutschen Projektentwickler, einschließlich der großen Wohnungsbaugesellschaften, bestätigen inzwischen offiziell, keine neuen Vorhaben mehr in Deutschland beginnen zu wollen. Alles sei zu teuer geworden, die Finanzierungskosten, die Baukosten, die behördlichen Auflagen seien zu hoch und die Prozesse zu träge und unberechenbar. Auch internationale Investoren zeigen derzeit kein Interesse an Neubauprojekten in Deutschland, bestenfalls am Auflesen von notleidenden Projekten, als *Distressed Opportunities,* an bevorstehenden *Fire Sales* von stark preisreduzierten Objekten in Not geratener Bauträger und Asset-Manager sowie *Non Performing Loans.* Die Probleme sind seit Langem bekannt, werden von der Politik aber noch immer weitgehend ignoriert.

Um die wirtschaftliche Machbarkeit neuer Entwicklungsprojekte wieder zu erreichen, kann die Politik entscheidende Beiträge leisten, müsste hierfür aber den „politischen Willen" aufbringen. Dem fortschreitenden Abstieg des einst blühenden Wirtschaftsstandorts muss nicht tatenlos zugesehen werden. Derzeit hemmende Überregulierungen, Markteingriffe und hohe Abgaben müssten und könnten deutlich reduziert werden, für einen Wiederaufstieg muss „Ballast" abgeworfen werden. Alle Planungsauflagen müssen ehrlich auf ihre wirtschaftlichen Effekte geprüft werden, wo sie mehr Nach- als Vorteile bewirken, müssen sie angepasst oder gestrichen werden. Verwaltungsvorgänge müssen effizienter und ergebnisorientierter gestaltet werden, wo immer möglich digitalisiert werden. Mit privaten Investoren und Projektentwicklern sollte konstruktiver umgegangen werden, alle Möglichkeiten von Planungsbeschleunigungen und von partnerschaftlichen Kooperationen (**Public–Private-Partnerships**) ernsthafter geprüft werden. Sie sind keine Gegner, sondern die Risikoträger und Treiber der Entwicklungen, von denen am Ende alle profitieren. Die öffentliche Hand ist nicht selbst die Wirtschaft, sondern ist von den Bürgern dazu beauftragt, für die Wirtschaft bestmögliche Rahmenbedingungen zu schaffen.

Der Mindset von Politikern und Beschäftigten in Verwaltungen in Deutschland muss sich grundlegend ändern, um den erforderlichen Turnaround zu schaffen. Sie müssen lösungsorientierter agieren, die Ermessensspielräume im Rahmen ihrer Amtsbefugnisse besser nutzen, um Projektentwicklungen konstruktiv zu begleiten, zügig zu ermöglichen. In Besprechungen mit Genehmigungsbehörden werden derzeit vielerorts private Vorhabenträger ausführlich auf Probleme und Hindernisse hingewiesen, aber zu selten mit ihnen an Lösungen gearbeitet. Viele Entscheidungsträger in den Behörden sind oft selbst von der Komplexität und teilweise Widersprüchlichkeit der Gesetze, Vorschriften und Regeln, die sie souverän durchsetzen sollten, überfordert, sind verunsichert und wollen sich keine Entscheidungen erlauben.

Die Bundesregierung leistet sich einen nationalen Normenkontrollrat, der als ein „unabhängiges Expertengremium" Ministerien und Gesetzgeber zum Abbau belastender Bürokratie berät, das mandatiert ist, einzelne Gesetzesvorhaben auf ihre Folgekosten zu prüfen, und das konkrete Vorschläge zur Beschleunigung von Planungs- und Genehmigungsverfahren erarbeitet. Selbst gestecktes Ziel ist es, die Bürokratiekosten im Vergleich zu 2006 um 25 % zu reduzieren. Das Wuchern von neuen Gesetzen und Verordnungen will sie durch eine „*One-in-one-out*"-Regel reduzieren, das heißt, dass für jede neue Regel eine alte aufzugeben ist. Zudem sollen Verfahren konsequenter digitalisiert werden. Was grundsätzlich begrüßenswert ist, erweist sich angesichts der erstickenden Regelungswut, des Umfangs und der Komplexität des „Erfüllungsaufwands", mit dem die Wirtschaft belastet wird, als noch viel zu unambitioniert. Konkrete Maßnahmen sind ohnehin bislang nicht zu erkennen. Es ist zu befürchten, dass der **Bürokratieabbau mit bürokratischen Methoden** am Ende zu keinen Verbesserungen, sondern lediglich neuen Komplikationen und noch mehr Kosten führen wird. Es ist Zeit für ein radikaleres Gegensteuern, um die aktuelle Wirtschaftskrise nicht unnötig zu befeuern.

Die Genehmigungen konkreter Bauvorhaben werden durch Gesetze, Verordnungen und Leitlinien geregelt, die auf europäischer, Bundes-, Landes-, regionaler und kommunaler Ebene entstehen, dort jeweils unter Einbeziehung raumbedeutsamer Fachplanungen und Beteiligungen von Behörden und der Öffentlichkeit (Abb. 6.3). Der Umfang und Detaillierungsgrad dieser Regulierungen nahmen in den letzten Jahren auf allen Ebenen stetig zu, insbesondere im Zusammenhang mit immer höheren Klimaschutzzielen, und verkomplizieren und verlängern somit alle Planungs- und Genehmigungsprozesse. **Radikale Vereinfachungen, Deregulierungen auf allen Ebenen sind erforderlich.**

6.2 Überregulierungen auf EU-, Bundes-, Landes- und regionaler Ebene

Einige der erforderlichen, nachfolgend hier vorgeschlagenen Maßnahmen könnten zügig beschlossen werden, zum Teil als temporäre Maßnahme, um sie nicht unbegrenzt, sondern zunächst gezielt nur für diese Krisenzeit einzusetzen. Somit könnten sie leichter parlamentarische Zustimmungen finden und schneller umgesetzt werden. Andere erfordern

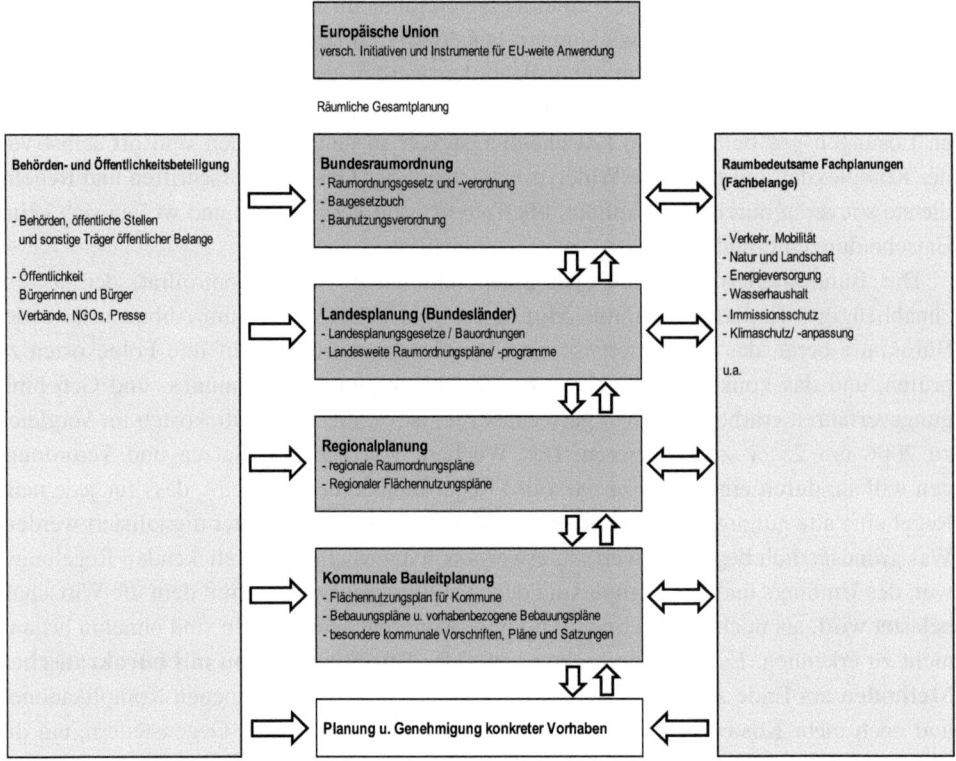

Abb. 6.3 Planungsebenen, Baugesetzgebungen: Auf allen Ebenen zunehmende Anforderungen und Regelungsdichte. (Quelle: eigene Darstellung)

mehr Zeit, sollten aber mit Hochdruck vorbereitet und zumindest sukzessive angegangen werden:

Steuerbelastung reduzieren
Die Steuerbelastungen sind in Deutschland für alle Akteure in der Immobilienwirtschaft, für Investoren, Bauunternehmen, Dienstleister, Käufer und langfristige Bestandshalter, deutlich zu hoch – im internationalen Vergleich (mindestens 5 % über dem OECD-Durchschnitt) und angesichts des aktuellen Rückgangs der Wirtschaftsleistung. Anstatt diese Belastungen selektiv durch besondere Förderungen wieder teilweise ausgleichen zu wollen und damit einen **bürokratischen, zeitaufwendigen Umverteilungsmechanismus** mit neuen Ungerechtigkeiten in Gang zu setzen, wäre es einfacher und effektiver, die auf Planungs- und Bauleistungen addierte Mehrwertsteuer, die Grunderwerbssteuer und Grundsteuern zu senken, dies insbesondere für den dringend benötigten Wohnungsbau. Die Steuern, die ein Projektentwickler für die Errichtung von Wohnungsbau in Deutschland zahlen muss, summieren sich derzeit auf über 35 % der Gesamtkosten. Diese zu reduzieren, wäre eine zügig

umzusetzende und effektive Maßnahme zur Belebung der Investitionen in diesen Sektor. Steuerreduzierungen sind immer wirkungsvoller als Subventionen und leichter umzusetzen. Es entstünde ein Win-win-Effekt, da es auch für die „öffentliche Hand" besser ist und im Ergebnis mehr bringt, „etwas weniger von viel als viel von gar nichts" einzunehmen. Der weitverbreitete Glaube, höhere Steuersätze führten zu höheren Steuereinnahmen, ist offensichtlich falsch. Wenn nichts mehr erwirtschaftet wird, kann auch nichts mehr besteuert werden.

Die derzeit auf Bundesebene diskutierte Idee, über erweiterte steuerliche **Abschreibungsmöglichkeiten** Anreize für den Wohnungsbau zu setzen – im Gespräch ist eine degressive Abschreibung, die es Bauherren erlauben würde, innerhalb der ersten acht Jahre bis zu 48 % der Kosten abzuschreiben –, hilft einigen, anderen wenig. Für viele Wohnungsunternehmen sind steuerliche Erleichterungen keine Option, da ihnen weiterhin die Liquidität für Investitionen fehlt. Über die Regelungen der **„Wohnungsgemeinnützigkeit"** und auch durch **Änderungen des Stiftungsrechts** könnten privaten Vorhabensträgern, Unternehmen und Stiftungen attraktive Steuererleichterungen angeboten werden, damit diese in Mitarbeiterwohnungen und in soziale Infrastruktur und kulturelle Projekte investieren.

In allen industriellen Sektoren, so auch in der Bauindustrie, sind die extrem hohen Energiekosten einer der größten Kostentreiber und machen die Produktion zunehmend unwirtschaftlich. Die Energiekosten sind in Deutschland aktuell ca. doppelt so hoch wie im Nachbarland Frankreich, viermal so hoch wie in den USA und sechsmal so hoch wie in China. Das Problem ist zum großen Teil hausgemacht, durch das unnötige Abschalten voll funktionsfähiger, vergleichsweise sehr sicherer Kernkraftwerke, durch beträchtliche Anforderungen der „Energiewende" und die extrem hohe CO_2-Bepreisung im EU-Emissionshandel (viermal höher als in den USA, zehnmal höher als in China). Die von der EU und der Bundesregierung gewünschten Lenkungswirkungen, die den Energiepreis nach oben treiben, verursachen zu große Kollateralschäden, treiben die Inflation weiter an, sind also kontraproduktiv. Eine schnelle Entlastung in diesem Bereich könnte eine deutliche Senkung der vergleichsweise sehr hohen Energiesteuern sein, von der alle gleichermaßen und sofort profitieren könnten.

Kurzfristige Steuerausfälle des Staats sollten dann aber nicht durch weitere Schuldenaufnahmen oder sogenannte Sondervermögen kompensiert werden, denn dies würde den Schuldendienst des Staats und die Inflation weiter nach oben treiben. Ein ausgeglichener, solider Haushalt kann nur durch eine Reduktion der Ausgaben, insbesondere übertriebener Sozialausgaben gelingen.

Einfaches Eigenkapital- und Kreditförderprogramm anstatt komplizierter planungsabhängiger Förderungen

Der abrupte, unerwartete Wegfall der KfW 55 Förderungen für energieeffizientes Bauen (durch einen grünen Wirtschaftsminister) hat vielen Bauvorhaben einen wichtigen Teil der Kalkulationsgrundlage entzogen. Der aufwendigere, teure und in der Klimaschutzzusatzwirkung umstrittene KFW 40 Standard kommt meist nicht infrage. Förderprogramme und -prozesse sind zu bürokratisch, zeitaufwendig und unberechenbar geworden. Einfacher und effektiver wäre es, wenn der Bund für die nächsten Jahre ein **Kreditprogramm** mit Zinssätzen deutlich unter den derzeit marktüblichen für bauwillige Investoren auflegen würde, dass nicht an das Erreichen extremer Energieeinsparungen gebunden ist. Effektive Betriebskosteneinsparungen liegen ohnehin im Interesse der Bauherren.

Diese werden sich auch ohne paternalistische staatliche Lenkung für wirkungsvolle Maßnahmen zu energieeffizientem Bauen und Betreiben einsetzen. Von den geringeren Betriebskosten profitieren die Endnutzer, woraus sich Wettbewerbsvorteile in der Vermarktung der Projekte ergeben. Die kontinuierlichen Verbesserungen bei der Energieeffizienz im Bauwesen über die letzten 20 Jahre bestätigen das eindrucksvoll. Das Erreichen hoher ESG-Ziele wird inzwischen von allen Marktteilnehmern in der Immobilienbranche ohnehin ernsthaft verfolgt. Nachhaltigkeitszertifizierungen durch unabhängige internationale und deutsche Organisationen sind inzwischen unverzichtbar für alle größeren und anspruchsvolleren Bauvorhaben geworden, sie werden auch von Investoren, Banken, Entwicklern und Mietern gleichermaßen gefordert.

Die hier vorgeschlagenen Darlehen (nicht Subventionen!) würden zurückgezahlt und wären dinglich besichert. Die Zinsreduzierung für die Baufinanzierung wäre ein weiterer wichtiger Beitrag zur Gesamtkostenreduzierung und damit zur Realisierbarkeit von Projektentwicklungen. Kreditförderprogramme sollten dergestalt vereinfacht werden, dass sich der zeitliche und administrative Aufwand aller Parteien deutlich reduzieren lässt.

Neben der Reduzierung von Baufinanzierungskosten für Bauträger und private, selbstnutzende Bauherren sollten auch Finanzierungsinstrumente für die Eigenkapitalseite, insbesondere für Erstkäufer von Eigentumswohnungen, in Deutschland entwickelt werden, ähnlich dem erfolgreichen Modell des Housing and Development Board *(HDB)* in Singapur. Dort können Wohnungen des HDB auf 99-jähriger Erbpachtbasis auch ohne Eigenkapital erworben werden und nach Jahren der eigenen Nutzung mit Gewinn weiterverkauft werden. Dies hat zu einer Eigentumsquote von über 85 % der Bevölkerung geführt und zu gesichertem privaten Vermögensaufbau. In Deutschland liegt die Eigentumsquote bei nur 40 %.

Planungs- und Baugesetzgebung radikal entschlacken und Prozesse digitalisieren
Die Gesetzgebung im Planungs- und Baurecht ist auf allen Ebenen in Deutschland exzessiv angewachsen und übertrifft in Quantität und Komplexität die Regelwerke aller vergleichbar entwickelten Länder. Circa 20.000 Bauvorschriften bilden inzwischen einen Dschungel gesetzlicher Grundlagen. Sie für die einzelnen Projekte richtig zu interpretieren und anzuwenden beschäftigt Heerscharen von Juristen und technischen Spezialisten, verkompliziert Klärungsgespräche, erfordert Unmengen von Gutachten und verlängert Genehmigungsverfahren mit den involvierten Behörden und anderen Stakeholdern. Behörden agieren mehr prozessfokussiert als zielorientiert und ignorieren den finanziellen Schaden, der Bauherren durch die aufgezwungenen zeitlichen Verzögerungen entsteht. Der Detaillierungsgrad der Gesetze und Verordnungen zeugt zudem von der Angst der Entscheider, Verantwortung zu

übernehmen und in vielversprechenden Fällen Neues zu wagen. Alle irgendwie denkbaren Risiken sollen eliminiert werden – koste es, was es wolle. Das föderale Nebeneinander der Landesbauordnungen schafft zusätzliche Komplexität bei der ausufernden Regulierungssucht. So können genehmigte und bewährte Gebäudekonzepte nicht von einem in ein anderes Bundesland übernommen werden, alles muss dort von Neuem beginnen. Dies ist auch eines der Hindernisse für das serielle Bauen (Bauen mit vorgefertigten Modulen und standardisierten Gebäudekonzepten).

Die langen Planungs- und Genehmigungszeiten verteuern die Vorhaben für Bauherren erheblich. Die Akquisitions- und Planungsphasen von Bauprojekten sind naturgemäß risikobehafteter als die anschließenden Umsetzungsphasen. Entsprechend teurer sind hierfür die Mezzanin-Finanzierungen, höher die Risikoabschläge und Eigenkapitalforderungen von Finanzierungspartnern und Banken. Je länger die ersten Phasen und Genehmigungsunsicherheiten dauern, desto höher werden die Belastungen der Bauherren. Alles könnte und sollte schneller gehen. Eine Vereinfachung der Bauvorschriften hätte gleich mehrere positive Kosteneffekte für Bauherren: Einfachere Gebäudespezifikationen führen zu geringeren Nettobaukosten. Geringere und/oder einfachere Planungsauflagen und Nachweispflichten ersparen Honorarkosten, weil Bauherren mit weniger Fachplanern und anderen Beratern auskommen. Und schließlich, am wichtigsten, kürzere Planungs- und Genehmigungszeiten erlauben es Bauherren, schneller zu agieren. Somit werden ihre teuren Ankauffinanzierungen für Grundstücke und Planung zeitlich reduziert, entsprechend sinken die Kapitalkosten für die Finanzierung sowie eigene Mitarbeiterkosten und mit dem Verkauf oder der Vermietung kann früher begonnen und früher ein positiver Cashflow generiert werden.

In diesem Zusammenhang sind die **Niederlande ein Beispiel, von dem Deutschland lernen kann.** Dort wurden die zuvor schon einfacheren Regelwerke 2017 weiter radikal verschlankt, auf die wesentlichen Vorgaben reduziert und für größere Geltungsräume zusammengefasst. Zudem wurde der gesamte Prozess stringent digitalisiert, transparenter gestaltet, Koordinationen unter den Beteiligten wurden vereinfacht und Bearbeitungszeiten reduziert. Im direkten Vergleich kommen die Niederländer mit weniger als der Hälfte der deutschen Bestimmungen aus, Genehmigungsbehörden können marktübliche Wohnungsbau- und gewerbliche Projekte in weniger als der Hälfte der Zeit prüfen und genehmigen. Schlechter gebaut wird deswegen in unserem Nachbarland nicht. In Deutschland werden umfangreiche Projektunterlagen ausgedruckt und den Ämtern nach und nach zur Durchsicht und Kommentierung weitergereicht – besser wäre es, sie zeitgleich auf einer allen zugänglichen digitalen Plattform bereitzustellen. Erste Beratungsgespräche mit Bauherrn, Prüfungen von Bauanfragen und Bauanträgen sowie die verwaltungsinterne Koordination ließen sich weitgehend digitalisieren und können hiermit größere Effizienz und Transparenz schaffen. Gerade regelmäßig wiederkehrende Geschäftsprozesse können weitgehend automatisiert werden und ließen sich besser vernetzen. Neue Möglichkeiten durch künstliche Intelligenz werden dieses Potenzial enorm vergrößern.

Baunormen, geforderte Standards vereinfachen
Spezialfachplaner und Lobbyisten von Bauunternehmen und Herstellern besonderer Bauteile haben sehr erfolgreich dafür gesorgt, dass Normen und/oder **„anerkannte Regeln und der Stand der Technik",** die Planer und Bauherren anwenden müssen und für deren Einhaltung sie haften, für sie ein sicheres und lohnendes Geschäft sind. Die von ihnen vorgeschlagenen und übernommenen Standards, inzwischen über 3700 für das Bauen relevante Normen, sind für alle einzelnen Bauteile sehr hoch, oft übertrieben hoch, erzeugen in ihrem Zusammenwirken häufig unnötige Duplikationen, nicht selten sogar Widersprüche. Deutschland rühmt sich noch immer seiner sehr hohen Standards. In der Praxis und in der Wahrnehmung des Auslands kommt dies aber eher als *Over-Engineering* und unnötiges Kostentreiben an. Es würde auch einfacher gehen!

Hoher Komfort wird inzwischen als Mindeststandard definiert und irreführenderweise als Verbraucherschutz deklariert. Gibt es einen Anspruch auf die bestmöglichen, teuersten Lösungen? Die Schrauben scheinen für die letzten Meter Optimierung überdreht worden zu sein. Die gesetzlich festgelegten Zielgrößen zu Wärmeschutz, Schallschutz, Brandschutz, Energieversorgung und -verbrauch und vielen anderen Planungsaufgaben sind inzwischen so hoch, dass nur sehr hohe Mieterträge oder Verkaufserlöse entsprechende Baukostenbudgets zulassen. Wohnungsbaugesellschaften, die eigentlich für „bezahlbaren Wohnraum" sorgen sollen, rechnen im Jahr 2023 vor, dass sie ca. 20 € Miete pro Quadratmeter für einfache Wohnungen zugrunde legen müssten. Dies ist für den größten Teil der Wohnungssuchenden aber nicht bezahlbar. Anstatt hier zu korrigieren, die Gebäudeanforderungen zu reduzieren und einfacher (aber immer noch sehr gut) zu bauen, beharrt man bislang noch auf den hohen Forderungen – und es wird eben gar nicht mehr gebaut.

Ein weiterer Lösungsansatz könnte hier eine Renaissance des seriellen Bauens sein, diesmal in höherer Gestaltungsqualität und mit mehr Vielfalt als in den 1970er-Jahren. Standardisierte Planung und fabrikseitig vorgefertigte Module können die Planungs- und Bauzeiten, somit die Baukosten radikal reduzieren. 3-D-Drucken von Bauteilen und integrierte Planungs- und Bauphasen durch BIM *(Building Information Modeling)* schaffen zusätzliche Effizienzen. Modulares Bauen ist auch nachhaltiger, weil ressourcenschonender, abfallreduzierter und für eine Kreislaufwirtschaft besser recycelbar. Alles spricht dafür. Aber die Umsetzung erfordert industrielle Fertigungsanlagen, die erst dann rentabel operieren können, wenn sehr hohe Stückzahlen beauftragt werden und es auch langfristig eine gesicherte Nachfrage gibt. Auch hierfür muss die Politik verlässliche, insbesondere planungs- und baurechtliche Grundlagen schaffen.

Vergabeverfahren vereinfachen
Für öffentliche Bauvorhaben müssen bereits ab einem sehr niedrigen Schwellenwert EU-weite öffentliche Ausschreibungen durchgeführt werden, die den bürokratischen und Zeitaufwand für alle Beteiligten enorm erhöhen, ohne deswegen zwingend zu besseren und realisierbaren Angeboten qualifizierter, lokal zügig mobilisierungsfähiger Anbieter zu führen. Ortsansässige mittelständische Unternehmen fallen in diesem Wettbewerb oft zurück,

trotz ihrer fachlichen und ortsspezifischen Kompetenzen. Die Vergabeverfahren sollten wieder vereinfacht werden und europaweite Ausschreibungen nur für besondere Bauvorhaben, ab deutlich höheren Schwellenwerten in Erwägung gezogen werden oder wenn es nicht genug ortsansässige Anbieter gibt.

„Energiewende" realistischer gestalten
Im Rahmen einer ambitionierten grünen Transformationspolitik und „Klimawende" soll die Energieerzeugung in Deutschland möglichst schnell und umfassend durch erneuerbare Energiequellen erfolgen und fossile Energieträger ersetzen. Der Strombedarf des Industriestandorts Deutschland ist bereits überdurchschnittlich hoch und wird durch eine zunehmende Digitalisierung, durch die Anwendung künstlicher Intelligenz und Elektrifizierung bei der industriellen Produktion (auch für den Bausektor) sowie in den Mobilitäts- und Wärmeerzeugungssektoren zumindest mittelfristig weiterwachsen (von 2018 bis 2023 waren es ca. 15 %). Verbrauchseinsparungen durch Effizienzsteigerungen mithilfe „smarter" Technologien können diesen Anstieg reduzieren, aber auf absehbare Zeit nicht umkehren. Der Ausbau von Wind- und Solarenergieanlagen, Netzen und Speichermöglichkeiten für eine solide, quantitativ nennenswerte Grundlastfähigkeit wird aber sehr viel länger dauern, als von Optimisten erwartet und verkündet wurde. Kostengünstiges russisches Gas steht nicht mehr zur Verfügung. Deutschland hat sich dennoch entschlossen, im Gegensatz zu allen anderen konkurrierenden Industrieländern, funktionsfähige, im internationalen Vergleich sehr sichere und CO_2-emissionsfreie Kernkraftwerke abzuschalten, aus dieser Technologie und zugleich auch aus der Kohleenergie auszusteigen. Die logischen Folgen, Energieknappheit und extrem hohe Strompreise, belasten die Wirtschaft und Privathaushalte bereits spürbar. Eine „Deindustrialisierung" Deutschlands, bis vor Kurzem noch ein undenkbares Szenario, findet bereits statt. Hohe Energieverbraucher drosseln die Produktion, wandern ab, investieren zumindest nicht mehr in Deutschland.

Die politische Forcierung der Elektromobilität und eine Verpflichtung zu Gebäudeheizungen mit Wärmepumpen durch das Gebäudeenergiegesetz haben kontraproduktive Wirkung, schwächen den Standort Deutschland, seine Wettbewerbsfähigkeit und somit seine weitere Teilhabe an der Entwicklung, Herstellung und Vermarktung zukunftsrelevanter Produkte und Dienstleistungen. Für eine Umrüstung auf Wärmepumpen steht nicht nur kein ausreichender „grüner Strom" zur Verfügung, sondern auch keine ausreichende Kapazität der Wärmepumpenhersteller und Monteure. Private Hauseigentümer fühlen sich von diesen unerwarteten und erzwungenen Zusatzinvestitionen überfordert. Immobilieneigentum als klassische Altersvorsorge wird bestraft, weil nicht energetisch sanierte Gebäude nur noch mit erheblicher Abwertung vermarktet werden können. Ältere Immobilieneigentümer, denen Banken kein Darlehen für derartige Investitionen geben würden, fühlen sich de facto enteignet.

Der unnötige Ausstieg aus deutscher Kernkraft (um dann kernkraftgenerierten und Kohlestrom aus dem Ausland zuzukaufen) gibt teuer erarbeitetes Know-how auf, schließt deutsche Ingenieure und Unternehmen von der Weiterentwicklung noch effizienterer und sicherer Kernkraftwerke der vierten Generation und auch von der Entwicklung der Kernfusion weitgehend aus. Das ist ein wirtschaftspolitisches, entwicklungsstrategisches Eigentor, eine beschämende Selbstverzwergung, die bei ausländischen Beobachtern großes Unverständnis auslöst, bei Konkurrenten Deutschlands großes Vergnügen. Um diese größtenteils selbst verschuldete Krise zu mildern oder zu beenden, ist eine Wiederinbetriebnahme der funktionsfähigen Kernkraftwerke und eine Rücknahme der verschärften Gebäudeenergieforderungen dringend geboten. Die von allen gewünschte grüne Transformation findet dennoch weiterhin statt, aber mehr im Einklang mit den wirtschaftlichen Möglichkeiten und langfristigen Interessen des Landes und seiner Leistungsträger.

Mehr bauen anstatt „Mietpreisdeckel" für geringes Bestandsangebot
Das wachsende Defizit von Wohnraumangeboten führt bei gleichzeitig wachsender Nachfrage zwangsläufig zu höheren Mietpreisen. Auch hier glaubt der Staat eingreifen zu müssen und legt Obergrenzen fest, „Mietendeckel", die eine bestimmte Überschreitung historisch gewachsener, ortsüblicher Vergleichsmieten nicht zulässt, nicht einmal einen Inflationsausgleich. Was der Verhinderung sittenwidriger Wucherpreise in Einzelfällen dienen kann, macht allgemein Investitionen in Wohnungsneubau und Bestandsimmobilien aber zusätzlich unattraktiv, verschärft somit nur das Problem. **Hohe Mietpreise sind nur das Symptom, die Folge, nicht die Ursache des Problems.** Nur wenn die langfristige Verzinsung der Gestehungs- oder Erwerbskosten für Wohnungsbau mit anderen Anlagemöglichkeiten konkurrieren kann, bei kalkulierbaren und akzeptablen Risiken, wird in diese Asset-Klasse investiert. Und allein ein höheres Angebot, der Bau von mehr Wohnungen in allen Preiskategorien, kann langfristig zu einer Reduktion der Mietpreise, zu ausgeglichenen Marktbedingungen führen.

Planwirtschaftliche Konzepte können bestenfalls kurzfristige Signale oder Stimulationen geben, haben langfristig aber noch nie funktioniert. Deutschland sollte dies mit seinen geschichtlichen Erfahrungen besonders gut verstehen. Investitionsbereiten Unternehmen darf durch die Vielzahl der Auflagen und Sonderwünsche aus der Politik die Bewegungsfreiheit nicht derart eingeschränkt werden, dass sie gar nicht mehr in Deutschland bauen wollen oder können.

Reduzierung der Einspruchs-/Mitspracherechte
Gut organisierte Projektverhinderer haben heute in den Planungs- und Genehmigungsverfahren anscheinend mehr Rechte und größere Chancen auf Erfolg als die Investoren und Projektentwickler, auch bei gesamtgesellschaftlich und strategisch wichtigen Infrastruktur- und Wohnungsbauprojekten. Was oft noch euphemistisch als „demokratische Partizipation" und „Teilhabe der Bürger" verklärt wird, führt inzwischen regelmäßig zu Klagen, zu mehrjährigen, teuren Verzögerungen oder Absagen wichtiger Bauvorhaben und wirft das Land immer weiter zurück. Hier muss die Gesetzgebung derart reformiert werden, dass eine größere Planungssicherheit und beschleunigte Verfahren wieder möglich sind, insbesondere für Projekte, die direkt oder indirekt dem Gemeinwohl dienen. Verfahren für

Widerspruch und Bürgerbeteiligungen müssen im Umfang und Zeitrahmen reduziert werden. **Verbandsklagerechte,** insbesondere von den überall blockierenden Umweltverbänden, Bürgerinitiativen, NGOs, müssen eingeschränkt werden. **Die Abwägung von egoistischen Partikularinteressen und gesamtgesellschaftlichem Nutzen muss neu justiert werden.** Öffentlichen und privaten Vorhabenträgern muss wieder Handlungsfähigkeit gegeben werden, um den dringend erforderlichen Neubau zu ermöglichen.

Die im internationalen Vergleich extrem langen Planungs- und Genehmigungszeiten für kritische Infrastrukturen, gewerbliche und Wohnungsbauprojekte schwächen die Konkurrenzfähigkeit Deutschlands erheblich. Vorlaufzeiten von 10 bis 20 Jahren sind keine Seltenheit. Das disqualifiziert den Standort Deutschland insbesondere für Projekte im Bereich Forschung, Entwicklung und Produktion von innovativen Produkten und die Ansiedlung komplett neuer Sektoren. Bis Genehmigungen in Deutschland vorliegen, hat sich die Planungsaufgabe schon wieder geändert und konkurrierende Standorte haben längst kritische Massen von Unternehmen in diesen neuen Sektoren etabliert. Wettbewerbsfähigkeit bei Forschung, Innovation und Produktentwicklung erfordert mehr Risikobereitschaft und Schnelligkeit.

Der in Deutschland inzwischen weitverbreiteten Bedenkenträger- und *NIMBY*-Kultur (*„not in my back yard"*) gezielter Verhinderungen muss entschiedener entgegengetreten werden, Einspruchsrechte- und fristen müssen reduziert werden, um Schikanen zu vermeiden und Blockaden zu lösen. Konstruktive, verantwortungsvolle Mitwirkung wird deswegen nicht ausgeschlossen, sondern für die Verbesserung und das Erreichen der übergeordneten Interessen der Gemeinschaft demokratisch eingebunden. Hier sind Politik wie Medien gleichermaßen gefordert. In den Jahrzehnten großen Wohlstands hat sich in Deutschland ein Anspruchsdenken verfestigt, das individuelle Rechte in den Vordergrund stellt, ohne diese an Pflichten und Verantwortung gegenüber der Gemeinschaft zu binden. In diesem Zusammenhang fällt die bekannte Aufforderung von John F. Kennedy an seine Landsleute ein: "Ask not what your country can do for you – ask what you can do for your country."

6.3 Kommunale Ebene: Besondere Wachstumsbremser in Frankfurt am Main

Exzessive Überregulierung mit weitgehenden, immer ungenierteren planwirtschaftlichen Mikromanagementeingriffen der Politik in die Bauwirtschaft findet auf europäischer, Bundes-, Länder- und Gemeindeebene anscheinend als Überbietungswettbewerb statt und hat in der Summe eine überwältigende und lähmende Wirkung: Sie lässt Investoren immer weniger Gestaltungsraum und wirtschaftliche Erfolgschancen. Die Stadt Frankfurt am Main möchte sich in diesem Kontext als besonders ambitioniert für „sozial gerechtes", „nachhaltiges", „klimaschützendes" Bauen hervortun (Frankfurt soll bis 2035 „klimaneutral" werden, also 15 Jahre früher, als es die bereits sehr ambitionierte EU anstrebt) und hat zusätzliche Vorschriften für ihren örtlichen Zuständigkeitsbereich hinzugefügt. Diesen übergeordneten, aber nicht klar definierten Zielen werden alle anderen Entscheidungsfelder und Initiativen untergeordnet, wobei ökonomische Risiken und Nebenwirkungen bislang großzügig ausgeblendet werden. Was zunächst gut klingen mag und sicher auch auf guten Absichten beruht, erweist sich bei genauerer Betrachtung in vielen Bereichen als nicht gründlich durchdacht, als eher ideologisch getrieben und wirkt sich kontraproduktiv für die Wirtschaftsentwicklung aus.

Durch urbane Verdichtung, kompakte Stadtzentren in polyzentralen Regionen wären eine effiziente Bodennutzung, effiziente Infrastruktur und Mobilität möglich. Städtische Innenentwicklung ist ökonomisch und ökologisch sehr viel besser als eine großflächige regionale Zersiedelung (Abb. 6.4). Frankfurt am Main ist die vergleichsweise kleine Kernstadt der Frankfurt-RheinMain-Metropolregion. Um deren weitere **Zersiedelung** zu bremsen, muss die Kernstadt stärker verdichtet werden. Die Ausweisung von weiteren Bauflächen in der Kernstadt und Erhöhung ihrer Ausnutzung (d. h. höhere Grund- und Geschossflächenzahlen) sollten daher ein vorrangiges Ziel der Stadtplanung sein.

Stattdessen hat die Frankfurter Stadtregierung in den letzten Jahren die Innenentwicklung weiter erschwert, zu wenig neues Bauland ausgewiesen. Während der zurückliegenden Boomjahre, eines ungewöhnlich langen Superzyklus für die Immobilienwirtschaft, konnten von ihr einige Beschlüsse gefasst und Verordnungen erlassen werden, die immer höhere Belastungen für die Immobilienwirtschaft vorsahen, die aber in dem

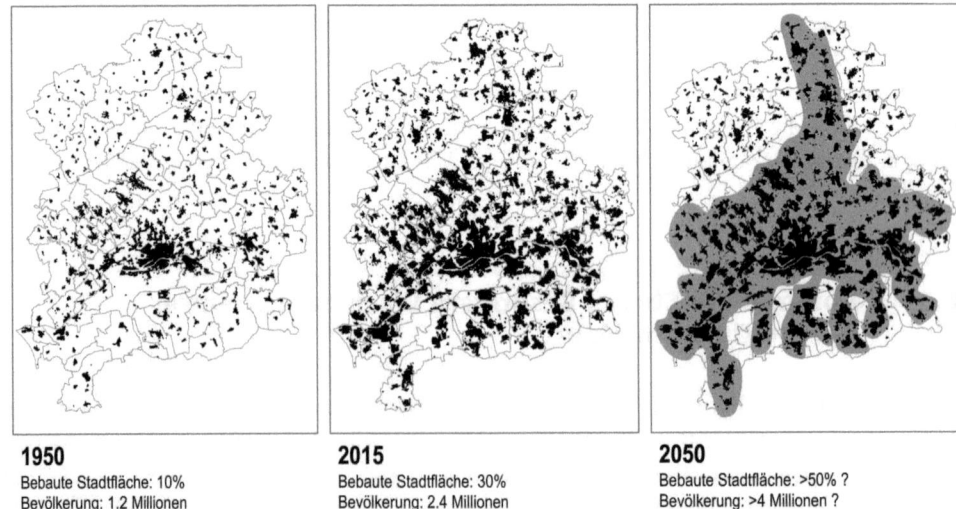

1950
Bebaute Stadtfläche: 10%
Bevölkerung: 1.2 Millionen

2015
Bebaute Stadtfläche: 30%
Bevölkerung: 2.4 Millionen

2050
Bebaute Stadtfläche: >50% ?
Bevölkerung: >4 Millionen ?

Abb. 6.4 Wachstum der Metropolregion Frankfurt Rhein-Main, Siedlungsstruktur – stark fragmentierte, ineffiziente Zersiedlung – hoher Flächenverbrauch. (Quelle: Regionalverband Frankfurt RheinMain 2021)

aktuellen Krisenszenario absolut nicht mehr tragbar sind und somit angepasst oder wieder zurückgenommen werden sollten.

Hierzu zählen insbesondere folgende Maßnahmen:

Baulandbeschluss aussetzen

Der sogenannte Baulandbeschluss wurde im Mai 2020 vom Frankfurter Stadtparlament gefasst, um eine aktivere Baulandpolitik zu betreiben, aktiver in den Markt einzugreifen und privaten Investoren sehr weitgehende Vorgaben zu machen, welche Nutzungsmischungen sie bei Projekten zu verwirklichen haben. Dieser Beschluss gilt für Grundstücke, die als neues Bauland ausgewiesen werden oder für die die Ausnutzung weiter optimiert werden soll. Er zielt insbesondere darauf ab, ein Maximum an preisreduzierten Mietwohnungen zu schaffen. So muss ein Investor in Frankfurt bei derartigen Projekten ab einer Mindestgröße von 3000 Quadratmetern Brutto-Grundfläche (BGF) 30 % der Wohnungen als Sozialwohnungen (hälftig im ersten und zweiten Förderweg) errichten, 15 % nach dem Konzeptverfahren für gemeinschaftliche und genossenschaftliche Wohnprojekte, 15 % für frei finanzierten Mietwohnungsbau und einen Anteil von 10 % für preisreduzierte Eigentumswohnungen. Es bleiben ihm also nur 30 % der Wohnungen, die er nach Marktpreisen frei verkaufen könnte. Investoren müssen zudem zwei Drittel der planungsbedingten Bodenwertsteigerungen für soziale Infrastruktur wie Kitas und öffentliche Grünflächen verwenden.

Dass die Summe dieser Auflagen Wohnungsbauinvestoren überfordert, dass auf dieser Grundlage eine finanzielle Machbarkeit nicht darstellbar ist, die Investitionen zu großen Verlusten führen würden, wurde bereits bei der Ankündigung des Beschlusses von allen im Frankfurter Markt tätigen Bauträgern zügig und deutlich zum Ausdruck gebracht. Die Einschätzung hat sich bis heute nicht geändert. In der Folge traten viele Investoren von einem weiteren Engagement in Frankfurt und von konkreten Bauvorhaben zurück. Auch stadt- und landeseigene Gesellschaften sagen weiteres Engagement in Frankfurt für die nächsten Jahre ab. Bislang wurde kein einziges Projekt nach den Vorgaben des Baulandbeschlusses realisiert. Wertvolle Zeit und konkrete Bauprojekte gingen durch dieses planwirtschaftliche Experiment und anhaltende Sturheit, an ihm festzuhalten, bislang verloren. Es ist offensichtlich, dass dieser Beschluss nicht praxistauglich ist und in der jetzigen Krise angepasst oder zurückgenommen werden muss. Wohnungsbauvorhaben sollten wieder auf der Grundlage der zuvor gültigen und akzeptierten Bestimmungen geplant und gebaut werden dürfen, was bereits eine Quote von 30 % für sozialen Wohnungsbau und individuell vereinbarte Übernahmen von Kosten für soziale Infrastruktur bedeutete.

Mit dem Ansatz, von Bauherren immer höhere Quoten für nicht rentable Sozialbauwohnungen zu fordern, unterliegen manche Politiker der gleichen Fehleinschätzung wie bei Steuersätzen in der Finanzpolitik. Höhere Quoten bzw. höhere Steuersätze bedeuten im Ergebnis nicht höhere Erträge. Wenn die Forderungen übertrieben sind, die „Schraube überdreht ist", wird gar nichts mehr gebaut. Und ein höherer Prozentsatz von gar nichts bleibt gar nichts. Welche Belastungen für Bauherren noch machbar sind, insbesondere angesichts der aktuellen Krise, muss im Dialog mit potenziellen Bauherren besprochen werden und darf kein „Wunschkonzert" von Politikern bleiben, die ihre Visionen in realitätsferner Isolation entwerfen.

Der Ansatz, genossenschaftliche Wohnprojekte zu fördern, birgt juristische Risiken, da es eine offensichtliche Bevorzugung dieser Struktur gegenüber anderen Investitionsformen sich zusammenschließender Bauherren, das heißt anderen Kapitalgesellschaften als *Club Deals,* für Eigennutzer und Vermieter bedeutet. Es erscheint wie eine Klientelpolitik der politischen Kräfte, die sich hierfür einsetzen.

Milieuschutzsatzung (städtebauliche Erhaltungssatzung) aussetzen
In Frankfurt am Main wurden 15 sogenannte Milieuschutzgebiete ausgewiesen. Die Ziele der hier geltenden städtebaulichen Erhaltungssatzungen sind es, „die städtebauliche Eigenart des Gebiets zu wahren" und die „Zusammensetzung der Wohnbevölkerung zu schützen" und zu erhalten (Milieuschutzsatzung). So will man verhindern, dass durch hochwertige Sanierungsmaßnahmen schützenswerte Milieus (die angestammte Bewohnerschaft) durch Mietpreissteigerungen verdrängt werden. Es sollen negative Folgen einer Gentrifizierung verhindert werden. Um dies zu erreichen, können in den betroffenen Gebieten die Modernisierung und Aufwertung von Gebäuden verboten werden, ebenso wie die Umwandlung von Mietwohnungen in Eigentumswohnungen. Alle Baumaßnahmen in diesen Gebieten erfordern ein besonderes satzungsrechtliches Genehmigungsverfahren.

Was zunächst sehr fürsorglich klingt, hat in der Praxis mehr negative als positive Wirkungen. Nicht nur bedeutet es erhebliche Eingriffe in die Eigentumsrechte – bis hin zu drohenden Enteignungen (Vorkaufsrechte der Stadt) bei nicht satzungskonformem Handeln der privaten Bauherren –, es steht auch im direkten Konflikt mit anderen, mindestens ebenso wichtigen Zielsetzungen der Stadt: etwa der innerstädtischen Nachverdichtung (Dachgeschossausbauten können verboten werden), dem energetischen Sanieren von Bestandsbauten (Fassadensanierung, neue Fenster etc. können verboten werden) sowie dem altengerechten und barrierefreien Bauen (Nachrüsten mit Aufzügen kann verboten werden).

In der Folge müssen sich die Eigentümer der Wohnungsgebäude mit Sanierungs- und Aufwertungsmaßnahmen zurückhalten, da eine Rückzahlung ihrer Investitionen durch Mieterhöhungen nicht mehr zulässig wäre. Wertvolles Entwicklungspotenzial bleibt somit ungenutzt, die Gefahr, dass der Bestand verfällt, ist ernst zu nehmen. Auch hier könnte und sollte die Stadt einen Befreiungsschlag wagen und die Einschränkungen dieser Satzung deutlich reduzieren.

Denkmalschutzanforderungen reduzieren
Denkmalschutzämter auf Landes- und kommunaler Ebene haben anscheinend große Freiheiten bei der Entscheidung darüber, welche Gebäude als Baudenkmäler definiert und erhalten werden sollen und welche nicht. Die Auswahl erscheint nicht selten schwer nachvollziehbar, ist aber, sobald von Amts wegen erfolgt, schwer angreifbar. Sie betrifft private und öffentliche Gebäude gleichermaßen und greift massiv in die Eigentumsrechte ein.

Auch hier hat sich eine Kultur der Überregulierung in Deutschland etabliert. Mit hoher Vorschriftendichte und sturer Kompromisslosigkeit werden Sanierungen von historischen Gebäuden für eine Brauchbarmachung gemäß heutigen Ansprüchen oft verhindert und Nutzungen der Gebäude stark eingeschränkt. Aufwand und Ertrag stehen in keinem Verhältnis. Dies führt dazu, dass trotz besonderer Steueranreize (Denkmal-AfA) viele Denkmalschutzprojekte nicht realisiert werden können. Gebäude im Privateigentum, die weiterhin zweckgerecht genutzt werden sollen, sollten nicht durch übermäßige Denkmalschutzanforderungen unbrauchbar gemacht und dem Markt entzogen werden. Niemand kann in einem Museum leben. Denkmalschutzbehörden müssen die Gebäudefunktionen und Ansprüche der Nutzer höher bewerten.

Bezüglich der Auswahl der denkmalwürdigen Objekte fällt in Frankfurt am Main auf, dass der wichtigste historische Gebäudekomplex der Stadt, der mittelalterliche Römer, der von der Stadtregierung genutzt wird, seit dem Ende des Zweiten Weltkriegs mit provisorischen Notdächern auskommen muss, nicht denkmalgerecht wieder aufgebaut wurde, dass zugleich aber baugeschichtlich und architektonisch weniger bedeutsame Objekte aus den 1930er- und 1950er-Jahren mit großer Leidenschaft geschützt werden sollen. Eine private Initiative bemüht sich seit Jahren darum, für die vergleichsweise geringen Kosten zur Wiederherstellung von Bauteilen des kriegszerstörten Römers Spenden einzusammeln. Die lokale Politik und Denkmalschutzämter haben aber andere Prioritäten.

Freiraumsatzung aussetzen
Kompakte Innenstädte erwärmen sich stärker als durchgrünte offene Baustrukturen an den Stadtperipherien. Insbesondere offene Stadtplätze und breite, nicht baumbestandene Verkehrsachsen können sich im Sommer stark aufheizen. Der Klimawandel verstärkt diesen Effekt zunehmend, das Überwärmungspotenzial wächst stetig. Um sich an diese neuen Bedingungen besser anzupassen, die Temperaturen im öffentlichen Raum erträglicher für die Bewohner zu gestalten, hat die Stadt Frankfurt Investoren über eine sogenannte Freiraumsatzung einen detaillierten Maßnahmenkatalog zur Begrünung ihrer Gebäude und Freiflächen vorgeschrieben. Er sieht unter anderem vor, dass bei allen Um- und Neubauten alle hierfür geeigneten Dachflächen sowie mindestens 50 % der Fassadenflächen zu begrünen sind. Dies gilt für alle Wohn- und Geschäftshäuser gleichermaßen wie für Gewerbebauten und sogar Rechenzentren.

Was wünschenswert erscheint und mit einem kleinen Kostenzuschuss gefördert wird, verteuert die Baumaßnahmen und die langfristigen Betriebskosten aber nicht unerheblich. Zudem schränkt es die Gestaltungsmöglichkeiten der Architekten übermäßig ein. Jeder verantwortungsvolle Bauherr wird einsehen, dass er einen kleinen Beitrag zur Begrünung der Stadt leisten sollte. Die verbindlichen Vorgaben konkreter Lösungen scheinen aber unangemessen. Es gibt gute, zum Beispiel baukonstruktive Gründe, warum man auf die Begrünung von Fassaden und Balkonen verzichten sollte, stattdessen besser Bäume und Büsche ebenerdig anpflanzt.

Die konkreten Vorgaben der Freiraumsatzung sollten Beispiele sein, unter denen Bauherren die für sich beste Lösung wählen können. Private Bauherren könnten auch Anpflanzungen und Pflege von Bäumen auf öffentlichen Grünflächen in Projektnähe übernehmen. Architekten sollten nicht deswegen schräge statt flacher Dächer planen, um den Aufwand von Dachbegrünungen zu vermeiden.

Eine „Vorgartensatzung" wurde in Frankfurt bereits vor vielen Jahren erlassen. Sie wird aber wieder häufiger erwähnt, seit sich die Mode verbreitet hat, private Vorgärten mit pflegeleichten Steinplatten, Schotter- oder Kiesschüttungen zu bedecken oder sie gar als Pkw-Abstellplatz zu nutzen, anstatt sie zu bepflanzen. In genüsslicher Erregung wird hier von einigen Architekten und selbsternannten Klimarettern gerne von „Vorgärten des Grauens" gesprochen, die es zu verbieten gälte. Aber auch bei einhelliger Ablehnung derartiger Gestaltungen sollte der Eingriff in Privateigentum nicht so massiv und kleinteilig erfolgen. Wichtiger für die Stadtpolitik wäre es, sich auf Planungsstrategien zu konzentrieren, die im städtischen und regionalen Maßstab nennenswert große Flächen vor Versiegelung bewahren oder entsiegeln und renaturieren könnten. Eine kompakte, vertikal verdichtete Innenentwicklung ist in der Gesamtbilanz einer Stadt oder Region ökologisch viel effektiver als das Dulden des Wucherns eines regionalen Siedlungsbreis und der Eingriff in Kleinstflächen privater Gärten.

Verkehrsplanung (mit zu großen Einschränkungen für den Pkw-Verkehr) ändern
Die Stadt Frankfurt am Main wird oft als „Pendlerhauptstadt" bezeichnet, teilt sich diese „Auszeichnung" inzwischen aber mit München. Täglich pendeln hier ca. 400.000 Personen aus dem näheren und weiteren Umfeld der Metropolregion zum Arbeiten in die Kernstadt. Hinzu kommen Fahrten für den Einkauf und den Besuch kultureller Veranstaltungen etc. Die Metropolregion ist räumlich stark fragmentiert, ineffizient zersiedelt. Der öffentliche Nahverkehr, mit S- und U-Bahnen, Regionalzügen und Bussen, kann deswegen nur Teilbereiche gut erschließen. Alle Flächen dazwischen sind unterversorgt und daher besser mit dem motorisierten Individualverkehr zu erreichen. Auch zwischen den umliegenden Orten und innerhalb der Stadt ist die Benutzung von Pkw, insbesondere für Geschäftsleute, oft sehr viel zeiteffizienter als die Nutzung des ÖPNV und für Gewerbetreibende, Handwerker sowie verschiedene Dienstleister ohnehin unverzichtbar. Ein ausreichend dimensioniertes, gut vernetztes Straßensystem und eine genügende Anzahl von Parkplätzen sind daher zwingend notwendig für den Tagesbetrieb der Business-Metropole. Die Verkehrsplanung der Stadtregierung macht dies aber zunehmend schwierig, baut sprichwörtlich immer mehr Barrieren auf.

Die Stadt Frankfurt gibt Fahrradfahrern absolute Priorität, sperrt wichtige Straßen für den Autoverkehr, richtet in allen Stadtteilen Fahrradstraßen ein, mindestens aber breite Fahrradstreifen. Was grundsätzlich begrüßenswert und besonders für Kurzstrecken und bei gutem Wetter hilfreich ist, sollte aber nicht übermäßig zulasten anderer Verkehrsträger gehen, die für das Funktionieren der Stadt unverzichtbar sind. Es darf auch nicht von Nachteil für den Einzelhandel sein, der gut sichtbar und erreichbar bleiben muss. Die wichtigsten

Zufahrtsstraßen und Hauptachsen wurden auf nur eine Pkw-Fahrspur je Richtung reduziert, sodass sich der Berufsverkehr staut oder alternative Routen durch Wohngebiete sucht. Durch die Umnutzung ehemaliger Parkplätze entlang der Straßen in Fahrradabstellplätze, Baumpflanzungen oder Pop-up-Gastronomieerweiterungen wurde mehr Parksuchverkehr in den Quartieren provoziert. Eine ausreichende Zahl von Quartier-Hochgaragen für diese Stellplätze gibt es noch nicht. Das über Sperrungen, Umleitungen und Verengungen entstandene Chaos konnte anfangs noch als Schildbürgerstreich oder Experiment unerfahrener Politiker durchgehen, erweist sich in der Summe nun aber immer deutlicher als vorsätzliches, systematisches Ausgrenzen und Bestrafen des motorisierten Individualverkehrs.

Statt der radikalen Entweder-oder-Entscheidung, die bisweilen als Kulturkampf offen ausgetragen wird, hätte die Verkehrsplanung bessere Alternativen eines **Sowohl-als-auch** umsetzen sollen, das heißt mehrere Verkehrsträger gleichberechtigt, gegebenenfalls dichter nebeneinander, wie es auch in anderen wachsenden Städten geschieht. Dadurch würde auch die Geschwindigkeit des Autoverkehrs reduziert, alle Fahrer müssten sich umsichtiger fortbewegen. Der Umbau zur „autofreien Stadt" bleibt in einer Metropolregion ohnehin ein Wunschdenken und der Umbau zur fahrradfreundlicheren Stadt sollte nur sukzessive erfolgen, erst wenn auch bessere ÖPNV-Alternativen für den motorisierten Individualverkehr bereitstehen und der ruhende Pkw-Verkehr in mehr Quartiersgaragen untergebracht werden kann. Die jetzige Verkehrsplanung ist stark wirtschaftsbelastend und sollte angesichts der aktuellen Krise wieder geändert werden.

Beschränkung der Ansiedlungsflächen für Rechenzentren aufheben
Die Rechenzentrumsbranche ist eine Wachstumsbranche, von der Frankfurt besonders profitieren kann. Aufgrund der rasant zunehmenden Digitalisierung in allen Geschäfts- und anderen Lebensbereichen, der exponentiell zunehmenden Menge an generierten Daten und Datenverkehr, des wachsenden E-Commerce-Sektors, Streaming-Plattformen, Cloud-Computing etc., wird der Bedarf an der hierfür erforderlichen technischen Infrastruktur immer größer. Frankfurt hat sich in diesem Geschäftsfeld bereits zum wichtigsten Standort in Deutschland und einem der wichtigsten weltweit entwickelt. Der Frankfurter Internetknoten „Deutsche Commercial Internet Exchange" (DE-CIX) ist, gemessen am Datendurchsatz, der größte der Welt. Gerade für Banken, Börsen und weitere (Finanz-)Dienstleistungen sind die räumliche Nähe zu diesem Knoten und zu Rechenzentren und die hiermit verbundenen Zeitvorteile entscheidend. In den letzten 20 Jahren haben große spezialisierte Technologieanbieter hohe Beträge in den Ausbau von Rechenzentrumsinfrastrukturen in Frankfurt investiert, um den steigenden Anforderungen an Datenverarbeitung, Speicherung und Konnektivität gerecht zu werden. Sie würden gerne hier weiter expandieren, mehr investieren, Frankfurts führende Position auch für die Zukunft weiter stärken.

Die derzeitige Stadtregierung sieht hierin allerdings mehr Probleme als Vorteile, möchte auch hier weiteres Wachstum bremsen. Sie hat ein Gewerbeflächenentwicklungsprogramm verabschiedet, in dem die Ansiedlungsflächen für neue Rechenzentren extrem beschränkt und der Anforderungskatalog für neue Gebäude maximiert wurde. Beides so sehr, dass Investoren und Betreiber diese Politik als Abwehr und Vertreiben ihrer Branche verstehen – einer strategischen, zukunftsrelevanten Branche, die mittel- und langfristig eine Vielzahl von Unternehmen und Arbeitsplätzen für die Stadt sichern würde.

Die Stadt möchte verständlicherweise vermeiden, dass die finanzstärkeren Rechenzentrenbetreiber die finanzschwächeren, aber für die Stadt ebenso wichtigen anderen Gewerbebetriebe in den (derzeit) knapp bemessenen Gewerbegebieten verdrängen. Sie möchte zudem, ebenfalls verständlich, die Rechenzentrenbetreiber zu mehr Energieeffizienz drängen, zur Nutzung regenerativer Energien und zur weiteren Verwertung der von ihnen produzierten Abwärme für die umliegenden Gebäude und Stadtteile. Rechenzentren sollen zudem architektonisch ansprechender gestaltet werden. All das können die Projektentwickler und Betreiber von Rechenzentren gut verstehen und sind zu weitgehenden, auch sehr teuren Zugeständnissen bereit. Die Flächenbegrenzungen, Energieanforderungen und Planungseingriffe gehen aber viel zu weit, sind widersprüchlich und mit den Aufgaben der Rechenzentren, zum Beispiel dem Sorgen für Datensicherheit, nicht mehr vereinbar.

Konstruktiver und kooperativer wäre es hier, wenn die Stadt weitere Gewerbeflächen ausweisen würde (zum Beispiel durch Umwidmung mancher innerstädtischen landwirtschaftlichen Flächen), die zulässige Dichte bzw. Geschossflächenzahl (GFZ) auf den Rechenzentrumsgrundstücken erhöhen würde und die Betreiber nicht zur Nutzung von Energie aus regenerativen Quellen zwingen würde, die noch nicht im ausreichenden Maße angeboten wird, und selbst mehr zur Energieversorgung beitragen würde. Anstatt den Fokus darauf zu richten, die Gewerbebauten mit falschen Bürofassaden und Begrünungen zu „verschönern", wäre das Einfordern von Finanzierungsbeiträgen von Unternehmen der Rechenzentrumsbranche für Ausbildungs- und Forschungseinrichtungen in diesem Sektor wichtiger und langfristig wertvoller für die Stadt. Andere Gewerbeflächen sollten zunehmend auch mehrgeschossig genutzt werden.

Die auch für diesen Sektor zunehmend spürbare und wachstumshemmende Energieknappheit ist zum Teil von falschen energiepolitischen Entscheidungen auf europäischer und Bundesebene verursacht und müsste auch auf diesen Ebenen korrigiert werden, um eine langfristige Konkurrenzfähigkeit des Frankfurter Internetknotens zu ermöglichen. Die Politik kann nicht mehr elektrisch betriebene Wärmepumpen, E-Mobilität und mehr Digitalisierung fordern und zugleich grundlastfähige Stromerzeugungstechnologien, wie die Kernkraft, vorzeitig vom Netz nehmen.

Grüngürtel und landwirtschaftliche Flächen reduzieren
Frankfurt fehlt es an Bauland. Bauland, das dringend benötigt wird, insbesondere für den Wohnungsbau. Zugleich werden noch immer ca. 25 % der Fläche des kleinen Stadtgebiets für landwirtschaftliche Nutzung ausgewiesen – flächenintensive Nutzungen, die eigentlich vor der Stadt, nicht in der Stadt stattfinden sollten. Sie werden zum Teil auch großzügig bemessenen Frischluftschneisen zugerechnet, ohne die die Luftzirkulation in der Stadt angeblich sehr viel schlechter wäre. Ein ebenfalls sehr großzügig bemessener Grüngürtel um die inneren Stadtteile, dessen Zuschnitt seit den 1990er-Jahren nicht mehr kritisch

geprüft wurde, begrenzt das Baulandpotenzial zusätzlich. Aber nicht alles, was als Grünfläche auf den Karten dargestellt ist, ist auch grün und hat den gewünschten ökologischen Effekt. Teile dieser Flächen, insbesondere an den bereits versiegelten Rändern des Grüngürtels, könnten als Bauland mobilisiert werden, ohne den ökologischen Nutzen für die Stadt zu mindern. Statt Ackerflächen könnten weitere öffentliche Parks angelegt werden, mit dichter Baumbepflanzung und viel größerer Biodiversität. Bei einer derartigen behutsamen Anpassung des Flächennutzungskonzepts könnte Bauland für mehrere Zehntausend Wohneinheiten geschaffen werden und untergenutztes Ackerland zu nutzbaren städtischen Parks umgewandelt werden.

In diesem Zusammenhang ist auch die Verlegung (nicht Streichung) von einigen Kleingartenanlagen (oder Teilen von ihnen) aus den wertvollen Innenstadtlagen weiter an die Peripherie zu prüfen. Auch hierbei entstünde ein doppelter Gewinn für die Stadt: mehr Wohnungsbauland in der Mitte der Stadt, mehr Biodiversität an ihren Rändern.

6.4 Zeitdringlichkeit

Die Kritik an den hier aufgelisteten, für ganz Deutschland geltenden Rahmenbedingungen und den Beispielen der Frankfurter Sonderregulierungen ist nicht neu. Sie wird von Interessenvertretern der betroffenen Branchen, von Verbänden, der IHK und vielen einzelnen Unternehmern seit Jahren immer unüberhörbarer vorgetragen, von den politischen Entscheidungsträgern bislang aber ignoriert. Diese halten sich noch immer für eine radikale „Transformationsagenda" mandatiert, halten damit einhergehende Belastungen für akzeptabel. Noch hält man dort an den Ideen, Programmen und Modellen fest, die in den zurückliegenden wirtschaftsstarken Jahren vielleicht machbar erschienen und die man der eigenen, zum Teil radikaleren oder jungen, noch unerfahreneren Wählerschaft versprochen hat.

Die Marktrealität ist heute aber eine völlig andere. Es vergeht kein Tag, an dem nicht ein weiterer Investor/Projektentwickler öffentlich bekannt gibt, in Deutschland, in Frankfurt keine neuen Projekte mehr beginnen zu wollen, sich insbesondere in dem dringend benötigten Wohnungsbau nicht mehr engagieren zu können. Unternehmen geben auf oder wandern ab, Leistungsträger wandern aus. Die unbefriedigende Bilanz insbesondere der Frankfurter Planungs- und Baupolitik der letzten Jahre lässt sich nicht länger schönreden.

Die jetzt dringend erforderlichen Befreiungsschläge von den verzichtbaren, wachstumshemmenden lokalen Regulierungen und der Kurswechsel hin zu wirtschaftsfördernden und kooperativen Initiativen könnten relativ einfach und zügig beschlossen und umgesetzt werden. Die politischen Interessenvertreter sollten sich wieder mehr zurücknehmen und den Selbstregulierungskräften des Markts mehr trauen. Es wäre eine Befreiung von ideologischer Planung hin zu mehr Pragmatismus uns gesundem Menschenverstand. Die Rücknahme der hier kritisierten Beschlüsse und Verordnungen kann mit dem

„Notfall" der sich dramatisch verschlechternden Wirtschaftslage gut begründet werden. Entsprechende Anträge können deswegen auch von den Politikern, die diese Regulierungen bisher vertraten, für sie gesichtswahrend und nicht karrieregefährdend eingebracht werden. Damit könnten sie einen effektiven Beitrag zum Krisenmanagement leisten, bessere Grundlagen für eine baldmögliche Erholung und eine neue Wachstumsphase schaffen. Derartige Krisenphasen sind historische Momente, in denen Politiker eine besonders große Verantwortung für strategische Weichenstellungen haben, darin aber auch besondere Chancen sehen sollten.

Viele der Gesetze, Verordnungen, Satzungen und Vorschriften erweisen sich mit ihren vielfältigen, nicht voraus bedachten Wirkungszusammenhängen als nicht praxisnah, in manchen Fällen als kontraproduktiv, erfordern in den einzelnen Anwendungen Anpassungen, Korrekturen, Ausnahmen, die diese Regeln weiter verkomplizieren. Es entsteht eine **Interventionsspirale,** die insbesondere privaten Vorhabensträgern immer mehr Entscheidungsfreiheiten nimmt und die Wirtschaftlichkeit ihrer Projekte weiteren Risiken aussetzt. Die Prozesse werden langsamer, mühsamer und unberechenbarer, überfordern nicht nur die zu regelnden Investoren, Projektentwickler und Planer, sondern auch die Regulierer selbst, die Behörden, deren Vertreter oft über ihren Handlungsspielraum unsicher sind. Radikale Vereinfachungen wären im Interesse aller. Anstatt immer mehr Auflagen und zeitaufwendiger Planungsprozesse sollten **Planungsbeschleunigungsinitiativen und -gesetze** auf allen gesetzgebenden Ebenen angeboten werden, insbesondere für besonders wichtige und zeitdringliche Projekte, für Wohnungsbau, für Bildungseinrichtungen.

Die Veränderungen müssen sehr schnell kommen – Zeit ist Geld, insbesondere in Phasen hoher Finanzierungskosten und hoher Inflation. Die Wichtigkeit zügiger Entscheidungen und Umsetzungen ist vielen politischen Entscheidungsträgern noch nicht hinreichend bewusst. Unternehmern, die derzeit mit den konkreten Auswirkungen der Krise tagtäglich kämpfen, ihre Projekte, ihre Unternehmen und ihr Personal halten wollen, ist mit der Ankündigung von Studien, Beratungsgremien, Bürgerräten etc. nicht geholfen. Eine Verschleppung der erforderlichen Maßnahmen vergrößert die Krise. Und je länger sie anhält, desto weniger Unternehmen werden überleben oder in Deutschland bzw. in Frankfurt bleiben. Insolvenzen einzelner Unternehmen bleiben keine isolierten Ereignisse, sondern haben Auswirkungen auf ihr gesamtes Umfeld, können **Dominoeffekte** auslösen, viele Arbeitsplätze kosten. Die, die die Stadt verlassen, kehren wahrscheinlich auch nicht mehr zurück, sind für Frankfurt dauerhaft verloren. Unternehmen und ihre Finanzierungspartner brauchen Klarheit und Planbarkeit, brauchen langfristig gute Perspektiven, müssen zumindest Licht am Ende des Tunnels sehen können. Sie müssen sich darauf verlassen können, dass die Politik sie versteht und vertritt. Die Summe vieler kleiner Einzelmaßnahmen kann einen großen Unterschied machen.

Der manchmal zu hörende Kommentar, dass Frankfurt gar nicht weiterwachsen müsse, mit dem erreichten Status quo bereits eine ausreichende Größe hätte, alles darüber hinaus mehr Probleme als Vorteile brächte, ist eine gefährliche Fehleinschätzung. Aufgrund des

6.4 Zeitdringlichkeit

demografischen Wandels der deutschen Bevölkerung muss mehr Wohnraum insbesondere in den wirtschaftsstarken Städten geschaffen werden. Jedes Jahr verlassen doppelt so viele Arbeitnehmer in Deutschland aus Altersgründen den Arbeitsmarkt als junge hinzukommen. Das Delta muss durch qualifizierte oder qualifizierbare Zuwanderer ausgeglichen werden, für die zusätzlicher Wohnraum angeboten werden muss.

Eine Nettozuwanderung findet bereits seit Jahren in Frankfurt ungebremst statt, jedes Jahr um mehr als 5000 neue Haushalte (überproportional viele davon aber langfristige Leistungsbezieher, nicht Leistungsträger und Steuerzahler). Je kleiner das Angebot an Wohnraum für die wachsende Stadtbevölkerung ist, desto stärker steigen die Mieten in den bestehenden Wohngebäuden. Der Standort steht in Konkurrenz mit anderen in Deutschland und Europa. Je weniger sich Frankfurt um gute Rahmenbedingungen für eine starke, wachsende und wandlungsfähige Wirtschaft bemüht und je mehr es andere konkurrierende Standorte tun, desto weiter fällt Frankfurt zurück. Frankfurt würde weniger attraktiv, weniger konkurrenzfähig und verliert bisher gesicherte Unternehmen, qualifizierte Arbeitnehmer, Wirtschafts- und Innovationskraft. Nichts oder zu wenig zu tun heißt nicht, den Status zu wahren, sondern ihn aufzugeben, abzusteigen und den nachfolgenden Generationen gute Zukunftschancen zu nehmen.

Führungspersönlichkeiten der Nachkriegsgenerationen bemühten sich Frankfurt am Main zügig voranzubringen, große Projekte zu initiieren und zu fördern, waren stolz darauf, ihre Stadt als eine **„Stadt der Baukräne"** zu sehen. Aus der vergleichsweise kleinen Großstadt, die nie in ihrer Geschichte ein Regierungssitz war, konnte und sollte eine führende deutsche und wichtige europäische Wirtschaftsmetropole werden. Hierfür wurden solide und vielversprechende Grundlagen geschaffen, von denen die Stadt noch heute zehrt. Der große internationale Flughafen, die Messe, das europäische Finanzzentrum und die Chemie-/Pharmaziecluster sind nur vier von ihnen, die in alle anderen Sektoren und auf allen Ebenen ausstrahlen. Um den aktuellen Stillstand zu überwinden, nicht unumkehrbar zu einer **„Stadt der verpassten Chancen"** zu werden, kann und muss insbesondere auch auf diesen Säulen wieder mutiger aufgebaut werden. Die Stadt Frankfurt am Main hat nach wie vor besonders große Chancen, sich als eine attraktive europäische Metropole zu behaupten und konkurrenzfähig weiterzuentwickeln. Die Chancen sollten weiterhin entschlossen genutzt werden, **Maßnahmen zur Bewältigung der Wirtschaftskrise in sachlichen, ideologiefreien Debatten zügig entschieden und energisch umgesetzt werden. Die aktuelle Krise bietet die Chance zu den längst überfälligen Befreiungsschlägen.** Die selbst geschaffenen Probleme können auch selbst wieder gelöst werden. Hierzu bedarf es eines anderen, ambitionierteren und konstruktiveren Mindsets derer, die Planungspolitik bestimmen, und derer, die ihr bislang opportunistisch kritiklos folgten.

Umsetzung: Stadtplanung und Projektentwicklung effizient managen

Prioritäten setzen, Komplexität reduzieren, multidisziplinäre Kooperation

> *The distance between dream and reality is called action.*
>
> *Beginning with the end in mind.*

Planung und Bau von Immobilienprojekten – insbesondere von größeren und mischgenutzten mit städtebaulichen Dimensionen – erfordern komplexe, zumeist sehr langwierige Prozesse mit vielen unterschiedlichen externen Beteiligten, die über die Zulässigkeit und Konkretisierung der Projektideen mitentscheiden. Intern, also auf der Seite der Vorhabenträger, müssen multidisziplinäre Teams spezialisierter Fachleute aufgabenspezifisch eingebunden und koordiniert werden. Je komplexer das Vorhaben, je umfassender und tiefgreifender der regulative Rahmen mit entsprechender Bürokratie, je weitgehender die Mitspracherechte Dritter sind, desto mehr Schnittstellen müssen gemanagt werden, um alle Aspekte und Interessen ausreichend zu berücksichtigen sowie die erforderlichen Leistungsbeiträge und Zustimmungen zu sichern.

Die Managementaufgaben ergeben sich für Projektentwickler dabei auf zwei Ebenen, die einzeln und miteinander so organisiert werden müssen, dass sich die zugrunde liegende Geschäftsidee erfolgreich umsetzen lässt: auf der Ebene des Planungs- und Genehmigungsprozesses, im Austausch mit Behörden und der Öffentlichkeit sowie auf der Ebene der Organisation der Projektentwicklungsunternehmen und deren Kooperation mit Investorenpartnern, Banken und Endnutzern. Die in den Businessplänen eines Projekts zugrunde gelegten Annahmen zu Kosten, Erträgen und Zeiten dürfen nicht über *Contingency Allowances* hinaus durch unerwartete Ereignisse und Komplikationen zu sehr negativ abweichen. Dies passiert aber allzu oft, wenn zum Beispiel Genehmigungsverfahren, Finanzierungszusagen oder Vergaben länger dauern als geplant, wenn vereinbarte Fristen nicht eingehalten werden oder Arbeitsschritte wiederholt werden müssen. Effizientes Management auf allen Ebenen ist daher erfolgsentscheidend.

7.1 Projektplanungs- und Genehmigungsverfahren – Digitalisierung, runde Tische und Public-Private-Partnerships

Für Bauvorhaben braucht man verbindliche Genehmigungen der zuständigen Ämter und Behörden, bevor sie realisiert werden können. Zuständig dafür sind üblicherweise die Stadtplanungs- und/oder Bauämter, die die vorgestellten Projektideen und konkreten Planungen bauordnungsrechtlich prüfen, das heißt auf ihre Konformität mit der relevanten planungs- und baurechtlichen Gesetzgebung und besonderen kommunalen Vorschriften. Sie haben meist auch die Federführung und Koordinierungsaufgabe mit allen anderen beteiligten Behörden und Trägern öffentlicher Belange, wie Wirtschaft, Verkehr, Klima- und Umweltschutz, Bau, Feuerwehr, Denkmalschutz, Infrastrukturbetreiber, Stadtreinigung etc. Darüber hinaus binden sie zunehmend auch Nichtregierungsorganisationen (etwa für Naturschutzbelange) ein. Bei mehrstufigen Genehmigungsverfahren ergeben sich also bereits auf der Seite der öffentlichen Sachbereiche sehr viele Schnittstellen, die mehrfach zu koordinieren sind und deren formale Zustimmung einzuholen ist. Dies wird besonders komplex und zeitaufwendig, wenn die Bauleitplanung für die Projektgrundstücke noch nicht vorhanden oder noch nicht abgeschlossen ist, es zum Beispiel noch keine rechtsgültigen Flächennutzungs- oder Bebauungspläne gibt oder wenn der Vorhabenträger Ausnahmen, Befreiungen oder Abweichungen von diesen beantragt.

Kommunale Genehmigungsbehörden fühlen sich insbesondere in Deutschland zunehmend auch inhaltlich überfordert von der anwachsenden Quantität und dem Detaillierungsgrad der Gesetze, Vorschriften und Leitlinien, die ihnen von übergeordneten gesetzgebenden Ebenen (regional sowie auf landes-, bundes- und europäischer Ebene) vorgegeben werden und die sie interpretieren und vor Ort umsetzen müssen. Entsprechend häufig hört der Antragsteller entschuldigende Erklärungen zur lokalen Machtlosigkeit, man würde ja gerne, dürfe aber nicht. Die von allen Seiten geforderte Vereinfachung von Vorschriften und Verfahren – kurz Bürokratieabbau – wird zumindest in Deutschland nicht umgesetzt. Im Gegenteil: Komplexität und Aufwand nehmen stetig zu. Die Reformresistenz hängt sicher auch mit dem subtilen Widerstand derer zusammen, die bei derartigen Rationalisierungen um ihre vergleichsweise sichere Beschäftigung bangen müssten, sowohl Mitarbeiter der öffentlichen Verwaltungen wie auch die wachsende Gruppe der Berater, die den privaten Vorhabenträgern bei der Abarbeitung der Anforderungen durch die wuchernde Bürokratie Hilfe anbieten.

Die verschiedenen in Genehmigungsverfahren involvierten öffentlichen Fachbereiche und Stakeholder repräsentieren sehr unterschiedliche Kulturen, sind unterschiedlich realitätsnah, wirtschaftsfreundlich und pragmatisch. Im Falle einer parteipolitischen Verteilung der Zuständigkeiten in Regierungskoalitionen kommen nicht selten gegensätzliche politische Orientierungen und Interessen hinzu, die die interne Kooperations- und Problemlösungsbereitschaft behindern. Für private Vorhabenträger kann das zu besonderer Frustration führen, wenn die Regierung nicht mit einer Stimme spricht bzw. ihre Ämter und Behörden nicht koordiniert anweist, weil parteipolitisches Kalkül und nicht der wirtschaftliche Erfolg der Kommune im Zentrum steht.

Um eine erste Einschätzung zur grundsätzlichen Zulässigkeit eines Vorhabens zu erhalten, bevor detaillierte Entwurfs- und Genehmigungsplanungen erarbeitet werden, können vereinfachte Bauvoranfragen gestellt werden: mit vereinfachten Fragestellungen und Planunterlagen. Da es sich um vorläufige Unterlagen und vereinfachte Verfahren handelt, gibt ein positiver Bescheid zu diesen Anfragen aber noch keine Rechtssicherheit, lediglich eine **erste Orientierung.** Zudem kann in den für diese Aufgaben oft unterbesetzten Ämtern bereits dieses Verfahren viele Monate dauern. Wenn sich Projektentwickler exklusive Grundstückskaufoptionen für einen befristeten Zeitraum sichern und zunächst die Rückmeldung zu einer Bauvoranfrage abwarten wollen, bevor sie die Grundstücke erwerben, könnte ihre Option inzwischen verfallen sein. Werden Grundstücke bereits mit dem Risiko unsicherer Genehmigungsfähigkeit der Projektideen erworben, dann verlängert eine Bauvoranfrage als erster Schritt die Finanzierungszeit und somit die Finanzierungskosten für den Grunderwerb. Es geht also in allen Szenarien um Geschwindigkeit. Der Zusammenhang von Genehmigungszeiten und wirtschaftlicher Machbarkeit für Investoren und Projektentwickler wird aber bei vielen Behörden oft nicht hinlänglich berücksichtigt.

Der private Vorhabenträger hat wenig Einfluss auf die Koordination zwischen und innerhalb der involvierten Behörden. Er kann proaktiv einige ihrer Vertreter auf das Vorhaben ansprechen, es erklären, kann die Verwaltungsvorgänge aber nicht umgehen oder beschleunigen. Die **Digitalisierung** der Unterlagen und Vorgänge, also „digitale Bauanträge", kann die interne Koordination und den Austausch mit den Vorhabenträgern beschleunigen, ist in Deutschland aber noch immer nicht zum Standard geworden. Anstatt auf Papier ausgedruckte Pläne nacheinander von Amt zu Amt weiterzuleiten und handschriftlich zu kommentieren, könnten der zeitgleiche Zugriff auf die digitalisierten Unterlagen und die parallele Bearbeitung sehr viel Zeit einsparen und Missverständnisse verhindern. Die gleiche Anzahl von Mitarbeitern in den Ämtern könnte mehr Anträge schneller bearbeiten. Begleitend hierzu sind persönliche Besprechungen mit entscheidungsbefugten Vertretern aller Fachbereiche am **runden Tisch** das effizienteste und effektivste Format für gemeinschaftliche Entscheidungsfindungen. Eine zeiteffiziente Koordination gelingt noch besser, wenn für besonders wichtige Projekte fachübergreifende Stäbe mit besonderen Entscheidungskompetenzen als *Rapid Task Forces* eingerichtet werden. Dies wird leider selten praktiziert. Ausnahmen gab es in Deutschland bei einmaligen

Großereignissen, wie Olympiade und Fußballweltmeisterschaften oder historisch einmaligen Entwicklungschancen, wie der Entwicklung Ostberlins in den frühen 1990er-Jahren, nach dem Fall der Mauer.

In der Regel aber reden die Beteiligten vorwiegend nur *übereinander*, anstatt direkt *miteinander* – idealerweise in gemeinsamen Besprechungen. Die ineffiziente Bearbeitung und Entscheidungsfindung der öffentlichen Genehmigungsstellen können in ihrer Summe nicht nur großen volkswirtschaftlichen Schaden verursachen, sondern auch eine Kultur der Ambitions- und Antriebslosigkeit sowie von mangelnder Verantwortungsbereitschaft verstärken. Viele behördliche Prüfungen und Empfehlungen sind standardisierte, wiederkehrende Aufgaben nach feststehenden Regeln, die zunehmend auch maschinell über gemeinsame digitale Plattformen, CAD-Planungssoftware und **künstliche Intelligenz** erbracht werden könnten. Zumindest zeitaufwendige Vorprüfungen könnten so delegiert werden, die Zeit für persönliche Besprechungen könnte sich auf strategische Fragestellungen konzentrieren. Wie in der medizinischen Diagnostik ist die KI bei der Mustererkennung, dem Vergleich mit vorgegebenen Zielgrößen und allen gespeicherten Vergleichsfällen sehr viel schneller und kann Abweichungen besser erkennen und diese mit bereits vorhandenen Lösungen vergleichen. Bei der Digitalisierung der Verwaltungsvorgänge und Bürgerkontakte sind die skandinavischen und baltischen Staaten Vorreiter, von denen Deutschland noch viel lernen kann. Den Anspruch vieler Länder, hierfür eigene Systeme und Programme zu entwickeln, könnte man im Zusammenhang mit Cyberangriffen zum Teil erklären. Eine größere Zusammenarbeit in Europa, ein Lernen voneinander und Übernehmen erfolgreicher E-Government-Entwicklungen innerhalb Europas versprechen aber große Vorteile, insbesondere für Nachzügler wie Deutschland.

Neben der öffentlich-rechtlichen Ebene müssen die Vorhabenträger auch die privatrechtliche von Beginn an berücksichtigen und effektiv managen, um Risiken von dieser Seite zu reduzieren. Dazu gehören zum Beispiel **nachbarschaftsrechtliche Zustimmungen** zu geplanten Nutzungen, Grenzabständen, Verschattungen, Wegerechten etc., ohne die die Projekte nicht genehmigt werden können. Bürgerinitiativen und einzelne Nachbarn haben in Deutschland noch immer Vetorechte und andere Einflussmöglichkeiten, durch die sie auch sehr große, für die lokale Wirtschaft wichtige Projekte lange aufhalten oder verhindern können. Hierzu gibt es viele, teils spektakuläre Beispiele: etwa die Verhinderung des größten Hochhausprojekts „Campanile" in Frankfurt am Main vor ca. 30 Jahren durch den Widerstand einer einzigen Wohnungseigentümerin eines benachbarten Wohnhauses. Die frühzeitige Einbindung der Öffentlichkeit in Bauleitverfahren ist gesetzlich geregelt, eine zusätzliche vorzeitige Information der Bürger zu konkreten Planungen gibt den Projektentwicklern nicht immer die gewünschte Unterstützung, sondern lädt nicht selten eher zu frühzeitigem Widerstand ein. Die schöne demokratische Idee „partizipativer Verfahren" wird leider oft vorwiegend von denen genutzt, denen an gesamtgesellschaftlichem Nutzen weniger gelegen ist als am Durchsetzen ihrer Partikularinteressen und politischen Ideologien. Der angebliche Naturschutz oder „Milieuschutz" gewachsener sozialer Strukturen dient hierfür oft als Vorwand.

Public-Private-Partnerships sind Kooperationsformen, bei denen private Vorhabenträger nicht als Antragsteller und „Kunden", sondern als Partner mit staatlichen Organisationen zusammenarbeiten. Beide Seiten haben ein gemeinsames Interesse an dem Projekterfolg, haben einen größeren Anreiz zu effektiver Kooperation, weil beide Seiten am wirtschaftlichen Erfolg partizipieren, ein **„Win-win"**-Ergebnis anstreben. Dies kann zum Beispiel in der Form umgesetzt werden, dass die staatlichen Organisationen ihre Grundstücke mit vorab vereinbarter niedriger Bewertung einbringen und das Baurecht sicherstellen, während der private Partner öffentliche Bauaufgaben, etwa technische und soziale Infrastruktur, als Teil des Projekts auf seine Kosten realisiert. Dies setzt das grundsätzliche Vertrauen der Parteien ineinander sowie einen ideologiefreien, ergebnisorientierten Pragmatismus voraus. Public-Private-Partnerships können rechtlich über gemeinsame Projekt- und Objektgesellschaften (gemeinsame Planungs- und/oder Eigentümergesellschaften) oder über städtebauliche Verträge organisiert und geregelt werden. Die Vorteile solcher Partnerschaften sind, dass marktnahes wirtschaftliches Denken und Planen von Beginn an verfolgt und die oft besser qualifizierten Personalkapazitäten des privaten Partners sinnvoller genutzt werden können. Zeitaufwendige nachträgliche Korrekturen von Bebauungsplänen und besonderen Auflagen, die sich als wenig marktgerecht erweisen, können somit vermieden werden.

Alle größeren Bauprojekte sollten ohnehin in einem partnerschaftlichen Geist entstehen, auch wenn sie privatwirtschaftlich finanziert und umgesetzt werden. Jedes Projekt hat eine Außenbeziehung mit dem öffentlichen Raum, eine Verantwortung gegenüber der Öffentlichkeit und insofern auch **„gemeinwohlorientierte" Aufgaben** mit zu erfüllen. Auch wenn die Definition von Gemeinwohl nicht zwingend vollumfänglich und exakt der jeweils zuständigen Regierung entspricht, sich stattdessen eher vom gesunden Menschenverstand leiten lässt, sollte dieser Geist im beidseitigen Bemühen gefördert und anerkannt werden.

7.2 Organisation multidisziplinärer Investment- und Development-Organisationen – Matrixstrukturen, integrierte Development-Pläne, *Learning Organization*

Der multidisziplinäre Charakter des Immobilienprojektentwicklungsgeschäfts („Real Estate Development" oder „Development") muss auch innerhalb der Projektentwicklungsunternehmen abgebildet sein, um die verschiedensten Aufgabenbereiche und ihre Schnittstellen erfolgreich managen zu können. Es erfordert die Integration mehrerer kommerzieller, kreativer und technischer Disziplinen und Fachleute mit einander ergänzenden Qualifikationen, Fähigkeiten und Denkweisen. Es ist die zentrale organisatorische Herausforderung, dafür zu sorgen, dass die verschiedenen Fachleute als effizientes und effektives Team zusammenarbeiten, das sich von denselben Zielen leiten lässt und denselben Geschäftsplan verfolgt.

Je komplexer das Geschäftsmodell, die Art der Produkte und Dienstleistungen, je mehr Projekte gleichzeitig und an verschiedenen Standorten durchgeführt werden, desto schwieriger wird diese Aufgabe für Unternehmen in dieser Branche. Sobald Developer eine bestimmte Größenordnung erreicht haben, werden Organisationsstruktur und geordnete Unternehmensführung zu entscheidenden Themen, die sich zunehmend auf Risikoprofil, Rentabilität, Reputation und das langfristige Wachstumspotenzial auswirken. Solange ein kleines Team, das von einem oder mehreren engagierten Unternehmerpersönlichkeiten geleitet wird, ein kleineres Portfolio von idealerweise ähnlichen Projekten managen kann, sind die interne Kommunikation, Planung und Ausführung einfacher. Größere Organisationen erfordern jedoch eine besser organisierte Teamarbeit, eine sorgfältige Delegation von Befugnissen und wirksame Rückkopplungsschleifen, Kontrollmechanismen sowie angemessen differenzierte Leistungsindikatoren (KPIs) und Anreize.

Die Bewältigung der Komplexität des Geschäfts verlangt eine strategische Ausrichtung und die Festlegung von Prioritäten in jeder Phase und für jede Entscheidung, um sich nicht zu verzetteln. Prioritätensetzung bedeutet, die Komplexität auf die wichtigsten Punkte zu reduzieren. Es bedeutet zu verstehen, welche Ziele, Einflussfaktoren und möglichen Maßnahmen am wichtigsten und welche weniger relevant sind – und das alles im Rahmen des vereinbarten Businessplans. Andernfalls werden die Prozesse zu langwierig, zu bürokratisch, erzwingen zu viele Kompromisse, weichen vom Weg ab und verfehlen schließlich die Ziele; die Unternehmen werden an Wettbewerbsfähigkeit verlieren. Da Projekte in multidisziplinären Teams realisiert werden, ist es wichtig, dass alle führenden Teammitglieder die Parameter und Ziele des Geschäftsplans wirklich verstehen, relevante Informationen austauschen und sich gegenseitig unterstützen – kurz: dass sie miteinander, nicht gegeneinander arbeiten. Erfolgreiche Immobilienentwicklung ist die Kunst der produktiven Teamarbeit, die auf effektiver Kommunikation beruht.

Immobilienentwicklungsunternehmen sind wie alle anderen ergebnisorientierten Dienstleister mit hoch qualifizierten und damit teuren Fachkräften bestrebt, diese und deren Know-how möglichst effizient und gewinnbringend einzusetzen. Die Produktivität muss mit möglichst wenigen Mitarbeitern, geringem Aufwand und niedrigen Kosten maximiert werden. Arbeitserfahrungen müssen systematisch verwertet, das heißt analysiert und weitergegeben werden, um zukünftige Anstrengungen und Risiken zu verringern. Je stärker das Unternehmen wächst, desto wichtiger werden die Entscheidungen über das Geschäftsmodell, darüber, auf welche Kernaktivitäten sich das Unternehmen konzentrieren sollte, um das **Risiko-Ertrags-Verhältnis** zu optimieren und die Prozesse plan- und kontrollierbar zu halten. Die Geschäftsinhaber und leitenden Angestellten müssen festlegen, worauf sie sich konzentrieren wollen und worauf nicht, welche Tätigkeiten für das Geschäftsmodell unerlässlich sind und daher innerhalb des Unternehmens von eigenen Mitarbeitern ausgeführt werden sollten und welche an spezialisierte Partner oder Auftragnehmer ausgelagert werden können.

Nicht alle Leistungen entlang der gesamten Wertschöpfungskette müssen oder sollten von einem einzigen Unternehmen erbracht werden. Es ist unwahrscheinlich, dass ein

Unternehmen alles gleichzeitig gut kann und sich in allen Bereichen ständig verbessert, ohne dass es von Dritten unterstützt und konstruktiv herausgefordert wird. ***Insourcing*** und ***Outsourcing*** sowie **vertikale Integration** der Wertschöpfungsschritte sind grundlegende Entscheidungen zum Geschäftsmodell. Das Unternehmen muss seine Kernaktivitäten und die dafür erforderlichen Qualifikationen und Arbeitskräfte definieren. Und die ausgelagerten Leistungen müssen steuerbar bleiben. Einige Investorenpartner und Banken mögen den Komfort von ***One-Stop-Shopping***-Angeboten, andere sehen darin eine zu große Risikokonzentration. Einige Developer konzentrieren sich auf das vordere Ende der Kette, auf die Investitionsstrukturierung, die Geschäftsentwicklung, die Projektplanung und -einleitung. Andere fokussieren sich auf das Management der Projektumsetzung, auf Design und Baumanagement. Wieder andere spezialisieren sich auf das hintere Ende der Kette, die Kommerzialisierung und das längerfristige Asset- und Immobilienmanagement. Die meisten Developer versuchen, in jedem dieser Schritte genug zu tun – ohne sich dabei zu überfordern.

Die Frage, wie viele wertschöpfende Aktivitäten vertikal integriert und wie viele horizontal auf verschiedene Projekte verteilt werden sollen, wird mit zunehmender Unternehmensgröße immer wichtiger. Die Risiko-Ertrags-Profile der einzelnen Bereiche müssen sorgfältig analysiert werden. Welche Teile der Investitions-, Entwicklungs- und Managementkette bieten die attraktivsten Returns, passen am besten zu den eigenen Kernkompetenzen? Welche Fähigkeiten können selbst erworben oder müssen zugekauft werden? Wie groß will das Unternehmen werden? Eine ehrliche Bewertung der eigenen Kompetenzen und möglichen Wachstumsziele auf einer ***Will-Skill-Matrix*** ist eine wichtige Übung. Hat man für die Leistungen, die man erbringen und dem Markt anbieten will, die Kompetenz und Erfahrung oder müssen diese erst erworben, entweder intern aufgebaut oder extern zugekauft werden? Zu viele Unternehmen in dieser Branche scheitern an fachlicher Unerfahrenheit und Selbstüberschätzung. Für die Unternehmen, die groß angelegte Stadtentwicklungen durchführen, ist das Geschäft noch komplexer als für diejenigen, die einen bestimmten Produkttyp mit sich wiederholenden Projektbedingungen einführen. Es erfordert noch mehr Kompetenzen, zahlreiche zusätzliche Prozesse, mehr Produkttypen und Dienstleistungen, die möglichst nicht nur über ein Learning by Doing erworben werden sollten.

Empirisch hat sich eine bestimmte natürliche Grenze zwischen 100 und 150 Personen erwiesen, bis zu der jede Art von Unternehmen, jede menschliche Zusammenarbeit gut funktionieren kann, basierend auf den persönlichen Beziehungen der Mitarbeiter. Sich gegenseitig zu kennen und zu vertrauen, zu wissen, was man von den anderen Gruppenmitgliedern erwarten kann, die Stärken und Schwächen der anderen zu kennen, ermöglicht eine gewisse Ungezwungenheit und selbstregulierende Flexibilität. Diese Anzahl von Personen ist für jeden Einzelnen noch überschaubar und erleichtert die Orientierung und den Aufbau einer kohäsiven Kultur. Sobald diese Schwelle überschritten ist, muss sich die Organisation verändern. Sie erfordert mehr Formalität, eine besser strukturierte Teamarbeit und Ablaufplanung. Individuelle Rollenbeschreibungen werden wichtiger, spezifische

Tätigkeitsbereiche erhalten mehr Bedeutung als das individuelle Profil des Managers, sein gegebenenfalls breiteres Spektrum an Fähigkeiten und Interessen. Eine kleinere Organisation kann die Struktur und die Prozesse um die einzigartigen Profile ihrer Mitarbeiter herum gestalten. Eine größere Organisation hingegen verlangt mehr Anpassungen und die Unterordnung des Einzelnen unter vordefinierte Strukturen und Prozesse. In größeren Organisationen sind mehr und besser strukturierte formelle Sitzungen erforderlich, um einen ausreichenden Informationsaustausch zu gewährleisten, die Teams aufeinander abzustimmen und den Geschäftsplan voranzutreiben. Dies kann insbesondere für international agierende Unternehmen wichtig sein, deren Führungspersonal nicht an einem Ort arbeitet.

Es ist ein sehr häufig auftretendes Phänomen bei größeren, integrierten Developer-Organisationen, dass **getrennte Silos** entstehen, mit deutlich unterschiedlichen Kulturen und oft nur begrenztem Interesse an einer Zusammenarbeit mit den anderen. Planungs- und Bauleiter leben „in ihrer Welt", Marketing- und Vertriebsleiter in einer ganz anderen und Investmentmanager oder Rechtsberater haben wiederum ihre je eigenen Perspektiven. Die Berufskulturen sind sehr unterschiedlich, individuelle Motivation und Belohnung setzen andere Schwerpunkte, ja sogar unterschiedliche Wertesysteme. Vertriebsleiter sind daran interessiert, so viel, schnell und so hochpreisig wie möglich zu verkaufen, bisweilen auch mit voreiligen Marketingversprechen, wenn noch nicht ganz sicher ist, ob das Produkt auch genau so finanziert und gebaut werden kann oder nicht. Sie werden oft ergebnisorientiert honoriert. Construction-Manager konzentrieren sich auf den Bau, wollen mit Baumaßnahmen so zügig wie möglich starten, unabhängig davon, ob es bereits eine Finanzierung und eine starke Marktnachfrage für das Endprodukt gibt. Investitions- und Development-Manager erstellen Cashflow-Projektionen mit oft sehr ehrgeizigen Kosten-, Zeitplan- und Ertragsannahmen, um das Interesse der Investoren zu sichern – Annahmen, die möglicherweise von den anderen Beteiligten nur schwer realisiert werden können.

Es liegt auf der Hand, dass die verschiedenen Abteilungen sich gegenseitig ehrlich und regelmäßig informieren müssen, um Missverständnisse, falsche Erwartungen und böse Überraschungen zu vermeiden. Dieser Austausch und die gegenseitige Unterstützung werden in vielen größeren Unternehmen jedoch nicht immer so praktiziert, wie es sein sollte. Allzu oft verfallen Manager gedanklich in das sogenannte Silodenken, entwickeln ihr individuelles Verständnis der geschäftlichen Herausforderungen innerhalb der abgeschirmten Umgebung ihres Fachbereichs und ihrer Abteilung. Informationen werden zurückgehalten, Lösungen werden nur mit einem begrenzten Verständnis für das Gesamtbild erarbeitet. Manchmal wird davon ausgegangen, dass das Zurückhalten wertvoller Informationen die persönliche Bedeutung, Macht und Aufstiegschancen im Unternehmen erhöht, bisweilen wird angenommen, Kollegen aus anderen Fachbereichen könnten die fachlichen Details gar nicht verstehen. Sobald dann unerwartete Probleme auftreten, kommt es zu gegenseitigen Schuldzuweisungen, bei denen andere Abteilungen für die eigenen Fehler verantwortlich gemacht werden. Das mag dazu führen, dass einzelne

Manager für einige Zeit ihr Gesicht wahren können, hilft aber dem Unternehmen und seinen Projekten nicht.

Manager, die für die Leitung von Projekten verantwortlich sind, und solche, die für die Leitung verschiedener Fachdisziplinen zuständig sind, müssen sich regelmäßig treffen, um Projektstrategien und Aktionspläne zu diskutieren, den Status zu überprüfen und mit den Zielen des Geschäftsplans zu vergleichen. Sie müssen aktiv **Silos aufbrechen und eine Kultur der Teamarbeit mit Informationsaustausch schaffen.** Im Idealfall wird der Businessplan als „integrierter Development-Plan" in einem multidisziplinären Team gemeinsam erarbeitet und regelmäßig aktualisiert. Jeder Manager sollte sich engagieren und Mitverantwortung für das gemeinsame Dokument übernehmen. Auf Projektebene sollten sich die leitenden Vertreter aller Disziplinen regelmäßig in **„Projektkontrollgruppen"** (PCGs) treffen, in denen der aktuelle Sachstand mit diesen Planungen abgeglichen wird und entsprechende Maßnahmen in Aktionsplänen vereinbart werden. Auf Unternehmensebene sollten Projektleiter und Abteilungsleiter in **„Managementausschüssen"** zusammenkommen, um sich gegenseitig auf dem Laufenden zu halten, Erfahrungen auszutauschen und Erkenntnisse zu gewinnen. Effektive **Corporate-Governance**-Strukturen zielen auf Informationsaustausch und offene Kommunikation unter den Entscheidungsbefugten ab. Keiner liebt negative Überraschungen!

Eine bestmöglich koordinierte Projektplanung mit allen an der Realisierung Beteiligten in den frühen Phasen ist deswegen so wichtig, weil die Chancen zu Korrekturen rapide abnehmen, wenn bereits die Objektplanung abgeschlossen und auf deren Grundlage Bauleistungen vergeben wurden. Auch die zukünftige Fungibilität, Marktfähigkeit und die langfristigen Betriebskosten werden mit den grundlegenden Entscheidungen zu Beginn bereits weitgehend festgelegt. Es gibt nur ein sehr kurzes Zeitfenster vor der Projektrealisierung, das für die strategische Planung, für Risikoanalysen und Alternativen genutzt werden muss (Abb. 7.1).

Ein Hauptziel jeder auf Qualität und Rentabilität ausgerichteten **„lernenden Organisation"** ist die Entwicklung von starken Developer-Persönlichkeiten, von Fachleuten mit soliden Kenntnissen in jeder Schlüsseldisziplin, in jedem Aspekt der Investitionsplanung, der Objektplanung und der Umsetzungsprozesse – Manager mit unternehmerischem Denken, Kommunikations- und Mitarbeiterführungskompetenz – fachkompetente Manager mit einem Developer Mindset. Nur sehr wenige Menschen in der Branche haben einen multidisziplinären akademischen Hintergrund, sind in mehr als einem der Bereiche ausgebildet, einschließlich Finanzen, Recht, Design, Konstruktion, Marketing usw. Die meisten bringen eine Kernkompetenz mit und müssen sich im Laufe der Zeit Grundkenntnisse in den anderen Bereichen aneignen. Das Lernen von und mit Kollegen verschiedener Fachrichtungen ist entscheidend für eine effiziente und effektive Teamarbeit. Ein Vertriebsleiter muss die kritischen Aspekte des Bauprozesses verstehen; ein Bauleiter muss die Zahlungspläne vor dem Verkauf verstehen; beide müssen die grundlegenden Bedingungen und Vertragsbedingungen der übergreifenden Vereinbarungen mit den Investoren, das Genehmigungsverfahren, die grundlegenden Vorschriften usw. verstehen. Eine Zusammenarbeit

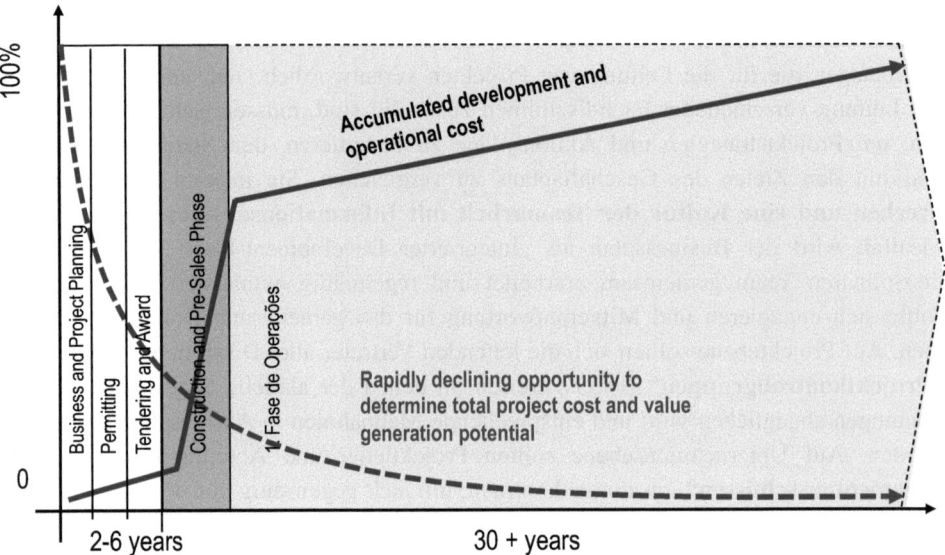

Abb. 7.1 Planungsphase und langfristiger Einfluss auf Kosten und Projekterfolg. Eine frühen Planungsphasen erfordern die geringsten Investitionen, haben aber die größten langfristigen Auswirkungen. Sie bestimmen das Realisierungspotenzial und die Gesamtkosten des Vorhabens, entscheiden über Erfolg oder Misserfolg. (Quelle: eigene Darstellung)

von unwissenden Spezialisten ist offensichtlich weniger produktiv als die Teamarbeit von interessierten Generalisten mit komplementären Kernkompetenzen. Letztlich geht es um den Austausch von Informationen und eine effektive Kommunikation.

Die Häufigkeit und Qualität des Informationsaustauschs sind entscheidend für die Effizienz und den Erfolg der Prozesse. Angesichts der großen Anzahl von Beteiligten bei größeren Projekten erfordern diese Bemühungen einen systematischeren Ansatz sowie nachvollziehbare Berichtsstrukturen und Genehmigungsverfahren. Matrixstrukturen bieten ein solches System. Das Reporting ist nicht in der traditionellen Pyramidenhierarchie, sondern **in Form eines Gitters, einer Matrix,** aufgebaut. In einer Matrixstruktur hat jeder Mitarbeiter zur Orientierung und besseren Integration **zwei Berichtslinien,** üblicherweise eine zum Projektleiter, eine zum Leiter der Fachabteilung. Auf diese Weise können Entscheidungen mit einem umfassenderen, ganzheitlichen Blick getroffen und potenzielle Chancen und Risiken besser und früher erkannt werden. Die Einbindung beider Bereiche und ihrer Leiter ist offensichtlich sinnvoll, doch ist es nicht immer einfach, rechtzeitig einen Konsens über Entscheidungen zu erzielen und beide zu einer formalen Zustimmung zu bringen. Außerdem passen offene Diskussionen, Beteiligungen vieler und Konsensbildung nicht zum Charakter und Stil jeder Führungskraft. Matrixstrukturen sind schwierig umzusetzen, denn sie benötigen eine auf Teamarbeit ausgerichtete Kultur, um erfolgreich zu sein.

Eine Matrixstruktur kann, wenn sie richtig entwickelt und gelebt wird, Unternehmen schlanker und effektiver machen, da jeder Manager klar definierte Kernkompetenzen hat und zusätzliche Ebenen von zwischengeschalteten General-Managern, Vorgesetzten, Vermittlern und Berichterstattern beseitigt werden können. Die Berichts- und Entscheidungsstrukturen mögen anspruchsvoller erscheinen, aber sie können zielgerichteter und effektiver ausgestaltet werden.

Eine erzwungene funktionsübergreifende, gemeinsame Entscheidungsfindung von zwei oder mehr Parteien darf nicht zu persönlichen Rivalitäten und Machtkämpfen führen. Die Beteiligten müssen ein klares Verständnis für die unterschiedlichen Notwendigkeiten und Details der anderen entwickeln und wissen, für welche gemeinsame Entscheidung die andere Partei nur informiert oder konsultiert werden muss bzw. welche Entscheidungen formal eine gemeinsame Genehmigung erfordern. In Immobilienunternehmen kommen je nach Geschäftsmodell zwei Arten von Matrixstrukturkonzepten vor:

1. In Unternehmen, die eine große Anzahl ähnlicher Projekte an verschiedenen Standorten realisieren, wie z. B. hoch standardisierte soziale Wohnungsbauprodukte, Industrie- und Logistikgebäude, Supermärkte, sollte die führende Rolle hinsichtlich der gemeinsamen Entscheidungsfindung bei den zentralen Abteilungsleitern liegen, die die Standardisierungs- und Skalierungseffekte der Projekte in Bezug auf Planung, Bau, Beschaffung, Verkauf und Betriebsplattformen usw. optimieren. Diese **ressortbestimmte Matrix** fokussiert auf die technischen Herausforderungen und Chancen der wichtigsten Fachdisziplinen. Die jeweiligen Projektleiter werden die Produkte so an die spezifischen lokalen Bedingungen anpassen, dass möglichst wenig vom optimierten Standardmodell abgewichen werden muss.

2. In den meisten Immobilienentwicklungsunternehmen ist das Projektportfolio vielfältig und jedes Projekt unterscheidet sich deutlich von den anderen. Es werden unterschiedliche externe Berater und Auftragnehmer ausgewählt, jedes Projekt richtet sich an andere Investoren und Endnutzer und die Anforderungen der örtlichen Genehmigungsbehörden sind vielfältig. Die Unternehmensstandards in Bezug auf Projekte und Prozesse müssen jedes Mal erheblich angepasst werden. Dabei übernehmen die jeweiligen Projektleiter die verantwortungsvollere treibende Rolle. Zentrale Abteilungsleiter agieren mit ihrer Unterstützung eher als Berater, sind aber permanent eingebunden. Bestimmte Standards und Abläufe bedürfen jedoch einer zentralen Steuerung, um ein einheitliches Qualitätsniveau und eine Unternehmensmarke aufzubauen. Viele der größeren Immobilienentwickler wenden diesen Grundgedanken in einer **projektgetriebenen Matrixstruktur** an (Abb. 7.2). Diese ermöglicht produktive Prozesse, bei denen sich die oberste Führungsebene nicht ständig mit jedem Detail eines Projekts befassen muss, sondern sich mehr auf die langfristige strategische Planung und das Management wichtiger Stakeholder-Beziehungen konzentrieren kann.

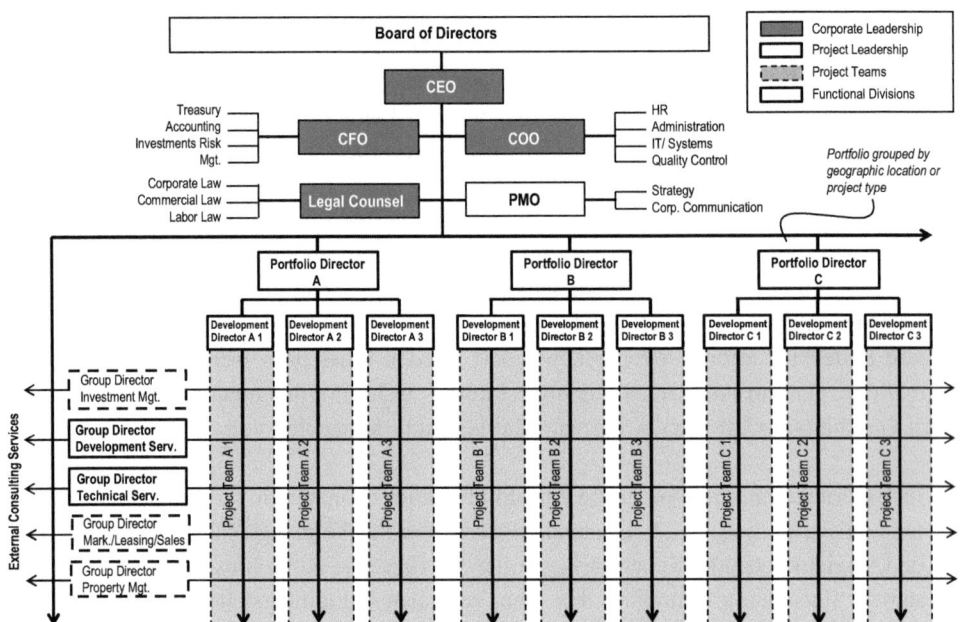

Abb. 7.2 Beispiel einer Matrixstruktur mit Führung der Projekte durch Portfolio- bzw. Projektleiter und portfolioweite Einbindung der technischen Spezialisten – jeweils zwei Reporting Lines. (Quelle: eigene Darstellung)

Matrixstrukturen erscheinen oft kompliziert, ihre Organigramme werden oft in eher unverständlichen „Wimmelbildern" dargestellt. Ihr einfaches Grundprinzip und ihre Vorteile müssen daher gut kommuniziert werden. Im Kern geht es darum, dass die im Projektmanagement beteiligten Mitarbeiter für wichtige Entscheidungen immer zwei Ansprechpartner haben, auf der jeweiligen fachspezifischen Seite und zum gesamtverantwortlichen Generalisten und Koordinator. Es geht darum, thematische und personelle Schnittstellen im Unternehmen und bei externen Beziehungen zu erkennen und effizienter zu managen. Diese Vorgehensweise hilft bei der multidisziplinären Integration der Leistungen und verbessert die interne Kommunikation unter den Mitarbeitern und ihre Möglichkeiten, zu lernen, die Geschäftstätigkeiten über ihren eigenen Aufgabenbereich hinaus besser zu verstehen.

Der integrierte Development-Plan und Projektkontrollgruppen (PCGs)

„Failing to plan means planning to fail." Detaillierte Businesspläne sollten für jedes Projekt federführend von den projektverantwortlichen Development-Managern formuliert werden. Zugleich sollten sie aber – mehr als nur über Zuarbeit – möglichst in Teamwork mit den ressortverantwortlichen Managern und den Projektmitarbeitern erstellt werden. Der Businessplan sollte alle Disziplinen (Finanzen, Recht, Planung, Bau, Marketing, Property-Management) einbinden, somit zu einem „integrierten Development-Plan" werden, der alle Aspekte in jeder Phase des Projekts gesamtheitlich mit seinen Wechselwirkungen analysiert und verschiedenste Szenarien entwirft. Der neuen Mode, separate „Sustainability"-Abteilungen und Manager aufzustellen, müssen Organisationen mit kompetenten Fachleuten in den Kerndisziplinen nicht folgen. Nachhaltigkeit war schon immer ein zentrales Anliegen bei der Planung, dem Bau und Betrieb von Immobilienprojekten. Anders als die vereinfachten Businesspläne, die für Finanzierungspartner und Banken erstellt werden, münden die integrierten Development-Pläne in klaren Aktionsplänen mit interner und externer Aufgabenzuordnung. Sie prüfen und vergleichen verschiedene Szenarien und entsprechende Risikominimierungen. Vorteil der gemeinsamen Erstellung detaillierter integrierter Development-Pläne ist nicht nur die frühzeitige Berücksichtigung aller fachlichen Teilaspekte, die im Verlauf der Projektentwicklung wichtig werden, sondern sie schulen auch das strategische und verantwortliche Denken aller Unternehmensmitarbeiter. Es stärkt das Verständnis für und die Identifikation mit den übergeordneten Projekt- und Unternehmenszielen.

Die Komplexität der Wertschöpfungsprozesse und des Geschäftsumfelds lässt keine Planung in einfachen linearen Modellen zu. Flowcharts, die das suggerieren, erweisen sich schnell als realitätsfremd. Um die Komplexität besser zu verstehen und sie für gezieltes Handeln zu reduzieren, Prozesse beherrschbarer zu machen, ist ein **systemisches und vernetztes Denken** erforderlich, also die Berücksichtigung von Rück- und Wechselwirkungen. Die multidisziplinären Teammeetings bilden die beste Grundlage für das Durchdenken von Szenarien in diesem Kontext, dem Erkennen von Einflussfaktoren, Wirkungszusammenhängen und Risiken, für **„Feedback-Loops"** von den verschiedensten Seiten. Die Komplexität und Unberechenbarkeiten ("expect the unexpected") erfordern flexible, anpassungsfähige Managementstrategien und -taktiken, ein ständiges neues Abwägen der Prioritäten – ohne dabei die finalen Zielsetzungen aus den Augen zu verlieren. Projektentwicklungsprozesse erfordern ein ständiges Korrigieren, ein sukzessives Detaillieren der dem Business Case zugrunde gelegten Annahmen.

Die multidisziplinäre Zusammenarbeit muss auf der Ebene des täglichen Projektmanagements praktiziert werden, um eine nahtlose Integration, eine wirksame Kontrolle und eine zuverlässige Berichterstattung an die Abteilungs- und die allgemeine Unternehmensleitung zu gewährleisten. Es muss ein Bottom-up-Ansatz sein, die Top-down-Methode wäre nicht nachhaltig erfolgreich. Dieser Ansatz muss von den Mitgliedern des Projektteams verfolgt werden, die die Projektarbeit ausführen und die verschiedenen Gruppen von externen Projektpartnern, Behörden, Beratern und Auftragnehmern managen. Regelmäßige Projektteamsitzungen sollten als Treffen mit Vertretern aller relevanten Abteilungen organisiert werden, und zwar während der gesamten Projektplanungs- und -durchführungsphase. Solche Sitzungen werden häufig als **„Projektkontrollgruppen" (PCGs)** bezeichnet und von einem Projektleiter geleitet (Abb. 7.3). In diesen Sitzungen wird der tatsächliche Stand der Dinge mit den Prognosen des Geschäftsplans verglichen, Strategien werden überprüft und Taktiken erörtert, um diese bestmöglich zu erfüllen oder, falls erforderlich, den Plan anzupassen. Abweichungen vom Geschäftsplan deuten auf neue Risiken hin, die sich auf den **„kritischen Pfad"** des Projekts auswirken. Je früher Abweichungen und neue Herausforderungen erkannt werden, desto früher kann das gesamte Team wirksame Maßnahmen vorbereiten und die Auswirkungen auf die verschiedenen Bereiche in die weitere Planung einbeziehen. Aktionspläne und Folgekontrollen können angepasst werden.

An Projektkontrollgruppensitzungen sollten bereits in frühen Phasen Vertreter aller Disziplinen teilnehmen, auch wenn sich die Arbeitsschwerpunkte im Laufe des Zeitplans zwischen ihnen verschieben werden. Auf diese Weise können alle Fragen im Zusammenhang mit der Entwicklung und dem Investitions-/Projektlebenszyklus im Voraus geklärt und künftige Überraschungen minimiert werden. So sollten beispielsweise Marketing-, Vermietungs- und Verkaufsleiter, ja sogar Property- und Asset-Manager bereits in den frühen Projektplanungsphasen beteiligt werden, bevor der Bau unumkehrbare Fakten schafft.

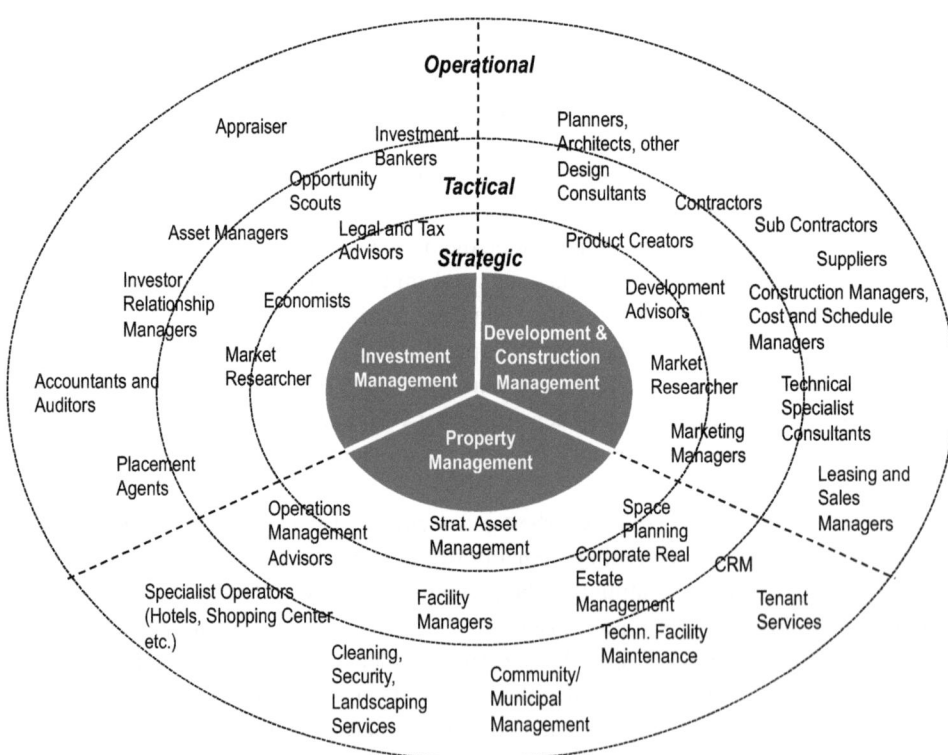

Abb. 7.3 Multidisziplinäre Projektkontrollgruppen (PCGs) sind regelmäßig stattfindende Besprechungen von Projektmanagementteams, die sich aus Vertretern verschiedener Disziplinen im Investment-Management, Development-Management und Property-Management zusammensetzen. Jeder verwaltet verschiedene Schnittstellen mit Dritten und koordiniert und stimmt Aktivitäten mit dem „integrierten Entwicklungsplan" ab. (Quelle: eigene Darstellung)

Ihre Bedenken, auch wenn sie sich auf zukünftige Aktivitäten beziehen, müssen so früh wie möglich berücksichtigt werden, um kostspielige zukünftige Anpassungen zu vermeiden. Ein solcher *Beginning-with-the-end-in-mind*-Ansatz ist für den Erfolg jedes größeren, längerfristigen Entwicklungsprojekts unerlässlich. Allzu oft wird der Entwicklungsprozess jedoch als eine Aneinanderreihung separater Schritte betrachtet, die von separaten Teams durchgeführt und nach Abschluss der einzelnen Beiträge „übergeben" werden. Es entstehen getrennte Silos, die wenig Flexibilität bieten, um sich an die Dynamik des Unternehmens und die sich ständig ändernden Bedingungen anzupassen. Multidisziplinäre Projektsteuerungs-/Projektkontrollgruppen und Matrixstrukturen zielen darauf ab, eine solche Desintegration und Inflexibilität zu vermeiden.

7.3 Unternehmenskultur, Learning Organization

Organisationsentwicklung ist keine einmalige Initiative, die von oben auferlegt wird; sie ist eine ständige, eben „organische" Entwicklung, an der alle beteiligt sind, die nie endet und die sich auf nur bedingt planbare Weise vollzieht. Die Kästchen in Organigrammen stehen für reale Menschen. Aber Menschen haben unterschiedliche Fähigkeiten, Charaktere und Ambitionen, die nur unvollkommen mit den sorgfältig definierten Unternehmensstrategien und Rollenbeschreibungen übereinstimmen. Darüber hinaus verändern sich die Menschen im Laufe der Zeit, innerhalb der Organisation entstehen soziale Beziehungen und es bildet sich eine Unternehmenskultur heraus.

Wie alle Dienstleistungsunternehmen in wissensbasierten Sektoren mit *Knowledge Workers* müssen Immobilienentwicklungsunternehmen eine Unternehmenskultur entwickeln, die die Nutzung des kreativen Potenzials und das persönliche Engagement ihrer Mitarbeiter optimiert, ohne einschüchternde Regeln und Vorschriften, ohne zu viel restriktive Kontrolle. Hohe Produktivität, Arbeitsqualität und Integrität des Einzelnen und des Teams entwickeln sich besser in einer **Atmosphäre des gegenseitigen Vertrauens und der Überzeugung, gemeinsam an relevanten Aufgaben zu arbeiten.** Die Organisationen müssen eine geeignete Balance von Vertrauen und Kontrolle finden.

Die Einführung von Matrixstrukturen scheitert oft daran, dass sie mit zu vielen Formalitäten belastet sind; die zusätzlichen Berichtslinien werden als übertriebene Kontrolle empfunden, das Protokollieren von Besprechungen als Zeitverschwendung. Der Schwerpunkt könnte zu sehr auf dem „bloßen Abarbeiten", dem Erreichen vorgegebener kurzfristiger Ziele liegen. Jedes Unternehmen sollte jedoch mehr als das anstreben, mehr als die Verwaltung des Erwarteten. Dazu ist ein besonderes Maß an Flexibilität und Aufgeschlossenheit auf allen Seiten erforderlich. Unternehmensberater sind sehr gut darin, einen Jargon mit neuen Begriffen zu kreieren, von denen jeder einen der wichtigen Aspekte hervorhebt (um einen neuen Managementtrend voranzutreiben). Jedes Unternehmen sollte immer eine „lernende Organisation" bleiben: sich ständig verbessern, nach

Exzellenz streben und eine Wachstumskultur aktiv leben. Einfach ausgedrückt: Die Mitarbeiter sollen motiviert werden, sich zu engagieren, ihre Ideen einzubringen und ihre Aufgaben immer besser, intelligenter und effizienter zu erledigen. Dadurch wird es dem Unternehmen gut gehen und seine Wachstumschancen steigen. Diese Grundsätze gelten auch für größere, komplexere Organisationen und für Matrixstrukturen. Jede Schnittstelle in der multidisziplinären Teamarbeit erfordert ein gewisses Maß an Flexibilität, um das kreative Potenzial ihres „Humankapitals" freizusetzen.

Peter Druckers bekannte Beschreibung „culture eats strategy for breakfast" ist eines der beliebtesten Zitate von Strategieberatern mit echter Praxiserfahrung. Als externer Strategieberater oder leitender Angestellter muss man sich der Grenzen und der Unvorhersehbarkeit der Veränderung bestehender Kulturen bewusst sein und damit rechnen, dass neue Strategien nicht sofort von allen verstanden und angenommen werden. Organisationsstrukturen, die neue und vielfältige Berichtslinien verlangen, sorgfältige und transparente Planung sowie Informationsaustausch und Teamarbeit erzwingen, stoßen in der Regel auf großen Widerstand. Sie könnten diejenigen entmutigen, die nach selbstständigen Lösungen suchen, die hierfür die volle Anerkennung erhalten und schneller aufsteigen wollen. Das würde einen produktiven internen Wettbewerb um die besten Ideen verhindern, da er so nicht richtig geführt werden kann oder gar im Ansatz verhindert wird. Um zwei Berichtslinien akzeptabel und handhabbar zu machen, muss die formelle Berichterstattung vereinfacht und die häufige informelle Zusammenarbeit gefördert werden.

Bei der prozentualen Gewichtung der *Key Performance Indicators* eines einzelnen Managers sollten die Ergebnisse des gesamten Unternehmens und seines Projektteams ebenso wichtig sein wie seine individuelle Leistung, um Teamarbeit und Verantwortlichkeit für die Endergebnisse zu fördern.

Bei jeder Initiative zu einer organisatorischen Veränderung können negative Vorurteile zu einer toxischen, sich selbst erfüllenden Prophezeiung führen oder das Team entmutigen und aus der Verantwortung nehmen, sobald die ersten Schwierigkeiten auftreten. Unternehmensleiter und Strategieberater müssen sich darüber im Klaren sein, dass die Teammitglieder nicht unvoreingenommen in Veränderungssituationen gehen, möglicherweise bereits erfolglose organisatorische Veränderungen durchlebt oder davon gehört haben. Die Veränderung einer Organisationsstruktur erfordert immer Geduld und eine gewisse Toleranz gegenüber Rückschlägen.

Teil III
Exkurs: Planungsbeispiele

Exkurs: Planungsbeispiele für Frankfurt am Main

8

Innenentwicklung in der Kernstadt der wachsenden Metropolregion – Neue Produkttypen

8.1 Frankfurt am Main – Flächennutzung

In den Jahren 2020 bis 2023 haben wir mehrere städtebauliche Planungsstudien für die Verdichtung untergenutzter Grundstücksflächen in Frankfurt am Main erarbeitet und einigen politischen Entscheidungsträgern der Kommune vorgestellt. In diesen Planungsstudien konkretisierten wir unsere Ideen für eine nachhaltige Entwicklung der Stadt in Development-Strategien und Machbarkeitsstudien (gemeinsam mit potenziellen Investorenpartnern), in marktfähigen Nutzungskonzepten und architektonischen Testplanungen. Mit diesen Konkretisierungen und Illustrierungen bemühen wir uns um einen Beitrag zur Versachlichung der Debatten, zur Veranschaulichung von Lösungsoptionen sowie zur Beschleunigung der politischen Entscheidungsfindungen und planungsrechtlichen Verfahren. Frankfurt am Main bietet besonders vielversprechende wirtschaftliche und städtebauliche Entwicklungschancen, die in den letzten Jahren nicht entschlossen genug genutzt wurden. Der zunehmende nationale und internationale Standortwettbewerb in einem herausfordernden makroökonomischen und geopolitischen Kontext erhöht den Druck, selbst geschaffene Hemmnisse und Blockaden zu beseitigen, eine noch aktivere Wirtschaftsförderung und mutigere strategische Stadtplanung voranzutreiben. Die Welt wartet nicht auf Frankfurt.

Frankfurt am Main ist die Kernstadt der Metropolregion Frankfurt Rhein/Main – mit insgesamt ca. 5,8 Mio. Einwohnern eine der wirtschaftsstärksten Regionen in Deutschland und Europa. Im vergleichsweise kleinen Frankfurter Stadtgebiet leben heute ca. 800.000 Einwohner, weitere ca. 400.000 pendeln täglich aus dem Umland zur Arbeit ein. Im Ballungsgebiet direkt um die Kernstadt leben rund 2,4 Mio. Menschen. Die Chancen der Stadt und der gesamten Metropolregion, sich langfristig als wettbewerbsfähiger europäischer Wirtschaftsstandort zu behaupten und weiterzuentwickeln, sind aufgrund ihrer zentralen Lage, ihrer Wirtschaftsstruktur und Verkehrsinfrastruktur besonders gut. Frankfurt am

© Der/die Autor(en), exklusiv lizenziert an Springer Fachmedien Wiesbaden GmbH, ein Teil von Springer Nature 2024
H. Achilles, *Stadtentwicklung mit einem Developer Mindset*,
https://doi.org/10.1007/978-3-658-45549-1_8

Main ist eines der großen europäischen Finanzzentren und Sitz der Europäischen Zentralbank, eine wichtige internationale Messestadt und ein internationales Verkehrsdrehkreuz mit einem der größten europäischen Flughäfen. Die Stadt entwickelt sich zudem zu einem führenden globalen Internetknotenpunkt und Rechenzentrenstandort. Zu den wichtigsten wirtschaftlichen Sektoren der Region zählen auch die chemische Industrie und Pharmazie/Life Sciences. Frankfurt wächst: Der wichtigste hessische Wirtschaftsmotor ist attraktiv, zieht immer mehr Menschen an. Es wird erwartet, dass in den nächsten 20 Jahren die Bevölkerung allein im engeren Ballungsraum um ca. 15 %, also um weitere 120.000 Menschen, wachsen wird. Für diese werden weiterer Wohnraum und soziale Infrastruktur benötigt.

Die derzeit in Frankfurt als Bauland ausgewiesenen Flächen und das Nachverdichtungspotenzial in bestehenden Strukturen sind aber sehr limitiert. Es entstehen zu wenige Neubauten, um der angestauten und weiter wachsenden Nachfrage gerecht zu werden. Das Wohnraumdefizit vergrößert sich Jahr um Jahr, Mietpreise steigen deswegen und grenzen insbesondere sozial schwächere Haushalte zunehmend aus. Eine Verlagerung des Entwicklungsdrucks in die Umlandgemeinden, die daraus resultierende weitere regionale Zersiedelung und wachsender Pendlerverkehr sind wirtschaftlich und ökologisch nicht die beste Lösung. **Innerstädtische Flächenreserven müssen daher konsequenter und zügiger genutzt werden und untergenutzte innerstädtische Flächen höher verdichtet werden.** Reserven hierfür gibt es – wenn bestimmte, selbst auferlegte Denkverbote überwunden werden, Beschlüsse aus früheren, anderen Zeiten den heutigen Anforderungen angepasst werden. In unseren Planungsstudien haben wir uns mit einigen Flächen beschäftigt, die sich ideal für eine nachhaltige innerstädtische Entwicklung eignen, aber bislang nicht angemessen berücksichtigt wurden.

Die Flächennutzungsstrategie für das Frankfurter Stadtgebiet und sein Umland sollte sich unvoreingenommener darum bemühen, sehr viel **mehr Bauland** auszuweisen und auch bislang tabuisierte Flächen hierfür ernsthafter in Betracht zu ziehen. Dieses Bauland sollte dann sehr **effizient genutzt werden** und bestehende Strukturen sollten großstädtischer **nachverdichtet werden.** Hierfür müssten der politische Wille und die planungsrechtlichen Grundlagen geschaffen werden. Der Anteil untergenutzter Flächen ist im Stadtgebiet und im umliegenden, stark fragmentierten Ballungsraum groß. Diese zumindest teilweise zu Siedlungsflächen umzuwidmen, könnte perspektivisch die Entwicklung grüner Wohnquartiere für mehrere Hunderttausend Menschen ermöglichen. Wohnraumnot und explodierende Mieten müsste es nicht geben, die Pendlerverkehre ins Umland könnten deutlich reduziert werden. Die Stadt könnte attraktive Angebote schaffen, um auch langfristig mehr Unternehmen und die für sie erforderlichen qualifizierten Fachkräfte anzuziehen.

Rund 40 % der mit 25.000 Hektar sehr kleinen Stadtfläche sind aktuell als Vegetationsfläche ausgewiesen, 25 % als Landwirtschaftsfläche und 15 % als Waldfläche, Parks und andere innerstädtische Grünflächen. Lediglich 37 % sind derzeit Siedlungsflächen, 21 % Verkehrsflächen (einschließlich des Flughafens). Der große Anteil für landwirtschaftliche Nutzungen, insgesamt mehr als 6200 Hektar, könnte und sollte deutlich reduziert werden. Es sind Flächen für Nutzungen, die *vor* der Stadt, nicht *in* ihr stattfinden sollten. Ihr Beitrag zur Versorgung der Stadtbevölkerung ist marginal und rechtfertigt ihre innerstädtischen Lagen auch deswegen größtenteils nicht länger. Innerstädtische landwirtschaftliche Produktion könnte zudem, zumindest teilweise, als Vertical Indoor Farming verdichtet und damit zugleich im Produktionsoutput erhöht werden. Der im Jahr 1991 sehr großzügig ausgewiesene Grüngürtel, der sich durch die gesamte Stadt zieht, könnte in manchen kleineren Randbereichen zu Bauland umgewidmet werden, ohne seinen ökologischen Effekt nennenswert zu reduzieren oder Frischluftschneisen zu blockieren. Große Flächen, die dem Grüngürtel zugeordnet werden, sind bereits versiegelt und nicht bewachsen. Einige der innerstädtisch gelegenen Kleingartenanlagen könnten in Stadtrandlagen verlegt werden, der Nutzen für die Pächter sowie der ökologische Nutzen für die Stadt würden dadurch kaum geschmälert. Kleingartenflächen wurden einst als potenzielle Baulandreserven angelegt und nicht für die Ewigkeit geplant.

Sogenannte Siedlungsbeschränkungsgebiete bilden Flugkorridore über dem Frankfurter Flughafen ab, unter denen Wohnbebauungen wegen möglicher Lärmbelästigung nicht zulässig sind. Diese Korridore können aber aufgrund optimierter Flugbahnen und leiserer Flugzeugmotoren – auch bei anwachsendem Flugverkehr – reduziert werden (was im aktualisierten Landesentwicklungsplan vorgesehen ist), somit könnte mehr Fläche für Wohnbebauung freigegeben werden. Es gibt nicht oder nicht effizient genutzte Gewerbeflächen, einschließlich ehemaliger Hafenflächen, die sich für neue Wohnquartiere eignen. In der Summe könnten perspektivisch bis zu 2000 Hektar neue innerstädtische Baulandflächen zur Verfügung gestellt werden und das ohne ökologische Verschlechterung. Auch hier sollte das bislang rigide, dogmatische Denken eines **Entweder-oder** durch ein realistisches und pragmatisches **Sowohl-als-auch** ersetzt werden. Eine nachhaltige, grüne Stadtregion wäre nicht trotz, sondern wegen ihrer baulichen Verdichtung möglich.

Der Flächennutzungsplanung für die Stadt Frankfurt muss regional betrachtet, **die ökologischen Effekte müssen in einer regionalen Gesamtbilanz bewertet werden.** Wenn innerhalb der Kernstadt nicht ausreichend verdichtet werden kann, dann wird die Region weiter ineffizient zersiedelt. Es entsteht dann der negative *Urban-Sprawl*-Effekt, der die Umwelt- und Klimakrise weltweit verstärkt. Während in der Stadt mit hohen Bebauungsdichten und Geschossflächenzahlen (GFZ) von mindestens 2,5 (oft viel höher) geplant werden kann, dies zudem in einem bereits bestehenden Infrastrukturnetz, sind es im Umland üblicherweise lediglich 1,0 und das erfordert dort den Bau zusätzlicher Versorgungsleitungen und Straßenwege. Der Flächenverbrauch für Wohnbebauung im Umland ist deswegen mindestens drei- bis viermal so hoch wie der für innerstädtisches Bauen bei gleicher Anzahl von Wohneinheiten. Höherer Flächenverbrauch heißt mehr Bodenversiegelung für Gebäude und Straßen, heißt weniger großflächiger Grünraum und Biodiversität und erzeugt mehr CO_2-emittierenden Pendlerverkehr. Eine fragmentierte regionale Zersiedlung, Urban Sprawl, ist nicht nur ökologisch und sozial die schlechtere Entwicklungsvariante, sondern konterkariert zudem die Zielsetzung klimaneutraler, ESG-konformer Stadtregionen.

In der Stadt kann eine typologische Vielfalt von Geschosswohnungsbau (mindestens sechsgeschossig), von Wohnhochhäusern (bis 60 Meter Höhe) und verschiedenen Mischformen und Mischnutzungen entstehen, organisiert um kleine Parks, mit begrünten Innenhöfen, mit flächeneffizienten Quartiers-Hochgaragen und attraktivem, nutzbarem öffentlichen Raum. Urbanes Leben kann in diesen Neubaugebieten nach den erfolgreichen Prinzipien des traditionellen europäischen Städtebaus und mit hocheffektiven, passiven Nachhaltigkeits-, insbesondere Mischnutzungsstrategien entstehen. In dichten Städten können die Bewohner fußläufig die wichtigsten Angebote für ihre täglichen Erledigungen erreichen und erzeugen somit weniger motorisierten Verkehr. Bestehende Strukturen können behutsam durch Aufstockungen und Anbauten verdichtet oder ineffiziente, unattraktive Gebäude durch bessere, nachhaltige und großstädtischere ersetzt werden. In den fragmentierten suburbanen Umlandgebieten ginge dies nicht, hier entstünden immer unzusammenhängende, oft unterversorgte Strukturen mit provinziellem Charakter und entsprechender Lebensqualität.

Zur **effizienteren Bodennutzung bei der städtischen Innenentwicklung** können auch verschiedene neue Produkttypen beitragen, für alle Nutzungsarten kleine, kompakte Wohn- und Büroeinheiten mit geteilten Sondereinrichtungen und Serviceflächen reduzieren den Flächenbedarf pro Bewohner signifikant. Neue Konzepte des Co-Working, des Co-Living und Mikroapartments werden für immer mehr Zielgruppen interessant. Viele Gewerbeflächen, etwa für Produktion oder Logistik, können vertikal gestapelt und obere Geschosse über Rampen angefahren werden. Anstatt eingeschossiger Supermärkte und Strip-Malls können diese mehrgeschossig gebaut werden, mit Wohn- oder Büroflächen darüber. Das bereits erwähnte *Vertical Indoor Farming* stapelt landwirtschaftliche Anbaufläche in künstlich belichteten Regalen übereinander, kann die Bodenfläche bis zu einhundertmal effizienter nutzen als der konventionelle offene Feldanbau, reduziert Wasserverbrauch und verkürzt Lieferwege.

Denkbar und planbar wäre also vieles. Die politischen Prozesse der Meinungsbildung und die rechtlichen Prozesse der Bauleitplanung sind in Deutschland allerdings komplex und langwierig. Sie involvieren viele Stakeholder, die sich nicht immer konstruktiv und wohlwollend einbringen, zum Teil gut organisierte Projekte blockieren. Und im Fall Frankfurts und der Region ist derzeit alles noch viel komplizierter. Über die bereits erdrückende Überregulierung auf EU-, Bundes- und Länderebene hinaus hat die Stadt weitere Verordnungen und Vorschriften erlassen, die Stadtentwicklung und Immobilieninvestitionen hier immer schwieriger und unrentabler machen. Die Regierungskoalition der Stadt ist im Jahr 2023 zudem eine bestenfalls instabile, eher dysfunktionale Zweckgemeinschaft unterschiedlichster Parteien, die sich selten auf konstruktive Zusammenarbeit einigen kann – insbesondere nicht bei Stadtplanungsvorhaben, bei denen die verschiedensten Wirtschaftsentwicklungs- und soziale Planungsagenden zusammenkommen. Viele für das Wachstum der Stadt und deren internationale Wettbewerbsfähigkeit wichtige Vorhaben wurden bereits aufgegeben oder immer weiter verzögert.

Um für die Entwicklung von stadteigenen Flächen besser voranzukommen, haben wir **Public-Private-Partnerships** mit großen Developern/Investoren und deren Auswahl über sogenannte **Konzeptverfahren** und gemeinsame Entwicklungen vorhabenbezogener Bebauungspläne vorgeschlagen. Hierdurch könnten langfristige Win-win-Partnerschaften entstehen und der aktuelle Stillstand aufgelöst werden. Es würden von Beginn an bereits die Partner an Bord geholt, die über die Markterfahrung und Umsetzungskompetenz verfügen.

Mit unseren Planungsstudien haben wir hierzu ganz unterschiedliche Beispiele erarbeitet, von denen im Nachfolgenden eine Auswahl gezeigt wird:

Planungsstudien für Frankfurt am Main
Neue Quartiersentwicklungen auf größeren untergenutzten Grundstücksflächen:

- Beispiel 1: Riverfront Towers I auf den Mainwasen, Wohnquartiere und *Urban Farming*
- Beispiel 2: Riverfront Towers II am westlichen Ende des Osthafens
- Beispiel 3: Wohnquartier Gutleuthafen
- Beispiel 4: mehrgeschossige Gewerbehöfe

Verdichtung im Bestand:

- Beispiel 1: Blockrandschließungen, Mikroapartments
- Beispiel 2: Blockinnenräume

Bessere Gestaltung und Nutzbarmachung des öffentlichen Raums:

- Beispiel 1: Erweiterung Kleinmarkthalle und Aufwertung des Umfelds
- Beispiel 2: Boxkai – Temporärer Containermarkt am Mainkai

Leuchtturmprojekte als besondere Katalysatoren für die wirtschaftliche und städtebauliche Entwicklung:

- Forschungs- und Start-up-Cluster
- Internationale Bauausstellung
- Jahrhundertchance: Neubauten für die Städtischen Bühnen, Hochhaus an der Oper

8.2 Neue Quartiersentwicklungen auf größeren untergenutzten Grundstücksflächen

8.2.1 Beispiel 1: Riverfront Towers auf den Mainwasen, Wohnquartiere und *Urban Farming*

Im Südosten der Frankfurter Innenstadt, auf der südlichen Mainseite, liegen einige größere, noch untergenutzte Grundstücksflächen, die sich ideal für Wohnungsbau-Quartiersentwicklungen eignen würden. Dazu zählen die sogenannten Mainwasen, ein ca. 50.000 Quadratmeter großes stadteigenes Grundstück im Stadtteil Sachsenhausen, sowie Teile der östlich anschließenden landwirtschaftlichen Flächen, ca. 200.000 Quadratmeter, die zum Stadtteil Oberrad gehören. In fußläufiger Nähe zur Innenstadt, direkt gegenüber dem Hauptsitz der Europäischen Zentralbank gelegen, verwundert es, dass dieses Areal noch immer nicht ernsthaft als potenzielles Bauland in Betracht gezogen wird, insbesondere angesichts des kritischen Wohnungsnotstands. Frankfurts Südosten bietet besondere Chancen für eine Innenentwicklung, könnte sich zu einem neuen Entwicklungsvektor verdichten. Die Zeit schien 2020 gekommen, diese Chancen neu zu bewerten.

Aus einer Vielzahl von Gründen wurde bislang davon abgesehen, wurden die Herausforderungen und das parteipolitische Konfliktpotenzial im Frankfurter Stadtparlament für eine Änderung der Flächennutzung als zu hoch erachtet. Wichtige planungsrechtliche Hindernisse wurden in den letzten Jahren aber anscheinend unbemerkt beseitigt und für einige als unüberwindbar erachtete Widerstände gäbe es inzwischen Lösungsansätze. So konnte auf regionaler Planungsebene das Siedlungsbeschränkungsgebiet, die Stadtfläche nahe oder direkt unter den Flugschneisen zum und vom Frankfurter Flughafen verkleinert werden, wovon die von uns beplanten Grundstücksflächen profitieren, auf ihnen zukünftig Wohnbebauungen zulässig sind. Für die aktuell das Grundstück nutzenden Sportvereine bieten sich Ersatzgrundstücke in unmittelbarer Nähe an. Für viele der Landwirte und Gärtner, die derzeit auf den Feldern insbesondere die Kräuter für die „Frankfurter Soße", einer lokalen kulinarischen Spezialität, anbauen, wären eine Flächenkonsolidierung und Modernisierung des Anbauverfahrens mit größeren Gewächshäusern und Vertical-Indoor-Farming von Interesse. Gemeinsame Einrichtungen, gegebenenfalls auch unter Einbindung der Frankfurter Universität, für Forschung und Lehre, sollten geprüft werden.

Die betrachteten Flächen liegen am Rand des Frankfurter „Grüngürtels", sind als schützenswerte Grünflächen ausweisen. In der Summe wäre unser Entwicklungskonzept aber auch ökologisch eine Verbesserung. In unserem Entwurfskonzept blieben über 50 % der Grundstücksfläche der Mainwasen unbebaut, mehr als die heute unversiegelte Fläche, und würden zu einem baumbepflanzten Quartierspark für die Bewohner gestaltet. Hinzu kommen Dachbegrünungen. Durch die vorgeschlagene Konsolidierung der landwirtschaftlichen Flächen in Oberrad, in Vertical-Urban-Farming-Gebäuden und größeren, gemeinschaftlich nutzbaren Gewächshäusern könnten große Teile der Felder zu einem öffentlichen Stadtpark zusammengefasst und intensiv begrünt werden. Hiermit stiegen nicht nur die Aufenthaltsqualität und der Nutzwert für die Bewohner des Quartiers, sondern auch der ökologische Effekt, der mit dem Grüngürtelkonzept beabsichtigt ist. Der Park böte eine weit größere Biodiversität als die nur zeitweilig bewachsenen Ackerflächen.

Zum Zeitpunkt der Erarbeitung unserer Planungsstudie (2019/2020) bereitete die Stadt Frankfurt den sogenannten Baulandbeschluss vor, der für potenzielle Konversionsflächen gelten soll, worunter die Mainwasen und angrenzende landwirtschaftlichen Flächen fielen. Unser Konzept sah bereits eine Mischung von geförderten und frei finanzierten Wohnungsbauteilen sowie soziale Infrastruktur und Nahversorgungseinrichtungen vor. Die Quoten müssten in der weiteren Planung mit der Stadt verhandelt werden.

Unsere Planungsstudien aus dem Jahr 2020 zeigen einen in mehreren Phasen realisierbaren Masterplan mit einer Bebauungsdichte von insgesamt ca. 400.000 Quadratmetern oberirdischer Bruttogrundfläche (BGF) für ca. 4500 bis 5000 Wohneinheiten, zuzüglich großer Urban-Farming-Gewerbebauten und Gewächshäuser um einen dicht bepflanzten Grüngürtel-Stadtpark. Wir haben die Studien gemeinsam mit einem internationalen Investor/Developer vorgestellt, mit dem das Projekt oder Teile davon umgesetzt werden könnten. Unsere Initiative zielte darauf ab, die Chancen einer Public-Private-Partnership zu eruieren und gegebenenfalls über eine Vergabe in einem konkurrierenden Konzeptverfahren berücksichtigt zu werden. Als Bestandteile unserer Planungsstudie stellten wir innovative Nutzungsansätze und städtebauliche Strukturen vor, die in dieser Form bislang in Frankfurt noch nicht geplant und realisiert wurden und einen zusätzlichen wirtschaftlichen Wachstumsschub auslösen könnten.

Phase 1 – Mainwasen und Offenbacher Landstraße

Unser Entwurf sieht eine Reihe von sechs ca. 60 Meter hohen Wohnhochhäusern entlang der Gerbermühlstraße (Uferseite) und einen etwa 90 Meter hohen Turm in der südwestlichen Ecke des Grundstücks vor (Abb. 8.1). Die sechs Wohnhochhäuser greifen mit ihrer Lage und dem Abstand voneinander die Idee der Punkthäuser auf, die sich im benachbarten Deutschherrenviertel an dieser Achse bereits aneinanderreihen. Drei der Wohntürme könnten für geförderten Wohnungsbau und/oder mietpreisreduzierte Wohnungen vorgesehen werden und kleinere Einheiten mit etwas einfacherer Ausstattung anbieten. Die anderen Hochhäuser könnten etwas größere und höherwertige Wohnungen für die mittelpreisigen Segmente des Mietwohnungs- und Eigentumswohnungsmarkts bieten.

Entlang der südlichen Grundstücksgrenze, nahe der Bahngleise, könnte ein längerer vier- bis sechsgeschossiger Gebäuderiegel eine Kita sowie Studenten-Mikroapartments unterbringen, die in Modulbauweise errichtet werden könnten (Abb. 8.2). Die fabrikseitig vorgefertigten volumetrischen Module könnten auch auf einem Sockel mit einer Quartiersgarage stehen, als Lärmbarriere zum Bahnverkehr und um den Bau von Tiefgaragen für das Quartier zu reduzieren. Zwischen den Türmen und dem Riegel schlagen wir einen intensiv begrünten Quartierspark vor, der von einer die Sockel der Wohnhochhäuser verbindenden

Abb. 8.1 Sechs Wohnhochhäuser, im Vordergrund der höhere Hotel-/Serviced-Apartments-Hybridturm.[1] (© Achilles Real Estate Development GmbH, 2020)

Arkade eingefasst wird (Abb. 8.3). Der Park wäre nicht durch eine Tiefgarage unterbaut, würde es somit Bäumen ermöglichen, tief zu wurzeln, und wäre regenwasserdurchlässig. In strategischer Sichtlage am westlichen Ende des Grundstücks, wo die Gerbermühlstraße verschwenkt wird, könnten wir uns ein 90 bis 120 Meter hohes Hybridhochhaus mit bis zu 32 Geschossen vorstellen für ein Hotel und Mikroapartments. Große Nachfrage nach einem derartigen Angebot sehen wir von der Europäischen Zentralbank, deren Hauptverwaltung auf der gegenüberliegenden Mainseite in ca. fünf Minuten zu Fuß erreichbar ist.

In dieser beispielhaften Mischung würden wir verschiedene Zielgruppen mit Angeboten unterschiedlicher Preiskategorien in einem Quartier zusammenbringen. Allein auf dem Mainwasen-Grundstück kämen in einer ersten Bauphase ca. 1800 bis 2000 Wohneinheiten zusammen. In dieser Phase müssten auch die neuen Sportanlagen im nördlichen Teil der jetzigen landwirtschaftlichen Flächen Oberrads gebaut werden, um die Mainwasen freizumachen. Entlang der Offenbacher Landstraße könnten zeitgleich vier sechsgeschossige Wohnblöcke mit insgesamt 600 bis 800 weiteren Wohneinheiten entstehen, zu 100 % als geförderter Wohnungsbau und gegebenenfalls genossenschaftliche Wohnprojekte.

Das Mainwasen-Grundstück wird auf der Nord- und Flussuferseite von der Gerbermühlstraße umfahren und im Norden von Bahngleisen begrenzt. Diese Verkehrsführung kann erhalten bleiben, somit auch der dichte alte Baumbestand, die Pappelallee entlang der

---

[1] Die Abb. 8.1 bis 8.27 zu Projektstudien wurden erstellt von Achilles Real Estate Development GmbH, siehe auch: www.achilles-partners.com. Architekten: Mag. Arch. (Dipl.-Ing.) MAUD Heiko Achilles und MA PhD Henrique Houayek.

8.2 Neue Quartiersentwicklungen auf größeren …   223

Abb. 8.2 Park zwischen den Wohnhochhäusern und dem Studenten-Mikroapartment-Modulbau. (© Achilles Real Estate Development GmbH, 2020)

Abb. 8.3 Pocket-Park zwischen den Wohnhochhäusern und der Kita. (© Achilles Real Estate Development GmbH, 2020)

Gerbermühlstraße. Alternativ könnte unser Entwurf auch so geändert werden, dass die Gerbermühlstraße nach Süden verlegt und unser Masterplan um die entsprechende Breite an das Ufer verschoben würde, es dort lediglich eine Anwohnerzufahrtsstraße gäbe. Der direkte, ungestörte Zugang zum Mainufer wäre ein zusätzlicher Qualitätsgewinn für die Bewohner unserer Wohntürme in erster Reihe, würde aber die Projektentwicklung vermutlich erheblich verteuern und die Umsetzungszeit deutlich verlängern.

Phase 2 – Stadtblöcke
Unsere Planungsstudie schlägt eine zweite Entwicklungsphase vor, in der Teile der jetzigen landwirtschaftlichen Flächen südlich der Bahngleise als Bauland genutzt werden. Für diese Flächen sehen wir eine Bebauung mit Wohnungsbau-Stadtblöcken vor. Diese sind hier als quadratische 90 mal 90 Meter große, mindestens sechs- oder siebengeschossige Blöcke vorgesehen, auf einem orthogonalen Straßenraster, das sich nach Osten und Süden ausdehnt. Zum inneren Stadtpark öffnen sie sich als halbe offene Blöcke.

Wir zeigen **zwei Stadtblocktypen** (Abb. 8.4), die sich von den bekannten, konventionellen Lösungen in einigen Punkten unterscheiden. Ein Typ sieht eine geschlossene Blockrandbebauung vor, die sich aus mindestens sechs Parzellen/Einzelgebäuden zusammensetzt, mit unterschiedlichen, aber über eine Gestaltungssatzung koordinierten architektonischen Gestaltungen. Sie sollten sechs Vollgeschosse, ein Staffelgeschoss und gleiche Trauf- und Firsthöhen haben. Eines der Gebäude sollte für eine Hochgarage vorgesehen werden, die Pkw-Stellplätze für alle Bewohner des Blocks konzentriert und vertikal stapelt. Dadurch entfallen der Bau separater Tiefgaragen unter den einzelnen Wohnhäusern sowie eine Unterbauung des Innenhofs. Dieser kann daher als großer Gemeinschaftsgarten mit hoch wachsenden und tief wurzelnden Bäumen genutzt werden, die Bodenpermeabilität zum „Schwammstadt"-Konzept beitragen. Teile der Erdgeschossflächen können für Einzelhandel, Services und Gemeinschaftsflächen genutzt werden. In diesem Block kämen ca. 26.000 Quadratmeter oberirdische BGF zusammen.

Ein anderer Blocktyp sieht eine Kombination von Gebäuden des ersten Typs mit einem oder zwei höheren, zwölfgeschossigen Hochhäusern vor und breite Blocköffnungen dazwischen. Dieser Typ erlaubt mit ca. 32.000 Quadratmetern oberirdischer BGF eine höhere Grundstücksausnutzung und durch die Öffnungen eine bessere Verzahnung des Block-*Pocket-Parks* mit den umliegenden Grünflächen. Auch hier sollte zumindest eine Blockseite eine aktive Straßenfront mit Einzelhandel, Gastronomie und Serviceeinrichtungen bieten (Abb. 8.5). Sowohl bei diesem wie auch dem anderen Blocktyp sollten Teile der begrünten Dachflächen als Dachgärten für die Bewohner der jeweiligen Häuser zugänglich sein. Die Gruppierung mehrerer dieser Blocks in dem orthogonalen Stadtraster könnte eine große typologische und gestalterische Vielfalt bieten.

Phase 3 – Urban Farming und neuer Stadtpark
Teile der Oberräder Felder und Gewächshäuser würden sich ideal für eine Verdichtung mit innovativen *Urban-Farming*-Anbaumethoden eignen (Abb. 8.6). Zurzeit wird das insgesamt

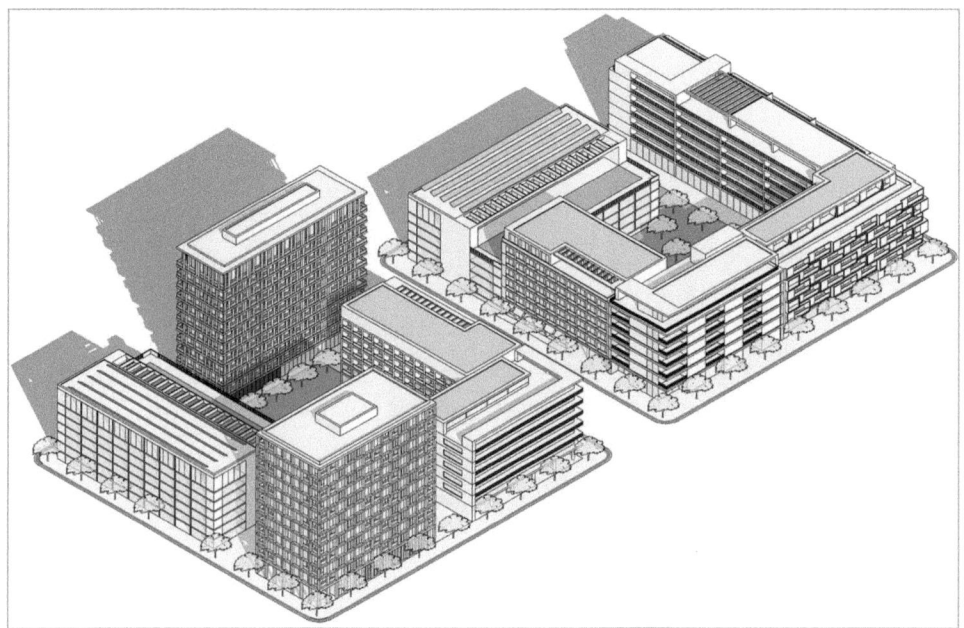

Abb. 8.4 Blocktypologien (hier mit Quartiers-Hochgaragen). (© Achilles Real Estate Development GmbH, 2020)

ca. 500.000 Quadratmeter große Areal sehr kleinteilig von Landwirten und Gärtnern für den Anbau von Kräutern und Gemüse auf offenen Feldern und in kleinen Gewächshäusern genutzt. Der Boden hat hierfür eine gute Qualität. Traditionell werden hier unter anderem die sieben Kräuter für die „Grüne Soße" angebaut, eine der Frankfurter kulinarischen Spezialitäten. Die traditionelle Anbaumethode ist aber weder sehr flächeneffizient, noch besonders ertragreich oder umweltschonend: Sie ist wetterabhängig und benötigt künstliche Bewässerung, Dünger und Pflanzenschutzmittel. Eine Kombination mit neuen, flächenkonzentrierten vertikalen *Urban-Farming*-Methoden könnte all dies verbessern und es zudem erlauben, einige dieser Flächen zu einem dicht bepflanzten öffentlichen Park und Teil des Grüngürtels umzugestalten.

Als *Urban Farming* werden hier verschiedene Innenraumanbaumethoden in geschlossenen hohen Hallen oder in Glasgewächshäusern bezeichnet. Das vertikale *Indoor Farming* ist der Anbau von kleinwüchsigen Pflanzen (Salate, Kräuter, Gemüse, Beeren) in übereinander gestapelten Regalen, wo sie in Nährlösungen (Hydroponik und Aeroponik) und unter LED-Beleuchtung wachsen. Marktüblich sind derzeit Hallen mit lichten Raumhöhen von 6–10 m, was bis zu 20 Regallagen ermöglicht, die mit Hubwagen erreicht, zunehmend automatisiert mit Sensoren überprüft und mit Robotik bedient werden. Dies erlaubt wesentlich höhere Ertragsmengen pro Quadratmeter Grundfläche als beim konventionellen offenen Feldanbau. Durch kontrollierte Umweltbedingungen in den geschlossenen Hallen sind Anbau und

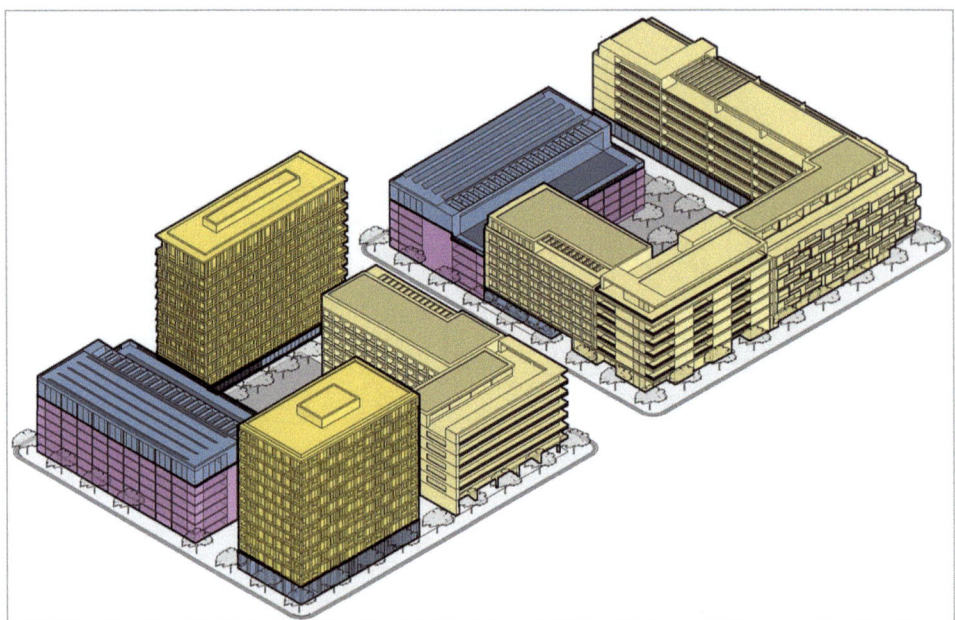

Abb. 8.5 Blocktypologien Nutzungsmischung (Wohnen, Einzelhandel, Garage, *Serviced Apartments*). (© Achilles Real Estate Development GmbH, 2020)

Abb. 8.6 Urban-Farming-Blocks mit geschlossenen *Vertical-Indoor-Farming*-Hallen und Gewächshäusern. (© Achilles Real Estate Development GmbH, 2020)

Ernte wetterunabhängig und es gibt geringere Ausfälle. Mit dieser Methode werden ca. 80 % weniger Wasser verbraucht, die Nährstoffe können für die Pflanzen optimiert werden und sie erfordert keine Pestizide und Herbizide. Der Kreislauf des Pflanzenanbaus kann mit dem einer Anlage für Fischzucht und/oder Algenzucht (Aquaponik) kombiniert und damit noch effizienter und ertragreicher werden. Auf diese geschlossenen Agrarproduktionshallen können Dachgewächshäuser aufgebaut werden, in denen entweder unabhängige Anbauten vorgenommen werden oder in denen die im *Vertical Indoor Farming* herangewachsenen Setzlinge unter natürlicher Belichtung voll auswachsen.

Wir schlagen vor, gemeinsam mit den bereits ortsansässigen Landwirten und Gärtnern und erfahrenen deutschen und internationalen Urban-Farmern größere und geteilte Anlagen zu errichten und zu betreiben. Einige der familiengeführten Unternehmen sind an derartigen Veränderungen interessiert, um längerfristige Perspektiven zu entwickeln und wettbewerbsfähig zu bleiben. Die Zusammenarbeit mit der Frankfurter Universität und/ oder Forschungsorganisationen sollte hier auch geprüft werden. In öffentlich zugänglichen Showrooms, mit Cafés und Restaurants, kann Urban Farming der Öffentlichkeit präsentiert werden (Abb. 8.7). Die Vorteile innovativer *Urban-Farming*-Methoden sind evident, auch hinsichtlich der lokalen Versorgungsautonomie. Der stadtplanerische Vorteil dieser Methode kommt in unserem Planungsvorschlag durch sehr viel effizientere Flächennutzung und Verkehrsminimierung zur Geltung. Auf einer Fläche, die der derzeitig mit kleinen Gewächshäusern bebauten entspricht, könnte ein Vielfaches des heutigen Ertrags erzeugt werden und die frei werdenden Felder könnten für Wohnungsbau und Stadtparks umgenutzt werden. Da die Flächen alle im Eigentum der Stadt liegen, wäre eine solche Konsolidierung mit den derzeitigen Nutzern als großflächige, integrierte Masterplanlösung Schritt für Schritt umsetzbar. Frankfurt könnte hier eine Pionierrolle für innovative städtische Landwirtschaft in großem Maßstab einnehmen.

Der Masterplan für die Mainwasen und Teile der Oberräder Kräuterfelder ist nur eine von mehreren Projektstudien, die wir für die südöstlichen Stadtteile Frankfurts erarbeitet haben. Insgesamt verdichten sie sich zu einer neuen Entwicklungsachse, einem **„Vektor Süd-Ost"**, der ein großes, noch ungenutztes Potenzial für die Innenentwicklung der Stadt, insbesondere den Wohnungsbau, vorhält (Abb. 8.8).

8.2.2 Beispiel 2: Riverfront Towers II auf der gegenüberliegenden Mainseite, Osthafen

Auf der nördlichen Mainseite und dem letzten westlichen Teilgrundstück des Osthafens, in unmittelbarer Nähe zur Hauptverwaltung der Europäischen Zentralbank, hatten wir ursprünglich ein sehr kompaktes Mischnutzungskonzept vorgeschlagen, bei dem drei Wohnhochhäuser mit insgesamt ca. 450 Wohneinheiten (gewerblicher Wohnungsbau) von einer Sockelbebauung mit Büro, Gewerbe- und Hotelflächen umschlossen werden

Abb. 8.7 Urban-Farming- und Aquaponik-Showroom und Café. (© Achilles Real Estate Development GmbH, 2020)

(Abb. 8.9). Die Wohnungen könnten, zumindest zum Teil, als möblierte und bediente Gästewohnungen für Mitarbeiter der Europäischen Zentralbank dienen. Vor dem Ensemble könnte eine öffentliche Mainuferpromenade angelegt werden und am östlichen Ende einem Uferplatz Fläche geben (Abb. 8.10). Potenzielle Konflikte zwischen der Wohnnutzung und den benachbarten Hafenbetrieben müssten durch bauliche Maßnahmen (Lärmschutz) deutlich reduziert oder vermieden werden.

8.2.3 Beispiel 3: Wohnquartier Gutleuthafen

Frankfurt am Main, **die Stadt am Fluss,** hat großes, noch ungenutztes Potenzial für weitere städtebauliche Entwicklungen entlang des Mainufers. Bislang sind die Uferpromenaden im Osten und Westen begrenzt und es gibt nur wenige Wohnbauten in erster Reihe, von denen aus der Blick zum Fluss und Uferpark zu genießen ist. Expansionen im Osten der Stadt sind bislang (noch) nicht gewollt. Der Osthafen soll als Gewerbegebiet erhalten bleiben, eine vorgeschlagene Bebauung der gegenüberliegenden Mainwasen scheitert bislang noch am Widerstand einiger Politiker in der Vier-Parteien-Koalition, die die Stadt derzeit regiert. Im Westen aber, hinter dem neuen Westhafenquartier, bietet sich, bislang ohne Widerstand, die Chance, den öffentlichen Mainuferzugang zu verlängern und ein neues Wohnquartier zu errichten, wo heute alte Lagerhallen leer stehen und verfallen. Der Standort ist hierfür ideal, eine Entwicklung längst überfällig.

8.2 Neue Quartiersentwicklungen auf größeren …

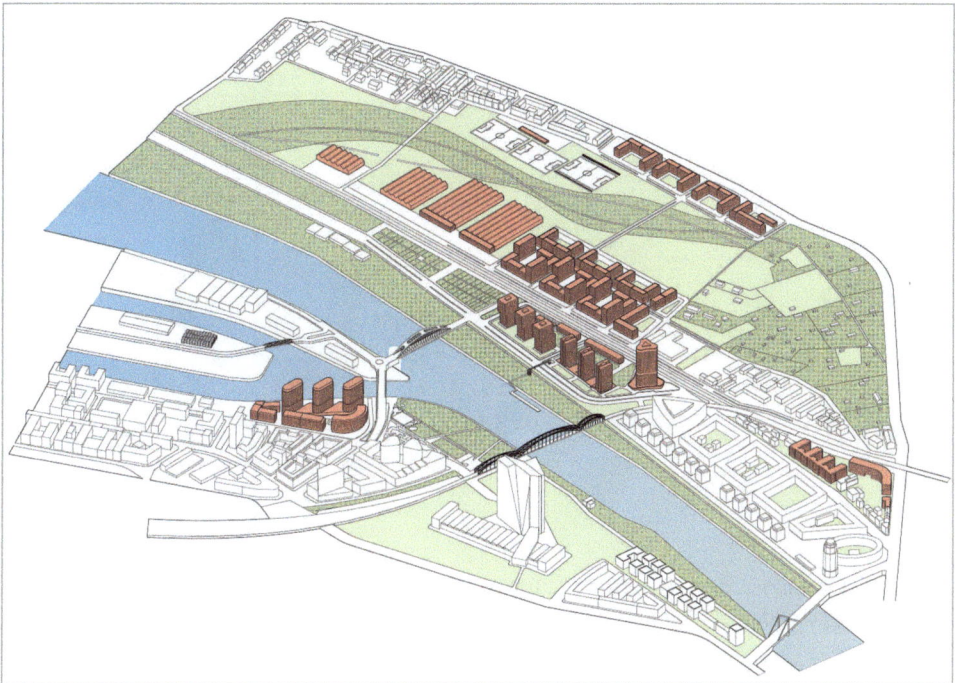

Abb. 8.8 „Vektor-Süd-Ost"-Projekte beidseitig des Mains, Masterplan. (© Achilles Real Estate Development GmbH, 2020)

Zwischen der Gutleutstraße und dem Mainufer bietet sich zunächst ein stadteigenes Grundstück von ca. 32.000 Quadratmetern an, das für den dringend benötigten Wohnungsbau optimal wäre. Eine Mischung aus mietpreisreduziertem und sozialem Wohnungsbau, höher- und mittelpreisigen Eigentums- und Mietwohnungen sowie der dazugehörigen sozialen Infrastruktur und Nahversorgungsangeboten könnte hier die Innenstadt entlang eines verlängerten öffentlichen Mainuferparks erweitern. Die Flächen auf der nördlichen Seite der Gutleutstraße, an den Gleisanlagen, könnten weiterhin für Gewerbeflächen genutzt werden: für Logistik, produzierendes Gewerbe, Handwerkerhöfe. Auch Rechenzentren wären denkbar, werden von der Stadt aber derzeit hier nicht gewünscht. Die dazwischenliegende Wurzelsiedlung, 1920 für Handwerker gebaut, könnte behutsam verdichtet werden. Gewerbeflächen (Produktion, Logistik, Großhandel und Büro) können auf der nördlichen Seite der Gutleutstraße an den Bahngleisen angeboten werden.

Das Gutleuthafen-Areal liegt nur 2 Kilometer vom Hauptbahnhof und 3,5 Kilometer vom Stadtzentrum (Hauptwache) entfernt. Diese räumliche Nähe würde es den Bewohnern des neuen Quartiers erlauben, in kurzer Zeit mit dem Fahrrad, Bus oder sogar zu Fuß die Innenstadt zu erreichen. Der Sommerhoffpark schließt sich im Osten an, direkt

Abb. 8.9 Planungsstudie Riverfront Towers 2, Osthafen-West: Wohnhochhäuser und Büro-Sockelgebäude. (© Achilles Real Estate Development GmbH, 2020)

Abb. 8.10 Planungsstudie Riverfront Towers 2, Osthafen-West: Wohnhochhäuser und Büro-Sockelgebäude. (© Achilles Real Estate Development GmbH, 2020)

dahinter zwei 66 Meter und 38 Meter hohe Wohntürme und ein privates Studentenwohnheim. Diese Typologie kann den Auftakt für die Fortsetzung der Mainuferbebauung weiter westlich bieten.

Im Jahr 2020 haben wir eine Entwurfsstudie erarbeitet und Vertretern der zuständigen Dezernate (Planungs- und Wirtschaftsdezernat) sowie der HFM (Managementgesellschaft für Hafen und Markt Frankfurt) vorgestellt. Ein internationaler Investor stand dabei hinter uns und hätte eine Realisierung des Projekts durchführen können. Unser Vorschlag war es, über kooperative Verfahren mit qualifizierten Investoren/Planer-Teams die Planung von Beginn an marktgerechter und realisierbarer auszurichten, über ein Konzeptverfahren alternative Entwürfe erarbeiten zu lassen und über dessen Vorschläge gegebenenfalls einen vorhabenbezogenen Bebauungsplan zu detaillieren oder über eine projektspezifische Public-Private-Partnership und städtebauliche Verträge die Planungsziele zu sichern. In diesem Zusammenhang haben wir bereits 2021 darauf hingewiesen, dass die Vorgaben des kurz zuvor beschlossenen Baulandbeschlusses nicht marktgerecht sind und angepasst werden sollten. Die Grundstücke könnten zumindest teilweise an private Investoren verkauft oder über Erbbaurecht vergeben werden. Falls die Stadt die Grundstücke nicht verkaufen möchte, sondern nur als Erbbaurecht überlassen will, so sollte dieses möglichst lange Laufzeiten haben, „eigentumsähnlich", um Projektentwicklern eine risikoangemessene Finanzierung zu ermöglichen.

Ein solches Verfahren hätte mehrere Vorteile gegenüber dem üblichen und von der Stadt anscheinend auch für dieses Projekt vorgesehenen Verfahren mit mehreren vorgeschalteten Planungswettbewerben (allein mit Stadtplanern und Architekten) und Bebauungsplanentwürfen der Behörde – bevor es für Investoren und Projektentwickler ausgeschrieben wird. Es würde die Planungszeit um einige Jahre verkürzen, was angesichts des aufgestauten Wohnungsmangels in Frankfurt wichtig wäre. Man käme so sehr viel schneller zu marktfähigen, wirtschaftlich machbaren Lösungen und könnte zeitaufwendige, teure Irrwege mit, anderenfalls unvermeidlichen, nachträglichen Korrekturen vermeiden. Kürzere Planungszeiten bedeuten auch geringere Planungs- und Finanzierungskosten für die Stadt und die Investoren, die das Projekt realisieren werden.

Anscheinend gibt es Vorbehalte bei manchen Vertretern der Stadt bezüglich kooperativer Verfahren mit Investoren und Projektentwicklern. Dies aufgrund auch schlechter Erfahrungen mit Vergaben von städtischen Entwicklungsflächen an Unternehmen, die die Projekte nicht in dem vereinbarten Zeitrahmen realisierten. Derartige Risiken könnten aber durch entsprechende Vertragsgestaltung mit Bauverpflichtungen und anderen Auflagen ausgeschlossen werden, insbesondere dann, wenn die Grundstücksnutzung auf Erbbaurechtbasis vergeben wird.

Insgesamt entstünden bei unserem Planungsvorschlag ca. 800 neue Wohnungen in vier Gebäudetypen. In vorderster Reihe, entlang einer neuen, begrünten Uferpromenade, schlagen wir sechs je sieben- bzw. zwölfgeschossige Punkthäuser vor, die sich mit ihren Balkonen und Terrassen zum Fluss – dies ist die Südseite – öffnen (Abb. 8.11 und Abb. 8.13). Über die offenen Stadträume dazwischen könnten der Zugang zum

Abb. 8.11 Blick Richtung Westen, entlang der neuen Uferpromenade. (© Achilles Real Estate Development GmbH, 2021)

Ufer und die Sichtbeziehung auch für die dahinterliegenden Reihen ermöglicht werden, das Quartier besser durchgrünt und durchlüftet werden. In diesen Punkthäusern könnten ca. 350 mittel- und höherpreisige Wohnungen entstehen, in den Erdgeschosszonen Gemeinschaftseinrichtungen, Dienstleistungs- und kleine Einzelhandelsflächen für die Nahversorgung. Wir würden uns noch höhere Wohngebäude hier wünschen, sind uns aber der Abneigung der derzeitigen Stadtregierung gegen Wohnhochhäuser bewusst und halten die hier vorgeschlagene Höhe für einen guten Kompromiss.

Daneben sieht unsere Planungsstudie in allererster Reihe ein besonderes Gebäude für eine Kita und schulische Einrichtungen vor. Das Gebäude übernimmt eine Gelenkfunktion, verbindet das neue Quartier mit dem Uferpark. Neben dem direkten Zugang zu der begrünten Uferpromenade hätten sie einen eigenen geschützten Dachgarten mit Panoramablick. Unmittelbar dahinter schlagen wir zwei winkelförmige achtgeschossige Gebäude um einen grünen Innenhof mit ca. 300 Wohneinheiten im sozialen Wohnungsbau vor. Sozialbauwohnungen hätten einen Anteil von ca. 30 % der Gesamtfläche auf dem südlichen Ufergrundstück (Abb. 8.12). Auf dem nördlich der Gutleutstraße liegenden Grundstück könnte er höher sein.

Zwischen den 45 Meter voneinander entfernt liegenden zweigeschossigen Zeilen der historischen Wurzelsiedlung könnten insgesamt neun je viergeschossige Punkthäuser eingefügt werden: mit weiteren 160 mietpreisreduzierten Wohnungen. Die Grundflächen dieser Gebäude und ihre Abstände voneinander und zu den historischen Zeilen würden die üppige Durchgrünung nicht zu sehr reduzieren. Eine Veränderung des Planungs-

8.2 Neue Quartiersentwicklungen auf größeren …

Abb. 8.12 Uferpromenade, im Hintergrund geförderter Geschosswohnungsbau. (© Achilles Real Estate Development GmbH, 2021)

Abb. 8.13 Blick auf den Main von den Podiumsterrassen. (© Achilles Real Estate Development GmbH, 2021)

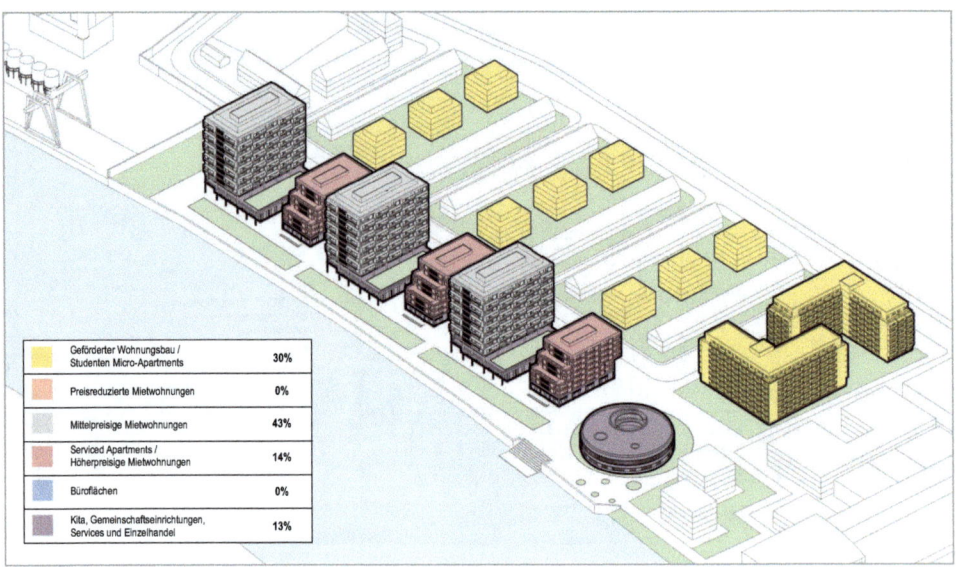

Abb. 8.14 Wohnquartier Gutleuthafen, Nutzungsdiagramm. (© Achilles Real Estate Development GmbH, 2021)

und Baurechts für die Wurzelsiedlung kann mit ihrem Eigentümer, dem Volks-, Bau- und Sparverein Frankfurt eG, vereinbart werden. Die historischen Gebäude bleiben dabei unangetastet erhalten (Abb. 8.14).

Der größte Teil der nachzuweisenden Pkw-Stellplätze könnte in einer oder zwei Quartiers-Hochgaragen auf der nördlichen Seite der Gutleutstraße untergebracht werden, um den Bau teurer Tiefgaragen zu minimieren.

Aktuell ist das Gewerbegrundstück fast vollständig versiegelt. In unserem Masterplanvorschlag wird eine dichte Baumbepflanzung entlang der neuen Promenade und zwischen den Wohngebäuden vorgeschlagen, auf insgesamt über 30 % der Gesamtfläche. Die Flussuferlage bietet viele besondere Nutzungschancen für Sport- und Freizeiteinrichtungen. So sind Anlegestellen der Frankfurter Ruderclubs oder der Weißen Flotte möglich. Selbst ein Flussschwimmbad wäre hier denkbar, wenn die Wasserqualität dies zulässt.

Da dieses Projekt eine der wenigen innerstädtischen Quartiersentwicklungen mit großem Wohnungsanteil sein wird, ist zu hoffen, dass die Stadtregierung die Chancen erkennt, geschlossen hinter dem Projekt steht und seine Realisierung unterstützt. Eine Erfahrung, wie sie mit dem Projekt „Günthersburghöfe" gemacht wurde, wo nach Jahren der Planung und Absprachen kurz vor dem Startschuss das Vorhaben wegen parteipolitischer Auseinandersetzungen aufgegeben wurde, sollte sich hier nicht wiederholen.

8.2.4 Beispiel 4: Mehrgeschossige Gewerbehöfe

Für das Brownfield Redevelopment einer größeren innerstädtischen Gewerbefläche, deren bisheriger Nutzer den Standort verlässt, haben wir Planungsstudien für verschiedenste flächeneffiziente neue produzierende Gewerbe- und Logistikflächen getestet. Hierzu gehören mehrgeschossige Gewerbehöfe, deren Obergeschosse mit Lkw über Rampen angefahren werden können (Abb. 8.15), sowie mehrgeschossige *Urban-Farming*-Produktionsgebäude, bei denen Logistik, *Vertical Indoor Farming* und ein verglastes Gewächshaus übereinandergestapelt wurden (Abb. 8.16). Hydroponik-Anbau ist energieintensiv und erfordert ausreichende Strommengen zu niedrigen Preisen für die LED-Belichtungen. Die Abwärme von benachbarten Rechenzentren kann in ein Nahwärmenetz eingespeist werden und/oder direkt die Gewächshäuser mit warmer Luft versorgen. Die kompakte Mehrgeschossigkeit erlaubt eine sehr viel effizientere Bodennutzung der wertvollen und derzeit nicht ausreichenden innerstädtischen Gewerbeflächen.

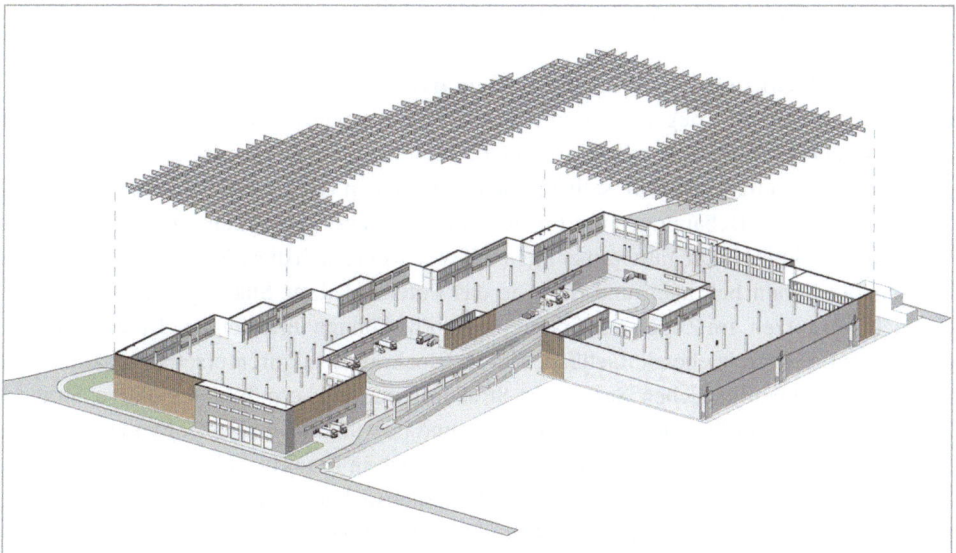

Abb. 8.15 Planungsstudie für mehrgeschossigen Gewerbehof, Produktion und Logistik, expl. Isometrie. (© Achilles Real Estate Development GmbH, 2022/23)

Abb. 8.16 Planungsstudie für mehrgeschossiges *Urban Farming*: Logistik, *Vertical Indoor Farming*, Gewächshaus, Schnittperspektive. (© Achilles Real Estate Development GmbH, 2022/2023)

8.3 Verdichtung im Bestand

Beispiel 1: Blockrandschließungen, Mikroapartments

Im Wiederaufbau der kriegszerstörten deutschen Städte wurde die historisch gewachsene städtebauliche Struktur oft radikal verändert. Anstatt kompakter, mischgenutzter Blockrandbebauungen entstanden oft, selbst in innerstädtischen Lagen, offene, monofunktionale Strukturen, lockere Bebauungen mit freistehenden größeren Gebäuden. Mit zunehmendem Wachstum der Innenstädte fällt immer mehr auf, wie wenig sich diese Strukturen integrieren, zu urbanem Leben beitragen und dass sie das Potenzial ihrer Stadtlagen und Grundstücke nicht ausnutzen. Im Zuge von „Stadtreparaturen" können unvollendete Blockstrukturen geschlossen oder freistehende Gebäude durch Blockrandstrukturen ersetzt werden. Diese fassen mit ihren öffentlichen Seiten die Straßenräume ein, ermöglichen aktive Straßenfronten und umschließen die privaten, ruhigen und begrünten Blockinnenräume. Derartige innerstädtische Nachverdichtungschancen gibt es auch in Frankfurt einige.

Für eine große Grundstücksfläche im Stadtteil Sachsenhausen, in privatem Eigentum und auf der derzeit an die Stadt vermietete Bürogebäude stehen, die aber nicht mehr gebraucht werden, haben wir ein in mehreren Phasen realisierbares Ensemble mit siebengeschossigen Wohn- und Büroloftbauten geplant, in denen insgesamt ca. 600 Mikroapartments mit

Abb. 8.17 Mikroapartments in Sachsenhausen, Blockrandschließung. (© Achilles Real Estate Development GmbH, 2022)

Gemeinschaftseinrichtungen untergebracht werden könnten. Große Teile davon könnten als Gästehaus für die nahegelegene, fußläufig erreichbare Hauptverwaltung der Europäischen Zentralbank dienen. Nach Abbruch der nicht mehr marktfähigen Bürogebäude kann der gesamte Block neu geordnet werden und eine Mischung aus Wohn- und Bürogebäuden aufnehmen. Gebäude mit Bürolofts (16.000 qm BGF) eignen sich besonders für Nutzer aus den Kreativbranchen. Zwei weitere Wohngebäude mit weiteren 60 Apartments ergänzen das Ensemble (Abb. 8.17 und 8.18).

Beispiel 2: Blockinnenräume
Einige der in der Gründerzeit entstandenen geschlossenen Stadtblöcke bieten in ihrem Innenraum Flächen, auf denen man kleinere Geschosswohnungsbauten errichten könnte. Viele von ihnen sind derzeit mit eingeschossigen Garagenbauten oder Lagerflächen untergenutzt. Innerhalb der fünf- bis siebengeschossigen Blockrandbebauungen könnten mindestens drei- bis viergeschossige Gebäude Teile des Blockinneren füllen, ohne die Belichtungsverhältnisse für die hofseitigen Fassaden der Bestandsgebäude zu beeinträchtigen. Dachflächen und Fassaden der zusätzlichen Gebäude können begrünt werden. Die zentralen innerstädtischen Lagen der Stadtblöcke erfordern meist eine geringere Anzahl von Pkw-Stellplätzen, da die Anbindung mit öffentlichen Verkehrsmitteln dort gut ist. Auf Tiefgaragen kann daher oft verzichtet werden. Da die Zuwegung über Gebäude der Randbebauung erfolgen muss, ist die Zustimmung von und Kooperation mit Eigentümern und Mietern dieser Gebäude erforderlich (Abb. 8.19 und 8.20).

Abb. 8.18 Mikroapartments in Sachsenhausen, Straßenansicht. (© Achilles Real Estate Development GmbH, 2022)

Abb. 8.19 Wohnneubauten in Blockinnenräumen, Planungsstudien Typ 1. (© Achilles Real Estate Development GmbH, 2021)

8.4 Bessere Gestaltung und Nutzbarmachung des öffentlichen Raums

Abb. 8.20 Wohnneubauten in Blockinnenräumen, Planungsstudien Typ 2. (© Achilles Real Estate Development GmbH, 2021)

Ein ähnliches Nachverdichtungspotenzial bietet sich in den Räumen zwischen den meist nur viergeschossigen Zeilenbauten, die in der Nachkriegszeit entstanden, die man mit zwei zusätzlichen Geschossen in Leichtbauweise erhöhen und mit neuen Zwischengebäuden zu geschlossenen Blöcken zusammenfügen könnte. Auch hier kann die Anzahl der Wohneinheiten deutlich erhöht werden, ohne die Wohnqualität in den bestehenden Wohneinheiten zu beeinträchtigen.

Die Summe der vielen kleineren derartigen Nachverdichtungsprojektentwicklungen könnte in Frankfurt zu mehreren Tausend zusätzlichen Wohneinheiten im Bestand führen.

8.4 Bessere Gestaltung und Nutzbarmachung des öffentlichen Raums

Beispiel 1: Erweiterung Kleinmarkthalle und Aufwertung des Umfelds

Der öffentliche Raum in der Frankfurter Innenstadt ist in einem beklagenswerten Zustand. Dort, wo die Stadtbewohner und ihre Gäste zusammenkommen, wo besondere Aufenthalts- und Gestaltungsqualität gefragt ist, haben sich stattdessen viele Problemzonen, unattraktive, teils bedrohlich wirkende Räume gebildet. Mit einigen kleineren Bau- und Begrünungsmaßnahmen, gezielten „chirurgischen Eingriffen", mit einem Reduzieren des überwältigenden Verkehrsschilderwaldes, dem Entfernen von misslungenem Stadtmobiliar, vor allem aber mit mehr Sauberkeit, mehr Licht und Sicherheitsmaßnahmen könnte die Situation schnell verbessert werden – parallel zu den größeren stadtplanerischen Eingriffen, wie den Neugestaltungen der Hauptwache, des Mainkais und des Bahnhofumfelds, die alle politisch umstritten, planungsrechtlich sehr zeitaufwendig sind.

Neben den großen zentralen Plätzen und Achsen sind es die kleineren Verbindungswege, wo engere Räume, zu geringeren Geschwindigkeiten, mehr Intimität führen, sich mehr Außengastronomie ansiedelt und Menschen länger verweilen. Ein besonderer Ort dieser Kategorie sind das Umfeld der Kleinmarkthalle und die Markthalle selbst, die als öffentlich zugängliche Passage einen beliebten Bypass zur Kaufhaus-Fußgängerzone Zeil bietet.

Markthallen sind traditionelle innerstädtische Anziehungspunkte, wo im dichten Gewimmel der Menschen und sinnlichen Eindrücke auf besondere Weise die Energie und Essenz urbanen Lebens spürbar wird. Die Frankfurter Kleinmarkthalle bietet diese Erfahrung. In den Nachkriegsjahren wurde diese sehr einfache Halle zusammen mit einem Büro-Kopfbau errichtet, inzwischen steht sie unter Denkmalschutz. Ein Abriss und mutiger Neubau, wie etwa die von MVRDV entworfene Markthalle in Rotterdam, oder zumindest ein neues Dach, wie beim Santa-Caterina-Markt in Barcelona, wären deswegen hier nicht möglich. Die Gebäude aus den 1950er-Jahren müssen erhalten bleiben. Sie sind seit Langem sanierungsbedürftig, ihr unmittelbares Umfeld ist extrem unattraktiv. Da es der Stadt und ihrer Hafen- und Marktgesellschaft in den letzten 20 Jahren nicht gelungen ist, mit eigenen Mitteln und eigenem Projektentwicklungsteam diese Sanierungen und gewünschte Erweiterung bei laufendem Betrieb vorzunehmen, haben wir im Jahr 2020 eine Planungsstudie samt Entwicklungskonzept für einen alternativen Ansatz erarbeitet und vorgestellt.

Wir schlagen vor, einen weiteren Anbau an die Halle zu bauen und das gesamte Projekt in Partnerschaft mit einem erfahrenen privaten Investor/Projektentwickler vorzunehmen. Der private Partner könnte den Grundstücksteil für den Anbau kaufen oder in langfristigem Erbbaurecht übernehmen. Für die Zeit der Sanierung der Halle und des Neubaus wird eine Zwischenlösung an anderem Ort für die Händler vorgeschlagen, um eine Beeinträchtigung des Marktbetriebs zu vermeiden und die Baumaßnahmen zeit- und kosteneffizienter durchführen zu können.

Der von uns projektierte Neubau soll auf dem jetzigen Parkplatz entstehen, die Stellplätze würden in eine Tiefgarage darunter verlagert. Der Anbau könnte die gleiche Geometrie wie die Markthalle haben, aber vertikal gekippt – als sechsgeschossiger Hochbau für Arztpraxen und andere Dienstleistungen in den unteren sowie Mikroapartments in den oberen Geschossen, insgesamt mindestens 42 Einheiten. Im Erdgeschoss des Anbaus könnte die Markthalle dadurch um weitere 1500 Quadratmeter erweitert werden und zusätzliche seitliche Zugänge erhalten (Abb. 8.21 und 8.22). Aus der aktuellen Marktmonostruktur mit unattraktivem Umfeld könnte somit eine noch vitalere urbane Mischnutzung mit einem geordneten, besser gestalteten Umfeld und besserer Aufenthaltsqualität entstehen.

8.4 Bessere Gestaltung und Nutzbarmachung des öffentlichen Raums

Abb. 8.21 Anbau an die denkmalgeschützte Markthalle, Neugestaltung der umliegenden Fußgängerzone, Ansicht. (© Achilles Real Estate Development GmbH, 2020)

Abb. 8.22 Schnitt durch die Markthalle und den Anbau – Markterweiterung und Tiefgarage. (© Achilles Real Estate Development GmbH, 2020)

Beispiel 2: „Boxkai" – Temporärer Containermarkt am Mainkai

Statt Sanierung und Anbau bei laufendem Betrieb vorzunehmen, schlagen wir vor, die Markthändler der Kleinmarkthalle für diese Jahre in einen Containermarkt an den Mainkai auszulagern. Ihre Marktstände könnten in umgebauten Standard-Shipping-Containern untergebracht werden, per Lkw angeliefert und mit Kränen auf-, um- und wieder abgebaut werden (Abb. 8.23 und 8.24). Derartige Containermärkte haben sich in einigen Städten sehr erfolgreich zu Besuchermagneten entwickelt. In London zum Beispiel der „Boxpark" im Stadtteil Shoreditch, die Markthalle „Sout" in Singapur, das „Manifesto" in Prag oder der „Boxpark" in Dubai. Auch für die Händler der Frankfurter Kleinmarkthalle könnte ein temporärer Umzug an eine sehr sichtbare, auch durch Touristen hoch frequentierte Lage eher geschäftsfördernd wirken, ihnen eine größere Bekanntheit geben.

Teile der Frankfurter Stadtregierung möchten den Mainkai für den Pkw-Verkehr sperren, haben aber kein überzeugendes neues Nutzungskonzept für die Fläche. Mit unserer Lösung könnte man also, zumindest temporär, zwei Probleme gleichzeitig lösen. Langfristig aber verdient der Mainkai eine große Lösung: als innerstädtische Uferpromenade, die den Autoverkehr nicht ausschließt, sondern in neuer Form integriert.

Container-Marktstände bieten viele Vorteile. Gebrauchte Shipping-Container sind kostengünstig zu erwerben und umzubauen. Ihr Transport und Aufbau sind einfach durchzuführen. Ihre standardisierten Abmessungen erlauben vielfältige Aufbau- und Umbauvariationen. So könnten sie für bestimmte Jahreszeiten oder in Kombination mit anderen dort

Abb. 8.23 „Boxkai" – temporärer Containermarkt am Frankfurter Mainkai, Vogelperspektive. (© Achilles Real Estate Development GmbH)

Abb. 8.24 „Boxkai" – temporärer Containermarkt am Frankfurter Mainkai, Fußgängerperspektive. (© Achilles Real Estate Development GmbH)

stattfindenden Veranstaltung leicht neu arrangiert werden. Langfristig könnten die umgebauten Container an anderen Standorten einzeln oder in Gruppen wiederverwendet werden. Sie könnten auch in einer Industriehalle zu einem permanenten, wetterunabhängigen Markt aufgebaut werden. Eine solche Idee hatten wir im Jahr 2014 für Dubai entwickelt, als „Modular Malls", ein Konzept, das in mehreren Städten in den Vereinigten Arabischen Emiraten thematische Marktveranstaltungen anbieten sollte (Abb. 8.25).

8.5 Leuchtturmprojekte als besondere Katalysatoren für die wirtschaftliche und städtebauliche Entwicklung

Neben den vielen kleinen und größeren Projektchancen für eine Verdichtung und Nutzungsmischung der städtischen Innenentwicklung sollte Frankfurt am Main besondere Leuchtturmprojekte entwickeln, die als herausragende Katalysatoren für die wirtschaftliche und kulturelle Entwicklung der Stadt dienen und die internationale Wahrnehmbarkeit und Attraktivität erhöhen. Dazu bieten sich mehrere konkrete Chancen an:

1. Entwicklung mehrerer Forschungs-, Entwicklungs- und Start-up-Cluster für verschiedene, in der Stadt und Region bereits wichtige Sektoren, wie etwa Pharmazie, Mobilitätstechnologien, Finanzdienstleistungen, Ernährung oder Digitalwirtschaft/künstliche

Abb. 8.25 „Modular Malls" – Markthalle mit Containern, für Dubai, Projektstudie 2014. (© Achilles Real Estate Development GmbH)

Intelligenz. Derartige Cluster sollten als städtebaulich konzentrierte Quartiere geplant werden, als Campus, auf möglichst innerstädtischen oder innenstadtnahen Konversionsflächen. Hierfür eignen sich unter anderem die hier bereits vorgestellten Flächen der Mainwasen und Oberräder Felder, hier zum Beispiel für die Urban-Farming-, Ernährungs- und Life-Sciences-Sektoren. Wie in Cambridge (Boston) mit der Harvard University und dem Massachusetts Institute of Technology oder in Singapurs Biopolis sollten diese Cluster gemeinsam mit den ortsansässigen Universitäten und größeren deutschen Forschungsorganisationen betrieben werden und sich für die Zusammenarbeit mit der Privatwirtschaft öffnen. Im Falle Frankfurts, wenn möglich, auch als Kooperation mit den Universitäten der Nachbarstädte der Rhein-Main-Metropolregion, um eine „kritische Masse" und international wahrnehmbare Größenordnung zu erreichen. Über die vielfältigen positiven direkten und indirekten Effekte auf die wirtschaftliche Entwicklung und Wettbewerbsfähigkeit des Standorts wurde bereits detailliert eingegangen. Durch den DE-CIX, den weltweit größten Internetknoten, und die bereits sehr hohe Rechenzentrenkapazität hat Frankfurt ideale Voraussetzungen für die Ansiedlung eines KI-Forschungs- und Entwicklungsclusters und kann konkrete Anwendungsbereiche in den dominanten lokalen Wirtschaftssektoren entscheidend unterstützen. Frankfurt könnte sich engagierter auch als eine deutsche, besser europäische „Data Capital" positionieren und vermarkten. Ein derzeit in der kleinen

Stadt Heilbronn mit privaten Sponsoren vorangetriebenes Projekt, der „Innovationspark Künstliche Intelligenz" („IPAI") ist diesbezüglich Frankfurt bereits voraus, auch ohne die Vorteile eines Internetknotens.

2. Städtebauliche Entwicklung von innerstädtischen Konversionsflächen im Rahmen einer internationalen Bauausstellung. Durch die Ausrichtung einer derartigen Veranstaltung kann mehr internationales Know-how eingebunden werden, renommierte Planungsbüros können gewonnen werden und die Öffentlichkeit kann besser in die Ideenfindung und den Planungsprozess eingebunden werden. Sie können zu „Markenzeichen nationaler Bau- und Planungskultur" werden und aktuelle Planungsthemen konzentrierter aufgreifen. Erfolgreiche, bereits an anderen Orten erprobte Lösungen für nachhaltiges Bauen könnten in diesem Rahmen für Frankfurt übernommen und angepasst werden. Eine derartige Initiative könnte nicht nur die Qualität der Planungsergebnisse erhöhen, sondern auch einen wirksamen Beitrag zum Standortmarketing leisten, Frankfurts Ambitionen als zukunftsorientierte, nachhaltige Stadt international wahrnehmbarer zum Ausdruck bringen. Auch für eine solche internationale Bauausstellung kämen Flächen des südöstlichen städtebaulichen Entwicklungskorridors der Stadt, insbesondere die derzeit untergenutzten Flächen am Sachsenhäuser und Oberrads Mainufer, in Betracht (Abb. 8.26).

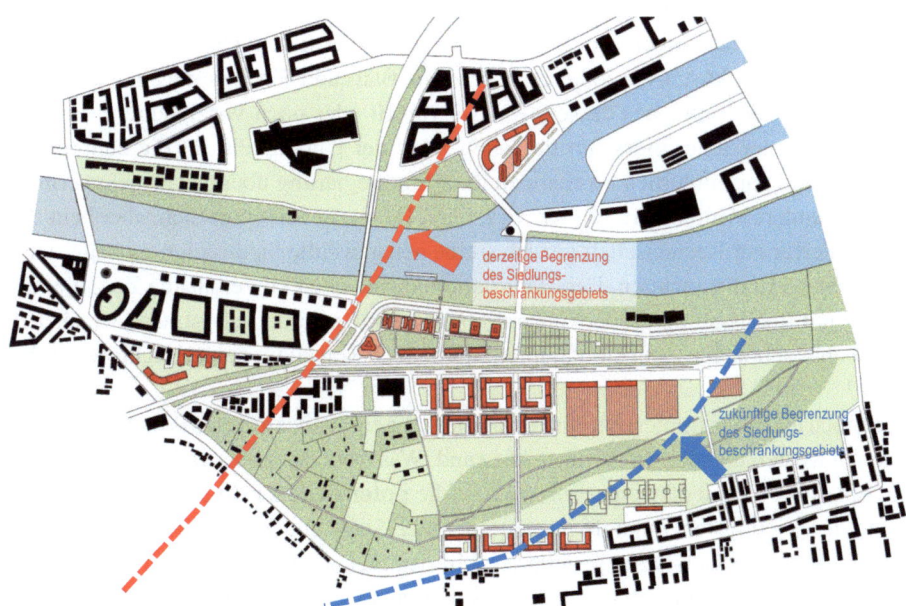

Abb. 8.26 Masterplanstudie für das Areal Mainwasen und Oberräder Felder – neues innerstädtisches Bauland entsteht durch die Verkleinerung des Siedlungsbeschränkungsgebiets. (© Achilles Real Estate Development GmbH, 2020)

3. Kulturelle Leuchtturmprojekte, wie die Neubauten der Oper und des Schauspielhauses sowie einer großen Multifunktionshalle, die auch für große Konzertveranstaltungen genutzt werden kann. Diese Projekte bieten eine Jahrhundertchance für die Stadt, die Chance, ihre Anziehungskraft und Wettbewerbsfähigkeit als Kulturstandort sichtbar zu stärken. Die letzte größere städtische Initiative in diesem Bereich war die Entwicklung des Museumsufers, einer Aneinanderreihung von Museen am Mainufer, in den 1980er-Jahren.

Beispiel: Neubauten für die Städtischen Bühnen, Oper und Schauspiel, Hochhaus am Neubau Oper

Wer die aktuellen Debatten über den Neubau der Städtischen Bühnen Frankfurt am Main (Oper und Schauspiel) in den verschiedenen Diskussionsveranstaltungen und Presseartikeln verfolgt, muss den Eindruck gewinnen, als habe die Stadt hier vor allem eine gewaltige Last zu tragen und ein schwieriges Problem zu lösen, das nach über 10 Jahren des Verschleppens und Nichtentscheidens immer größer wurde. Nun gibt es keine Ausreden mehr: Die bestehende Doppelanlage (mit Oper und Schauspielhaus) ist baufällig und kann in diesem Zustand nicht sehr viel länger genutzt werden. Es muss so schnell wie möglich eine neue, zukunftsfähige Lösung geschaffen werden.

Die Diskussionen fokussieren derzeit auf den Standort – drei stehen noch immer zur Auswahl – und auf die gewaltigen Kosten, die mit den Neubauten und Zwischenlösungen auf die Stadt zukommen. Inzwischen rechnet man mit über 1,3 Mrd. Euro für zwei getrennte Neubauten und mehrjährigen Provisorien in Ausweichquartieren. Die langjährige Verzögerung hat die Projektkosten explodieren lassen. Die Bau- und Finanzierungskosten belaufen sich heute auf ein Vielfaches dessen, was sie vor 10 oder noch vor 5 Jahren ausgemacht hätten. Der Steuerzahler muss für die vielen Jahre der Untätigkeit, für die unproduktiven koalitions- und parteiinternen Streitereien ihrer Stadtregierung über das Projekt vermutlich mehrere Hundert Millionen Euro mehr bezahlen. Das ist äußerst ärgerlich, aber kein Politiker wird hierfür zur Rechenschaft gezogen, eine neu gewählte Stadtregierung kann sich von ihren Vorgängern distanzieren. Legislaturperioden sind eben kürzer als die Zeit, die für die Planung und Realisierung großer Generationenprojekte erforderlich ist. Und welcher Politiker möchte schon für Projekte kämpfen, deren sich vor allem seine Nachfolger rühmen können?

Dennoch und noch immer: Die historisch einmaligen Chancen dieses Projekts überwiegen die hohen Kosten und den gewaltigen Aufwand. Was trotz der selbst verschuldeten Kostensteigerung inzwischen oft vergessen wird, ist die **potenzielle Ertragsseite.** Dieses Projekt ist eine der wichtigsten Zukunftsinvestitionen der Stadt und kann über lange Zeit direkt und indirekt große Rückflüsse generieren. Mit den Neubauten, zumal wenn sie funktional optimiert und architektonisch wirklich als ikonografische *Landmarks* mit großer Strahlkraft realisiert werden, kann sich Frankfurt als eine Kulturmetropole auf internationalem Top-Niveau noch erfolgreicher und sichtbarer positionieren. Die Künstler, das Bühnenpersonal, die vielen Mitarbeiter und das technische Team sind bereits erstklassig, haben in den letzten Jahren viele Auszeichnungen erhalten. Was ihnen fehlt, ist eine erstklassige Behausung.

Das letzte Mal, als die Stadt Frankfurt einen „großen Wurf" für die Entwicklung von Kulturbauten wagte, war in den 1980er-Jahren: die Errichtung des Museumsufers, einer Aneinanderreihung zum Teil kleinerer spezialisierter Museumsbauten. Dieses Projekt war und ist nach wie vor sehr erfolgreich, hat wesentlich zur Wahrnehmung der Stadt als Kulturmetropole beigetragen. Nun gibt es erneut eine große Chance, diese Position weiter auszubauen.

Wie groß der *Economic Impact,* die positive wirtschaftliche Auswirkung auf die verschiedensten Sektoren – auf den Tourismus, also die Reise-, Hotel- und Gastronomiebranche, auf verschiedenste Zulieferer, die Musikindustrie, auf Schulen und Hochschulen und natürlich den Bausektor –, sein kann, wie der Imagegewinn mehr Menschen und Unternehmen nach Frankfurt ziehen und dort halten wird, wie neue Geschäftsmöglichkeiten entstehen, kann an internationalen Fallbeispielen studiert werden. Erfolgreiches Standortmarketing durch herausragende Kulturprojekte hat messbare Effekte.

In Bilbao, der ehemals unattraktiven nordspanischen Industriestadt, wurde in den 1990er-Jahren im Rahmen des notwendigen Strukturwandels eine große Dependance des New Yorker Guggenheim-Museums nach Planung des damals gefragten Stararchitekten Frank O. Gehry gebaut. Das spektakuläre Gebäude ändert das gesamte Stadtbild, die Ausstellungen sind erstklassig. Das neue Museum wurde viel schneller und intensiver von Besuchern aus der ganzen Welt angenommen, als man zu hoffen gewagt hatte. Bilbao wurde ein Magnet für den internationalen Kulturtourismus, das Museum ein Wachstumstreiber, von dem die gesamte lokale Wirtschaft profitiert. In der Stadtplanung spricht man deswegen auch vom **„Bilbao-Effekt",** den man seither vielerorts versucht zu kopieren, auch in Deutschland. In Hamburg etwa hat sich die imposante Elbphilharmonie zu einem attraktiven Anziehungspunkt entwickelt, ähnlich das als Humboldt Forum wiederaufgebaute Stadtschloss in Berlin. Frankfurt hat beste Chancen, einen vergleichbaren Effekt zu erzielen – und dies mit eigenen, in Frankfurt gewachsenen und bereits etablierten Institutionen und Akteuren.

Standortwahl und bauliche Lösungen
Die Lage ist verzwickt. Es gibt noch immer mindestens drei Standortlösungen, über die eine jeweils etwa gleich große Anzahl von Befürwortern und Gegnern immer heftiger streitet. Manche Vertreter der lokalen Architektenschaft fordern eine Sanierung der bestehenden Doppelanlage, „um möglichst viel graue Energie zu erhalten", den CO_2-Fußabdruck zu minimieren. Diese Prioritätensetzung ist angesichts der historischen Zukunftschance erstaunlich – insbesondere wenn sie von Architekten kommt. Hier wird die große Chance nicht erkannt, die sich mit einem hochmodernen und zum Wahrzeichen taugenden Neubau für die ganze Stadt eröffnen würde. Auch werden in diesem Lager die betriebswirtschaftlichen Aspekte nicht bedacht, die darüber entscheiden, ob Frankfurt in diesem Bereich konkurrenzfähig bleibt. Führende Mitarbeiter der Städtischen Bühnen beschreiben ihr Veranstaltungsgebäude als einen „komplexen Logistikbetrieb", der vor allem fehlerfrei

und effizient funktionieren muss, um dichte Kalender spektakulärer Aufführungen zu ermöglichen. Das Bestandsgebäude leistet das nicht mehr.

Andere bestehen auf einer Rekonstruktion des historischen Theatergebäudes, von dem Reste noch in den Nachkriegsumbauungen versteckt sind. Für einen modernen Bühnenbetrieb ist diese Lösung nicht geeignet. Wieder andere Diskutanten erachten das große Glasfoyer aus den 1960er-Jahren und eine darin untergebrachte Wolkenskulptur anscheinend für wichtiger als die Funktionen Theater und Oper. Auch hier scheint Denkmalschutz, also der Blick in die Vergangenheit, relevanter als ein mutiger Blick nach vorne. Oper und Theater verdienen aber ein, besser zwei Leuchtturmprojekte, die mit den besten dieser Kategorie weltweit konkurrieren können und die Stadt Frankfurt attraktiver machen.

Zwei Neubaulösungen sehen die Teilung in Theaterbau und Opernbau vor und verorten diese auf zwei separaten Grundstücken, dem jetzigen Standort der Doppelanlage und einem zweiten in unmittelbarer Nähe. In der sogenannten Spiegellösung stünden sich die Gebäude am Willy-Brandt-Platz (früher Theaterplatz) gegenüber. Hiermit würde man aber einen großen Teil des Wallanlagen-Parks überbauen müssen, was viele Stadtplaner, Denkmal- und Naturschützer zu Recht nicht akzeptieren wollen.

Bei der **Kulturmeile-Lösung** würde ein neues Theater auf einem Grundstück der Frankfurter Sparkasse/Helaba im fußläufig entfernten Bankenviertel entstehen und die Sparkasse bekäme Baurecht für ein daneben zu errichtendes Hochhaus. Ein Neubau für die Oper bliebe auf dem jetzigen Grundstück und die Wallanlage könnte möglicherweise um ein paar Meter verbreitert werden. Diese Lösung scheint sehr vielversprechend. Der neue Oberbürgermeister (und frühere Planungsdezernent) Mike Josef setzt sich inzwischen sehr engagiert hierfür ein und hat eine Absichtserklärung mit der Frankfurter Sparkasse vereinbaren können. Die Kulturmeile erlaubt zwei optimierte Gebäude, jeweils eigenständige *Landmarks,* die in ihrer Zusammenwirkung eine größere Ausstrahlung und einen signifikanten Beitrag zur Aufwertung der Innenstadt bieten könnten. Die Monostruktur des Bankenviertels würde aufgebrochen, indem urbanes Leben dort auch in den Abendstunden stattfände.

Public-Private-Partnership-Optionen

Was bisher noch nicht öffentlich diskutiert wurde, aber geprüft werden sollte, ist eine Variante dieser Kulturmeile-Lösung, bei der auch das Operngrundstück geteilt wird und ein kleiner Grundstücksteil (ca. 3000 Quadratmeter) auf der Nordostseite für einen weiteren Büro- und/oder Hotel-/Wohnungshochhausbau genutzt wird, der von einem privaten Investor/Developer entwickelt werden kann. Dadurch könnte nicht nur das anderenfalls bereits ausgereizte Hochhauscluster des Bankenviertels erweitert werden, sondern auch ein nennenswerter Finanzierungsbeitrag für den Opernneubau gesichert werden.

Das Teilgrundstück könnte verkauft oder in langfristigem Erbbaurecht vergeben werden. Der Standort müsste möglicherweise noch in den Hochhausrahmenplan aufgenommen werden, der derzeit aktualisiert wird. Die Verkaufserlöse oder Erbbauzinsen wären ein wichtiger Beitrag für das städtische Kulturprojekt. Das abgetrennte Teilgrundstück befindet sich in erstklassiger Lage und hat einen hohen Marktwert. Investoren wären interessiert.

8.5 Leuchtturmprojekte als besondere Katalysatoren ...

Der gewählte Investor/Developer könnte auch zumindest Teile des Operngebäudes im Auftrag der Stadt und nach deren Vorgaben bauen, um die unterbesetzten städtischen Ämter zu entlasten (und weitere teure Verzögerungen zu vermeiden). Für eine solche Lösung müssten die zuständigen Dezernenten der Stadtregierung aber ihre Berührungsängste mit der Privatwirtschaft überwinden und die Chancen einer *Public-Private-Win-win*-Partnerschaft ernsthaft in Erwägung ziehen. Über städtebauliche Verträge bliebe ihr Einfluss langfristig gesichert.

Ein Hochhaus an diesem Standort könnte als ein Hybridtyp geplant werden, mit einem Hotel und *Serviced Apartments* oder einer Kombination von Wohnraum und Büros. Es würde zur Belebung des Bankenviertels beitragen und stadträumlich zwischen seinen hohen Türmen und den niedrigeren Türmen des Maintor-Projekts vermitteln (Abb. 8.27). Es könnte 90–120 Meter hoch sein und ca. 35.000 bis 50.000 Quadratmeter Bruttogrundfläche umfassen. Tiefgaragenstellplätze könnten mit der neuen, unter der Oper zu bauenden öffentlichen Tiefgarage geteilt werden. Da der ÖPNV-Anschluss hier optimal ist, würden aber nur vergleichsweise wenige gebraucht. Der Neubau für die Oper, der innerhalb der Grenzen der jetzigen Doppelanlage läge, könnte mit einem großen Dachgarten den öffentlichen Grünraum Wallanlagen erweitern und hiermit eine weitere Attraktion in Frankfurts Innenstadt bieten.

Für die temporäre Auslagerung der Bühnen zum Weiterbetrieb während der Baujahre gibt es noch immer kein Konzept. Für einfache Neubauten fehlen Grundstücke, Kapital und

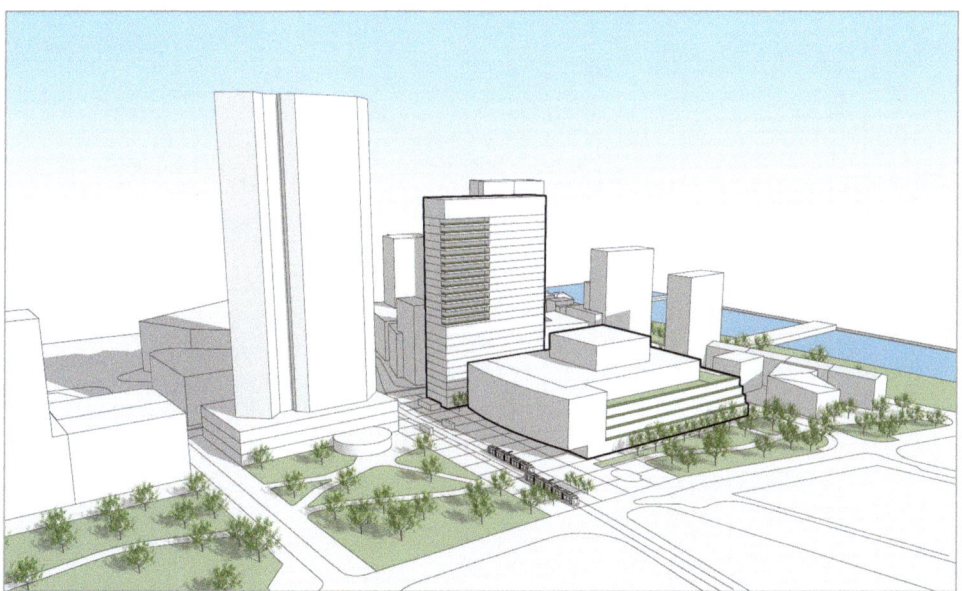

Abb. 8.27 Neubau Oper mit Dachgarten und Wohn- und/oder Bürohochhaus, volumetrische Studie. (© Achilles Real Estate Development GmbH, 2023)

Zeit. Denkbar wäre hier eine Unterbringung einer oder beider Bühnen in einer der älteren Messehallen, was allerdings die Flexibilität und Kooperationsbereitschaft der Messe voraussetzt. Das wäre nicht ideal, aber schnell und kostengünstig umzusetzen. Die gestalterischen und technischen Improvisationen, die hierfür erforderlich wären, könnten als zusätzlicher Anreiz für innovative, kreative Lösungen verstanden werden.

Es gibt also **fantastische Chancen für dieses strategische Jahrhundertprojekt.** Der Prozess der Entscheidungsfindung, Planung und Umsetzung sollte deswegen nicht länger als quälender Versuch, Probleme zu lösen, und als aufgeregte Konfrontation zwischen verhärteten Positionen fortgesetzt werden, sondern als ambitionierte Entwicklungsinitiative mit Signalwirkung verstanden werden. Es könnte und sollte sich das Bewusstsein etablieren, mit dieser Aufgabe und historischen Chance ein besonderes Privileg zu haben, um das viele andere Städte Frankfurt beneiden. Die Protagonisten sollten mehr Mut zu großem Denken und mehr Zuversicht für ein Gelingen des Projekts aufbringen. Gefragt ist jetzt eine sachliche, ideologiefreie und zielorientierte Debatte mit dem ernsthaften Interesse, schnellstmöglich zu einer Projektrealisierung zu kommen.

Bibliografie und Bildquellen

Acemoglu, Daron und Robinson, James A. (2012), *"Why Nations Fail – The Origins of Power, Prosperity and Poverty"*, New York, Crown Publishers. Deutsche Übersetzung (2013), "Warum Nationen scheitern – Die Ursprünge von Macht, Wohlstand und Armut", Frankfurt a. M., S. Fischer Verlag

Adli, Mazda (2017), *"Stress and the City – Warum Städte uns krank machen. Und warum sie trotzdem gut für uns sind"*, München, Bertelsmann Verlag

Akhavan, M. (2020). Port Geography and Hinterland Development Dynamics. Springer. https://doi.org/10.1007/978-3-030-52578-1.

Alexander, Christopher und Ishikawa, Sara und Siverstein, Murray (1977), *"A Pattern Language – Towns, Buildings, Construction"*, Oxford, Oxford University Press

Alexander, Matthias (2018), *"Ganz bei sich. Frankfurt hat sich eine neue Altstadt gebaut. Nach 70 Jahren ist die Stadt wieder im Gleichgewicht."*, Frankfurter Allgemeine (online) am 28.09.2018, https://www.faz.net/aktuell/rhein-main/wie-die-frankfurter-altstadt-die-stadt-ins-gleichgewicht-bringt-15802842.html, zugegriffen am 10.07.2024

BaFin, Bundesanstalt für Finanzdienstleistungsaufsicht (20.9.2019), *"Merkblatt zum Umgang mit Nachhaltigkeitsrisiken"*, Bundesanstalt für Finanzdienstleistungsaufsicht, Berlin

BKI (2024), *"Baupreisindex"*, https://bki.de/baupreisindex, zugegriffen am 10.07.2024

Bohl, Charles, (2006), *"Place Making – Developing Town Centers, Main Streets and Urban Villages"*, Washington, Urban Land Institute

Busch, Alexander, *"Brasil, País do Presente"*, São Paulo, Editora Cultrix, 2009;

CBRE (8.12.2023), Vergleichende Marktstudie mit ZIA Zentraler Immobilien Ausschuss e.V., *"Wohnungsbau ist in Deutschland teurer als in vielen anderen europäischen Ländern"*, Research and Reports, Frankfurt, www.cbre.com und www.zia-deutschland.de;

Daniels, Klaus (1998), *"Low Tech, Light Tech, High Tech – Bauen in der Informationsgesellschaft"*, Basel, Birkhäuser Verlag

DeSimone, Livio und Popoff, Frank, (1997) *"Eco Efficiency"*, Cambridge, The MIT Press, 1997

Destatis (2024), *"Bevölkerung – Wanderungen"*, https://www.destatis.de/DE/Themen/Gesellschaft-Umwelt/Bevoelkerung/Wanderungen/_inhalt.html, zugegriffen am 09.07.2024

Destatis (2021), *"Neuer Rekordwert: Baureifes Land kostete 2020 im Schnitt 199 € pro Quadratmeter"*, Pressemitteilung Nr. 404 vom 26. August 2021, https://www.destatis.de/DE/Presse/Pressemitteilungen/2021/08/PD21_404_61.html#:~:Text=August%202021,noch%20bei%20130%20Euro%20gelegen, zugegriffen am 09.07.2024

Drucker, Peter (2008), *"The Essential Drucker: The Best of Sixty Years of Peter Drucker's Essential Writings on Management"*, Collins Business Essentials, New York, Harper Business

The Economist (17. Aug. 2023 issue), *"Is Germany once again the sick man of Europe?"*, London, The Economist

Economist Intelligence Unit (2023), *"The Global Liveability Index 2023"*, London, https://www.eiu.com/n/campaigns/global-liveability-index-2023/, zugegriffen am 09.07.2024.

Ellard, Colin (2015), *"Places of the Heart: The Psychogeography of Everyday Life"*, New York, Bellevue Literary Press. Deutsche Übersetzung *"Psychogeografie – Wie die Umgebung unser Verhalten und unsere Entscheidungen beeinflusst"* (2015), München, Verlagsgruppe Random House GmbH

Erhard, Ludwig (1957), *"Wohlstand für Alle"*, Düsseldorf, Econ Verlag

Europäische Kommission (2020 – 2023), *"Der europäische Grüne Deal. Erster klimaneutraler Kontinent werden"*, auf www.commission.europa.eu

Europäische Kommission (2023), *"eGovernment Benchmark 2023"*, Luxembourg, Publications Office of the European Union

Europäische Kommission (8.12.2023), Pressemitteilung: *"Energieeffizienz von Gebäuden: Rat und Parlament einigen sich auf neue Vorgaben"*, Vertretung in Deutschland, www.germany.representation.ec.europa.eu/news

Europäische Zentralbank, Bankenaufsicht, (2020), *"Leitfaden zu Klima- Und Umweltrisiken – Erwartungen der Aufsicht in Bezug auf Risikomanagement und Offenlegung"*, EZB, Frankfurt am Main

Europol (2024), *"Decoding the EU's most threatening criminal networks"*, Publications Office of the European Union, Luxembourg

Ferguson, Niall (2014), *"The Great Degeneration: How Institutions Decay and Economies die"*, London, Penguin Random House. Deutsche Übersetzung *"Der Niedergang des Westens: Wie Institutionen verfallen und Ökonomien sterben"*, Berlin, List Verlag,

Ferguson, Niall (2018), *"Civilization: The West and the Rest"*, London, Penguin Random House

Florida, Richard (2011), *"The Rise of the Creative Class, revisited"*, New York, Basic Books

Stadt Frankfurt a. M., Magistrat der Stadt Frankfurt a. M. (2019–2023), *"Integriertes Stadtentwicklungskonzept"*, Beschlüsse der Stadtverordnetenversammlung und Informationsbroschüren zu Grüngürtel, Baulandbeschluss, Erhaltungssatzung, Freiraum-Gestaltungssatzung, stadtplanungsamt-frankfurt.de

Frey, Carl Benedikt (2019), *"The Technology Trap – Capital, Labor, and Power in the Age of Automation"*, Princeton and Woodstock, Princeton University Press

Fukuyama, Francis (1992), *"The End of History and the Last Man"*, New York, Free Press

Fukuyama, Francis (2022), *"Liberalism and its Discontents"*, London, Profile Books

Gehl, Jan (1987), *"Life between buildings: using public space"*, New York, Van Nostrand Reinhold, und (2015), *"Städte für Menschen"*, Berlin, Jovis Verlag

Glaeser, Edward (2011), *"Triumph of the City – How our greatest Invention makes us richer, smarter, greener, healthier and happier"*, New York, Penguin US

Global Carbon Project (2021), *"Global Carbon Budget 2021. CO2 emissions rebound towards pre-COVID levels"*, https://www.globalcarbonproject.org/global/images/carbonbudget/Infographic_Emissions2021.pdf, zugegriffen am 09.07.2024

Goldman Sachs (27 November 2023), *"Carbonomics – Updated cost curve shows diverging trends between power and transport"*, The Goldman Sachs Group

Goldman Sachs, Candice Tse (7 August 2023), *"Eine KI für die Zukunft"*, The Goldman Sachs Group, Asset Management

Government of Dubai (2021), *"Dubai 2040 Urban Master Plan"*, documents online at www.dubai2040.ae

Government of the Kingdom of Saudi Arabia (2016), *"Saudi Vision 2030"*, documents online at www.vision2030.gov.sa

Government of Singapore, Urban Redevelopment Authority (2023), *"Draft Master Plan 2025"*, document online, www.ura.gov.sg

Green, Ben (2019), *"The Smart Enough City – Putting Technology in its Place to reclaim our urban Future"*, Cambridge Massachusetts, MIT Press

Hamilton, Clive und Ohlberg, Mareike (2020*), "Hidden Hand. Exposing how the Chinese Communist Party is Reshaping the World"*, Melbourne, Hardle Grant Books. Deutsche Übersetzung *"Die lautlose Eroberung – Wie China westliche Demokratien unterwandert und die Welt neu ordnet"* (2020), München, Deutsche Verlags-Anstalt

Hayek, Friedrich August von (1960), *„The Constitution of Liberty"*, London, Routledge and Kegan Paul, London. Deutsche Übersetzung von Ruth Temper, Dietrich Schaffmeister und Ilse Bieling, (1991), *„Die Verfassung der Freiheit"*, Tübingen, Mohr Siebek Verlag, (1944)

Hayek, Friedrich August von (1945), *„The Road to Serfdom"*, London, Routledge, (1945) deutsche Fassung *„Der Weg zur Knechtschaft"*, Zürich, Egon Rentsch Verlag

Hayek, Friedrich August von (1976), *„Law, Legislation and Liberty- The Mirage of Social Justice"*, Chicago, The University of Chicago Press

Hübl, Pilipp (2019), *„Die aufgeregte Gesellschaft – Wie Emotionen unsere Moral prägen und die Polarisierung verstärken"*, München, C. Bertelsmann Verlag

Hübl, Philipp (2024) *"Moralspektakel – Wie die richtige Haltung zum Statussymbol wurde und warum das die Welt nicht besser macht"*, München, Siedler Verlag

von Humboldt, Wilhelm (1792), *"Wie weit darf sich die Sorgfalt des Staats um das Wohl seiner Bürger erstrecken?"*, in *„Schriften zur Bildung"*, Hrsg. Von Gerhard Lauer,, (2017), Stuttgart, Reclam Verlag

Huntington, Samuel P. (1997), *"The Clash of Civilizations – and the Remaking of World Order"*, London, Simon & Schuster. Deutsche Übersetzung (1998), *"Der Kampf der Kulturen – Die Neugestaltung der Weltpolitik im 21. Jahrhundert"*, München, Siedler

IMD (2022), *„IMD World Competitiveness Booklet 2022"*, ISBN-13 978-2-940485-52-9, https://imd.cld.bz/IMD-World-Competitiveness-Booklet-2022/4/, zugegriffen am 09.07.2024.

IMD (2023), *"IMD World Competitiveness Booklet 2023"*, ISBN-13 978-2-940485-63-5, https://imd.cld.bz/IMD-World-Competitiveness-Booklet-2023, zugegriffen am 09.07.2024.

IMD (2024), *"IMD World Competitiveness Yearbook 2024"*, ISBN-13 978-2-940485-59-8, https://www.imd.org/wp-content/uploads/2024/06/WCY_Bookletv1_2024-1.pdf, zugegriffen am 09.07.2024.

Indset, Anders (2019), *„Quantenwirtschaft. Was kommt nach der Digitalisierung?"*, Berlin, Econ Verlag

International Energy Agency (2024), *"Electricity 2024 – Analysis and Forecast to 2026"*, IEA Publications, www.iea.org

International Monetary Fund (Januar 2024 und 2023 und 2022), *„World Economic Outlook Growth Projections"*, Washington, www.imf.org

Junge, Heinz (1986), *„Palast der Republik"*, Fotografie, https://commons.wikimedia.org/wiki/File:Bundesarchiv_Bild_183-1986-0424-304,_Berlin,_Palast_der_Republik.jpg#metadata, zugegriffen am 09.07.2024

Kennedy, Paul (1987), *„ The Rise and Fall of Great Powers"*, New York, Random House

Kraus, Josef (2021), *„Der deutsche Untertan. Vom Denken entwöhnt"*, München, Langen Müller Verlag

Lampugnani, Vittorio Magnago (1995), *"Die Modernität des Dauerhaften – Essays zu Stadt, Architektur und Design"*, Berlin, Verlag Klaus Wagenbach

Lampugnani, Vittorio Magnago (2019), *„Bedeutsame Belanglosigkeiten – Kleine Dinge im Stadtraum"*, Berlin, Verlag Klaus Wagenbach

Lampugnani, Vittorio Magnago (2019), „*Bedeutsame Belanglosigkeiten – Kleine Dinge im Stadtraum*", Berlin, Verlag Klaus Wagenbach

Lomborg, Bjorn (2022), „*False Alarm. How climate change panic costs us trillions, hurts the poor, and fails to fix the planet*", New York, Basic Books, Deutsche Übersetzung: *"Klima Panik. Warum uns eine falsche Klimapolitik Billionen kostet und den Planeten nicht retten wird"*, München, Finanzbuch Verlag

Loos, Adolf (1908), *"Ornament und Verbrechen"*, Wien, München, Herold Verlag

Al Maktoum, Mohammed bin Rashid (2012) „*My Vision*", The Dubai Government Media Office, Motivate Publishing

Mazzucato, Mariana (2018), *"The Value of Everything – Making and Taking in the global Economy"*, London, Penguin Random House UK

Mikuda, Christian (1996), „*Der verbotene Ort oder Die inszenierte Verführung*", Düsseldorf, Econ Verlag

Milei, Javier, Präsident Argentinien (Januar 2024), Rede vor dem Weltwirtschaftsgipfel in Davos zu seinen Reformplänen für Argentinien

Moewes, Günther (1995 / 2021), *"Weder Hütten noch Paläste – Architektur und Ökologie in der Arbeitsgesellschaft"*, Frankfurt am Main, Nomen Verlag

Mostafavi, Mohsen with Doherty, Gareth (2010), *"Ecological Urbanism"*, Harvard University Graduate School of Design, Baden Lars Müller Publishers

Murray, Douglas (2017), *"The strange Death of Europe – Immigration, Identity, Islam"*, London, 152 Bloomsbury Continuum

Nag, Esha (2018), *"Dubai World Trade Centre: The making of an icon"*, https://gulfnews.com/friday/art-people/dubai-world-trade-centre-the-making-of-an-icon-1.2299588, zugegriffen am 09.07.2024

Neumann, Peter R. (2022), „*Die neue Weltunordnung – Wie sich der Westen selbst zerstört*", Berlin, Rowohlt Verlag

OECD (2024), „*OECD Economic Outlook, Volume 2024 Issue 1: An unfolding recovery*", OECD Publishing, Paris, https://doi.org/10.1787/69a0c310-en.

OECD (2023), *"OECD Economic Outlook, Volume 2023 Issue 1: A long unwinding road"*, OECD Publishing, Paris, https://doi.org/10.1787/ce188438-en.

O'Neill, Jim (2011), *"The Growth Map – Economic Opportunity in the BRICs and beyond"*, New York, Penguin Group

Popper, Karl (1945), *"The Open Society and its Enemies"*, Oxfordshire, Routledge & Kegan Paul Ltd., deutsche Übersetzung *"Die offene Gesellschaft und ihre Feinde. Band I: Der Zauber Platons, Band II: Falsche Propheten: Hegel, Marx und die Folgen"*, Tübingen, Verlag Mohr Siebeck

Porter, Michael (1990), *"The Competitive Advantage of Nations"*, New York, Free Press

Radulova-Stahmer, Radostina (2023), „*Stadtraum im digitalen Wandel – Räumliche Auswirkungen digitaler Technologien auf Umwelt und Mobilität*", Berlin, Jovis Verlag – Jovis Research

Rams, Dieter (1995), *"Less but better – Weniger, aber besser"*, Berlin, Verlag Gestalten (2017), *"Zehn Thesen für gutes Design"*, München, Prestel Verlag, 2017;

Rand, Ayn (1943), *"The Fountainhead"*, New York, Penguin Books/ Plume Books

Rodin, Judith (2014), "The Resilience Dividend. Managing disruption, avoiding disaster, and growing stronger in an unpredictable world", London, Profile Books

Rossi, Aldo (1966, Übersetzung 1973), *"Die Architektur der Stadt. Skizzen zu einer grundlegenden Theorie des Urbanen"*, Basel, Birkhäuser Verlag

Roubin, Nouriel (2022), *"Megathreats – The ten trends that imperil our future and how to survive them"*, London, John Murray Publishers

Rowe, Colin und Koetter, Fred (1978), „*Collage City*", Cambridge Massachusetts, MIT Press. Deutsche Übersetzung (1984), *"Collage City"*, Basel, Birkhäuser Verlag

Schulze, Gerhard (1997), *"Die Erlebnis-Gesellschaft"*, Frankfurt, Campus Verlag

Sarrazin, Thilo (2010), *"Deutschland schafft sich ab – Wie wir unser Land aufs Spiel setzen"*, München, Deutsche Verlags-Anstalt

Sendra, Pablo und Sennett, Richard (2020), „*Designing Disorder – Experiments and Disruptions in the City"*, London, Verso Publishers

Sennet, Richard (2018), *"Building and Dwelling: Ethics for the City"*, New York, Farrar, Straus & Giroux. Deutsche Übersetzung: (2018) *"Die offene Stadt – Eine Ethik des Bauens und Bewohnens"*, Berlin, Carl Hanser Verlag

Siebert, Horst (2001), „*Der Kobra-Effekt – Wie man Irrwege in der Wirtschaftspolitik vermeidet"*, Stuttgart München, Deutsche Verlags-Anstalt

Sinn, Hans-Werner (2012), „*The Green Paradox. A Supply-Side Approach to Global Warming"*, *Cambridge, Mass., MIT Press*

Sitte, Camillo (1889, 2002), „*Der Städtebau nach seinen künstlerischen Grundsätzen"*, Basel, Birkhäuser Verlag

Solow, Robert M. (2000), „*Growth Theory: An Exposition"*, (Second Edition with 1987 with Nobel Lecture) New York, Oxford, Oxford University Press

Sozialpolitik-aktuell.de (2024), *"Ausgabenstruktur des Bundeshaushaltes nach Funktionen 2023"*, Datenquelle: Bundesministerium der Finanzen 2024, https://www.sozialpolitik-aktuell.de/files/sozialpolitik-aktuell/_Politikfelder/Finanzierung/Datensammlung/PDF-Dateien/abbII13.pdf, zugegriffen am 09.07.2024.

Statistisches Bundesamt, (Stand November 2023), *Statistische Angaben zu Wirtschaft und Demographie der Bundesrepublik Deutschland*, www.destatis.de

Statista (2024), „Entwicklung der Bauzinsen in Deutschland von Januar 2011 bis Juli 2024", https://de.statista.com/statistik/daten/studie/1347565/umfrage/entwicklung-der-bauzinsen-in-deutschland/, zugegriffen am 10.07.2024

Stelter, Daniel (2021), „*Ein Traum von einem Land – Deutschland 2040"*, Frankfurt/New York, Campus Verlag

Stimmann, Hans (2009), „*Berliner Altstadt: Neue Orte und Plätze rund um das Schloss"*, Berlin, DOM Publisher

United Nations Development Programme, (2015), *"17 Sustainable Development Goals"* insbesondere *"Goal 11: Sustainable Cities and Communities"*, New York, United Nations, Deutsche Fassung: „*Transformation unserer Welt: Die Agenda 2030 für nachhaltige Entwicklung*"

United Nations (2018). *"World Urbanization Prospects: The 2018 Revision"*, Department of Economic and Social Affairs, Population Division, https://population.un.org/wup/Country-Profiles/, zugegriffen am 09.07.2024

Visitdubai.com (2024), „*Burj Khalifa"*, https://www.visitdubai.com/de/places-to-visit/burj-khalifa, zugegriffen am 09.07.2024.

Wallace-Wells, David (2019), „*The Uninhabitable Earth – Life after Warming"*, New York, Crown Publishing Group

Wang, Wilfried (Editor) (2013), *"Culture City"* für Akademie der Künste, Berlin, Lars Müller Publishers

Weisman, Alan (2013), *"Countdown – Our last, best Hope for a Future on Earth?"*, London, Little Brown

Wirtschaftsrat Deutschland, Bundesfachkommission Bau, Immobilien, Smart Cities (30.11.2022), „*Positionspapier: Empfehlungen für eine nachhaltige Bau- und Wohnungspolitik*"

Yalcin-Chauca, Yasemin (2022), *"Vermeiden statt kompensieren. Über den Pionierbau „Haus 2226" und seine Nachfolger"*, Artikel in „*Einfach intelligent – Das Gebäude als energetischer Organismus"*, Die Architekt Nr. 2, Bund Deutscher Architektinnen und Architekten BDA, Berlin, Res Publica Verlag

Yergin, Daniel (2020), *„The New Map – Energy, Climate and the Clash of Nations"*, New York, Penguin Press

Zitelmann, Rainer (2018), *„Kapitalismus ist nicht das Problem, sondern die Lösung – Eine Zeitreise durch fünf Kontinente"*, München, Finanzbuch Verlag

Zweig, Stefan (1941), *"Brasilien. Ein Land der Zukunft"*, Stockholm Berman-Fischer (1941) und Berlin, Insel Verlag (2013)

Orts-, Unternehmens- und Personennamen

A
Abu Dhabi, 63
Acemoglu, Daron, 27
Adli, Mazda, 156
Afrika, 25, 54
Alexander, Christopher, 156
Al Maktoum, Mohammed bin Rashed, 6
Al Maktoum, Mohammed bin Rashed, 58
Apple, 71
Argentinien, 42
Armstrong, Neil, 5
Australien, 54, 95

B
Baltische Staaten, 200
Bangalore, 9, 59
Banlieues, 103
Barcelona, 47, 66, 67, 155, 158
Baumschlager Eberle, 129
Berlin, 25, 159
Bilbao, 70, 247
Boddien, Wilhelm von, 162
Boeri, Stefano, 96
Boston, 59, 66
Brasília, 67
Brasilien, 25, 43
Braun AG, 15
BREEAM, 122
BRICS, 57
BRICS-Staaten, 17
Buenos Aires, 44

C
Castro, Fidel, 44
Cerdà, Ildefons, 67, 94
Chennai, 9
Chile, 43
China, 10, 17, 39, 63, 73, 74, 87, 95, 103, 135, 179
Churchill, Winston, 173
Cook, Tim, 71
Costa, Lúcio, 68
Country Garden, 22

D
Daniels, Klaus, 85
DDR, 43, 161
Detroit, 44
Deutsche Bahn AG, 38
Deutsche Commercial Internet Exchange, 191
DGNB, 122
Dresden, 168
Drucker, Peter, 3
Dubai, 5, 29, 45, 47, 66, 70

E
Economist Intelligence Unit, 68
Erhard, Ludwig, 23
Europa, 15
Europäische Union, 11, 118
Europäische Zentralbank, 216, 220
Evergrande, 22
Extinction Rebellion, 61

F
Ferguson, Niall, 23
Florida, Richard, 149
Frankfurt am Main, 92, 145, 155, 168, 185, 200, 215
Frankfurt am Main, Städtische Bühnen, 246
Frankfurter Flughafen, 217, 220
Frankfurt-RheinMain-Metropolregion, 186
Frankreich, 23, 40, 179
Fraunhofer-Gesellschaft, 64
Fridays for Future, 61
Friedman, Milton, 43, 55
Fukuyama, Francis, 18

G
G7-Industriestaaten, 10
Gates, Bill, 62
Gehl, Jan, 99
Gehry, Frank O., 247
Glaeser, Edward, 80
Global Carbon Project, 133
Green, Ben, 89
Großbritannien, 23

H
Hamilton, Clive, 87
Harvard University, 59, 63
Haussmann, Eugène, 67
Havanna, 44
Hayek, Friedrich August von, 42, 49, 118
Helmholtz-Gemeinschaft, 64
Hohenzollern, 161
Hongkong, 103
Housing and Development Board Singapur, 180
Hübl, Philipp, 107
Humboldt, Alexander von, 163
Humboldt, Wilhelm von, 119, 163
Huntington, Samuel P., 104
Hyderabad, 9

I
Indien, 9, 135
Indset, Anders, 15, 83
International Energy Agency, 35
International Institute for Management Development, 13

Iran, 39, 74
Israel, 39, 74, 103

J
Japan, 15, 37, 61, 135
Josef, Mike, 248

K
Kalifornien, 46
Kanada, 54
Kant, Immanuel, 111, 114
Katar, 8
Kennedy, John F., 5, 58, 185
Kennedy, Paul, 74
Koetter, Fred, 99
Kohl, Helmut, 43, 164
Konfuzius, 29
Kopenhagen, 66
Kraus, Josef, 114
Kreditanstalt für Wiederaufbau, 123
Kuba, 44

L
Lampugnani, Vittorio Magnago, 67, 131, 158
LEED, 122
Leibniz-Gemeinschaft, 64
Lerner, Jaime, 165
Letzte Generation, 61
Liu Thai Ker, 53
Lomborg, Bjørn, 135
Loos, Adolf, 167

M
Masdar City, 63
Massachusetts Institute of Technology, 59
Max-Planck-Gesellschaft, 64
May, Ernst, 53
Mazzucato, Mariana, 41
Merkel, Angela, 108
Microsoft, 62
Milei, Javier, 42
Mobility Forward, 123
Moewes, Günther, 128
München, 71, 145
Musk, Elon, 20

N

NEOM, 8
Neue Heimat, 53
New York, 158
Niederlande, 21, 181
Niemeyer, Oscar, 68
Nordkorea, 39
Normenkontrollrat, 177

O

OECD, 62, 178
Ohlberg, Mareike, 87
Oman, 8

P

Palästina, 103
Palmer, Boris, 38
Pareto, Vilfredo, 96
Paris, 67, 155, 158
Pei, I.M., 52
Polen, 33
Popper, Karl, 104
Porter, Michael, 3, 4
Potsdam, 168, 171
Prag, 155, 242
Putin, Wladimir, 74

R

Rams, Dieter, 16, 97
Rand, Ayn, 126
Reagan, Ronald, 43
Rio de Janeiro, 25
Robinson, James A., 27
Rossi, Aldo, 165
Roubini, Nouriel, 72
Rowe, Colin, 99
Ruhrgebiet, 45
Russland, 19, 39, 74, 87, 95, 135

S

Salman, Mohammed bin, 9
Sarrazin, Thilo, 10
Saudi-Arabien, 7
Schlaich Bergermann und Partner, 138
Schmidt, Harald, 62
Schmidt, Helmut, 5
Schumpeter, Joseph, 12
Schweden, 54
Schweiz, 33
Sennett, Richard, 98
Shanghai, 47
Shenzhen, 47
Sibirien, 137
Silicon Valley, 46
Singapore Urban Redevelopment Authority, 70
Singapur, 7, 47, 55, 60, 63, 64, 66, 70
Singapur, Public Housing Program, 52
Sinn, Hans-Werner, 133
Sitte, Camillo, 169
Skandinavische Staaten, 200
Sobek, Werner, 130
Solow, Robert, 15
Sowjetunion, 18
Stanford University, 59
Stelter, Daniel, 55, 60
Stimmann, Hans, 170
Südamerika, 25
Südkorea, 15, 38, 63, 95

T

Taiwan, 74
Tenenbaum, Edward, 23
Thatcher, Margaret, 43
Tokyo, 158
Türkei, 58

U

Ukraine, 74
United Nations, 91
Uruguay, 43
USA, 7, 33, 34, 40, 50, 63, 95, 135, 179

V

Venezuela, 27, 43
Vereinigte Arabische Emirate, 5, 55
Vitruv, 126

W

Wallace-Wells, David, 90
Wang, Wilfried, 70

Warschau, 171
Weisman, Alan, 136
WELL, 123
Wien, 66, 155
Wired Score, 83, 123

X
Xiaoping, Deng, 18

Y
Yale University, 52
Yergin, Daniel, 86

Z
Zentralasien, 136
Zweig, Stefan, 25

MIX
Papier aus verantwortungsvollen Quellen
Paper from responsible sources
FSC® C105338

If you have any concerns about our products,
you can contact us on
ProductSafety@springernature.com

In case Publisher is established outside the EU,
the EU authorized representative is:
**Springer Nature Customer Service Center GmbH
Europaplatz 3, 69115 Heidelberg, Germany**

Printed by Libri Plureos GmbH
in Hamburg, Germany